产业高质量发展研究丛书
产业研究三部曲

BUILD CORE STRENGTHS

构建核心优势

上海产业高质量发展思路与措施

IDEAS AND MEASURES FOR THE HIGH QUALITY DEVELOPMENT OF SHANGHAI INDUSTRY

芮明杰 等 著

上海财经大学出版社
SHANGHAI UNIVERSITY OF FINANCE & ECONOMICS PRESS
上海学术·经济学出版中心

图书在版编目(CIP)数据

构建核心优势:上海产业高质量发展思路与措施/芮明杰等著．一上海:上海财经大学出版社,2024.5
(产业高质量发展研究丛书.产业研究三部曲)
ISBN 978-7-5642-4376-0/F·4376

Ⅰ.①构… Ⅱ.①芮… Ⅲ.①区域经济发展-产业发展-研究-上海
Ⅳ.①F269.275.1

中国国家版本馆 CIP 数据核字(2024)第 089901 号

□ 丛书策划　王永长
□ 责任编辑　吴　腾
□ 封面设计　贺加贝

构建核心优势
——上海产业高质量发展思路与措施
芮明杰　等 著

上海财经大学出版社出版发行
(上海市中山北一路 369 号　邮编 200083)
网　　址:http://www.sufep.com
电子邮箱:webmaster@sufep.com
全国新华书店经销
上海锦佳印刷有限公司印刷装订
2024 年 5 月第 1 版　2024 年 5 月第 1 次印刷

710mm×1000mm　1/16　34 印张(插页:2)　467 千字
定价:98.00 元

产业高质量发展研究丛书

主编 芮明杰

前　言

2022 年新学期开始，我除了正常教学工作之外，还主持我的在校博士研究生的关于“创新经济学”的读书会，每周一次在系会议室举行。这个读书会也是为我后继的研究工作展开做准备。没有想到，2022 年 3 月，上海的新冠肺炎疫情开始蔓延，每天的奥密克戎感染人数不断上升，很快已经突破了 20 万人，中央政府与上海市政府采取了果断的措施，在动态清零的目标下，阻断人员交流封闭在家就成为最佳选择，于是道路交通中断、学校封闭、住宅小区封闭，上课、读书会虽然正常进行但已经转向线上。我们一家人住在小区动弹不得，主要靠冰箱存货过日。尽管如此，我还是想做些事，想为自己即将到来的七十岁生日送上个礼物，于是就有了个想法：把自己十多年为上海市政府与社会做的决策咨询研究的一些成果尤其是为上海市产业结构转型与产业发展做的研究成果，集成两卷文集，列入我主编的“产业高质量发展研究丛书”，并分别命名，其中之一就是本书。本书为我与研究团队十多年来提交政府的研究专报集取名为《构建核心优势——上海产业高质量发展思路与措施》，是上述丛书的第二本，第一本书名为《突破结构“陷阱”——产业发展变革新策略》已于 2021 年 12 月正式出版，该本是我近年在各类媒体上发表的文章选集。

一

科学研究与应用研究无论是思想、方法与手段都是不同的，虽然不能要求所有的科学研究工作者同时也开展应用研究，但我个人总是认为作为一个应用学科（如管理学、经济学）的理论工作者，如果只能做理论研究固然不错，但如果能够把自己的理论研究成果应用于实践应该更好。我一直认为，作为一个管理学者或作为一个经济学者，应该把自己的所学、所研究成果用于实践，直接推动企业的成长与发展，推动产业结构调整与产业发展壮大，这就叫做知行合一。这些年来，我这样想的，也是这样做的。然而，千万不要认为应用研究比较简单，实际上有时更为困难，因为你必须在个性化的对象深入分析研究基础上，提出有前瞻性、科学的、可行性的个性化解决方案及其理论与实证依据，而这同样是需要深入思考和大胆创新的，需要掌握非常好的实用的研究方法，同样需要大量时间的投入与精力的付出。回顾自己的成长之路以及未来之路，我觉得知行合一就是我自己作为一名管理学者与经济学者的一生追求，我也是这样要求我的学生的。

我对现实经济、产业与企业发展问题的关注，实际在我还是在复旦大学做硕士研究生的时候就已经开始。20 世纪 80 年代那是一个改革开放刚刚开始、激情澎湃的时代，无论是政府还是企业都很愿意学习新技术，不断推动本地区本企业更好更快地发展。我从 1986 年硕士毕业留校开始，先是参与导师主持，后是自己独立主持，为国家、地方政府与企业的经济发展战略、产业发展战略、科技城规划、商贸发展规划、企业发展战略、管理创新等方面开展研究，后来也为国家与上海市的产业发展、结构调整、空间规划等一系列问题开展研究，希望自己学以致用，能够为我国现实经济与产业发展提交研究成果供政府决策参考，做出我应有的贡献。

对上海产业结构与产业发展的专门系列研究源于 2009 年 6 月，当时上海市政府发展研究中心与上海市委宣传部的哲学社会科学办公室联合在全市高校、社科院等研究机构招标设立 9 个决策咨询研究工作室和 6 个上海市社会科学创新研究基地，学校希望我组织人手去竞标一个，因为其中有一个方向是“上海产业结构调整”，作为上海市唯一产业经济国家重点学科的复旦大学自然应该有条件去争取，尽管决策咨询研究成果在当时的学界并不很被认可，学界认可的是优秀著作与高等级论文。我作为复旦大学产业经济国家重点学科带头人负有学科建设的重任，考虑到有一个平台可以争取资源，同时应用研究决策咨询也是产业经济学科发展内容之一，也可以为学科建设添砖。于是我就亲自组织人手、撰写报告，亲自参加面试，解答评审专家的疑问。最终我们脱颖而出，获得首批 9 家工作室之一，6 家上海市社会科学创新研究基地之一，方向为“上海产业结构调整”。工作室以我的名字命名，研究基地我为首席专家。市政府专门开会授牌，相关部门专门到学校来挂牌，校党委书记亲自陪同，场面很大，甚是荣光，更重要的是复旦大学一举拿到两个牌子，还有一个由新闻学院院长获得。

这样的研究机构实施新型机制即非终身制机制，每过三年，政府会邀请专家对每个工作室或创新研究基地进行评估，得到优秀的方可以延续三年，得到良好的方可有资格继续申请下个三年，就这样我们的工作室与基地不断滚动，至今已经进入第五个三年的第二年。每年工作室与基地要为政府承担决策咨询研究课题三个，其中有一个重点课题，其他为一般课题。每年除了要上交研究报告，还要上交研究专报 5 次左右，每两个月还有一份工作室基地简报上交等，工作任务还是相当多的，我的坚持真正源于知识分子理应为社会为政府贡献才智的初心。当然十几年的时间也给了我与我的团队长期关注上海产业结构转型升级，上海新兴产业与传统产业、制造业、服务业等诸多方面变化与深入研究的机会，为此我不敢怠慢，认真研究做好学校教学科研的同时积极深入研究并获得好的成果。我们的研究成果、研究专报、建言献策一直获得上海政府领导、有关部门的重视，先后获得市主要领导批示多次，我们的一些研究成果也出版成系列著作，如国家“十二五”重点图书《产业发展与结构转型》系列（五本），如《中国产业发展年度分析报告》（2015—2019 年，共五本），并在国内外学界与社会引起广泛的重视。

二

本书由工作室与研究基地撰写与提交的研究专报编辑而成。书中不同的研究专报实际是我们在过去 12 年间（2010 年至 2021 年）写成的。这 12 年涉及上海经济与产业发展的“十二五”时期与“十三五”时期，既是上海改革开放进入新阶段的时期，也是上海四个中心建设、科创中心深入建设以及产业结构优化升级的重大转型发展时期。这 12 年中来自 2008 年全球金融危机的余波不断、新一轮技术发展以及新型产业发展风起潮涌，特别是近几年中美贸易摩擦导致的全球产业链变化、产业分工体系整体调整导致的我国经济与产业发展战略的调整，以及 2020 年初新冠肺炎疫情爆发给全球、我国与上海市的巨大冲击等，都给上海经济与产业高质量发展带来了重大的挑战。有挑战有风险就有机会，上海如何在这样的挑战与机遇并存的情况下，迎难而上，认真研究积极思考探寻未来高质量发展方向与路径，这是从事应用经济产业经济研究的学者的责任之一，建言献策是我们应有之义务。应该说，能够有这么个机会参与到上海经济与产业发展的研究之中，既是我的幸运，也是我们研究团队的幸运。

我认为出版这么一个文集，既是对自己这么多年来在复旦大学从事教学科研与行政工作之外为政府与社会开展决策咨询研究的一个全面回顾，也是对自己开展对上海产业结构优化调整、上海产业发展问题关注与研究的一个总结。读者也可以从书中观察到上海产业结构调整与产业发展的一些历史与现实的轨迹。

本书有如下特点：第一，每年的专报涉及的主题主要是政府当时希望研究的命题，也有一些是工作室研究人员觉得重要且有研究报告支持，故写成专报供政府相关部门参考，内容上会感觉多种多样些，但总的主题还是关于上海产业结构调整与产业发展方面。第二，每年的专报数量并不相同，有的年份多达 9

份,最少的年份只有3份,原因应该是比较少专报的年份恰好是那年我的学校科研教学等工作特别繁忙的时候,没有很好地去组织,有点无暇顾及。第三,本书保留了原来的文稿样子,我是想让读者明白,我们一开始并不知道决策咨询研究专报应该写成什么样子,我们的专报学理性会比较强,有时还把实证过程的数量分析过程放在专报之中。今天看来这恰恰是我们开展决策咨询研究的特色,即研究结论有比较充分的学理与相关定量研究的支持。

参与本书专报写作的主要为本人与本工作室研究团队的研究人员,包括老师与博士研究生、博士后,此外也有个别临时加入的研究人员。他们是复旦大学管理学院的芮明杰、刘明宇、张洁、罗云辉、伍华佳、李玲芳、姚志勇、伏啸等教授;华东师范大学商学院的胡金星、陈贵孙教授;苏州大学经济系杨锐教授;上海理工大学管理学院赖红波教授;复旦大学管理学院毕业博士赵小芸、张群、杨丰强、马昊、王明辉、袁博、韩自然、肖勰等,博士后王子军、胡军、陈之荣、付永萍、刘勰、钟榴、潘闻闻等,博士研究生韩佳玲、李笑影、施婧婧、徐睿、张子勰、孙成、张敬陶等。在此书出版之际,我十分感谢他们曾经的付出!特别需要感谢的是复旦大学产业经济学系科研秘书吴晓琳老师,这么多年来她还特别担任我工作室与社科研究基地的秘书,许多工作联系、研究报告编辑、专报编排、每两月的工作室简报编写、年度工作报告编写等工作都由她一人完成,勤勤恳恳认真负责。在本文集的编撰过程中,她也协助我承担了本书的部分文本工作。

三

本书章节的排列是按照年份的时间序列进行的,每章的标题大致可以反映本年度撰写专报的核心主题,总的内容归纳起来大致可以分为以下几个方面:

第一,促进上海"四个中心"建设与产业实体化发展。上海作为国际大都市和经济重镇,其经济中心、金融中心、贸易中心和航运中心四个中心建设一直在持续推进中,取得不少成绩。但2008年金融危机爆发并很快从美国波及全球,也影响到我国,我国为应对金融危机出台了一系列促进经济增长的财政与货币政策。然而，金融危机对全球经济的影响是持久的，特别是未来以金融为代表的虚拟经济与以制造业为代表的实体经济如何协同发展，是放在上海乃至全球面前的重要挑战。这种挑战其实就是上海产业体系、产业结构如何进行前瞻性调整优化，构建新的核心优势，这也就成了本工作室研究内容之一，本工作室撰写多篇研究专报，内容涉及我国现代产业体系构建、上海国际航运中心建设、电子商务平台与上海国际贸易中心创新、上海高碳产业低碳化转型、上海现代生产服务业发展方向、生物医药产业发展策略、可产业化高技术成果认定等方面的战略思考与对策建议。

第二，把握新一轮工业革命与技术进步的机遇与挑战。2012 年 4 月 21 日出版的《经济学人》发表了《第三次工业革命：制造业与创新》封面文章，此文发表后立刻引起了世界各国各界的广泛关注。我国过去错过了两次工业革命带来的经济发展的历史机遇，如果第三次工业革命真的来了，那么就应该认真对待，抓住历史机遇谋求更好更快发展。另外，2012 年是上海“十二五”规划实施的第二年，产业发展状况如何影响很大。为此工作室研究人员承担了比较多的研究任务，其成果形成了九篇研究专报，主要内容涉及第三次工业革命对上海经济与产业发展战略的思考、三网融合产业监管体制的启示、上海高技术产业与北京相关产业的比较、上海 2012 年年度产业跟踪分析，以及最近发达国家发展战略性新兴产业的政策及其启发等，专报从第三次工业革命、全球产业发展趋势角度，分析上海产业发展现实问题及其原因，借鉴发达国家的经验，战略性思考上海产业结构调整与未来发展路径。

第三，深入研究上海制造业转型升级的战略与对策。“工业 4.0”是 2011 年德国在法兰克福工业博览会上提出的新概念，在经过两年的发酵后，已经在德国本土、欧洲其他地区、美国乃至全球引发了热烈的讨论。积极调整本国或地区的制造业发展战略，希望制造业回流并重振其曾经拥有的国际竞争力。上海曾经是我国的工业中心，制造业基础雄厚，然而这些年来制造业在 GDP 中的贡献逐步下降，其中一些传统制造业甚至到了发展十分困难的境地，这就有了上海作为大都市型经济未来是否还需要发展制造业，发展什么样的制造业有核心竞争优势的重大问题。为此工作室研究人员提交上海市政府多篇研究专报，比较了德国“工业 4.0”与美国的“CPS”，探讨了针对消费者个性化消费需求的新一代智能制造生产方式，研究了发达国家制造业结构转型以及对上海的启示，并对上海制造业未来发展进行了深入思考，提出了上海制造业结构转型与增长的战略思考与对策。

第四，上海战略性新兴产业以及科技企业竞争优势方面的研究。战略性新兴产业发展是上海产业结构转型升级的核心力量，也是上海构建现代产业体系恢复经济增长新动力的关键，工作室这些年长期关注新兴产业以及科技企业在上海的发展，不断开展深入研究。具体来说，一方面是在上海高端装备产业的发展战略设计、上海生物制药产业创新、上海半导体产业发展、现代流通产业发展、工业设计、互联网与传统制造业“三业”融合创新、上海制造业智能化发展思路与对策研究；“工业 4.0”背景下制造业转型升级研究，上海智能机器人产业发展等等。另一方面是对产业创新主体世界级科技创新型企业的研究，“世界级”创新型企业成长的驱动因素、路径及其启示，上海科技型企业成长为世界级科技创新企业的策略探讨，等等，为上海建设世界级科创中心实现科技成果产业化，培养世界级科技企业出谋划策。

第五，对产业政策效果进行评估并协助上海制定新产业政策。产业政策可以分为两大类：一类是选择性产业政策，即向全社会表明现在至未来政府支持发展什么产业或不支持发展什么产业或限制发展什么产业的政策；另一类是功能性产业政策，主要是指营造公平竞争市场、营商环境、鼓励创新、扶植新兴弱小产业等的政策。上海的产业体系、产业发展至今取得的巨大成绩与新形势下的不足都与过去的产业政策有很大的相关性，研究与探讨上海“十四五”期间应该制定什么样的产业政策以推动上海未来产业高质量发展就十分必要。工作室重点研究全球竞争背景下上海现代产业体系建设的目标、思路与路径，并在此基础上特别给出上海市“十四五”产业政策设计思路与要点、上海市“十四五”

新基础产业发展政策思路与要点、上海市“十四五”高端生产性服务业发展政策思路与要点等一系列研究专报，为上海“十四五”规划编制与执行建言。

第六，应对新冠疫情，积极建言献策上海经济增长与产业高质量发展。2020年初爆发了新冠肺炎疫情，这是一场突如其来的全球人类社会未知的传染性疾病，我国与全球其他国家一样立即投入极大的人力物力及医疗资源进行大规模的防治。为了预防新冠肺炎疫情的扩散，不得不开始采取暂停生产交通进行人员隔离防范，如此必然严重影响全年的经济与产业增长，为此如何在抗击疫情保障生命安全的前提下，尽量减少经济损失尽量恢复民生就成为政府的首要大事。本工作室研究人员也立刻投入到这个重大事件之中，积极分析研究、建言献策，为上海抗击疫情，恢复经济增长，为上海减少损失，发展高端产业贡献自己的聪明才智。主要撰写的专报有：刺激消费需求，上海经济增长才可靠；高端服务与先进制造融合发展，推动上海经济新增长；提升上海智能机器人产业能级，打造上海制造名片；高端产业如何发挥产业创新发展的引领功能？培育高端产业的产业创新发展引领功能载体是当务之急；上海数字基础产业发展的新思路与新策略；上海的汽车产业创新发展、先导性产业（如半导体产业）价值创造、长三角平台经济发展、新型产业链构建以及上海产业扶植政策设计等。

应该说，本书的出版也是记录我毕生追求与践行：学以致用，知行合一，贡献社会。

芮明杰于家中小书房

2022年4月8日

目　录

第一章　现代产业体系构建下的上海生产服务业、生物医药产业发展

2010年是全球金融危机爆发后的第二年，金融危机对全球经济的影响依然没有消除，我国为应对金融危机出台了一系列促进经济增长的财政与货币政策，在这样的背景下上海经济与产业发展面临新的挑战，为此上海市决策咨询研究基地芮明杰工作室（上海产业结构调整）研究人员在本年度开展了上海市政府委托决策咨询课题，根据研究成果撰写5篇研究专报，内容涉及我国现代产业体系构建，上海现代生产服务业发展方向、生物医药产业发展策略，可产业化高技术成果认定以及现实上海企业发展问题调研等方面战略思考与对策建议。

一、我国构建现代产业体系的科学发展路径

——全球化背景下产业分工格局的视角[①]

（一）引言

自改革开放以来，支撑中国经济近30年快速发展的产业体系多数是劳动

① 本报告是教育部应急课题《国际金融危机的环境中加快构建我国现代制造业体系的对策研究》（批准号：2009JYJR047）的研究成果，课题负责人是复旦大学管理学院芮明杰教授。

密集型和技术模仿型产业，这种现行的产业体系基本处于全球价值链低端，创新不足。2008年开始的国际金融危机使高度依赖出口的中国产业体系受到了巨大冲击。面对严峻的形势，中国政府迅速做出反应，及时调整了宏观经济政策，出台了扩大内需的十项措施，颁布了十大产业调整和振兴规划，在两年内新增加投资四万亿元人民币。这些措施的实施增加了国内需求，弥补了由于出口减少造成的缺口，中国的经济发展赢得了世界的尊敬。

中国经济的良好表现不代表没有问题。一方面，由于全球资源价格变化和我国劳动力成本上升，源于劳动力低成本与资源低价格的竞争优势已经开始逐步丧失；另一方面应对金融危机的经济刺激政策集中于大规模的财政投入，尤其是基础建设投入，结构调整进展缓慢，难度很大。不仅钢铁、水泥等产能过剩的传统产业仍在盲目扩张，风电设备、多晶硅等新兴产业也出现了重复建设投资。如在各地区制定的2010年远景目标规划中，有24个省市将汽车工业列为支柱产业，生物医药、新能源等新兴产业更是争相被列入产业优先发展目录。

经济学理论认为在全球化背景下，发展中国家有“依附论”和“依附发展论”两种路径。当发展中国家通过“依附发展”达到较高层次后，“自主创新”成为必须面对的道路。目前，中国现行产业体系向现代产业体系转型已经成为一个非常紧迫的重大问题，对目前各地区“投资趋同”和“产能过剩”进行深层次分析，从理论高度探究其原因，对于研究构建中国现代产业体系具有非常重要的意义。

（二）现行发展模式的不可持续性

产业体系是在某一分类标准下所有产业及其它们之间的联系。现行的产业体系是指当前一国产业的结构及其运行的状态，而现代产业体系是指具有当代领先的、具有竞争优势的、又面向未来发展趋势的产业体系。

曾经支撑中国经济高速发展的现行产业体系是中国积极参与全球分工的

结果。这种“依附性发展”是由于发达国家将价值链上的低端产业向低成本国家转移,集中精力发展处于价值链高端的产业。中国过去通过发挥低劳动力成本的比较优势,使得经济迅速发展,成为贸易大国和“世界工厂”,但是也面临着越来越高的转变增长模式的压力。例如,中国企业融入世界生产体系的广度虽然可观,但深度严重不足,即大部分企业处于价值链的低端(Steinfeld,2004)。[①]吴敬琏(2005)[②]指出改革开放以来中国的经济增长并未完全脱离工业化国家早期的一般模式,在产业层面表现为技术创新动力不足、环境和资源关系的恶化、服务业发展受限制等弊端。

林毅夫(2007)认为,由于后发优势的存在,发展中国家的企业很容易对下一个有前景的产业产生共识,投资上出现“潮涌现象”,并伴随此现象出现“产能过剩”和相关的一系列问题。新兴产业由于存在模仿的后发优势,趋同更为严重。“投资趋同”和“产能过剩”造成资源配置不合理和浪费,没有利用各地的比较优势,不符合现代产业体系的特征。当发展中国家通过“依附发展”已经达到较高层次,需要产业结构升级的时候,发达国家可能会由支持转为“抑制”。如无得当应对举措,有可能落入持续滞后的“后发陷阱”(Gerchenkon,1979)。[③] 发达国家的大型企业以其核心技术与品牌为基础迅速成为全球产业链与价值链中的“系统整合者(system integrators)”,对其产业链上、下游企业的活动进行较大力度的整合与协调,从而继续维持其在价值链的顶端位置(Hobday et al.,2005)。[④] 现行产业体系运行的系统动力学模型如图 1.1 所示,资源、环境、劳动力成本的上升,最终使得原来的正向增强的反馈环无法进行下去,中国的现行产业体系必须升级转型。

---

① Steinfeld,Edward S. China's shallow integration: networked production and the new challenges for late industrialization[J]. World Development,2004,32(11):1971—1987.

② 吴敬琏. 思考与回应:中国工业化道路的抉择(上)[J]. 学术月刊,2005(12):38—45.

③ Gerschenkron A. Economic backwardness in historical perspective[M]. Cambridge MA,1979.

④ Hobday,Michael,Andrew Davies,and Andrea Prencipe. Systems integration: a core capability of the modern corporation[J]. Industrial and corporate change,2005,14(6):1109—1143.

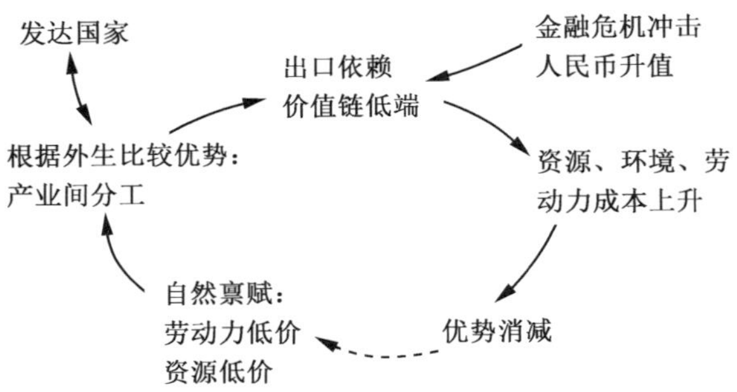

资料来源：作者绘制。

图 1.1 现行产业体系运行的系统动力学模型

（三）现代产业体系的目标模式及运行的可持续性

新贸易理论认为，国际分工格局形成了两类贸易：一种是发达国家与发展中国家的垂直贸易（或产业间贸易），一种是发达国家与发达国家之间的水平贸易（或产业内贸易）。"规模经济"是发达国家之间工业产品"双向贸易"的基础。由于发展中国家依赖于初级的资源禀赋，进入门槛低，初级产品接近于完全竞争，没有产品的定价权；发达国家依赖高级的资源禀赋，进入门槛高，高附加值产品的市场结构一般是垄断竞争或者寡头垄断。这造成了发达国家与发展中国家之间贸易的比较利益更多地被发达国家占有。

不过，初级的要素禀赋并不必然决定该国的竞争优势，因为要素是动态的，因而可以被升级。迈克尔·波特（1990）[①]把生产要素分为基本要素和高级要素两类。基本要素包括自然资源、气候、地理位置、非熟练劳动力、债务资本等一国先天拥有或不需太大代价便能得到的要素；高级要素包括现代化电信网络、高科技人才、高精尖技术等需要通过长期投资和后天开发才能创造出来的要素。既然基本要素禀赋的劣势可以通过战略和技术发明予以改变，产业分工格

① Porter, Michael E. The Competitive Advantage of Nations[M]. Free Press, 1990.

局就不是完全被动的。

中国现行产业体系在发达国家主导的全球分工格局中处于价值链的低端，中国正在承受着普莱维什所说的外围国家的成长烦恼——有规模扩大、无收益增长的情况。[①] 因此，亟须改变中国在全球分工格局中的地位，目标模式就是变与发达国家的“垂直分工”为“水平分工”，即由外生比较优势决定的产业间分工，转变为规模经济主导下的产业内分工。达到这个目标的过程包括二个环节：一是通过知识和经验的积累，实现禀赋的升级，这是改变国际分工格局的关键；二是与发达国家的专业化分工，基于分工造成生产率差异的内生比较优势能够随着分工的逐步发展而不断演进，形成竞争优势；三是建立一个体系开放、结构合理、布局优化，具有内生创新动力，不断动态演化的中国现代产业体系。如图 1.2 所示。

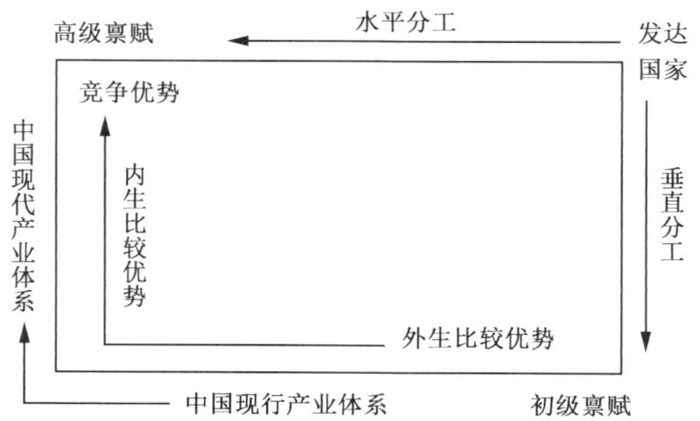

资料来源：作者绘制。

图 1.2　全球分工格局下构建现代产业体系的目标模式

现代产业体系基于内生比较优势与发达国家进行产业内的专业化分工，通过自主创新实现功能升级，占据价值链的高端，获得全球价值链的治理能力，实

① 中心国家通过普遍提高资本家和工人收入的方式获取技术进步的好处，产品价格几乎不变（如果收入提高的幅度大于生产率提高的幅度，产品价格还会上涨）；外围则是通过降低产品价格的方式获取技术进步的好处，收入几乎不变。即使外围国家提高收入，也会由于低于生产率提高的幅度而使产品价格趋于下降。

现收益的增长,收益的增加促进了人力资本的进一步积累和新比较优势的形成,在此基础上依据新的动态比较优势参与国际分工,形成一个正反馈的循环,如图 1.3 所示。

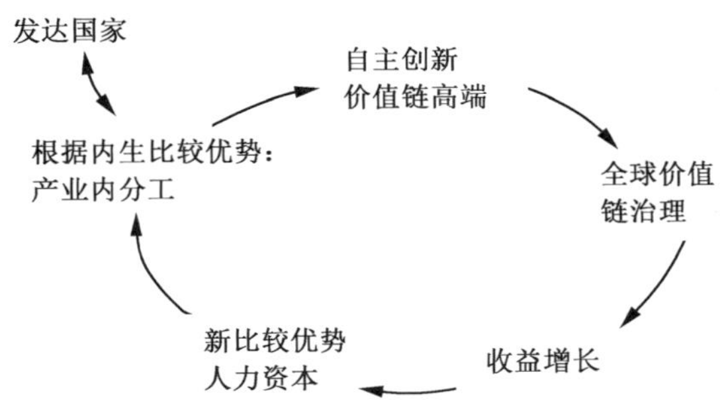

资料来源:作者绘制。

图 1.3 现代产业体系运行的系统动力学模型

(四)中国建立现代产业体系的科学发展路径

由现行产业体系向现代产业体系发展的关键是形成新比较优势。杨小凯等(Yang & Borland,1991)①认为,对于一个即使没有先天的或者说外生比较优势的个人,通过参与分工,提高自己的专业化水平,通过加速个人人力资本的积累也能获得内生比较优势。新比较优势源于专业化分工的内生比较优势,但是它也受到该国初始结构的影响,更关键的是,为了实现产业的升级转型,专业化必须选择一定的方向。因此,中国建立现代产业体系必须遵循科学的发展路径,必须在禀赋升级、价值链升级和空间结构优化三个方面取得协调,具体如图 1.4 所示。

这三个方面包括:

1. 升级要素禀赋,改变比较优势的基础。如何建立一个能充分发挥比较优

① Yang, Xiaokai and Jeff Borland. A Microeconomic Mechanism for Economic Growth[J]. Journal of Political Economy, 1991, 99(3): 460—482.

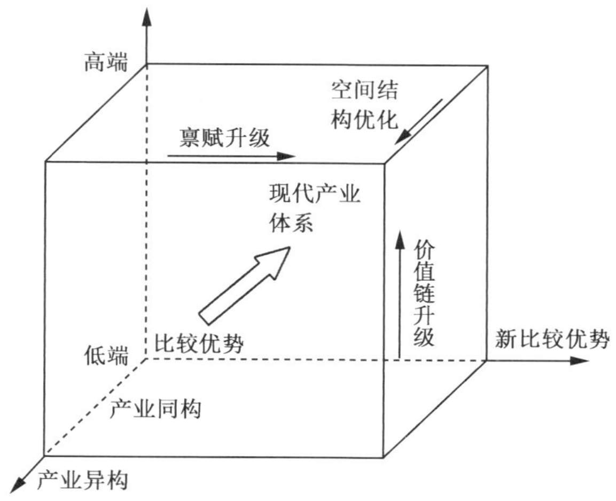

资料来源：作者绘制。

图 1.4　建立现代产业体系运行的科学发展路径

势的产业分工体系，同时又不陷入“比较优势陷阱”，实现知识的积累，提升要素禀赋等级是发展现代产业体系的关键之一。

2. 在全球价值链中获得价值链的“治理权”。在开放格局下，中国很多产业没有价值链的治理权。国外的跨国公司充当了“系统的整合者”，甚至通过价值链的区域分割和等级制安排，限制发展中国家沿价值链的学习和产业升级。因此，如何通过知识积累和能力培育，获得更多产业升级的“话语权”是转型的关键之二。

3. 通过区域一体化，构建形成现代产业体系的市场基础。目前中国区域间产业同构的现象导致了资源分散和市场分割，难以形成对产业升级的有利环境。区域一体化通过要素流动和市场的统一，为产业升级提供了一个良好的资源支持和市场支持，这以区域间产业分工的科学性为基础。

（五）结论与建议

本文通过对中国“投资趋同”和“产能过剩”现象的深层分析，认为现行产业结构体系由于基本处于价值链的低端，创新不足，劳动力低成本与资源低价格所带来的竞争力优势已经开始逐步丧失。因此，构建现代产业体系亟须改变中国在全球分工格局中的地位，目标模式就是变与发达国家的"垂直分工"为"水平分工"，即由外生比较优势决定的产业间分工，转变为规模经济主导下的产业内分工。通过知识积累，实现禀赋的升级，形成新比较优势，是改变国际分工格局的关键。

另外，本研究认为在发展现代产业体系的过程中，市场空间对产业升级的技术空间有着决定性作用。新产品(或服务)的市场规模决定了产业升级的最优距离。国内目前在主导产业选择上形成的"潮涌"和产业布局的"同构"现象，将会造成市场的分散，大幅度减小创新的市场空间，从而缩短产业升级决策的技术距离。本研究还认为发展现代产业体系必须形成"雁阵"格局，即由部分具有升级条件的主导企业和产业发挥带动作用，其他企业或产业与之配套或关联。原因是，不是所有的企业都能够实现价值链升级所需要的技术跳跃。在这个过程中，必须充分发挥市场竞争机制的"筛选"作用，由市场来选择"头雁"。企业需要根据实际情况，选择技术创新路径。发展现代产业体系必须在禀赋升级、价值链升级和空间结构优化三个维度实现协同。首先，只有实现禀赋升级、建立新的比较优势，才有可能实现由垂直分工向水平分工的转变；其次，自主创新必须有一定的战略方向，才能实现知识的积累，促进价值链的升级、推动比较优势的演化；最后，只有实现市场的一体化，才能为产业升级提供最大的技术跃进空间。

执笔：复旦大学　刘明宇　芮明杰

2010年5月

二、国际现代生产性服务业发展趋势、规律、模式及对上海的启示

上海作为大都市型经济，四个中心的建设已经明确其三次产业结构升级的方向是第三产业对GDP的贡献要达到70%以上，其中第三产业中生产性服务业的GDP贡献也要达到70%，然而目前上海的生产服务业发展的状况与国际大都市、四个中心建设还有距离，需要认真研究推动其有序发展。

（一）生产性服务业的内涵与特征

1. 生产性服务业的内涵

生产性服务业（Producer Service，又叫生产者服务业）是指提供中间需求性质服务产品的企业集合，其服务对象是面向企业而非最终消费者。从其功能角度看，它是指为保持工业生产过程的连续性、促进工业技术进步、产业升级和提高生产效率提供保障服务的服务行业。生产性服务业目前由三个部分组成：基本的生产服务、嵌入到制造业价值链的生产服务和为生产服务业提供服务的服务。

基本的生产服务来源于制造企业生产前和生产后所需要的各种服务，如需要其他产业提供投入品，需要金融机构提供资金支持，需要法律方面的帮助，需要一些咨询机构提供发展环境与产业趋势的分析等，这就形成最初的生产服务业。此时的生产服务业的特点是：服务的对象虽然是制造企业，但服务内容比较简单，不涉及企业内部的生产与管理的价值链，是企业生产前与生产后所需要的服务。服务的方式技术性不高，价值增值的空间不大。此时的制造业企业是一个比较大而全的企业，生产与管理过程基本依赖自己的力量完成。

嵌入到制造业价值链的生产服务源于从制造企业内部价值链中分离出来的生产服务环节。一个完整的制造业价值链可分为两大部分（见图1.5）：一个是制造过程辅助部分，我们称之为“管理价值链”，主要包括战略决策、人力资源、会计

审计等环节。一个是“制造业企业投入产出价值链”部分，主要包括信息收集处理、研究设计、产品试制、生产线准备、制造、批发代理和分销零售等环节。其中，制造过程又细分为材料采购、加工部件、组装、检验、仓储和配送等环节。

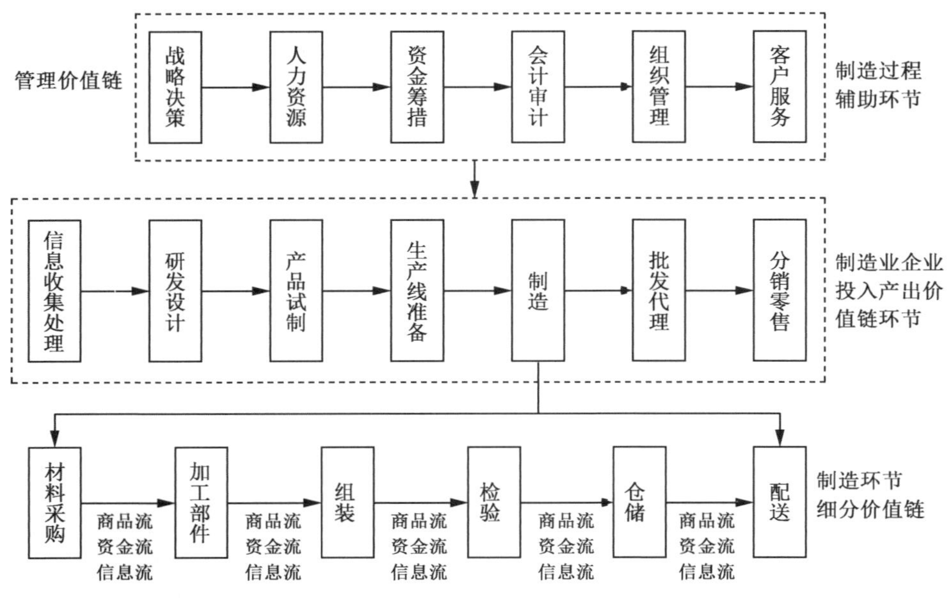

资料来源：作者绘制。

图 1.5　制造业产业价值链

随着制造业企业对核心业务的聚焦和降低总成本的压力，以及中间业务市场规模的扩大，有一部分原本由生产企业内部的生产性服务部门提供的业务逐渐从制造业价值链中被剥离出去进行外部化、市场化运作而构成一个独立的新业态，如供应链管理、第三方物流、信息集成、风险投资、融资租赁等，形成了嵌入到制造业价值链的生产服务。这一部分生产服务高度依赖制造业企业的专业化发展，并对制造业企业的转型和竞争力提高有十分重要的作用，其本身的技术进步也非常的迅速，知识与技术含量越来越高，是目前生产服务业中最重要的部分。

为生产服务业提供服务的服务源于生产服务业发展进步过程中需要的新的服

务,这部分是生产服务业发展到高级阶段的产物,如为供应链服务企业的服务,为金融企业提供的服务甚至是金融服务(如金融衍生品可看作为金融企业提供的服务产品),等等。在发达国家服务经济特征中很关键的一个特征就是为服务业而服务的服务内容与方式高度地发达,成为服务业和生产服务业中最重要的成分。

以上三部分构成了生产性服务业的内容,但随着经济发达程度的不同,这三部分的比重是变化的,越是经济发达,第二部分和第三部分比重就越大,特别是为生产服务业提供服务的服务比重更大。图 1.6 表达了目前生产性服务业的三个组成部分与制造业企业生产过程与专业化分工的相互关系。

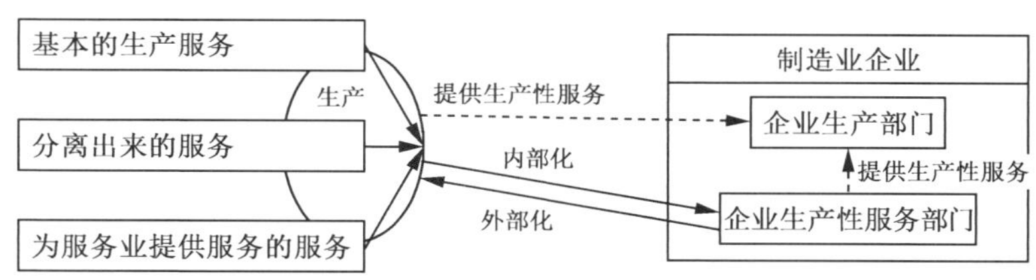

资料来源:作者绘制。

图 1.6　生产性服务业与制造业生产专业化关系

2. 生产性服务业的特征

(1)中间投入特性。这是区分生产性服务业与消费性服务业最本质的特征。生产性服务业是用来生产其他实物产品或服务产品的中间投入服务产品,它充当实物生产或服务生产过程的媒介,是被企业用作生产商品或提供新的其他服务的生产过程的投入和为了创造更大价值的中间性消费,贯穿于企业生产过程的上游、中游和下游诸环节中。

(2)较强的产业关联性。产业关联性是产业间以各种投入品和产出品为联结纽带的技术经济联系。对于生产性服务业来说,它的产业关联性尤其表现在嵌入式生产性服务业与制造业的投入产出关系。因此,从产业关联性角度看,嵌入式生产性服务相对于非嵌入式生产性服务更加依附于制造业的生产过程。但是随着工业化进程的推进,服务经济在国民经济中地位的增强,生产性服务业与服务业之间的产业关联性会更加明显。

(3)高度人力资本和知识资本密集,即高度专业性。这是生产性服务业的重要特征,也表明生产性服务业提供的是各项专业化的服务。它们大部分以知识资本和人力资本作为主要的投入品,其产出也是含有大量的知识资本和人力资本。信息通信技术的一体化更增加了生产服务的信息和知识密集度,提高了生产服务业对经济增长的推动作用。从面向对象范围来看,嵌入式生产性服务较之非嵌入式生产性服务有较窄的服务域,像法律、咨询、会计等非嵌入式生产性服务几乎可以服务于全部的行业。此外,生产性服务业同其他产品一样,具有可贸易性。这也是全球服务贸易得以蓬勃发展的重要基础(见图 1.7)。

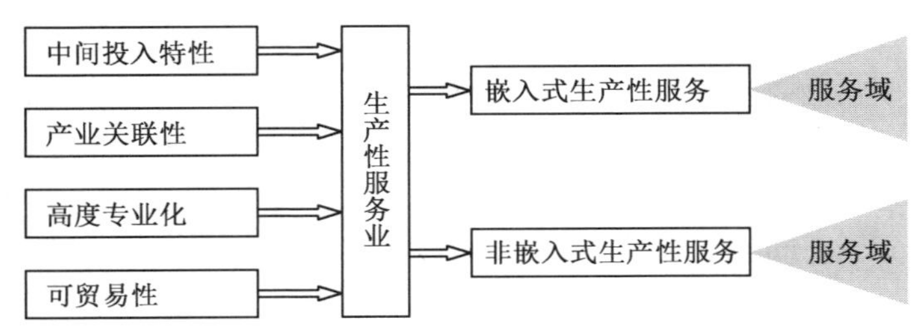

资料来源:作者绘制。

图 1.7 生产性服务业特征

(二)生产性服务业与制造业的互动关系

1. 制造业企业制造与生产服务分离

制造业企业内部的生产过程实际上明显分成两个部分:一是生产制造部分;一是为生产制造服务的生产服务部分。这两部分又互相结合在企业的投入产出价值链中。在技术进步和分工深化的条件下,制造业企业的生产服务部分逐步开始外部化,形成生产服务业的新市场。这部分生产服务是制造企业生产过程中的服务需求,同时又嵌入在生产价值链中,所以我们称之为嵌入式生产性服务。

嵌入式生产性服务具体来说是从原制造业产出价值链的母体上分离出来

并独立运作一系列不同类型的服务环节，如图 1.8 所示，基于企业内部管理过程，分离出以"管理服务"为内容的系列服务环节，如咨询公司、会计师事务所等中介商务服务企业；基于制造业企业投入产出价值链，抽离出一系列与生产过程直接关联的服务环节，如信息服务、产品设计、检测服务、融资租赁等服务；围绕"制造"环节，同样也衍生出一系列服务环节，如供应链服务、信息管理服务、供应链金融、仓储物流服务和维修客户服务等。

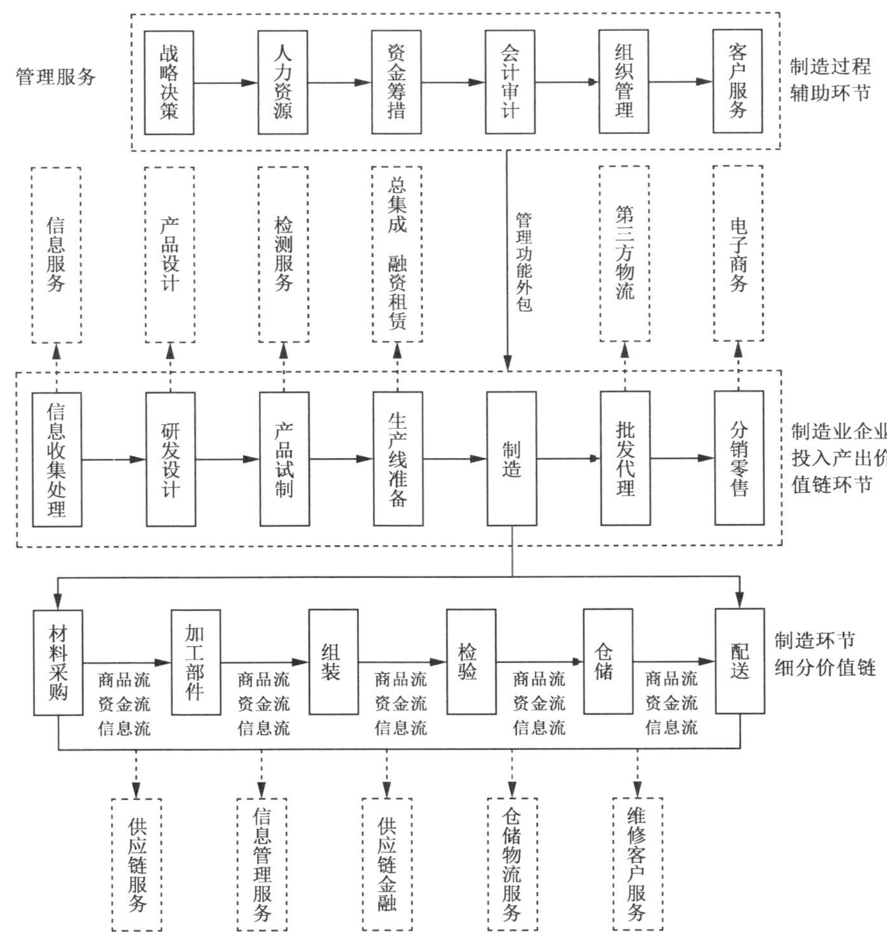

图 1.8　制造业产业价值链生产性服务外包分离图

2. 制造业企业制造与生产服务互动

制造业企业制造与生产服务价值链上的分离，形成了生产性服务与制造的嵌入和非嵌入的关系。嵌入式生产性服务是指那些在功能上嵌入生产过程但又脱离于生产过程而独立市场化运营的服务模块。嵌入式生产性服务是最终产品得以完成必不缺少的环节，例如：信息服务、科研技术服务、物流服务（仓储、配送）、非银行金融服务、检测、采购（包括标件和定制件）等。在与产品生产直接相关的各环节中，缺少上述服务的任何一个环节，产品生产都难以完成。非嵌入式生产性服务是指那些与商品形成全过程有一定的外部相关性且独立市场化运营的服务模块，但这个相关性不是直接嵌入到产品形成过程。对商品形成全过程来说，它起到辅助、润滑和降低交易成本的作用。非嵌入式生产性服务的种类和水平对嵌入式生产性服务的功能发挥，以及生产率的提高都有很重要的影响。如教育服务、商务服务、批发零售、节能与环保服务、维修维护服务等。分离后的制造业其价值的增值不仅源于传统上的生产制造过程，而且愈来愈源于从制造业价值链上分离出来的服务价值链所构建的生产服务过程。图 1.9 反映了生产性服务业与制造业价值增值的互动关系。

3. 生产性服务业与制造业互动的决定

现代制造业与生产性服务业的互动关系演变，既是源于生产过程技术变革，又是企业对生产率发展的内在要求。制造企业的竞争力很大部分取决于其能否获得低成本、高质量的生产性服务，如管理服务、产品设计、供应链服务、维修维护、电子商务等。制造业转型升级和发展先进制造业迫切需要制造业价值链的各个环节的分工深化、效率提升和交易成本降低，这些都离不开以知识和信息为输出特征的生产性服务业的发展，同时，对 OECD 国家的数据分析表明，生产性服务业还有助于地区生产率的增长，尤其是对那些经济发展处于转型阶段的国家或地区。

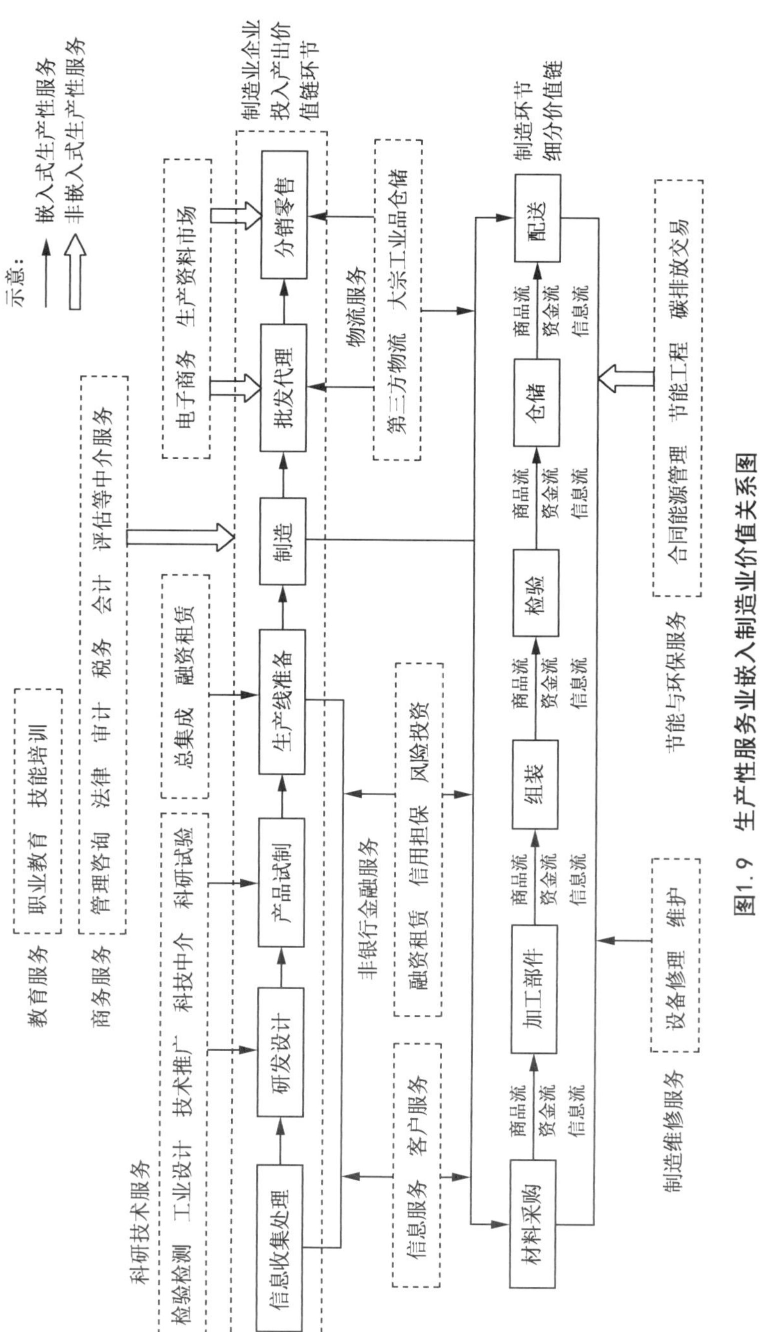

图1.9　生产性服务业嵌入制造业价值关系图

（三）生产性服务业发展的阶段及趋势

生产性服务业一般是随着制造业发展水平和社会分工程度的加深而发展的。当然先进生产性服务业引入打破原有均衡而推动制造业发展也是一种选择。随着企业规模的扩大、市场竞争加剧和技术水平的提升，企业的价值链深化，内部分工程度拓展，中间性需求增加，内部服务项目不断的分离外包，促进独立的专业生产性服务业发展，这个过程也是生产性服务业逐步外部化的进程。实际上，就是制造业企业将一系列以前由内部提供的生产性服务活动进行垂直分解（Noyelle，1988）[①]，实施外部化，将研发、设计、内部运输、采购等活动外包给生产性服务企业。企业将其内部的非核心的服务性经济活动外包给专业的服务商来做，不仅使制造企业提升自己的核心竞争力，同时也带动生产性服务业的发展。

从生产性服务业发展这一现象本身来看，伴随着生产组织方式的变革（如精益生产方式的采用）和专业分工程度深化的趋势，制造业企业基于自身核心竞争力，对价值链进行分解的趋势也就变得非常明显，它们将自身价值链的一些支持活动，甚至是基本活动都外包出去，例如，人力资源活动、会计活动、研发设计、采购活动、运输、仓储、售后服务等。这些外包出去的业务就逐渐形成了独立的产业，这些产业在为客户提供专业化服务的同时，自身的业务水平也不断提高，同时分工也更加细化，提供服务所发生的成本也在不断降低，规模经济效应和学习效应不断得到释放，进而又推动制造业企业将更多业务进行外部化，从而进一步促进了生产性服务业的发展。

从经济学的角度来看，生产性服务业的产生和发展就是建立在成本优势基础上的专业化分工的深化，以及企业外包活动的发展。在具体的生产过程中，企业需要对各种生产要素做出“做”或“买”的决定，是在自己内部生产还是在外

---

① Noyelle，Thierry. Services and the New Economy：Toward a New Labor Market Segmentation. Occasional Paper No. 5，1988.

部市场采购，因为这一决定直接影响到企业的成本结构、制造方式、组织结构，以及区位选择。也就是说，对于企业而言，如果外部的组织能够做得更有效率，同时成本更低，那么此项活动就应该由外部的组织来完成；反之，如果企业自身能够做得更好，则应该选择自己做。如果我们进一步将内部化—外部化的概念引入，就可以发现，事实上生产性服务业的发展本身就是内部化—外部化活动特征变迁的过程。

1. 生产性服务业发展过程的三个阶段

科学地说，迄今为止，生产性服务业的发展过程可以划分为以下三个阶段。

阶段一：为制造业企业提供生产前和生产后的服务为主阶段

制造企业生产前和生产后所需要的各种服务，如需要其他产业提供投入品，需要金融机构提供资金支持，需要法律方面的帮助，需要一些咨询机构提供发展环境与产业趋势的分析等，这就形成最初的生产服务业。此阶段生产服务业的特点是：服务的对象虽然是制造企业，但服务内容比较简单，不涉及企业内部的生产与管理的价值链，是企业生产前与生产后所需要的服务。从服务的方式看，服务技术性不高，价值增值的空间不大。此时的制造业企业是一个比较大而全的企业，生产与管理过程基本依赖自己的力量完成。在这个阶段，外部生产服务业规模弱小且服务方式单一，主要为制造业企业提供生产前和生产后的一般服务，这个阶段通常和工业化早中期的时间重合。

阶段二：为制造业企业提供生产过程中的服务为主的阶段

企业内部的生产过程实际上越来越明显分成两个部分：一是生产制造部分，一是为生产制造服务的生产服务部分，这两部分又互相结合在企业的投入产出价值链中。随着技术进步、管理的深化和分工程度的深化拓展，制造业企业的生产服务部分逐步开始外部化，形成生产服务业的新市场。这部分生产服务是制造企业生产过程中的服务需求，同时又嵌入在生产价值链中，所以我们称之为嵌入式生产性服务。

随着制造企业对核心业务的聚焦和降低总成本的压力，以及中间业务市场规模的扩大，有一部分原本由生产企业内部的生产性服务部门提供的业务逐渐从制造业价值链中被剥离出去进行外部化、市场化运作而构成一个独立的新业态，如供应链管理、第三方物流、信息集成、风险投资、融资租赁等，形成了嵌入到制造业价值链的生产服务。这一部分的生产服务高度依赖制造业企业的专业化发展，并对制造业企业的转型和竞争力提高有十分重要的作用，其本身的技术进步也非常的迅速，知识与技术含量越来越高，是目前生产服务业中最重要的部分。这个阶段覆盖工业化中后期的发展。

阶段三：为生产性服务业提供服务的服务业发展为主的阶段

生产服务业提供服务的服务源于生产服务业发展进步过程中需要的新的服务，这部分是生产服务业发展到高级阶段的产物，如为供应链服务企业的服务，为金融企业提供的服务甚至是金融服务（金融衍生品等许多是为金融企业提供的服务产品）等。在发达国家，他们的服务经济中很关键的一个特征就是为服务业而服务的服务内容与方式高度地发达，成为服务业和生产服务业中最重要的成分。

在本阶段，生产性服务业的市场细分程度更高，服务的专业化水平也更高，既有标准化的服务，也有定制化和创新型的服务。在这个阶段，制造业企业一般基于核心竞争力控制价值链关键环节，制造企业和生产性服务企业的边界模糊融合，是发展的高级阶段，许多新的业态出现。本阶段实际就是后工业化社会的阶段。表 1.1 总结了工业化程度与生产性服务业的阶段对应关系。

表 1.1　　工业化程度与生产性服务业的阶段对应关系

农业社会阶段	住宿、餐饮等个人和家庭服务等传统生活性服务业为主
工业化初期阶段（对应阶段一）	现代工业出现并发展，制造业企业进行工业生产的过程中所需要的各种生产性服务大部分是由企业内部提供的。生产性服务业提供制造业产前和产后服务，没有涉及制造业的价值链环节，主要以运输、一般金融和仓储等行业为主

续表

工业化中期阶段（主要对应阶段二前中期）	制造业迅速发展，知识密集和技术密集型制造企业生产的中间环节对生产性服务业提出了更高的需求。嵌入式生产性服务业开始从制造业外部化并发展，工业化进程随之加快。此阶段，除运输、一般金融和仓储等行业进一步发展外，第三方物流、信息通信、新的金融服务等生产性服务业态开始出现。这些生产性服务一般嵌入制造业企业，和制造业关系密切，促进了制造业升级
工业化后期阶段（主要对应阶段二中后期）	制造业企业规模的扩大、国际市场竞争加剧，在高新技术的诱导下，企业内部的服务项目不断分离出来。此阶段，广告、咨询调查、中介、营销等商务服务业发展较快。同时供应链管理、第三方物流、信息集成、风险投资、融资租赁等生产性服务业态迅速发展。同时，为生产性服务业服务的服务业开始出现并发展

2. 生产性服务业发展的一般趋势

趋势一：为服务业服务的生产性服务业大量兴起

在以美国、日本、德国和英国等为代表的后工业化社会阶段，大都市经济转向服务经济，为生产服务业服务的服务业成为主流趋势。如纽约和东京发达的非银行金融服务，包括金融衍生产品、融资租赁、信用担保、风险投资等；发达国家中心城市近期新出现大量的生产性服务业形态：制造和维修服务，包括总集成和总承包、大型设备的维修等；节能与环保服务，包括近期出现的合同能源管理、节能工程咨询、碳交易管理等；先进物流服务，如第三方物流、代理仓储等；电子商务；设计创意服务和研发测试服务；供应链管理服务；职业教育培训和人事代理服务等。其中大多数是兼做制造业和服务业业务、或仅为服务业开展服务的新兴行业。这些新的服务业形态由于处在价值链的高端或能帮助制造业走向价值链的高端，已经成为各国竞争的焦点。

趋势二：生产性服务业技术知识密集度加大

生产性服务业呈现知识密集型和人力资本密集型，尤其是和制造业价值链紧密结合的嵌入式生产性服务业和为服务业服务的服务业更是如此。从服务产出看，为客户提供知识的生产、传播和使用等服务；从服务提供手段看，要素偏向是密集使用技能型劳动力，即从业人员大多具有良好的教育背景、专业知识基础和技术、管理等核心能力。嵌入式生产性服务业作为制造业的中间投入，内含的知识资本、技术资本和人力资本，可以大幅度提高制造业的附加值和国际竞争力。生产性服务有两个特点：知识密集型和差异化（Markusen，1989）①，嵌入式生产性服务业更是如此。知识的获取需要大量的最初投资，而一旦投资以后，边际成本则相对较少，因此在这些领域，规模经济发挥着很大作用。这样，有能力使其产品差别化的企业拥有较强的市场势力，从而使服务业处于垄断竞争的市场格局。此外，Hansen（1990）②也指出，在柔性的知识技术主导型生产体系中，生产性服务业和制造业相互融合。作为制造业的中间高级要素投入，高知识含量的生产性服务嵌入制造业的价值链环节，降低了制造业的生产成本，提高了制造业产品的差异化程度和创新能力，从而有利于制造业产业升级。

趋势三：生产性服务业的价值链也呈现全球分布态势

服务环节是制造环节价值实现的关键，现代经济增长的本质是由服务业主导的增长过程。从动态角度分析价值链，会发现越来越多的价值链的增值空间开始向其两端的生产服务环节集中，而作为中间环节的加工组装等生产环节的增值空间日益萎缩，越来越受制于位于高端的服务业环节。所以跨国公司开始专注于产业链中创造价值的高端活动，把与技术活动和市场活动等有关的服务业务牢牢抓在手中，而把缺乏比较优势的制造活动转移出去（刘志彪，2007）③，从而使自己逐步成为从事服务增值为主的专业化服务厂商。在这方面最典型的是美国GE公司和IBM公司。企业成功实现了转型，从制造业企业升级为服务型企业。而随着分工的深化拓展和跨国公司对其价值链分布的全球治理，生

① Markusen，James R. Trade in producer services and in other specialized intermediate inputs[J]. The American Economic Review，1989：85－95.

② Hansen，Niles. Do producer services induce regional economic development? [J]. Journal of regional Science，1990，30(4)：465－476.

③ 刘志彪. 全球价值链中我国外向型经济战略的提升——以长三角地区为例[J]. 中国经济问题，2007(1)：9－17.

产性服务的价值链也随着地区比较优势和规模优势而呈现全球分布态势。如信息产业的一些应用软件行业就是这样，高端研发在美国硅谷、大量的设计编写在印度班加罗尔、测试分装在中国、营销管理和财务控制又在美国纽约。

趋势四：制造业和生产服务业深化融合

随着以信息技术为核心的高新技术的快速发展和扩散，制造业服务化和以产业边界模糊或消融为特征的产业融合作为新兴业态已经出现，如 IBM 公司和思科公司。制造业和服务业融合的趋势模糊了制造业和服务业的各自边界。生产性服务业开始由制造业而生，并逐步呈现出互动发展和融合的趋势。一方面，制造业的中间投入品中服务投入所占的比例越来越大，如在产品制造过程中信息服务、员工培训服务、研发和销售服务的投入日益增加。另一方面，制造业服务化的趋势日益明显。这主要体现在：(1)制造业的产品是为了提供某种服务而生产，如通信产品和家电等；(2)随同产品一起出售的有知识和技术服务等，最明显的就是计算机与信息服务紧密相连；(3)服务引导制造业部门的技术变革和产品创新，服务的需求与供给指引着制造业的技术进步和产品开发方向。实际上，在制造业服务化的同时，服务产业化的趋势也逐渐明朗，某些信息产品可以像制造业一样批量生产，形成规模经济优势。例如，IBM 公司在 20 世纪 90 年代成功由制造型企业转型为服务型企业等事实说明了生产性服务业与传统制造业的关系。一些学者认为，随着信息通信技术的发展和广泛应用，传统意义上的服务业与制造业之间的边界越来越模糊，两者将会呈现互动融合发展趋势(Lundvall & Borras，1998；植草益，2001；周振华，2003)。①②

(四)生产性服务业三大发展模式比较

根据对纽约、东京、鲁尔区、深圳四个大都市圈发展生产性服务业和制造业

① 植草益.信息通讯业的产业融合[J].中国工业经济，2001(2)：24—27.

② 周振华.产业融合：新产业革命的历史性标志——兼析电信、广播电视和出版三大产业融合案例[J].产业经济研究，2003(2)：1—10.

转型升级的案例分析，我们认为生产性服务业的发展模式有以下三种，尽管我们的研究和已有的同类研究（顾乃华 等，2006）[①]基本结论非常相似，但分析更深入和清晰。

1. 生产性服务业三大发展模式

模式 1：前向拉动型——制造业转型拉动生产性服务业发展

模式 1 内涵：由于技术创新或先进技术的引入，制造业内部生产过程发生变化，分工深化拓展，产业链延长，对中间性需求的质和量增加。制造业价值链的部分环节从制造业内部外包独立外部化，拉动嵌入式生产性服务业和为生产性服务业服务的服务业相继发展起来，制造业也升级转型的过程模式。

模式 1 特征：一是发展的切入点是从制造业转型升级开始；二是发展的驱动力是创新或制造业转型需求而来的制造业技术进步；三是由于生产性服务业随制造业的发展深化而拉动，所以生产性服务业发展速度较慢；四是在制造业和生产性服务业发展的关系上是不均衡的。

模式 2：后向推动型——生产性服务业发展推动制造业转型

模式 2 内涵：由于先进生产性服务业引入，制造业内部生产模块外包，推动制造业内部生产过程升级转型；这又促使制造业价值链的部分环节加速外部化，嵌入式生产性服务业和为生产性服务业服务的服务业相继发展起来的过程模式。

模式 2 特征：(1)发展的切入点是从先进生产性服务业引入原有产业环境开始；(2)发展的驱动力就是制造业为提高生产效率、保证技术引进效果和先进生产方式顺利开展的要求；(3)由于生产性服务业先进形态引入比制造业转型要早，所以生产性服务业发展速度较模式 1 快一些；(4)在制造业和生产性服务业发展的关系上是不均衡的。

模式 3：互动发展型——生产性服务业与制造业动态均衡发展

---

① 顾乃华，毕斗斗，任旺兵. 生产性服务业与制造业互动发展：文献综述[J]. 经济学家，2006(6)：35—41.

模式3内涵：由于技术创新或先进技术的引进，同时先进生产性服务业也引入产业生态环境；制造业内部生产过程发生变化，对专业中间服务需求增加和嵌入式生产性服务业发展同步进行；随后为生产性服务业服务的服务业发展起来，制造业和生产性服务业协调互动发展的过程模式。

模式3特征：(1)发展的切入点是从先进生产性服务业引入原有产业环境和制造业转型升级(包括新兴制造业引入)兼有，就是"两条腿走路"；(2)发展的驱动力就是原有支柱产业的衰落和不可持续的压力；(3)特征就是由于"两条腿走路"，所以生产性服务业发展速度在三种模式中最快；(4)在制造业和生产性服务业发展的关系上是均衡的，是产业转型过程结束后制造业和生产性服务业互动关系的常态。

2. 三种模式比较

模式1"前向拉动型"是从以制造业转型开始，一部分服务环节从制造业价值链中独立出来，再加上高新技术产业化引致的全新的生产性服务需求，这两类专业化的需求会导致生产性服务外包种类和数量的增加。这会诱致为制造业服务的嵌入式生产性服务业发展，如工业设计创意、第三方物流等；随后为嵌入式生产性服务服务的服务业发展起来；非嵌入式服务业随经济发展也随之发展。这些都导致生产性服务的专业化和规模化，结果是服务成本的降低和服务质量的提高。只不过纽约模式是以自主创新引发的技术革命为驱动力；而深圳的发展是以珠三角地区低端制造业升级的内在要求为驱动力。当然如果没有大的技术突破或制造业转型为高一级业态后，生产性服务业与制造业的关系应该是模式3，即两者协同均衡发展。

模式2"后向推动型"和模式1不同。这个模式见于日本东京生产服务业的发展过程特点。日本的特点是技术引进改造很成功，政府对东京的服务业集聚有很大影响，还有就是日本特有的制造业精益生产方式。为了提高效率，先进生产性服务业先一步发展，高效专业化的生产服务可以替代制造业的部分环节，促使制造业升级，尤其是精益生产方式可以推行。同时引进的技术也会促使制造业升级和生产性服务业的进一步发展。这些都会带来生产性服务外包种类和数量的增加。当然如果制造业转型为高一级业态、以及生产性服务充分发展后,生产性服务业与制造业的关系也应该是模式 3,即两者协同均衡发展。

模式 3“互动发展型”是两条腿快速走路的办法,一是引进新兴制造业和利用高新技术改造原有制造业;二是发展创意设计、软件信息等生产性服务业和旅游、商业等消费型服务业。作用机制兼有模式 1 和模式 2 的内生驱动力。一方面从制造业转型和新兴制造业升级开始;另一方面从生产性服务业发展和消费型服务业发展开始,这样,原有制造业淘汰掉,新型制造业引入发展、经高新技术改造后的制造业保留下来;生产性服务业和消费型服务业在发展的同时推动制造业升级,形成良性循环的发展模式。这种共同发展的模式是产业发展的“常态”,是均衡的,而前两者的发展是不均衡的发展。当然,不是说“常态”就合理,以最经济的代价转型成功才是合适的选择。表 1.2 对三种模式的关系进行了对比。

表 1.2　　制造业和生产性服务业相互影响三种模式的关系对比

类型	模式 1	模式 2	模式 3
名称	前向拉动型	后向推动型	互动发展型
切入点	首先是制造业转型	首先是先进生产性服务业引入	两者协同开展
驱动力	自主创新、技术升级引发的制造业变革	提高生产效率、保证技术引进效果和生产方式	原有支柱产业的衰落和不可持续
均衡性	非平衡	非平衡	平衡
转型速度	慢	中等	快
实例	纽约、深圳	东京	鲁尔区
适用阶段	工业化早中期	工业化中后期	工业化中后期
适用条件	制造业自主创新环境好	生产性服务业发展落后于制造业发展的要求	生产性服务业发展落后;制造业不可持续,转型压力大

（五）对上海生产性服务业发展的启示

通过对国际生产性服务业的发展趋势、规律和模式的比较与研究，我们认为对上海未来进一步发展生产性服务业有重要的启示和借鉴：

1. 上海发展生产性服务业要站在大都市圈中心城市的角度来考虑

2009 年国家出台《上海加快发展现代服务业和先进制造业，建设国际金融中心和国际航运中心》的意见为上海下一步发展生产性服务业指明了方向。上海协同周边的长三角地区是类似纽约、东京的大都市圈，上海在长三角的地位是大都市圈中心城市的地位。不能仅以上海谈上海的生产性服务业发展，而要以上海发展生产性服务业是服务长三角，乃至全国制造业，带动全国发展的角度来看待上海生产性服务业与制造业的关系。

2. 上海生产性服务业发展的视角和现状判断

上海发展生产性服务业必须要结合周边制造业发展来综合考虑，因为前面的分析已经说明两者是互动、甚至融合的关系，不能单纯仅以生产性服务业发展谈生产性服务业发展。

研究上海生产性服务业发展还必须首先对上海产业所处的现状进行科学分析和判断。长三角地区是中国乃至世界制造业的重要基地，承接国际制造业外包使长三角得到飞速发展，也面临诸多挑战。上海是中国最发达的城市，服务业有良好的基础，也是中国制造业的重要基地，机械设备生产等享有盛誉。上海的制造业门类齐全，历史久，国有企业众多。改革开放后，落户上海的外资公司也带来了先进的制造业和为之服务的生产性服务业企业。所以，上海存在两个循环：跨国公司内部的先进制造业和与之配套的生产性服务业高端循环；以及本土制造业和生产性服务业的低端循环。跨国公司配套服务的生产性服务业处于国际先进水平，嵌入到制造业企业的价值链环节提供专业性服务；本土的生产性服务企业大多处于一般性服务向嵌入式生产性服务业过渡的阶段。目前这两个循环互相不沟通不往来，成为上海进一步发展生产性服务业的一个障碍,但又是一个很好的基础,因为如果打开此循环的话,上海生产性服务业的发展将上一个重要的台阶。

3. 上海未来发展生产性服务业的重点领域

根据国际生产性服务业发展的趋势、国际趋势性和上海现实的可行性结合及差异化定位原则,上海的生产性服务业发展应该在产业重点上结合上海经济中心和金融中心的地位,发挥上海的比较优势,做到与其他地区的差异化定位。具体来说,从发展的角度重点应该定位:知识密集、高附加价值和高产业辐射性的生产性服务业。

具体说是上海发展已经有基础,但发展还很不够,有潜力进一步开发高嵌入、高技术、高价值链控制能力的生产性服务产业领域。如研发技术类服务(重点发展设计创意产业、科技服务中介、检验检测等);电子交易类商务(重点发展网上交易平台等)供应链集成管理;非银行金融服务(重点发展融资租赁、信用担保、风投私募和航运金融保险等);先进制造业的制造与维修服务(重点发展总集成、总承包等);面向制造业的先进物流服务;商务中介服务(重点发展各类会计、法律、权威评估中介等);生产资料市场服务(如各类期货市场服务等)等。

4. 从制造业升级和生产性服务业发展两方面入手,推动上海产业的升级转型

对上海而言,单从制造业推动或生产性服务业发展拉动的方式是不够的。因为上海国企多、历史久,自主创新能力和拥有自主知识产权数相对跨国公司要少得多,生产性服务业发展也不够充分。上海的发展思路应该是:一方面,鼓励自主创新,辅以技术的适当引进消化改造,以高新技术改造传统制造业和高新技术产业化并重,推动制造业升级;另一方面,鼓励生产性服务业发展,通过生产性服务业提供的高效专业化服务带动制造业升级,生产性服务业的发展和派生的其他服务业集聚又会增强上海的辐射中心地位,促进周边制造业升级。这样可以快速打破低端制造业和传统服务业的低层次均衡,目的是达到制造业和生产性服务的高层次互动,控制价值链和产业链,迈向“制造业强国”。上海

生产性服务业的发展模式应该和模式 3 相似，但又不同于模式 3，在发展路径上应该有模式 1 和模式 2 的一些借鉴。因为上海的特点是大都市圈的中心城市，还要为全国和长三角服务。

上海要提倡二三产业融合互动发展，以产业融合为重点，促进产业链上制造业和服务业的融合，推动总承包总集成、节能环保、融资租赁、服务外包、科技研发服务、专业技术服务、创意产业等与制造业密切相关的生产性服务业发展，以现代服务业提升上海制造业竞争力。同时加大制造业的技术改造、落后制造业的淘汰转移和高新技术产业化。积极推动制造业向价值链两端延伸，形成“以二促三”和“以三带二”的互动发展格局，推动上海产业结构转型升级。

5. 加大服务业的对外开放促进上海生产性服务业加速发展

由于上海国企多，传统制造业有很大比重，生产性服务发展时间短。上海必须加大对外开放，吸引先进的生产性服务业入驻上海：一是它的先进理念和经营方式可以对本土企业有示范标杆效果，产生知识溢出效应；二是可以打破本土制造业企业与服务业形成的低效循环模式，带动上海的生产性服务业走向高端。同时开放还意味着打破国内地区间的封锁、国有企业中间需求内部消化和对外封锁以及对国外先进生产性服务企业和业态的进入封锁。当然这也是市场经济的一般要求。

6. 自主创新推动上海生产性服务业发展升级

自主创新一直是企业和政府追求的目标。国外的经验证明创新是打破低端均衡状态的驱动力。当然自主创新需要积累和条件，关键是要设计一套激励创新的机制，让企业为创新主体，市场为检验的平台。由于创新不易，上海的生产服务性企业可以在实践中把适用技术的引进消化改造也作为一项小规模的创新。如果仅仅是引进模仿就一直会在创新者后面跟踪，不能走到价值链和产业链的高端。另外创新还需要有良好的创新氛围和创新内外部环境，上海应该建设有效的知识产权保护和创业服务的制度。

上海生产性服务业发展首先需要政府根据生产性服务发展的阶段适时出台促进生产性服务业发展的措施，其次就是重视中小型企业的发展，因为很多生产性服务企业是中小规模，中小企业活力强，创新欲望也高；最后就是由于嵌入式生产性服务业具有知识密集的特点，因此它的发展就需要有效吸引高端及各种人才，上海应该继续高投入建设上海的人才高地，其中包括居住政策的设计和城市环境（包括交通环境和居住休闲环境）的建设，毕竟知识经济时代人才是最重要的生产要素。

执笔：复旦大学　芮明杰　张洁　杨锐等

2010年8月

三、上海生物医药产业发展的不平衡性与产业升级路线

生物制药产业包括两个方面：化学药品制造和生物生化制品制造。生物制药产业是上海重点发展的高技术产业之一，也是上海产业结构调整的重要支持的产业。由于该产业是技术密集型产业，对技术创新、基础材料、要素禀赋有高的要求，目前上海生物制药产业发展还处在幼稚期，需要分析研究发展其中的问题，推动其开展技术创新引导其加快产业升级。

（一）上海生物医药产业发展的不平衡性

上海生物医药产业发展的特征可以概括为“大的不强，强的不大；创新成果多，本地产业化少；外资竞争力强，根植性弱”。

1. 化学药品制剂制造业比重大，生物生化制品制造业增速快

2009年上海中药和化学药品制造在产值上占到60%，其中化学药品制剂制造业占33.7%，中药饮片及中成药制造占26.7%。

化学药品制剂制造业实现工业总产值168.16亿元，比上年增长19.7%；实现利润总额20.44亿元，增长30.1%，占33%；上缴税金12.85亿元，增长18%，占48.4%。各项经济指标所占比重均居各行业之首，是本市生物医药制造业的主打行业。产值利润率为12%，资产利润率为11.67%。

生物生化制品制造业增长强劲，是上海市生物医药制造业中最具发展潜力的行业之一。2009年，生物生化制品制造业完成工业总产值56.97亿元，比上年增长23.5%，实现主营业务收入增长28.7%，上缴税金增长24.5%，增幅均列各行业第一位。全年实现利润总额14.99亿元，增长46.3%。主营业务收入利润率达到26.5%，超过本市生物医药制造业平均水平14.3个百分点，赢利能力最强。

2. 增长率落后于全国，在全国生物医药的产值占比较低

据国家食品药品监督管理局南方医药经济研究所监测数据显示，2009年我国医药工业总产值首次跨越10 000亿元大关，达10 048亿元，比2008年增长19.9%；利润总额突破1 000亿元，同比增长19.05%。

近年来，上海生物医药产业保持年均10%的增幅，产业规模呈现平稳增长态势。2009年，上海市生物医药制造业完成工业总产值498.68亿元，比上年增长10.4%，增长率落后于全国19.9%，产值只占全国的5%。

3. 盈利能力和创新能力处于国内领先水平，本地产业化率低

2009年，上海市生物医药制造业加快产品结构调整，积极引进、开发和生产各类品牌药，大力发展自主品牌药和创新药，重点扶持具有竞争力的医疗器械产品，取得了良好的经济效益。全年实现主营业务收入505.74亿元，比上年增长11.1%；利润总额61.96亿元，增长28.4%；主营业务收入利润率12.2%，提高0.6个百分点。全国生物医药主营业务平均收入利润率为10.4%，上海市高于全国平均水平1.8个百分点。

上海市在生物医药基础研发和自主创新能力方面处于全国领先水平。以张江高科技园区的生物医药产业为例，张江园区目前已成为国内新药创新成果最多

的高科技园区。截至 2009 年 4 月,张江园区已研发出新药产品 229 个,获得新药证书超过 50 个。园区企业机构在研药物品种 260 个,其中创新药物 127 个,已报或将报国际临床研究的药物 48 个。在国家新药创制重大专项中,张江园区企业和科研院校等共承担 99 项,占上海 172 项的 58%,占全国 970 项的 10.2%。

上海生物医药产业虽具有研发优势,但是项目外流严重,本地产业化率低。据不完全统计,中科院上海药物研究所申报的 62 个临床批文中,有 52 个转让外地,占 82.3%;上海医药工业研究院申报的 58 个临床批文中,有 40 个转让外地,占 70%。

4. 外资企业处于行业发展的主导地位,但是根植性弱

2009 年,外商及港澳台投资企业达到 185 家;资产总计 278.44 亿元,比上年增长 14.4%,占本市生物医药制造业资产总量的 47.4%;完成工业总产值 290.78 亿元,增长 10.6%,占 58.6%;实现利润总额 39.64 亿元,增长 20.3%,占 58.3%。罗氏制药、施贵宝制药、西门子医药器械、微创医疗器械、中美强生等外资企业成为行业发展的领头羊,外商及港澳台投资企业逐渐主导行业发展。

外资企业以更高的规模经济,运用较少的资产获得了更高的利润,表现了更高的行业发展的主导能力。外资企业与本土企业形成了明显的资产价值落差,两者的竞争力差距明显。

生物医药企业创新合作网络体现出技术驱动的特征,绝大多数生物医药外资企业属于植入型企业、跨国公司企业,母公司、国外供应商是其主要的创新合作伙伴,他们的本地根植性较弱,创新联系发生在原来的分工合作体系中,对本土企业的知识溢出作用有限。

(二)上海生物医药产业发展中的资源错配

上海商务成本的上升趋势在未来一段时间仍不可避免,上海必须选择适合自身资源禀赋特点的高端价值链环节发展,产业才能有竞争力。上海生物医药

产业发展的不平衡状况，正是上海资源配置错位的结果。有以下三个方面：

1. 产值导向的资源供给，使低端价值链挤占产业升级资源

在产业价值链上，研发环节处于高端，但是一般盈利能力高而产值并不高，产值放大主要在创新成果的产业化阶段。在这一阶段，如果企业缺乏核心知识产权，只是进行加工制造，利润率并不高。

目前中国（包括上海）的生物医药产业以仿制药为主，仿制药与原研药（拥有专利）处于不同的战略群组，经营仿制药的企业以低价格作为主要竞争手段，因此必须选择低成本的地区进行生产制造。

对于这一类药的生产，从长远来讲上海没有竞争力，迟早会进行产业转移。上海对于这一类药的产业化通过政策的保护，给予较低价格的土地供给和税收优惠，吸引其进行本地化成果转化，客观上扭曲了市场的资源配置，反而使低端价值链挤占了产业升级的资源。

因此，上海生物医药的发展方向应是进一步提升创新能力，通过掌握自主知识产权的核心技术和分销网络获得产业链的控制力，而不是追求产值的最大化。上海生物医药产业的盈利能力是产业竞争力提升的先导性指标。

上海生物医药产业需要沿着微笑曲线的两端进行产业升级：通过提高创新能力提升产业的盈利能力，通过掌握分销网路扩大产业的规模。通过一般加工制造扩大产值规模并非上海市的比较优势区域，应把资源集中于微笑曲线的两端进行产业能级的提升。如果上海创新能力达到一定水平，如具有了新药创制的能力，那么企业将进入专利药物的战略群组，企业之间的竞争将不再是价格战，在这种条件下，在上海本地产业化才是有竞争力的，这才是适宜上海发展的先进制造。

2. 扭曲的创新投入政策，使企业缺乏高端创新激励

虽然我国在生物产业基础研究领域与发达国家仅仅相差 5 年，但是在产业化方面，差距达到 15 年以上，并且这一差距还有进一步扩大的趋势。这种差距主要有以下两个方面的原因：

(1)产学研体系并非生产力导向，这使得研究成果转化率低。基础研究和应用研究的资金很多投入高校、科研院所等研究机构。但是在目前科研考核和院校的晋升体系之下，研究并非产业化导向，而是论文导向和政府奖励导向，并不考虑这些成果产业化的可能性。甚至于出现了一些依靠向政府申请研究基金而存活的体制寄生企业(或研究机构)，这些机构并无产业化的动力和能力。

(2)产业政策倾向于支持大企业，具有创新能力的中小企业得不到支持。上海的生物医药企业长期以来是国有公司占主导，机制落后，企业缺乏创新活力。很多国有生物医药企业的研发投入不高，低于全市平均水平。产业政策向国有大企业倾斜，使得中小企业获得的资助非常少。而国际新药发展史证明，几乎所有的新药主要是由中小型生物医药公司成功研制开发的。

目前在上海生物医药产业的投融资结构上，大企业、风险较小的应用性开发项目获得的政府扶持更多，而更需要政府扶持的中小型企业、风险较大的前期研究型项目获得的资金较少。这导致一些前景较好的企业流向外地，产业缺乏高端创新的能力。

3. 外资导向的引资策略，忽视本土企业的创新体系建设

上海大部分生物医药企业研发投入不足，以仿制药为主。进入上海的跨国药企与本地企业之间没有平等的技术合作，外资的技术溢出效应有限。由于外资有自己的合作创新网络，外资导向的引资策略容易导致忽视本体企业创新合作网络的培养，从而导致本土企业产业升级缺乏体系支撑。

例如，由于本土的风险投资缺乏市场判断力和抗风险能力差，多选择市场前景明朗的后期项目投资，导致生物医药产业发展对外资的依赖加重，本土掌握核心技术、有潜力的生物医药产业尚未成长壮大，就被外资收购或参股。

(三)上海生物医药产业升级的路线

上海生物医药产业发展的思路应是去产值化，以产业竞争力提升为核心，以产业链创新协同为手段，以产业的高端、高效发展为目标，才能形成生物医药

产业链的控制力，在全国发挥引领作用。

结合上海当前的资源禀赋特点，以及目前生物医药产业的发展阶段，上海生物医药的产业发展政策需要去产值化。需要以产业竞争力提升为导向，选择具有比较优势的生物医药产业价值链环节，通过产业链的创新协同提升产业能级，向微笑曲线的两端发展，实现生物医药产业的高端高效发展。

1. 高端研发与制造的协同创新（高端创新产业化路线）

开发原研药，将拥有知识产权的高端创新成果进行产业化。由于专利药物竞争采取非价格竞争策略，能够承担较高的商务成本压力，此类创新成果的产业化是有竞争力的。

但是原研药具有高技术（知识密集、技术含量高）、高投入（目前国外研究开发一个新的生物医药的平均费用在 1 亿～3 亿美元左右）、周期长（从研发到产品转化周期欧美约 8～10 年）、高风险（一个生物工程药品的成功率仅有 5%～10%）、高收益（通常一种新生物药品上市后 2～3 年即可收回所有投资，利润回报能高达 10 倍以上）。

因此，原研药的开发需要投融资体系能够具有早期开发项目的识别、评价能力，实现早期阶段风险投资与技术的融合。并有阶段性的专业化风险投资基金和相应的制度配套，形成投资链条，支持创新成果不断成熟、完善，直到实现产业化。

2. R&D 和营销的集成创新（中低端创新营销对接路线）

对于仿制药等中低端创新，重要的是建立 R&D 企业与医药营销企业的联系，一方面通过营销企业的市场导向引导产品开发，提升开发绩效，另一方面仿制药需要依托分销渠道才能实现收益的放大。一般的研发企业并无力量投资分销体系，而上海很多营销企业缺乏创新能力，通过建立研发企业和营销企业的集成平台，有利于发挥各自资源优势，实现收益最大化。

这一路线需要形成完善的技术市场中介服务体系，培养高素质的技术经纪人，为创新成果与市场的对接提供专业化的配套服务体系。

3. R&D 和 BD 双轮驱动创新（自主创新与外部收购结合的价值路线）

形成生物医药产业“R&D＋BD”的双轮驱动，探索具有中国特色的新药发展模式。R&D 部门的职责是“研究与开发”，BD 是商务开发（Business Development）的缩写。BD 部门主要任务是寻找外部新技术和产品，充实公司的产品线。较有实力的医药公司通过内外部创新结合的方式，以价值最大化为原则，实现公司的快速成长，培育集研发、销售、投资为一体的平台型医药企业。

4. CRO＋BPO 研发服务外包（服务外包路线）

通过研发服务外包（CRO）和技术性业务流程外包服务（BPO），打造涵盖药物筛选、评价、药代动力、动物试验、制剂工艺、临床研究、药物申报服务、营销外包等在内的全产业链的合作研发、研发服务外包。通过 CRO 和 BPO 融入跨国企业的创新网络，提高医药研发的带动能力，最终形成具有较强自主创新能力、呈现规模化成长的本土“健康产业集群”。

5. 以中国市场为导向的反向创新（反向创新路线）

一般新技术新产品的创新规律是在发达国家创新，然后向发展中国家推广。由于中国市场的特殊性以及具有特殊的中医药资源，上海的医药企业可以依托上海的研发优势，寻找独特的药物，如天然药物、复方中药，寻找独特的技术——新型制剂和研发技术平台、生物技术等，服务于中国市场，然后推广进入发达国家市场。

执笔：复旦大学　刘明宇

2010 年 10 月

四、可产业化的高新技术成果评价体系

高新技术产业化是高新技术融入先进制造业的一条极其重要的路径，因为高新技术产业化的效果显著，对制造业的演化趋势具有引领作用。但是在实践

中，高新技术产业化受到资金、政策、产业环境等一系列因素的制约，尤其在最需要资源投入的产业化早期，由于难以对产业化项目的前景做出正确判断，因此相关政策难以惠及产业化早期的项目。这种状况对我国高新技术产业发展和先进制造业建设极为不利。为此，本研究拟构建一个适用于产业化早期的评价体系，通过对可产业化的高新技术成果需要具备的特征和条件进行全面评估，为政府部门在产业化项目早期给予企业政策支持提供选择依据。

（一）评价指标体系的构建

从企业生命周期看，我们的评价适用于企业初创期后期向成长期早期过渡阶段（见图 1.10）。在初创期早期，企业的技术稳定性、产品特征、商业模式等尚不确定。当企业经历了初创期早期，准备进入快速发展阶段时，技术知识已有积累，产品特征已明确，商业模式初步建立，团队能力开始显现，此时的企业最需要政策和资金支持，所以此时进行评估，既有助于评估团队做出比较科学全面的判断，又能够帮助企业及早争取到政策支持。

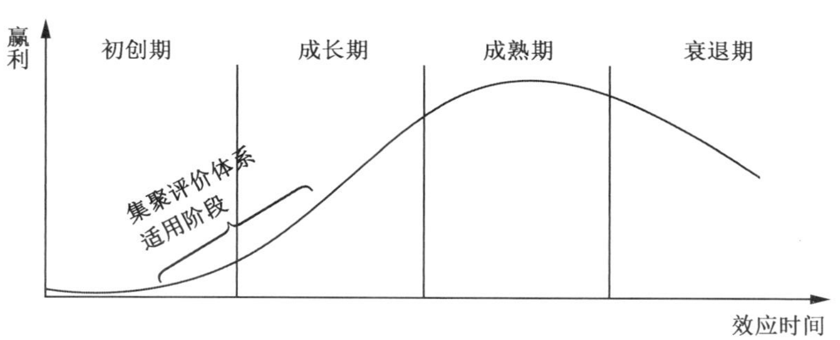

图 1.10　企业生命周期示意

我们采用评价指标设计中常用的特尔菲专家咨询法来确定评价指标体系，运用层次分析法（AHP）来确定各指标的权重。

1. 采用特尔菲专家咨询法确定评价指标体系

我们对 13 位专家(其中高新技术研发人员 2 名、风险投资专家 2 名、高新技术行业研究员 2 名、高新技术企业高管 1 名、高新技术产业化领域学者 4 人、政府相关部门专家 2 人)进行问卷调查。调查问卷对可能影响高新技术成果产业化进程的技术特征、产品特质、企业状况、产业配套、市场条件、政策环境六个领域各细分指标进行了初步罗列,请专家进行评价,并按照重要性程度给予 1、3、5、7、9 的分值。经过两轮问卷调查,所有指标均通过了变异系数检验,说明专家意见具有一致性。根据专家反馈的意见,我们对评价指标进行了调整,形成了最终指标体系(见表 1.3)。

表 1.3　　评价因子层判断矩阵的 λ、CI、CR 值

		λ	CI	$CR=CI/RI$
评价准则层		6.219	0.044	0.035
评价因子层	C1～C7	7.381	0.063	0.048
	C8～C12	5.072	0.018	0.016
	C13～C17	5.072	0.018	0.016
	C18～C22	5.075	0.019	0.017
	C23～C25	3.000	0.000	0.000
	C26～C28	3.018	0.009	0.016

2. 采用层次分析法确定各层次指标权重

我们请先前评分专家组中的 5 位专家对 6 个评价准则层指标以及对应各评价准则的因子层指标的重要性进行两两比较,填写判断矩阵。综合 5 位专家的评价意见,整理得出评价准则层判断矩阵并计算出特征向量,特征向量值就是各指标的权重。为保证结论合理性,必须进行一致性检验。其检验依据是矩阵理论,方法是计算判断矩阵的最大特征根 λ、一致性指标 CI 和随机一致性比率 CR。

$$CI=\frac{\lambda-n}{n-1} \qquad CR=\frac{CI}{RI}$$

若 $CR<0.1$，则认为判断矩阵的一致性可以接受。经过计算，准则层判断矩阵和六个因子层判断矩阵全部通过一致性检验，说明各指标权重的计算是可信的。

评价因子层各项指标在评价体系中的最终权重＝所属准则层的权重×其相对于所属准则层的权重。评价指标总排序同样通过了一致性检验。说明整个评价体系的指标权重设计是令人满意的。

$$CR=\frac{\sum_{j=1}^{n}b_jCI_j}{\sum_{j=1}^{n}b_jRI_j}=\frac{0.024}{1.055}=0.022<0.1$$

表 1.4　　可产业化的高新技术成果评价体系

评价目标层	评价准则层	准则层对应目标层权重	评价因子层	因子层对应准则层权重	总排序权重
可产业化的高新技术成果需具备的条件(A)	产品特质(B2)	0.261	产品功能(C8)	0.366	0.095
			产品可替代性(C9)	0.205	0.053
			产品可靠性(C10)	0.205	0.053
			使用便利度(C12)	0.129	0.033
			产品生产成本(C11)	0.097	0.025
	技术特征(B1)	0.219	技术成熟度(C4)	0.291	0.064
			技术时效性(C3)	0.220	0.048
			专利可控性(C1)	0.166	0.036
			技术运用范围(C5)	0.105	0.023
			自主知识产权(C2)	0.090	0.020
			技术储备情况(C7)	0.071	0.016
			专利类型(C6)	0.057	0.013
	市场条件(B5)	0.202	市场需求规模(C23)	0.600	0.121
			融资渠道(C24)	0.200	0.040
			人才供给(C25)	0.200	0.040
	企业状况(B3)	0.178	业态先进性(C14)	0.343	0.061
			商业模式(C13)	0.325	0.058

续表

评价目标层	评价准则层	准则层对应目标层权重	评价因子层	因子层对应准则层权重	总排序权重
可产业化的高新技术成果需具备的条件(A)	企业状况(B3)	0.178	管理团队的治理结构(C16)	0.146	0.026
			创始人的产业背景(C15)	0.096	0.017
			管理团队的执行力(C17)	0.090	0.016
	政策环境(B6)	0.082	产业政策导向(C26)	0.623	0.051
			政府采购(C27)	0.137	0.011
			法律环境(C28)	0.239	0.020
	产业配套(B4)	0.058	原辅材料供应可能(C19)	0.367	0.021
			生产装备配套条件(C20)	0.238	0.014
			生产环节技术支持(C21)	0.160	0.009
			高校及科研院所与企业研发合作(C18)	0.125	0.007

(二)评价指标的评分标准设计

在建立了评估体系的基础上,我们进一步讨论各项指标的评分标准。对评估体系中大部分指标的衡量需要长期专业经验的积累,因此,拟采用专家评分法。评分专家团人数在 8～10 人为宜。其中,高新技术与产品研发领域资深专家 2～3 人,高新技术企业界资深人士 2～3 人,政府高新技术产业化相关部门专家 2 人,经济学管理学领域知名学者 2 人。

对每一项指标的评分采用李克特五点量表,设计 10 分、20 分、30 分、40 分、50 分五个分数档。评分流程为:

一是召开座谈会:评分专家与创业团队座谈,就评分指标所涉及的各项具体情况进行交流。二是专家各自进行评分。三是每位专家对各项指标的评分根据指标权重进行加权汇总，得出每位专家的最终评分，满分 50 分。四是求出各位专家评分的平均分，即为项目评价的最终得分。得分超过 30 分，则说明该高新技术成果具备可产业化的条件，得分越高则可产业化的条件越好，应该尽早得到政府政策支持，加快产业化进程。

具体而言，每一项指标的评分标准可以简要概括为：

1. 产品特质领域

(1)产品功能

对产品功能的评分应遵循以下原则：①产品是否突出具有高科技特征；②产品功能是否能够满足市场需求且具有广泛运用价值；③是否具有填补空白、引领同类产品未来发展趋势的作用。同时符合三方面要求，则给予 50 分；符合程度不足，则分数递减。

(2)产品可替代性

根据可替代产品的品种数量及本产品的市场竞争能力进行评分。可替代产品的品种数量越少以及本产品的市场竞争能力越强，则得分越高。

(3)产品可靠性

产品在规定时间内，完成规定功能的能力称为可靠性。可靠性可以通过量化的可靠度和不可靠度指标来衡量。即：产品从时刻 0 开始试验(或工作)到时刻 t，$T>t$ 的产品总数 $r(t)$ 与初始试验(或工作)产品总数 No 之比为可靠度，可靠度 $R(t)$ 和不可靠度 $F(t)$ 之和为 1。可靠度指标越接近 1，得分越高。

$$R(t)=\frac{r(t)}{No}(No>0)\qquad F(t)=1-R(t)$$

(4)使用便利度

使用便利度可以通过小范围试验来获得评价数据。由少量使用者在规定时间内使用产品并做出评价。认为该产品使用很方便的评价越多，得分越高。

(5)产品生产成本

对产品生产成本的评分，不应以成本绝对值为标准，而应将该产品与同类产品或相似产品的平均生产成本进行比较，该产品的成本优势越显著，则得分越高。

2. 技术特征领域

(1)技术成熟度

技术成熟度包括：①技术可行性：在整个产业化过程中是否存在大的技术障碍；②技术稳定性：技术重复性如何，是否会出现较大波动。在技术可行性与稳定性两方面表现越突出，则得分越高。①②相比，优先考虑①。

(2)专利可控性

专利可控性是判断专利所有者对专利的控制和运用程度。自主研发以及拥有 5 年以上独家许可授权的专利得分为 50 分。5 年以内独家许可授权的专利，根据是否属于市场主流技术、在专利年限内是否能够实现产业化将得分设置在 10～40 分。购买(及受让)的专利，根据技术团队的技术能力和稳定性程度将得分设置在 10～40 分。

(3)技术时效性

技术时效性主要指出现替代技术的可能时间期限。谁的新技术成果先通过产业化进入市场，谁就抢得市场先机，替代技术一旦出现，则进入激烈竞争阶段。对技术时效性的评分主要依靠专家的经验预测，3 年内难以出现替代技术的给予 5 分，时间缩短，分数递减。

(4)技术运用范围

发达国家出于技术保护，对高新技术专利的使用范围进行严格限定。对于我国这样一个发展中国家而言，将高新技术成果广泛运用于制造业各领域，是迅速提升制造水平的重要动力。因此，根据该项技术的运用广度，以及是否能够帮助我国突破制造业某些领域的发展瓶颈，进行评分。技术运用范围越广，得分越高。

(5)技术储备情况

技术储备情况影响产业化过程中的持续创新和技术演进趋势。可根据技术储备的数量和新技术持续开发能力强弱进行评分。技术储备越丰富且新技术持续开发能力越强，得分越高。

(6)专利类型

专利类型主要指专利是核心专利还是外围专利。核心专利是制造某个技术领域的某种产品必须且不能绕开的技术专利。外围专利是对核心专利进行改进的专利，如果有大量外围专利存在，则可能对核心专利构成包围之势，形成“交叉许可”。若关键技术专利为核心专利，且核心专利数量在 3 项以上，则给予 50 分；核心专利数量在 3 项以下给予 40 分；关键技术专利为外围专利的则根据已开发的同类型外围专利数量多少给予 30～10 分。

(7)自主知识产权

这里所指的自主知识产权是指在中国境内由中国公民、企业法人或非法人机构作为权利主体，自主研发的发明、实用新型以及非简单改变产品图案和形状的外观设计、软件著作权、集成电路布图设计专有权、植物新品种以及获得许可购买他国或他人专利、专有技术、商标、软件等所享有的一种专有权利。拥有自主知识产权的高新技术成果，其产业化过程不会受到发达国家技术保护的阻挠。可根据主要技术是否拥有自主知识产权且是否为该领域关键性技术进行评分，符合程度越高，得分越高。

3. 市场条件领域

(1)市场需求规模

市场需求规模是评价高新技术是否具备产业化条件的最重要指标。根据行业经验，采用专家预测法来判断高新技术产品的市场需求规模。首先，计算该高新技术产品所处行业的年产值规模：分析该行业未来可能的年产量和价格变动情况，年产量与价格的乘积即为年产值。其次，分析该行业未来的年复合增长率，增长率越高，说明该行业的市场成长空间越大。具体评分标准为：该高新技术产品所处行业未来产值规模达到 500 亿元以上，或年复合增长率达到 50％以上，得 50 分；产值规模达到 300 亿～500 亿元，或年复合增长率达到

40%～50%，得 40 分；该产值规模达到 200 亿～300 亿元，或年复合增长率达到 30%～40%，得 30 分；产值规模达到 100 亿～200 亿元，或年复合增长率达到 20%～30%，得 20 分；产值规模在 100 亿元以下，或年复合增长率在 20%以下，计 10 分。

(2)融资渠道

对于处在孵化阶段的高新技术项目而言，其最有效的融资渠道就是社会风险投资。风险投资进入的阶段越早，产业化进程越有保障。融资渠道的评分标准根据企业现有资金是否充足，进行市场融资的障碍有多大进行评分，现有资金越充足，且市场融资障碍越小，则得分越高。

(3)人才供给

市场是否能够为企业的人才需求创造充足供给，将影响企业大规模生产是否能够实现。根据企业能从市场招聘到所需的技术研发人员、产品开发人员以及技术工人的难易程度进行评分，难度越小，得分越高。

4. 企业状况领域

(1)商业模式

商业模式是指企业获得盈利的方式和手段。一个成功的商业模式不在于复杂，而是具有完善的商业逻辑，具有较大盈利空间，能准确把握市场需求，挖掘潜在价值。商业模式的逻辑越完善，盈利空间越大，得分越高。

(2)业态先进性

业态主要指企业业务运作的方式。企业的业态是否紧跟甚至引导行业趋势，关系企业是否具有长久生命力。例如 IBM 高价出售 PC 业务后将业务重点转向集成服务商。这种转型使 IBM 的业态发生了根本变化，却引领了 IT 产业的发展趋势。因此，创业型企业除拥有领先的技术和产品，还必须在业态的选择定位上具有前瞻性。业态前瞻性越好，越符合甚至引导今后行业走势，得分越高。

(3)管理团队的治理结构、管理团队的执行力

对治理结构的评分可依据治理结构权责明确、有序高效、利于监督，相应机

制设计具有较好的激励作用给予 50 分的标准逐级递减。

对执行力的评分依据管理团队成员目标高度一致、有可量化考核的机制设计支持目标落实、团队内部文化有利于提升执行力给予 50 分的标准逐级递减。

(4)创始人的产业背景

高新技术领域进入门槛较高,只有具备多年行业经历的人士才能同时具备技术和市场两方面的能力和经验。对创始人产业背景的评分标准是:创始人具有 10 年以上高新技术及产品研发、市场开发的从业经验得 50 分;8 年以上得 40 分;5 年以上得 30 分;5 年以内得 20 分,没有从业经验计 10 分。

5. 政策环境领域

(1)产业政策导向

符合国家及地方政府产业政策导向的高新技术项目能够获得土地、税收、专项基金、进出口贸易等方面的优惠政策支持,有利于加快产业化进程。同时属于国家战略性新兴产业和上海市加快推进高新技术产业化重点领域的项目,给予 50 分;属于上海市加快推进高新技术产业化重点领域但不属于国家战略性新兴产业的项目,给予 40 分;尚未纳入国家或上海市政策支持领域,但属于新兴技术领域,预计在未来会进入政策支持领域的项目给予 30 分;不属于政策支持领域,并且短期内难以进入政策支持领域的项目给予 20 分;属于国家或上海市限制或不鼓励发展的产业领域的项目计 10 分。

(2)法律环境

在知识产权保护、优惠政策落实等方面高新技术项目需要有针对性的法律支持和援助。可以根据该高新技术项目能够在多大程度上得到现有法律体系的保护进行评分,受法律保护程度越高,得分越高。

(3)政府采购

政府采购将直接影响创新产品的需求量,一方面帮助企业解决创业初期的资金和市场问题;另一方面,增强企业适应市场的能力。根据该高新技术产品是否属于政府采购支持领域,企业拿到政府订单的可能性和规模大小,进行评分，能够获得政府订单的规模越大，得分越高。

(4)产业配套领域

①原辅材料供应可能、生产装备配套条件、生产环节技术支持

这三项指标都以企业的采购成本为主要评分标准，兼顾是否可由国内渠道供应的标准。若国内市场有丰富的供应渠道，且成本较低，则给予 50 分；若在国内外市场都难以获得，则计 10 分。

②高校及科研院所与企业研发合作

如果企业与高校及科研院所之间有良好的科研合作，将企业的市场敏锐性与高校及科研机构的研发能力相结合，则能实现优势互补，丰富高新技术成果来源渠道。可根据企业与高校及科研院所的合作关系进行评分，若企业的研发活动可大量委托高校及科研院所负责，高校及科研院所的研发成果也能够很好地满足企业产业化需求，则给予 50 分。

③中介体系健全程度

中介体系是打通并联系高新技术产业各环节的必备机构，提供行业研究与咨询、知识产权保护与交易、法律信息顾问、投融资咨询服务、资产评估、人才培训等一系列服务。可根据中介服务机构的数量和服务领域的丰富程度进行评分。企业所在区域内中介服务机构数量越多，服务领域越丰富，得分越高。

(三)本评价体系与《高新技术企业认定管理办法》以及《上海市高新技术成果转化项目认定程序》的比较

《高新技术企业认定管理办法》(下文简称《高企认定办法》)的出发点是对符合“高新技术企业”认定条件的企业给予政策支持，其认定以技术研发的高精尖端为导向，强调企业研发投入和研发成果的技术标准层级，该认定体系对企业的经营性指标有较高要求，适用于由成长期向成熟期过渡，甚至进入成熟期的企业。因此，《高企认定办法》难以惠及早期产业化项目。与之相比，本评价体系关注的是从初创期向成长期过渡的早期创业企业，其评价出发点是对具备

高新技术产业化条件的项目给予政策支持，评价体系以市场为导向，强调企业的技术研发、产品设计、业务运作均以市场需求为前提，有利于引导企业树立尊重市场规律的正确发展观。

《上海市高新技术成果转化项目认定程序》（下文简称《高转项目认定程序》）规定：被成功认定为高新技术成果转化项目的项目，即可享受《上海市促进高新技术成果转化的若干规定》（简称“十八条”）的各项政策。《高转项目认定程序》与《高企认定办法》一脉相承，并更加注重高新技术产品（服务）的实际运用价值，但是在“项目的总体技术与其他同类产品（服务）相比具有显著的创新性和先进性，且项目具有潜在的经济效益和较好的市场前景”方面缺乏具体的评价指标支撑。而本研究构建的评价体系对技术的先进性、产品的创新性、项目的市场前景均用具体指标进行刻画，并建立了详细的指标评分准则，具有更明确的评价标准。

综上所述，本研究构建的可产业化的高新技术成果评价体系更贴近企业及产业发展的现实需要，评价指标的构建更加全面、合理，有助于较早发现优质企业，通过有的放矢的政策扶持促进高新技术企业成长，推动高新技术更快融入先进制造业体系。

执笔：复旦大学　赵小芸

2010 年 11 月

五、现阶段企业希望政府做些什么？

——基于对上海部分企业调研的报告

改革开放 30 年来，我国经济取得了巨大成就，2009 年 GDP 规模为 4.91 万亿美元，位居美国和日本之后，排名世界第三，同时也是排名世界第二的制造业大国。但现阶段中国产业发展也面临“一产不稳二产不强三产不大”的局面。以制造业为例，我国远不是制造业强国，在国际价值链分工中，中国的大多数企业占据附加值低、消耗资源能源大的低端制造环节，而产业链高附加价值的环节，如制造业的核心技术、关键工艺和市场控制能力仍然掌握在跨国公司手里。为此，国家提出以转变经济发展方式为主线，加快高新技术产业化，加快发展战略性新兴产业，加快发展服务业，尤其是生产性服务业，加快推进自主创新等作为产业结构转型升级的抓手。

上海市是长三角经济区的龙头城市，随着发展规模不断扩大，聚集人口不断增加，发展成本也在不断提高。最近几年上海的商务成本、劳动力成本和土地房屋成本不断高企，在国内城市中比较突出，尤其是上海可供开发的土地资源极为稀缺，实现全面协调可持续发展的压力越来越大，更需要通过产业结构升级，加快转变经济发展方式，从而构筑新的竞争优势，更好地适应当前的新形势。

“上海产业结构调整”芮明杰工作室的研究人员在2010年10月和11月集中调研了上海市多家企业[①]和行业协会[②]。调研采取座谈会（和企业负责人、相关部门领导）、实地现场调研等形式。在调研的基础上，总结梳理了目前企业希望政府关注和帮助解决的问题。这些问题不但影响企业的发展和创新过程，也影响到整个产业链层面的发展。

（一）产业发展环境还有改善提高空间

1. 上海的产业发展生态环境需要进一步改善

很多人奇怪为什么上海没有成长出像华为、中兴等类型的支柱型企业。多个企业家谈到深圳的产业发展环境感叹很宽松。如果企业注册在上海几乎天

---

① 调研企业有张江集团、金桥集团、IBM、GE、龙旗公司、益博科公司、蓝光公司、SEMI、盛美公司、坤锐公司、应用材料公司、欧姆龙、松下等离子、Nokia西门子、宝信软件、易迪欧、睿智化学等。

② 调研行业协会有上海电子制造行业协会、上海通信制造行业协会、上海集成电路协会、信息服务行业协会等。

天有人找麻烦(可能是夸张的说法)。其中某个企业负责人说:“创业企业不懂政策,很多政策上的违规不是故意的,是因为没时间仔细研究,政府应该容许创业型企业犯错,政府要像导师一样帮助企业渡过这个阶段,而不是光找企业的麻烦。外地成长起来的企业等做大后是会来上海布点,但只是把一部分业务搬到上海,主体不会过来,华为大量研发还是在深圳。”

企业家们还谈到上海的优惠政策落实太复杂,办理很麻烦,以至于很多老总说:“干脆懒得拿了,太烦了。”一家软件企业要建设研发中心,预计手续至少需要办理半年,反映了政府一些部门手续办理效率比较低。一家信息服务企业负责人分析了互联网产业在上海和深圳的不同发展之路。和上海相比,深圳对互联网的资助和扶持比较实在。他们的合作伙伴在上海得到的政府资助是在深圳的 1/10。目前上海没有互联网产业龙头企业,互联网产业龙头在北京、深圳和广州,上海拿不出像样的企业和品牌。一家电子产品制造业企业反映商检检验过于频繁,给企业造成额外负担;海关政策缺乏灵活性,造成企业资源浪费。对于政策的共性和企业不同需求的冲突,大家很认可北京的做法:就是一业一政策,很具体,效果也好,既满足企业共性需求,也满足个别性的需求。

2. 产业转移与产业扶持的逻辑

关于上海商务成本高的问题,各企业负责人认为上海商务成本高是趋势。他们认为这不是上海结构转型的障碍因素,而是促进因素。“硅谷成本高不高?关键需要从高利润的产业和产品把握,能掌握核心技术的才行。但这种企业(指掌握核心技术的创业型企业)在起步阶段需要政府的极大支持,政府不能仅看到知名大企业,也要照顾到成长型企业。”

关于产业转移,企业家们普遍认为上海的劳动力、土地和商务成本上升是趋势,所以部分不能承受高成本的产业向外转移的现象还会发生。但他们也认为,这些产业属低端低效,所以到成本低的外地拓展是理性的行为。“不要勉强那些产业非要留在上海,一个真正的公司要放眼全球,为什么非要留在上海产业化?政府相关部门可以设立从孵化到产业化阶段的产业发展基金,以股权方式享受企业成长的收益。”而且产业转移后可以为高端高效产业腾出宝贵的土地和人才资源，有利于资源的优化配置。

关于产业扶持，一个问题是产业水平参差不齐，优惠政策被低端和低效企业享受，浪费了政府产业结构调整的宝贵资源。有个企业家说有些企业很会同政府公关和沟通，但有可能真正需要支持的高端高效产业或企业反而得不到支持。问题就是要有一套鉴别哪些产业和企业符合“高效高端”特征的指标体系，把优惠政策用到未来能成长为上海支柱产业或企业的“潜力企业”上。

（二）上海对人才的吸引力在减弱

1. 户籍政策亟待调整

很多企业负责人谈到知识经济时代，人才对于创新的重要性。因为技术依附于人，对人才吸引力强的环境也是创新多的地方。各国都把人才战略做为创新战略，乃至国家战略的一部分。例如上海松下公司的一名业绩突出的中方技术人员曾被日方以优厚待遇调到日本总公司做研发，为了留住他，日本政府特为他解决了国籍问题。相对照而言，上海的户籍政策显得不可理解。被调研所有企业都表达了上海的户籍政策对企业和产业发展的限制。很多企业看中的人才因为户口问题不愿来上海工作。“企业为什么到深圳？好招人啊。”一家公司负责人说，他们的骨干员工干了 2 到 3 年就到南京和苏州找工作了，很多是为孩子考虑。

2. 生活满意度不高

企业家们反映上海最大的优势其实是对人才的吸引和集聚优势，因为大城市有种种便利和时尚氛围，而且对小孩的教育成长环境也好，这些吸引了各方人才来沪工作。一家企业负责人说：“上海最有活力的阶段是 1997 年到 2000 年，那时技术人员来上海可以拿到户籍，房价还没有涨起来，咬咬牙就买了。现在生活成本高的关键就是住房解决不了，目前软件企业一般月薪 6 000 元以上，核心人员 1.5 万元月薪都不一定能留住人。”

除尽人皆知的房价外，企业家们还提到产业园区的交通问题和人才公寓等。多家企业反映没有享受过政府提供的人才公寓，而人才公寓也是问题多多，如离公司远、生活不配套等。

另外就是员工在产业园区的生活质量和生活环境问题。很多员工下了班没有娱乐休闲，居住的地区缺乏人文和城市氛围，购物便利程度等都较差。而这些对招聘员工都有参考意义。

（三）对策

1. 对产业发展规律和其他地区的产业发展环境加大研究力度

由于上海产业结构调整面临关键时期，国内同类城市在产业布局和产业招商政策方面实质存在竞争关系。建议立项研究深圳、北京、天津等城市的产业发展政策和管理措施，取长补短，更好地为企业服务，营造富有竞争力的产业发展环境。

另外，目前亟须对产业转型升级的理论开展研究，如转型升级的目标究竟是什么？哪些是“高端高效”产业等。还需要对上海主要支柱产业发展规律有针对性地进行研究，如产业转移带来的问题怎么处理？主要产业的发展状况和趋势判断，以及转型升级的路径与扶持政策研究等。

2. 户籍政策的调整

尽管上海已经对严格的户籍制度做了松动，并弱化了户口的福利属性。但由于中国传统上户口给人心理带来的极大归属感和满足感，建议再进一步放松户籍的限制，让企业所需的大部分人才都能拿到户籍。如企业建议的：能否在产业园区实施居住证 3 年就入户？否则员工出于孩子上学等考虑，干一两年就走了。

3. 高端高效产业的扶持

有企业提出政府不但对企业在孵化阶段扶持，在产业化阶段也须扶持。如有些公司大部分钱都花在研发上，拿到订单没钱买生产设备，就需要设立产业化基金支持。还有就是在高技术企业实施员工持股的突破，创业期间企业工资低，为保持员工队伍稳定，通过员工持股这种方式保持技术团队稳定。

被调研企业提议政府设立的产业扶持基金一定需要专业人士参与运作，项目选择是专业人士的问题。而且基金要早期进入，"成功的项目都是早期招来的"。

4. 产业区规划建设过程体现产城融合原则

"产城融合"的含义是指产业发展和城市的建设结合起来。这个概念的提出是为了解决目前很多产业园区和城市建设脱节，建设的新城没有产业支撑就会成为空城或睡城；而产业园区不考虑城市居住休闲设施会使员工感到诸多不便，失去城市的活力。

产城融合的趋势首先表现为，产业园区的规划建设不但要考虑产业的选择布局，而且要考虑城市居住休闲娱乐配套的建设。如金桥园区的碧云国际社区是金桥出口加工区的一个亮点。产城融合的趋势还表现为新城的建设要和产业的规划入驻结合起来。在新一轮产业区规划中，要把产业区建设和城市功能建设结合起来，体现以人为本、和谐社会要求，目标是生产先进、生活和谐、生态文明的生态工业园区，营造和谐舒适、愉快的工作生活环境。

执笔：复旦大学　王子军

2010 年 12 月

第二章　上海四个中心建设与产业高端高效发展研究

上海作为国际大都市和经济重镇，其经济中心、金融中心、贸易中心和航运中心四个中心建设一直在持续推进中，取得不少成绩。但2008年全球金融危机爆发后，以金融为代表的虚拟经济与以制造业为代表的实体经济如何协同发展，也给上海四个中心建设带来了新问题和新挑战。2011年芮明杰工作室研究人员就上述问题的一些方面进行了研究，提交了五篇研究专报给上海市政府，内容涉及上海产业高端高效发展的评价指标设计、上海生产服务业发展的破局、上海高碳产业低碳化转型、上海国际航运中心建设、电子商务平台与上海国际贸易中心创新等方面战略思路与对策建议。

一、上海经济结构调整背景下产业高端高效的评价指标体系研究

在全球化背景下，产业的价值链在全球分布，并且随着各区域比较优势的涨落在全球进行转移。上海在产业结构升级过程中，需要客观、科学、前瞻地对产业进行评价，使政府的招商政策、产业政策和资源配置指向更为明确。本工作室组织研究人员对产业“高端高效”发展的表现和特性进行研究，进而提出评价的指标体系和评价方法，为上海产业结构调整提供决策支持，供领导和有关

部门参考。

(一)产业高端高效的概念及其内在逻辑

1. 产业高端

“产业高端”是指产业具有高级要素禀赋支持下的内生比较优势,因此处于有利的产业价值链竞争位置。

产业高端的内涵可以从三个方面理解:①高级要素禀赋,指企业发展更多依赖高级要素,如人力资本、技术、装备等。低端产业则依赖土地、自然资源、低成本劳动力等一般要素。产业升级就是由一般要素禀赋向高级要素禀赋转化的过程,也是运用知识取代自然资源,摆脱对自然条件依赖的过程。②高价值链位势,指企业的产品和服务具有较高的技术密集度和市场影响力。这要求企业处于价值链“微笑曲线”的两端(包括先进制造),而动态维持高价值链位势需要具有高的自主创新能力。③高价值链控制力,指掌握价值链的关键环节——对产业标准、核心技术专利、营销渠道等具有控制力,可以整合上下游资源,在产业发展方向上发挥战略引领作用(见图 2.1)。

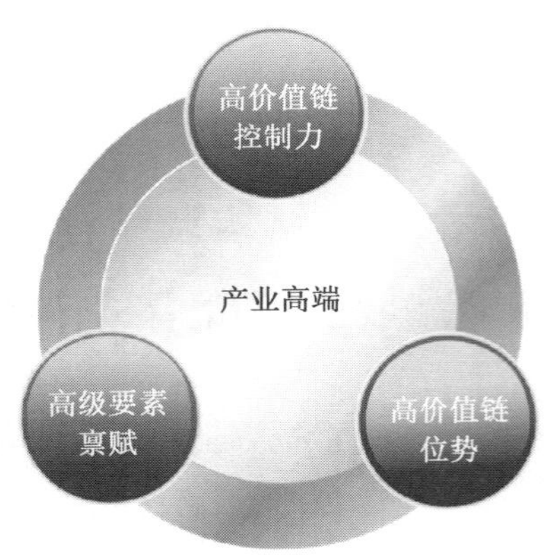

图 2.1　产业高端的内涵

2. 产业高效

“产业高效”是指产业资源配置效率高,具有良好的经济效益和社会效益。

产业高效的内涵也有三方面的内容：①高产出效率，反映资源转化的效率，如单位面积土地产出、人均产出、资本产出率等。②高附加价值，如利润率高、工业增加值率高、税收贡献大等。③高正向外部性。指产业与环境和谐友好，生产过程产生污染少、符合低碳经济要求，能够通过产业关联效应和知识溢出带动其他企业的发展(见图 2.2)。

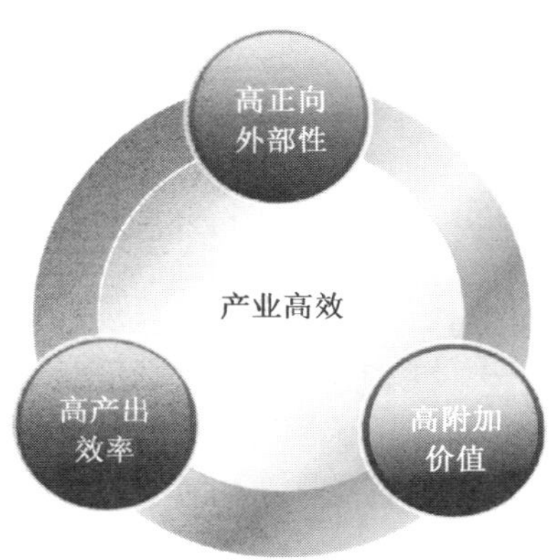

图 2.2　产业高效的内涵

(二)产业高端高效的内在逻辑与特征

1. 产业高端高效的内在逻辑

产业高端高效的内在逻辑如图 2.3 所示，通过高级要素禀赋、高价值链位势、高价值链控制力可以形成对产业是否高端的综合判断，通过对是否具有高的产出效率、高附加值和高的正向外部性，可以形成产业是否高效的综合判断。但是高端不一定意味着高效。

产业高端化发展的过程中，对土地、自然资源、低成本劳动力等基础要素的依赖减弱，更多依赖人力资本、技术、制度等高级要素。高级要素禀赋是产业高端的核心特征，但是高级要素禀赋并不一定能够得到有效的使用。高级要素禀赋只有经过良好的系统转化(战略、管理、体制、机制)，才能具有较高的产出

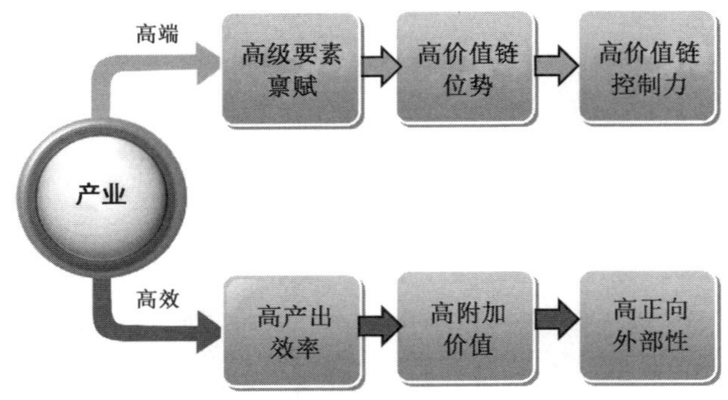

图 2.3　产业高端高效的内在逻辑

效率。

同样，处于微笑曲线的两端，并不一定表示产业能够实现良好的经济效果，企业必须掌握一定的自主知识产权或者技术诀窍，才能使企业获得高附加价值。

对产业发展是否高效的判断还需要进一步由经济效益扩展到社会效益，判断其在环境、能源消耗的影响；由单一产业扩展到关联产业，全面评价其在产业关联带动、营造区域产业生态系统方面发挥的作用。处于产业不同价值链环节的高科技企业，在不同发展阶段，在上述方面的作用具有很大的差异。

2. 产业高端高效的特征表现

（1）动态性。由于技术进步等原因，过去的高端产业现在不高端了。动态性体现了产业特征在不断变化中，或是环境的变动造成产业在价值链的位势变动。

（2）引领性。指对经济发展有引领作用，高端产业对其价值链有控制力，可以带动链上其他企业的发展。

（3）未来成长性。产业高端的实现很多时候是高新技术的应用和产业化，这类产业一般成长性很好，如战略性新兴产业的实质是高新技术，每一项高新技术未来都会催生一个新的产业。

（4）产业形态的广泛分布性。产业高端高效的特征不但是在先进制造业和生产性服务业中，而且在第一产业——农业中也有高端高效的例子，所以具有高端高效特征的产业是在社会广泛分布的。

（三）研究产业高端高效评价体系的作用

1. 新一轮招商引资过程评价产业和企业的参考依据

2008年金融危机的爆发使上海的经济结构调整进入了快车道，2010年10月国务院下发了《关于加快培育和发展战略性新兴产业的决定》，提出增强自主创新能力是培育和发展战略性新兴产业的中心环节，需要结合实施产业发展规划，突破关键核心技术，加强创新成果产业化，提升产业核心竞争力。上海在新一轮产业招商的过程中需要由招商的GDP导向，转变为产业升级导向。在这个过程中首先需要一套对产业或企业进行评价的可操作指标体系，才能保证招商引资真正招来可带动产业结构升级、效益好、环境友好的产业或企业。

2. 政府出台产业扶持政策的依据

在当前全社会把产业结构调整、转型升级作为重要工作的时期，政府出台产业扶持政策帮助战略性新兴产业、高技术产业和潜力产业的快速成长，至关重要。政府需要制定一系列配套扶持政策措施，例如：在税收减免、资金供给、市场开拓、土地和厂房租赁等方面给予帮助；针对中小创新性企业的研发津贴和成长基金；吸引专业人才的优惠政策等。这些也首先需要一套对产业或企业进行评价的可操作指标体系，才能有针对性地进行扶持。

3. 产业淘汰和产业向外转移工作的依据

产业淘汰和产业转移是优化生产力空间布局、形成合理产业分工体系的有效途径，是推进产业结构调整、加快经济发展方式转变的必然要求。当前，国际国内产业分工深刻调整，上海一方面接纳发达国家的相对高端产业和企业的转移；另一方面淘汰部分不适合在上海继续发展的产业或企业，或者向中西部地区进行梯度转移。这不仅有利于上海释放稀缺的土地、人才资源，而且有利于加速中西部地区新型工业化和城镇化进程，促进区域协调发展，在全国范围内优化产业分工格局。这些也首先需要一套对产业或企业进行评价的可操作指标体系，才能使产业淘汰和产业转移工作有序进行。

（四）产业高端高效的评价体系指标设计

1. 产业高端高效的评价指标设计原则

（1）引领性原则。针对产业的高端高效特征进行评价指标的设计，需要体现高科技、高附加值、高智力密集性、高产出、高劳动生产率、低成本、低能耗以及发展的可持续性。

（2）系统性原则。产业高端高效是一个多方面、多层次的概念，一个指标体系不可能完全覆盖所有方面，但是需要能够概括产业高端高效的主要方面和主要内容。评价指标的选择要做到各部分之间的联系是有机的，并能够形成一个完整的体系，全面反映产业高端高效的状况。

（3）动态性原则。注意产业比较优势的动态变化，能够对产业发展进行前瞻性的指示；注意产业高端演化的动态指标。

（4）客观性原则。采用客观的指标，确保指标数据的可获得性，避免评价者人为地选择和迎合指标。

（5）可比性原则。评价指标只有能够比较，才能更好地评价；指标的可比性越强，评价结果就越可靠。指标的选取要能够反映上海各区主要产业的共性，方便进行行业间的横向比较。

（6）可行性原则。评价指标的测量和获取方式具有可操作性。可操作性主要表现在指标的计算方法和指标数据的可获得性。

2. 产业高端高效指标设计的原理

（1）基于全球价值链视角分析产业高端化

随着经济全球化和跨国公司全球投资的不断扩张，制造业和服务业价值链呈现全球分布态势，微笑曲线成为全球价值链环节不对称分布的普遍特征。

延续美国学者格里芬对全球商品链的研究，全球商品价值链可以分为生产者驱动和购买者驱动两种类型。不同类型的全球价值链，对处于其中的企业有着不同的要求。对于生产者驱动的全球价值链，战略性环节一般处于生产制造环节，企业拥有了核心的生产技术就占据了价值链的有利位置，拥有了对价值链的控制力（见图 2.4）。因此，企业要占据价值链高端必须有较强的研发能力，拥有核心生产技术，使得在生产过程中具有不可替代性。通过自主创新，获得生产的核心技术，实现对价值链的控制。

对于购买者驱动的全球价值链，战略性环节一般处于流通环节，企业拥有了对流通环节的控制力，就拥有了对价值链的控制力。企业要占据价值链高端，必须拥有高效的销售渠道和较强的营销能力（见图 2.5）。因此，企业需要通过提高供应链管理能力、加强品牌建设、提升营销水平，实现对价值链的控制。

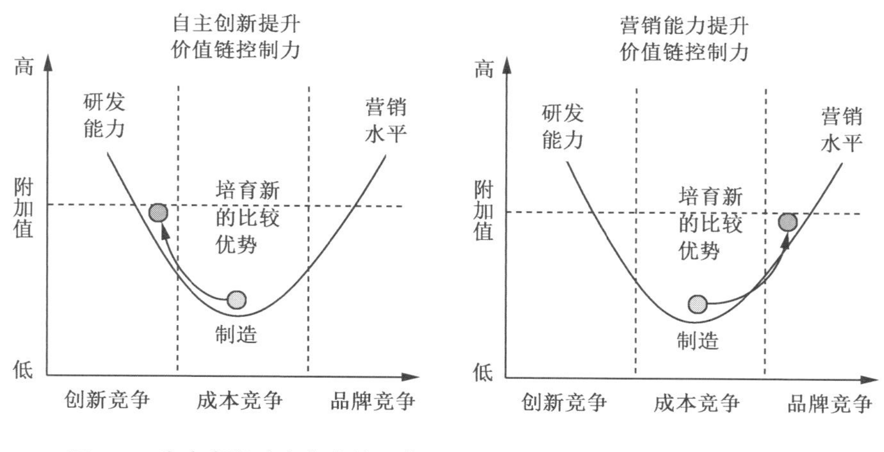

图 2.4 生产者驱动产业高端环节　　**图 2.5 购买者驱动产业高端环节**

地区经济发展、企业战略定位都需要从经济全球化和全球价值链角度选择具有竞争力的价值链环节，不能简单根据产业的名称来判断产业是高端或低端。必须根据产业的特点，以及产业价值链各环节的具体状况进行判断，需要将上海的产业评价和选择放在全球化和全球价值链分布的背景下重新考虑。

（2）基于综合性的视角分析产业的高效化

高端产业能否高效，主要取决于三大效应：一是产业自身的投入产出效应；

二是对相关产业的产业关联效应；三是对社会、环境的外部溢出效应，可以分为正向外部性和负向外部性两类。

产业的投入产出效率主要由技术和管理的效率决定。而企业选择低污染、低能耗产业环节，采用清洁生产技术、利用共生组织，都有利于提高环境的正向外部性效果。产业的经济正向外部性主要由产业的空间集聚和产业关联效应决定，产业的空间集聚影响企业间的交易成本，产业关联效应影响产业的知识溢出效应、技术带动作用、技术的扩散。产业高效化的路径如图 2.6 所示。

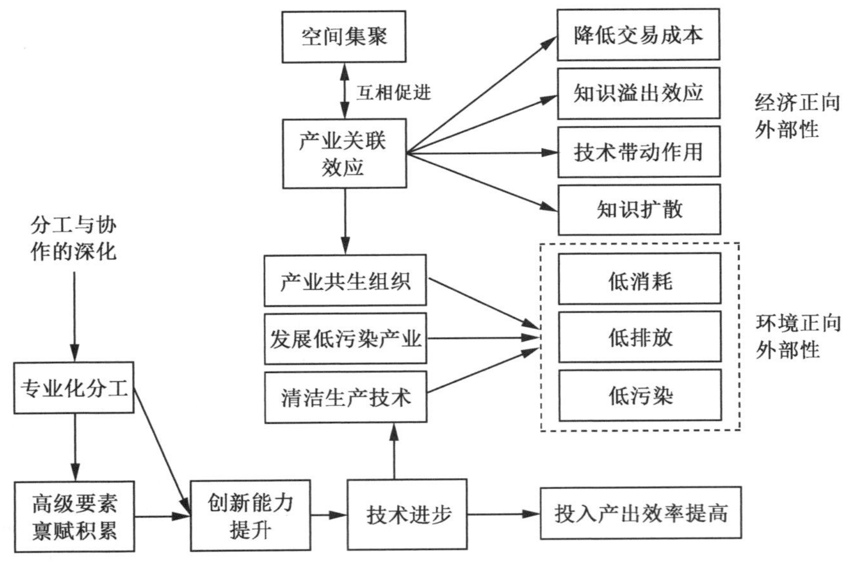

图 2.6　产业高效化的发展路径

3. 产业高端高效评价的指标体系设计

产业是同类企业的总和。产业高端的评价包括要素禀赋、价值链位势、价值链控制力三个方面。产业高效的评价包括产出效率、附加值和外部性三个方面。“微笑曲线”将产业价值链分成研发、制造、市场三个环节，每个环节都有高端低端、高效低效部分，高端高效是相对而言。如图 2.7 所示。

第一，产业的高端指标设计。目的是在评价当前产业价值链控制能力的基

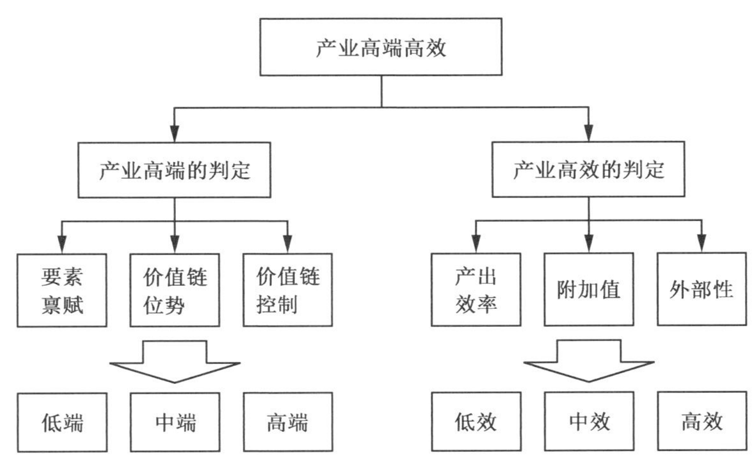

图 2.7　产业高端高效评价思路

础上，通过衡量与产业价值链未来治理能力密切相关的高级要素禀赋，遴选提高产业各个环节未来竞争位势的评价指标，为单个产业价值链各环节未来发展的方向选择提供指导性的基础。

产业价值链控制能力主要体现为行业内具有支配地位企业的产品定价权、产品标准的制订权、龙头企业数量以及高新技术企业产值比。产品定价权与标准制订权是最重要的控制权，定价权决定价值链流通环节的话语权，直接影响本地企业的利润份额、市场竞争力，以及价值链的未来治理能力。

重点龙头企业根据国家有关部委的规定，重点龙头企业（国家级）的标准：东部地区企业固定资产达 5 000 万元以上、近 3 年销售额在 2 亿元以上，产地批发市场年交易额在 5 亿元以上；经济效益好，企业资产负债率小于 60%；产品转化增值能力强，银行信用等级在 A 级以上（含 A 级），有抵御市场风险的能力；带动能力强，有稳定的较大规模的原料生产基地；产品具有市场竞争优势。

重点龙头企业的数量越多，说明本地企业的实力越强，价值链的控制能力也就越大。高新技术企业产值占总产值的比例衡量的是本地的产业价值链中产品的技术含量，该比重越高说明本地产品的技术含量越高，对价值链的技术控制力也就越高。

高级要素禀赋可从专业人才密集度、资本密集度与本行业平均收入三个方面来衡量。产业发展的最核心要素是专业人才，他们是研发、生产、销售技术的主体。由于专业人才的收入往往较高，因此，行业人均收入从一个侧面反映了专业人才的密集程度。产业发展的另一个核心要素是资本，产业关键的技术设备、核心技术的研发投入都需要大量的资本，资本密集度越高说明关键技术设备的拥有能力与核心技术的研发能力越高，因此禀赋水平越高。

产业位势的衡量相对复杂。“微笑曲线”的每个环节都有高端与低端之分，只有处于核心研发技术、核心制造能力、关键市场控制力量的部分才是产业价值链的真正高端。可通过产业价值链上的研发位势、制造位势、市场位势来分别衡量。研发位势的主要衡量指标是自主拥有的技术专利数量，自主专利数量越多说明研发能力越强，从而研发位势越高。而研发人员强度与研发费用强度则说明本地对研发的投入力度，反映未来的潜在研发能力，进而间接说明研发位势的潜在高度。标准化技术模块自主制造水平反映当前的制造位势，应用技术投入强度则反映了潜在的制造水平与制造位势的潜在高度。本地产业企业在产业价值链中的销售份额与知名品牌的数量反映了市场环节的绝对位势与影响力。

第二，产业高效指标设计。追求产业高端的最终目的是高效。首先表现为较高的经济产出效益，可通过投入产出比、百元产值税收、新产品产值率、土地产出率、劳动生产率几个指标来衡量。投入产出比、土地产出率、劳动生产率分别衡量资金、土地、人员的使用效率，新产品产值率则反映新产品推出力度与市场化程度，百元产值税收衡量的是产业对地方财政的贡献度。

第三，产业高效可表现为正的外部性，体现在产业的带动作用、新知识的溢出、单位能耗与排放的降低等方面。产业带动作用衡量的是本地产业企业的发展对上下游企业发展的促进作用、相关产业的推动力度以及对就业问题的贡献程度。

第四，产业高效还可表现为高附加值水平，主要体现为产业价值链中的利润份额与增加值份额两个方面，份额越高说明本地产业的效益越好。

基于以上分析，产业高端高效评价指标的详细分解如表 2.1 所示。

表 2.1　　产业高端高效的评价指标构成表

<table>
<tr><th>一级指标</th><th colspan="2">二级指标</th><th>三级指标</th><th>指标定义</th><th>性质</th></tr>
<tr><td rowspan="17">产业高端指标</td><td colspan="2" rowspan="4">价值链控制力</td><td>产品定价权</td><td>本地企业是价格的制订者还是跟随者</td><td>▲</td></tr>
<tr><td>行业标准制订权</td><td>本地企业是标准的制订者还是服从者</td><td>▲</td></tr>
<tr><td>重点龙头企业数量</td><td>本地该行业国家级重点龙头企业数量</td><td>★</td></tr>
<tr><td>高新技术企业产值比</td><td>目标产业本地高新技术企业产值/目标产业本地产业总产值×100%</td><td>▲</td></tr>
<tr><td colspan="2" rowspan="3">高级要素禀赋</td><td>专业人才密集程度</td><td>本科及以上学历人员/从业人员年均数量×100%</td><td>★</td></tr>
<tr><td>行业人均收入</td><td>(职工工资和福利费)/从业人员平均数×100%</td><td>★</td></tr>
<tr><td>资本密集程度</td><td>实收资本/从业人员年均数量×100%</td><td>★</td></tr>
<tr><td rowspan="7">产业价值链位势</td><td rowspan="3">研发位势</td><td>自主专利程度</td><td>自主拥有专利数/产业专利总数×100%</td><td>★</td></tr>
<tr><td>研发费用强度</td><td>研究与试验发展经费/从业人员年均数量×100%</td><td>★</td></tr>
<tr><td>研发人员强度</td><td>研究与试验发展人员数量/从业人员年均数量×100%</td><td>★</td></tr>
<tr><td rowspan="2">制造位势</td><td>标准化技术模块自主制造水平</td><td>自主生产的标准化模块/产业中的标准化模块数量</td><td>▲</td></tr>
<tr><td>应用技术投入强度</td><td>(年度技术引进费用+技术改造费用)/产值×100%</td><td>▲</td></tr>
<tr><td rowspan="2">市场位势</td><td>产业价值链中销售份额</td><td>本地销售额/产业价值链销售额×100%</td><td>▲</td></tr>
<tr><td>拥有价值链中“市场标识”(品牌)</td><td>本地拥有的知名品牌数量/该产业的全球知名品牌总数×100%</td><td>▲</td></tr>
</table>

续表

一级指标	二级指标	三级指标	指标定义	性质
产业高效指标	经济产出效益	投入产出比	总产值金额/总投入金额×100%	▲
		百元产值税收	应缴税金/工业总产值×100%	★
		新产品产值率	新产品产值/工业总产值×100%	★
		土地产出率	工业总产值/占地面积(亿元/亩)×100%	★
		劳动生产率	营业收入/年末从业人员数×100%	★
	外部效应	产业带动效益	带动上下游企业、相关产业、就业	▲
		知识溢出效益	转化为技术的知识成果数量/知识成果的总数量×100%	▲
		环境友好	万元产值能耗(吨标准煤/万元)	★
	附加值	价值链中增值份额	本地产业增加值/产业价值链增加值总额×100%	▲
		价值链中利润份额	本地产业利润/产业价值链利润总额×100%	▲
备注	★表示容易获取数据的指标，▲表示数据获取有一定难度的指标			

考虑到数据的可获得性，在表 2.1 中有“▲”的指标数据，需要查询大量的证据方可获取，个别指标如定价权、标准制订权的程度可能还需要专家评议。在服务于战略性新兴产业发展、上海产业升级任务的过程中，还需要根据具体的任务需要，进行更精确的指标设计和数据收集。例如，成立不同行业的专家委员会，对行业的高端高效难以量化的部分进行专家打分；设计专门的高端高效指标从统计口径进行收集；通过动态跟踪，反映产业动态比较优势的变化等。使高端、高效的评价进一步科学化、常规化和动态化，使政府在战略性招商、产业政策制定、重要资源配置(资金、土地、人才政策)的过程中增强针对性、科学性和可操作性。

4. 产业高端高效的政府资源匹配策略

由于产业的高端高效是相对的，即一个时期的高端高效在另一时期则可能低端低效。因此，需要从高端的价值链环节开始，分析产业发展的关键比较优势基础，研究其动态比较优势演化的方向，进而采取不同的资源匹配策略。

对于目前具有竞争优势，未来仍然能够保持竞争优势的产业，采取资源保障策略，帮助企业获得维持竞争优势所需的关键资源。对于目前具有竞争优势，但是未来将失去优势的产业，采取收割策略，不再进行大的投入，主要获取前期投资回报。

对于目前不具有竞争优势，但是具有比较优势的产业，如果未来将会成长为具有竞争优势的产业（向高效化方向发展），采取扶植策略，创造条件支持产业的快速成长。对于未来将会变为比较劣势的产业（低效化方向发展），采取措施促进产业转移，通过腾笼换鸟为高效化方向发展的产业腾出资源。如表 2.2 所示。

表 2.2　　产业高端高效的政府资源配置策略

当前产业的优势基础	具有竞争优势		具有比较优势	
未来产业的优势变化	保持优势	失去优势	竞争优势	比较劣势
产业高效化评价	高效	低效	高效	低效
政府的资源匹配策略	保障策略	收割策略	扶植策略	转移策略

执笔：芮明杰　刘明宇　陈之荣　王子军　杨丰强

2011 年 2 月

二、培育企业主体，服务创新突破
——破解上海生产性服务业现实发展的两个独立循环

上海产业结构调整的大方向是建立以现代服务业为主导的产业体系与结

构，其中现代生产性服务业的发展以及与上海制造业尤其是先进制造业和战略性新兴产业的融合互动发展是关键。值得注意的是近年来外商直接投资进入上海生产性服务业趋势加大，这本来对上海服务业发展是非常有利的。但我们的研究发现，外商服务业企业在上海主要对跨国制造业公司进行生产服务，形成了一个比较封闭的环，而我们本土服务业企业由于服务水平低、缺乏竞争力只能为本土制造业服务，于是外商服务业企业目前对上海整体生产性服务业提高作用不大，因此需要研究其中的原因与破解之道，加快上海生产性服务业健康快速发展，推动上海制造业转型升级和战略性新兴产业高起点发展。

（一）上海生产性服务业发展基本状况

自 1999 年以来，上海经济进入以服务业为主的发展阶段。到 2009 年，服务业增加值占地区 GDP 的比重为 59.4%。但是，上海的经济结构还是不能称之为服务经济结构，这不仅因为上海的服务业增加值占上海 GDP 比重还不够大，更重要的是服务业内生产性服务业增加值贡献的 GDP 比重还比较低，上海生产性服务业仍处于较低水平发展状态（王晓娟，2009）。[①] 但是，自从服务业开放之后，上海逐渐进入了以外商直接投资进入以服务业投资为主的发展阶段（见图 2.8）。自 2005 年，FDI 服务业投资额超过 FDI 工业投资额。2009 年，服务业吸收外商直接投资实际到位金额 76.16 亿美元，增长 11.4%，占全市实际利用外资的比重达到 72.3%。至年末，在上海落户的跨国公司地区总部达到 260 家，投资性公司 191 家，外资研发中心 304 家。

应该说外商直接投资进入以服务业投资为主的发展阶段是上海服务经济大发展的机遇，对上海生产性服务业的发展有重要的推动作用，因为服务业外商企业的服务经营理念先进、商业模式独到、服务技术水准高、专业技能强，能

---

① 王晓娟. 上海服务业发展特征及其与经济增长的关系研究[J]. 上海经济研究，2009(5)：79—85.

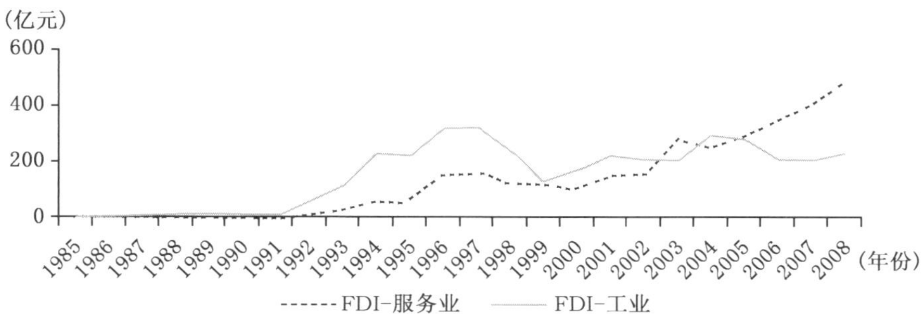

资料来源:上海历年统计年鉴。

图 2.8　FDI 在上海服务业和工业领域的历年投资总额

够直接嵌入制造业生产的价值链中,与之融合,互动发展。但是,FDI 生产性服务业的进入对一个国家或一个区域如上海有其自身的内在逻辑。它的进入对一个国家或地区产业发展的影响路径不同。一是相对于制造业而言,FDI 服务业企业进入一个国家或地区面临更多的障碍,如政策限制、文化差异和信息障碍等(Raff,von der Ruhr,2001)。[①] 所以 FDI 服务业企业一般采取跟随母国制造业产业价值链上的下游制造业企业的进入模式,此后逐渐应对当地市场的需求响应。二是 FDI 服务业企业从事生产性服务业依据其与制造业的内在理论机制对生产过程的全球化、复杂化、片段化进行协调和控制,推动制造业的转型升级。三是 FDI 服务业企业利用一国或地区生产性服务业的开放程度对本国或地区产业发展的影响具有行业差异性。Francois and Woerz(2007)[②]的研究表明,生产性服务业,尤其是核心商业服务、金融保险、通信服务的开放,有助于提高东道国或地区的知识技术密集型行业的出口绩效,而不利于劳动密集型行业的出口。

---

① Raff, Horst and Marc Von der Ruhr. Foreign direct investment in producer services: Theory and empirical evidence[J]. Available at SSRN 289083, 2001.

② Francois, Joseph and Julia Woerz. Producer services, manufacturing linkages, and trade[J]. Available at SSRN Tinbergen Institute Discussion Paper No. 07-045/2, 2007.

FDI 服务业企业上述三个方面的影响路径，对于上海目前的产业结构与产业发展状况而言，长期来说都是正面的。短期来看由于 FDI 服务业企业进入上海不久，它与 FDI 制造业企业形成了比较封闭的循环，虽然这是他们理性的选择，但如果不能破解，就不能使上海生产性服务业更快更好地发展。

（二）当前上海生产性服务业发展形成两个分离的循环圈

一方面，跨国制造业企业大量投资到上海后，由于上海本土生产性服务企业无法提供跨国公司生产所需要的生产性服务，他们只能或倾向于寻找外资生产性服务业企业给他们配套。根据我们的问卷调查，外商独资服务型企业的服务对象有 64%的比重是外商独资制造企业。这说明跨国制造业公司与外商生产服务业企业已经形成一个符合他们需求标准的生产性服务供需封闭循环圈，这种状态如果持续，那么对上海从事生产服务业的企业或潜在进入企业的示范效应就不大，对上海本土制造业转型升级与本土生产服务业发展的促进作用也很有限。

另一方面，上海本土制造业由于专业化分工不强，他们对生产性服务业的要求和需求都处于一个低层次水平，仅仅需要一些生产前生产后简单服务，如运输、信贷、广告、教育培训，于是形成本土制造业与生产性服务业的生产性服务业供需循环圈。这样目前在上海的制造业与生产性服务业之间就形成了两个循环，一个是跨国公司导向的高端生产性服务业循环即嵌入式生产性服务业循环（部分生产服务是制造企业生产过程中的服务需求，同时又嵌入在生产价值链中，所以我们称之为嵌入式生产性服务，其他的生产性服务称之为非嵌入式生产服务）；一个是本土企业导向的低端生产性服务业循环，我们称之为非嵌入式生产性服务业循环。

如图 2.9 所示，基于不同的制造业需求群体，形成了两个相互独立的生产性服务业循环圈：FDI 生产性服务圈和本地生产性服务圈。

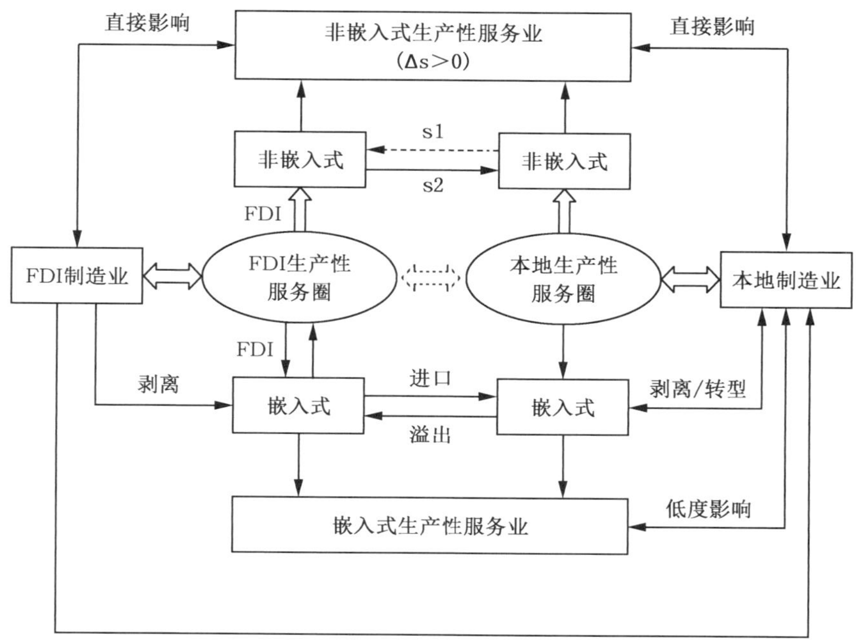

图 2.9　生产性服务业的两个循环圈运行逻辑图

(三)两个循环圈对上海生产性服务业发展的利弊共存

生产性服务业的两个循环圈结构状态会对上海市生产性服务业的发展带来利弊共存的现象,政策引导得好,则弊会转化为后续发展的既有优势,反之,则会成为阻碍。

从弊端来说,根据前面所述,非嵌入式生产性服务业服务域较广,基本上可以涵盖大部分制造业,因此 FDI 非嵌入式服务对本地非嵌入式服务的替代性很大($\Delta s>0$)。上海的 FDI 制造业对上海的非嵌入式生产性服务业发展有直接的正面影响,但 FDI 非嵌入式生产性服务业会挤压本土非嵌入式生产性服务业。因为非嵌入式生产性服务业的通用性较强,从这个层面上看,本地非嵌入式生产性服务业与 FDI 非嵌入式生产性服务业具有理论上的同等竞争地位,但是由于目前上海本地非生产性服务业处于严重劣势地位，致使上海非嵌入式生产性服务业的发展难以获得大的提升。在本土制造业还处于全球价值链低端和生产性服务业两个循环的结构约束下，FDI 非嵌入生产性服务业的大量挤压式涌入，在很大程度上会使得上海非嵌入式生产性服务业难以从根本上提高本地制造业的生产率。

从有利方面来说，FDI 制造业能够间接辅导本土嵌入式生产性服务业，但是其发展直接依赖于企业家精神发挥和政策引导。目前在上海的 FDI 嵌入式生产性服务业日趋渐多，至 2009 年年末，在上海落户的跨国公司中，外资研发中心 304 家，占总数的 40%。但是这一群体具有一个显著的特征，只服务于其所领导/控制的价值链。如思科系统，其早在 15 年前就把生产环节剥离出去，主要集中在高端的研发设计，其全球的 7 个研发中心中有 1 个在上海。思科在全球没有自己的制造工厂，但是研发又是制造的核心，因此，思科与制造业企业的关系非常密切，依据三种模式：①OEM 模式；②ODM 模式；③JDM 模式（联合开发制造），对制造企业进行业务辅导。

（四）导致上海生产性服务业目前的两个循环圈的主要原因

我们深入调查后发现导致上海生产性服务业目前的两个循环圈的主要原因有以下几个方面：

一是生产性服务业领导型企业缺乏。首先，总体上看，上海生产性服务业企业规模小，领导型企业和本土的国际性公司较少。如现代物流业的发展远远滞后于经济，特别是先进制造业的发展，规模小、技术实力差、服务意识弱。物流基础设施的综合配套能力、市场主体竞争力、发展的软环境、产业市场化程度都相对较弱。其次，《2008 中国软件自主创新报告》显示，上海市信息服务企业规模偏小，竞争力不强、技术创新能力差、品牌市场影响力弱，上市软件企业数量排名和其他多个指标均落后于北京、杭州和深圳。另外，商务成本较高、资金紧张以及海外巨头的进入，都是中小信息服务业企业创业和发展的不利因素。

再次，有些生产性服务功能区的开发还属于低水平、低附加值，用地效率不高。功能区内还有不少制造企业，且区内的生产性服务企业包罗万象，特色不足。在运行中，各种因素的制约，税收、土地、水电煤费等支持力度还较弱。

二是生产性服务企业创新不足或动力不够。生产性服务业企业使用公共创新资源进行创新活动的观念不足。一方面，根据我们对本地研究机构的调研访谈，存在研究机构与一些生产性服务业本地企业之间缺乏共同语言，难以形成有效对话的状况；另一方面，在生产性服务业企业与如科研仪器使用等创新资源供给方交易过程中，由于双方在认识上的差异或交易成本过高，经常导致交易失败，挫伤双方积极性。此外，也有因为双方缺乏信任，很多项目谈到后来就以失败告终。

三是政府对生产性服务业企业现在有支持，但力量分散、交易费用大，企业不能适应。政府具有资源聚集和动用能力，在技术先进型服务业企业的支撑上，不能仅仅是锦上添花，而更应该是要能充分发挥“标杆企业”的示范作用和带动作用；促使起到关键作用的公司或机构，积极主动协助地方产业转型。另外，当前诸多研发、专业技术服务平台没有形成合力，资源分散，利用率不高。如张江高科技园区有十几个专业平台，不同的平台分散在不同的单位，如何把这些平台串联起来，形成一个功能互补的系统，就需要政府在其中扮演协调角色和激励杠杠作用。

（五）培养本土领导型服务企业，推动生产性服务企业创新发展

破解上海生产性服务业目前的两个循环圈，是使上海整体生产性服务业发展水平提高，能够为上海的制造业转型升级，为上海的战略性新兴产业加快健康发展的关键之举。要尤其重视对本地嵌入型生产性服务业的发展，充分扩大此类服务的种类和规模，给予本土此类服务的企业一定的政策支持，以降低FDI服务业企业对此类服务业发展的负面替代性影响。我们建议：

第一，政府对上海生产性服务业的政策已经出台一些，特别对生产性服务

业企业的税收等政策受到了企业的欢迎。但这些政策是普世性政策，对所有的生产性服务业企业是一致的，它还不足以尽快培养起规模比较大、理念新、技术先进、商业模式特别的本土生产性服务业的领导性企业，进而形成示范效应，成为能够竞争并替代外商生产性服务业企业进入跨国公司高端制造业生产价值链，打破前文所述的两个循环，然后建立两个循环的连接。为此，我们建议是否可以建立上海市生产性服务业产业投资引导基金与生产性服务业产业投资基金，前者主要投资扶植生产性服务业的新创企业，叫做“扶一把送上程”；后者主要投资已经有良好发展规模与前景，商业模式创新，业态先进的生产性服务业企业，叫做“帮一把做强大”，培养上海生产性服务业的领导型企业。

第二，利用上海生产性服务业企业联盟，设置交流平台，鼓励本土生产性服务业企业向高端跨国服务型企业学习。尽管上海生产性服务业形成了 FDI 生产性服务圈和本土生产性服务圈，尽管这两个圈在目前还处于分离状态，但是也提供了一个供本土生产性服务企业和制造企业学习的机会。FDI 服务企业在与本土制造企业合作过程中，会对制造商进行培养，以提升制造业企业的供应链管理、生产制造乃至研发能力。如落户在上海的全球最大产能拉链供应商 YKK 会全力协助其生产基地获取 ISO14000 环境认证。也就是说，本地制造业企业可以通过嵌入现有的外商主导的制造价值链获得先进服务型企业在业务上的指导，有助于积累这一领域的经验，为后续的企业转型或业务剥离奠定基础，但是这个“业务指导”所起到的影响是间接性的，其功能的发挥还要依赖于企业战略和政策引导的影响。

第三，整合我们现有的公共企业创新服务平台，推动我们的生产性服务业企业进行业务创新、模式创新、技术创新与管理创新。应该说上海的公共企业创新服务平台比起其他省市多很多，但目前由于部门属性问题比较分散，使用不够方便，导致创新服务的目的没有完全达到，所以如何整合力量推动生产性服务业企业进行企业创新就非常关键。应该发挥 FDI 服务企业的运作模式直接或间接对本土服务企业产生“展示效应”。像上海固安捷的“MRO 工业品新型供应链模式”就带来了商业模式运营的新理念，他们希望展示却没有展示的平台，据我们了解一些本土企业也尝试在一些细分市场借鉴这个模式。但是，像思科的全球研发服务体系的运作模式，它非常先进，它有一个庞大的研发体系和非常专业的人才队伍，经过几十年的积累与创新，现在还在不断地创新进步，保持它的领先性与竞争力。上海本土企业可以学习模仿，但更重要的是根据自己发展的状况进行大胆地创新。

执笔：芮明杰

2011 年 8 月

三、国际航运中心的发展对洋山港的启示

近年来，宁波—舟山港的发展势头十分迅猛，围绕大宗商品的交易，港口货物吞吐量急剧上升，而且集装箱货运量也快速增长，大有取代洋山港成为国际枢纽港之势。且宁波—舟山港大宗商品交易的发展将会产生大量金融服务需求，很有可能形成相关的金融业集群，也将削弱上海金融中心的功能。面对宁波—舟山港的挑战，必须尽快明确洋山港的定位与发展策略，加速洋山港的建设，充分发挥上海金融中心与航运中心的政策优势，将洋山港打造成国际枢纽港。通过对几类典型的国际航运中心的研究，我们发现不同类型的港口，由于其发展定位的不同，其产业发展的特点和对港口政策的要求都有所不同。这对于洋山港建设成为国际枢纽港具有很强的借鉴启发意义。

（一）宁波—舟山港的发展及其对洋山港的挑战

自宁波港和舟山港整合后，宁波—舟山港的发展十分迅速，港口开发建设的步伐越来越快。2010 年，宁波—舟山港货物吞吐量已跃居世界第二，仅次于

上海港。宁波—舟山港除洋山港区之外,共有18个港区,主要以煤炭、矿砂、粮食、化工品等大宗散货为主,且多数港区都有集装箱业务。宁波—舟山港定位为沿海集装箱运输的干线港和大宗散货中转基地,与上海的洋山深水港距离仅40海里,深水岸线长约358.1千米,深水岸线资源远优于上海洋山港。

近年来,宁波—舟山港大力发展石油化工、矿石、煤炭、粮油、建材等大宗商品的储运、中转、交易中心,凭借舟山群岛丰富的土地资源和低廉的成本,宁波—舟山港已经成为国家石油的重要战略储备基地、全国最大的商业原油储运基地和矿砂中转基地以及浙江省最大的煤炭中转基地。而且正积极围绕大宗商品的交易,发展大宗商品的储运、加工、贸易等增值服务,带动周边产业的发展。同时通过打造大宗商品的交易平台,培育相关的金融服务,发展现代服务业。

通过一系列发展措施,宁波—舟山港迅速发展。大宗商品业务的快速发展,不仅提升了港口的服务功能与增值服务能力,而且吸引了大量的国际航线,促进了集装箱业务的发展。而且大宗商品的交易产生了大量的金融服务需求,很有可能围绕大宗商品交易形成相关的金融业集群,这将削弱上海国际金融中心的功能。

目前洋山港只有简单的集装箱中转功能,缺乏相关的增值服务,且港口和临港地区的产业互动明显不足,没有发挥港口对周边产业的带动作用。此外,宁波—舟山港还通过港口联盟与内陆"无水港"的建设,拓展其经济腹地,降低了洋山港的腹地辐射范围,减少了其内陆箱源。因此,必须加快洋山港的建设,以应对宁波—舟山港的竞争。通过对几类典型的国际航运中心的研究,可以对洋山港的发展产生有益的启发。

(二)国际典型航运中心的发展模式

从发展模式上看,作为国际航运中心的世界著名海港城市,主要有三种类型:一是以货物的国际中转为主的中转型港口;二是依托腹地为货物提供集散的腹地型港口;三是以航运市场交易和航运服务为主的市场交易型港口。我们分别以新加坡港、鹿特丹港和伦敦港作为三种类型的典型代表,分析各类型港口的主要特征与发展策略。

1. 中转港——以新加坡港为例

新加坡港地处马六甲海峡的东口,是从欧洲、非洲向东航行到东南亚、东亚各港口最短航线的必经之地,其地理位置较为特殊,有大量国际航线途经新加坡。其港口业务以集装箱的国际中转为主。

围绕集装箱的国际中转,新加坡港的集装箱物流服务十分发达,包括拆拼箱、仓储、运输、取样、贴牌等集装箱配送服务,以及相关的供应链管理服务。同时港口的发展带动了与之相关的港口设备制造业和集装箱的跟踪、检测等信息技术产业的发展。集装箱的国际中转还促进了新加坡国际贸易服务的发展,新加坡是世界上最大的离岸金融市场,其航运资金的国际结算特别发达。

新加坡为提升中转港竞争力的政策措施主要围绕促进集装箱业务的发展:①实行自由港政策。实行自由港政策极大地方便了货物的流通,节省了贸易成本,带动了集装箱国际中转业务的发展。②发展庞大的海运网。通过吸引各国船运公司在新加坡设立国际航线,发展出一个庞大的海运网,形成规模效应,到达新加坡港的货物可以快速转运至世界各地,大大节省货物中转成本。

2. 腹地港——以鹿特丹港为例

鹿特丹港位于英国、德国和法国三大工业发达国家的中心部位,是三国及欧洲西部各国大宗物资运输中转的必经之路,素有"欧洲门户"之称。鹿特丹港口业务包括集装箱、石油化工、煤炭、矿石、农产品、滚装船等。

由于鹿特丹港口业务较多,其物流服务种类也较多,物流服务针对不同的货物设有多种专业的仓储和配送中心;港口地区有化工、矿石、食品等的加工增值服务。由于腹地港多式联运较发达,鹿特丹设备制造业十分发达,不仅有海上设备,还有内河设备,且以大型设备制造为主,主要为港口提供配套服务。同时港口的发展带动了周边地区相关配套产业的发展,鹿特丹和周边城市形成了一条机械制造、造船、港口设备制造的产业带。因此，鹿特丹港口和周边地区的产业关联度很大，港口与周边地区的产业形成了良好的互动。

为提升腹地港的竞争力，鹿特丹主要以拓展港口腹地，提升物流服务水平为目的，采取以下措施：①发展多式联运。鹿特丹的海运、铁路、公路、内河等专业运输公司在各自经营主业的同时，可以租赁经营另一种运输业务，如海运经营铁路、铁路经营公路等。②建立专业化码头。鹿特丹根据进出口货物类型，按照装卸货物种类的不同，按功能分设干散货、集装箱、滚装船、液货及原油等专用和多用码头。③一体化基础设施建设。鹿特丹港务管理局对港区内的基础设施统一开发，形成园区一体化的物流系统，利于多种运输方式的联运。

3. 市场交易型港口——以伦敦港为例

伦敦港的航运历史非常悠久，早在 19 世纪已是世界航运中心。其相关的航运金融和服务业起步非常早，早在 1744 年就成立了波罗的海航运交易所，为过往的船只提供货物交易的场所；世界上最大的保险组织劳合社是由 1688 年在泰晤士河畔开设的咖啡馆演变而来的。围绕航运交易，伦敦还出现了船舶标准的制定、船舶的检验和认证等航运服务业。

第二次世界大战以后，随着战后重建，欧洲大量的港口兴起，伦敦港的货物吞吐量开始不断下降。借此机会，伦敦港开始谋划航运业的升级。依托波罗的海航运交易所，伦敦港大力发展航运交易、航运信息服务等现代航运服务业，包括大宗商品的交易、船舶租赁、交易价格指数的发布等；同时围绕航运交易，拓展海事组织和行业协会，成为了国际航运的管理中心；借助伦敦金融城，拓展航运金融业，发展出航运融资等现代航运金融业。最终在市内港区集聚了大规模成熟的航运服务高端产业群落，成功地实现了国际航运中心由低端向高端的转型。因此到 20 世纪末，当国际航运业的重心随着制造业向亚洲转移时，伦敦港原有的物理功能已经弱化，转而成为了国际航运的定价和管理中心。

（三）对洋山港发展的启示

洋山港发展集装箱的国际中转业务，从港口条件上看，和周边港口相比并无太大优势。而且目前港口集装箱业务缺乏增值服务，仅提供简单的运输、中转服务。因此，一方面必须提升集装箱中转的量，形成规模效应；另一方面要提高港口服务水平，创造增值服务需求。要提升集装箱的量，必须依托长三角广阔的经济腹地，拓展内陆箱源。而要创造增值服务，就必须提升港口物流服务水平，提供更多增值服务，如提供集装箱的分拨、货物的现场加工等服务，加强港口和临港地区产业的互动。此外，港口的发展还需要相关金融业和航运服务业的支撑。

因此，通过以上对典型的国际航运中心的分析，为应对宁波—舟山港的挑战，洋山港必须采取以下措施：

一是发展多式联运，拓展经济腹地。洋山港应当充分利用长三角广阔的经济腹地，拓展内陆箱源。从腹地港的发展可以看出，必须要有发达交通运输网和发展多式联运的能力。因此，上海必须加强与公路、铁路和长江各港口的合作，通过海铁联运、江海联运充分利用其经济腹地。

二是创造增值服务。目前洋山港增值服务需求不足，必须深化现有保税港区的政策，允许企业在保税港区内进行货物的深加工；提供集装箱的拆拼、分拨等业务，创造增值服务。

三是提高临港产业发展水平，加强港口与产业区协同。港口的发展需要相关的配套产业，上海可以借助其在制造业上的优势在临港产业区发展船舶制造、海事工程等高端制造业，为港口提供配套，实现产业区与港口的协同。

四是发挥金融中心的优势，促进航运业与金融业的互动。推进洋山保税港区的离岸贸易业务，开展离岸金融、航运融资等业务，促进航运业与金融业的互动。要充分利用上海建设金融中心的政策优势，发展航运金融业，并使之辐射长三角港口群。

五是发展高端航运服务业。随着世界经济格局和技术条件的变化，国际航运业的重心也会随之变化，依靠地理优势发展起来的航运中心会随着经济格局变化而衰落。只有发展以市场交易为主的高端航运服务业，才能保持国际航运中心的地位。但是高端航运服务业的发展必须以港口功能的高端化为基础，因此可以借助洋山港的港口功能，在临港主城区布局高端航运服务业，实现主城区与洋山港区的互动，并通过高端航运服务业带动相关临港产业的高端化。

执笔：杨丰强　芮明杰　刘明宇

2011 年 9 月

四、上海高碳产业低碳化转型路径研究

作为一个人口高度密集、产业高度集中、能源高度投入和污染高度排放的特大城市，发展低碳经济是上海“十二五”发展的必然选择。为此，上海市十三届人大四次会议批准上海市“十二五”规划纲要，纲要提出，要推动绿色低碳发展，着力推进节能减排、环境保护和生态建设，加快建设资源节约型和环境友好型城市，营造生态宜居的绿色家园，实现城市可持续发展。纲要明确，要积极应对气候变化，持续降低能耗强度，有效控制温室气体排放，确保完成国家下达的节能减排任务，促进经济社会绿色发展。

（一）上海市高碳产业低碳化转型的困境与发展方向

总体上看，上海需要建立发展可再生能源、提高传统能源效率、建设碳汇三者并重的低碳经济战略。但是由于在 2020 年前可再生能源要决定性地替代传统能源存在困难，因此上海未来 10 年内低碳经济的主要行动应该是重点提高工业、交通、建筑三大领域的能源利用效率，而发展可再生能源和碳汇捕捉能力

对上海实现低碳经济则具有更长期的战略意义。

然而，上海市要实现高碳产业低碳化转型还遇到一定的困境，如：高速发展的经济难以与温室气体排放增长脱钩；在短期内，重化工业的产业结构不易得到有效调整，上海正处于工业化、城市化快速发展时期，上海重化产业如电力、石化、钢铁等已成为支柱产业，在短期内很难改变，因此会带来比较明显的“碳锁定效应”；以煤为主的能源结构是上海走低碳之路的长期“瓶颈”，在向低碳发展模式转变的过程中，与东京、纽约、伦敦等其他国家城市相比，将受到更多的资金和技术压力，付出更高的代价；相关法制制度与市场制度的不完善造成的制度缺失。为此，上海市要向低碳化经济模式转型任重而道远。

同等规模或总量的经济，同样的技术水平，如果产业结构不同，则碳排放量可相去甚远。在工业化和城市化加速发展的今天，为避免重化工业过度发展带来能耗高、物耗高、碳排放高等问题，上海需要发展高能耗低排放的产业，并调整现有的产业结构，实现高碳产业低碳化转型目标。为了实现这一转型目标一个非常关键的问题就是必须高度重视产业低碳技术创新的战略意义，要将发展产业低碳技术作为提升上海市产业技术竞争力的核心内容，着力研究、发展、推广先进能源等低碳技术，加强前沿技术的研发和原始创新，积极展开国际低碳技术的交流与合作，将国际低碳技术标准、理念、创新结合中国低碳技术的研发实际，制定与国际接轨、具有中国特色的低碳技术标准，引领我国低碳经济顺利发展。

在此同时，建立有利于高碳产业低碳化发展的政策法律体系和市场环境必不可少。就目前上海的情况而言，构建高碳产业低碳化产业政策法规保障体系，应研究出台低碳经济模式下产业低碳化发展的财政、产业、技术政策体系，借鉴发达国家经验，引导重工业降碳，择机推出碳税、排放贸易机制和税收优惠等经济政策。此外，在国际产业转移承接中应严格限制高碳产业的承接，强化制度创新，推进上海高碳产业中外资存量的低碳化改造，着力国际低碳技术承接，推动上海高碳产业低碳化创新和战略性新兴产业的发展。

为了更有效地达到减排目标，我国目前亟须建立碳交易市场。在国际国内碳交易市场形成的大趋势下，作为中国经济重镇的上海则应率先形成区域性碳交易市场，并逐渐服务全国与世界则成为目前上海市政府及企业界急需达成的重要目标，本地碳交易市场的成熟及其与海外同类市场的联系，将有助于上海提高能源利用效率并尽快实现经济增长方式的转变。

（二）上海市高碳产业低碳化转型的有效路径

基于以上所阐述的有关上海市高碳产业低碳化转型的发展目标，其实现的有效路径主要为：

1. 高碳产业低碳化转型产业结构的调整与构建

首先是发展低碳工业。①要提高工业内高能耗产业进入门槛；②加强冶金、化工、建材等高耗能产业新项目审批的可行性研究；③生产制造加速向生产服务延展；④以产品结构为载体，加紧产业结构向高级化、产品结构向低能耗转变；⑤树立新的产业结构调整观，以信息化带动工业化，优先发展信息产业，大力发展高新技术产业最终实现产业结构的优化升级。

其次是发展低碳服务业。应从三方面入手：①结合上海市的先进制造业的优势，发展工业旅游；②发展低碳物流；③发展能耗低、增加值率高的知识型服务业。

2. 高碳产业低碳化转型的产业技术创新

要实现低碳化产业技术的创新，低碳技术的突破是关键。在目前境况下，上海获得低碳技术有两个路径：①通过清洁发展机制（CDM）引进发达国家的成熟技术；②自主研发。

3. 高碳产业低碳化转型的产业能源与效率的提高

要促使上海高碳产业低碳化转型的一个重要路径就是产业能源与效率的提高，就目前上海发展的现实来看主要可行的路径为：①通过提高能源技术水平，广泛推广洁净煤等先进能源技术；②大力发展包括可再生能源在内的清洁能源；③全力发展低碳和无碳能源，促进能源供应的多样化。

4. 高碳产业低碳化转型的国际产业转移的把握

面对低碳经济下国际产业转移的新机遇，上海的具体途径主要为：①着力市场准入，严格限制高碳产业的承接，做好国际产业承接增量低碳化；②着力生产过程的引导和调控，强化制度创新，推进上海高碳产业中外资存量的低碳化改造；③着力国际低碳技术的承接，推动上海产业低碳化创新和战略性新兴产业的发展。

5. 高碳产业低碳化转型的国际间技术交流与合作

未来世界能源需求和排放增长的大部分来自发展中国家，作为我国科技、文化、经济中心的上海在实现低碳技术发展的同时，一定要加强与国际组织、政府、企业、科研机构等低碳技术领域的交流与合作，学习先进理论与经验，力争在关键技术和工艺上有重大突破。同时，我们还应拓展发达国家与发展中国家以及发展中国家之间就低碳技术领域的合作交流渠道，展开技术引进、人员培训等多方面的国际交流与合作，用以推动上海低碳经济的发展，保护上海的资源环境。

6. 高碳产业低碳化转型的碳交易市场的建立

为此，上海作为中国的金融中心，完全有条件首先在上海建立一个地方性的碳交易市场，要充分利用上海在全国率先建立起来的环境能源交易所平台，建立地方性的碳交易市场，促进碳生产率的提高以及政府、企业、社会参与低碳经济并以此探索构建服务全国的碳交易平台。

（三）上海市高碳产业低碳化转型政策建议

为了使上述路径能得到真正的贯彻执行必须有相应的政策措施予以配套，为此，上海市高碳产业低碳化转型应建立下述政策体系：

1. 高碳产业低碳化转型产业结构政策建议

必须重点调整上海重化工业比例，鼓励知识密集型和高新技术产业发展的产业结构优化升级政策的建立；提高“高碳”产业准入门槛，推进产业和产品向微笑曲线两端延伸，提高上海产业结构高度化政策的建立；优化能源产业结构，建立有效的能源利用方式和产业结构的政策目标。

2. 高碳产业低碳化转型的产业组织政策建议

建立完善落后产能淘汰激励、补偿机制的产业组织政策；建立合理财政税收政策以完善高碳产业低碳化转型机制的构建；制定和实施企业低碳认证、交易制度，构建碳平衡交易产业组织政策。

3. 高碳产业低碳化转型的产业技术政策建议

完善低碳技术创新激励的产业技术政策的建立；设立碳基金、制定激励低碳技术的研究和开发的产业技术政策；为扶持低碳技术风险投资机构的设立政府应制定相应的产业技术政策。

4. 高碳产业低碳化转型碳交易市场完善的政策建议

加强碳排放交易市场的相关配套设施和制度建设；推进节能减排，减少碳排放额的供应量；加快技术引进，大力发展清洁能源经济；引导和鼓励金融机构积极开发碳金融产品。

执笔：伍华佳

2011 年 10 月

五、加强培育新兴电子商务业态，建设上海网上国际贸易中心

在上海土地日趋紧缺状态下，通过电子商务的虚拟空间实现海内外贸易主体的低成本集聚，是上海国际贸易中心建设的重要手段。但是上海电子商务发展具有不平衡性：与传统业务相结合的电子商务发展较好，而独立的新兴电子

商务明显滞后。政府需要按照电子商务发展的规律去营造环境,促进新兴业态的电子商务发展,形成资源组织的新方式,带动产业结构的转型升级,落实国际贸易中心的功能。

(一)电子商务的经济带动作用

电子商务是指利用因特网展开的各种商务活动,包括交易、金融、信息等综合服务活动。"十二五"时期上海需要通过打造一个以电子商务为龙头,实现各种要素创新组合的新型国际贸易中心,在国内确立领先优势,并以此带动上海生产性服务业和先进制造业发展,加快上海经济的转型升级。

电子商务衔接三条产业链,处于网络的中心位置:一条是从供应商到买方的物流产业链,它完成商品有形实体转移或者服务的价值传递;一条是从卖方到买方的金融支付链条,衔接资金的循环;另一条是信息的传递和安全维护(见图 2.10)。

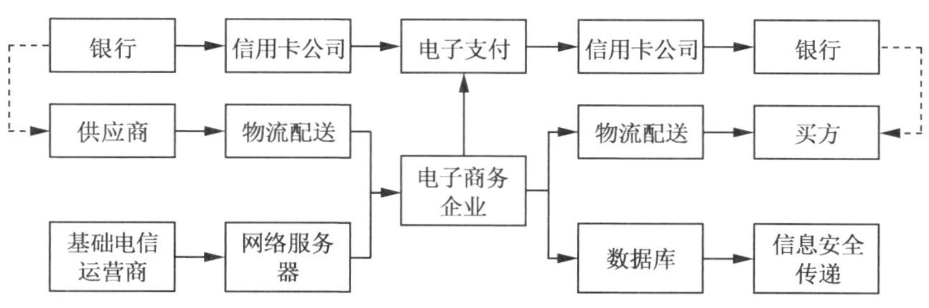

图 2.10　电子商务产业链

电子商务的价值创造有以下几个途径:利用电子手段,更快捷地促进交易达成,节约交易费用;减少交易的中间环节,减少店铺、营销等固定开支;优化、引导物流流向,节约物流成本;促使企业专注核心能力;带动信息产业、物流产业、金融产业等基础产业的发展。

上海的电子商务交易额从 2002 年的 253.86 亿元上升到 2010 年的 4 095.1

亿元,增长了16.13倍。电子商务交易额占全市商品销售总额的比重也从2002年的2.8%上升到2010年的11%。电子商务交易额占上海全市GDP比重已经从2002年的4.69%上升到2010年的24.27%,提高了19.58个百分点。电子商务已经成为促进区域经济发展,调整产业结构,创造就业机会一个重要的、新的支撑点和发动机。

(二)上海电子商务发展的不平衡性

上海电子商务发展的不平衡主要有以下两个方面:

一是个人网上消费能力和培育电子商务企业能力的不平衡:上海个人网购消费力居首,而电子商务的发展速度却明显落后于其他城市。

根据淘宝网发布的《2009—2010年度中国网购热门城市报告》显示,上海居所有网购消费力城市之首,报告期内的网购消费金额达到174.2亿元,网购消费额比处于第二位的北京高出61.7亿元。

但是上海电子商务的发展却落后于其他城市,表现为发展速度落后和缺乏足够数量的电子商务领军企业。上海要建设国际金融中心,但是在电子支付市场上仅占有8%的市场份额,杭州则占有70%的市场份额。

二是上海新兴电子商务业态发展滞后:在电子商务的发展中,主要是传统线下业务搬到线上,独立的电子商务企业发展缓慢。

上海目前发展的电子商务基本上以将实体的线下业务搬到线上为主,例如鼓励南京路、豫园等一批富有海派文化特色的传统商业街区和中华老字号企业,与电子商务"联姻",开展网上销售,构建网络特色商业街等。

这些电子商务业务一般是实体业务的附属,或者是常规销售渠道的网上延伸,上海缺乏以独立电子商务为主体的大型平台型企业,难以发挥大规模集聚供求双方,获得网络效应。上海国际交易中心和金融中心建设需要这样一批电子商务企业,它们具有大规模商流、资金流、信息流的汇聚能力,具有创新的业态,能够具有网下业务所不具备的优势,从而不断开拓新的市场空间,而不仅仅是将线下业务搬到线上。

上海电子商务发展不平衡主要有以下两个方面的原因：

一是政府管理主要按照传统业务的方式进行，依附于传统业务的电子商务容易得到认可和政策支持。

二是独立电子商务在发展过程中，缺乏完善的环境支持，信息、物流、金融等资源需要按照新的模式重新组织，难度高。独立电子商务缺乏完善的政策配套支持，面临政策的不确定性程度高。在这方面，政府容易出现缺位和越位。

（三）上海需要鼓励发展独立的新兴电子商务业态——以第三方大宗商品电子交易平台为例

大宗商品电子交易是互联网上电子商务的一种形式，采用计算机网络组织的同货异地、同步集中竞价、统一撮合、统一结算、价格行情实时显示的交易方式。具备生产资料大宗货物的战略储备、调节物价、组织生产和套期保值四大基本功能。

上海大宗商品电子商务平台发展的速度与上海国际贸易中心建设的地位不相称。其他省市则加大了在这方面的支持和发展力度，例如浙江省在电子商务"十二五"规划中就提出要支持生产资料经营企业和批发市场发展电子商务，培育煤炭、钢铁、塑料等 10 余种大宗商品交易平台。

1. 电子交易平台以低成本实现贸易主体集聚

电子交易平台通过让市场主体充分表达各自意愿，形成权威价格，指导企业生产经营，合理配置资源。这种价格发现与传统的有形交易市场不同，其载体是无形的电子市场。

企业通过服务平台进行网上销售和采购，降低人员、库存和资金占用等成本，加快商品和服务价值的最终实现。结算和交收等配套服务让资金和货物流转更加安全便捷。大大降低了传统流通的交易成本，大幅度提升了商品价格的发现功能、调节功能和市场联动功能，提高了市场运行的公开度、透明度。

上海要建成国际贸易中心，最终必须突破区域的界限，不仅在长三角，更需要在中国、亚太，乃至全球发挥价格发现和资源配置作用，而这必须突破传统的“三现”交易方式，发展现代流通才能做到。上海国际贸易中心的建设，绝对不仅仅是多建些批发市场、购物中心等实体交易市场，上海的土地资源是稀缺的，不可能依靠有形空间集聚全球的贸易主体，唯有一种可能是利用虚拟空间实现海内外贸易主体的低成本集聚。因此，在“十二五”时期，上海应该将电子商务作为国际贸易中心的最重要载体。

2. 电子交易平台具有显著的规模放大效应

电子交易相比传统经济具有两大优势：

一是显著的规模放大优势。因为电子交易的便捷性和低交易成本，随着交易频次的增加，产值规模迅速放大。以上海大宗钢铁电子交易中心为例，2010年热轧卷板、冷卷、螺纹钢、高线以及钢坯等的交易量为110百万吨，交易额达到4 707亿元，而2010年上市公司宝钢股份实现营业收入2 021亿元，在GDP贡献上，一个钢铁电子交易中心相当于2.33个宝钢股份上市公司。但是钢铁电子交易中心的资源是轻资产的，只不过两层楼面及一些电脑和服务器而已。

二是其成长的显著性。电子交易平台一旦获得市场的认可，成长迅速。以大宗钢铁电子交易中心为例，由于中心采取了一系列商业模式创新和服务质量提升手段，赢得了市场的认可，2010年步入了快速发展轨道，2010年交收量为上年度的3倍有余，超过前五年的总和。这种增长速度是实体经济无法达到的。

3. 电子交易平台对产业升级具有明显促进作用

大宗商品电子交易是一个依托高效的互联网信息技术，以流通为核心，同时链接现货购销、仓储物流以及相关金融配套服务的综合性服务平台。企业充分利用交易平台聚集的诸多资源，如金融和物流服务等，改进传统经营管理方式，提升运营效率，加快传统行业现代化转型的步伐。

电子交易直接带动了现代物流等生产性服务业的发展，促使传统的物流企业、制造企业按照新的电子商务运营体系，安排生产，配置资源，促进了传统产业的转型升级。

4. 电子交易平台对金融中心建设具有支撑作用

围绕大宗商品电子交易平台，可以发展第三方替代交收、供应链融资、电子仓单融资、票据定向融资等业务，各种金融服务就突破了传统的贷款模式，实现了品种的多样化，极大地促进了金融业务的成长。当电子交易中心扩张为全球性的平台，相应国际结算、汇兑、国际供应链融资、票据融资等就随之发展起来。

依托电子交易平台的定价中心功能，可以进一步开发衍生品，形成金融衍生品交易市场。金融衍生品的交易量不仅远超实体经济，也远超交易中心的现货规模，具有更大的规模放大能力。

随着上海制造业的逐步转移，传统贷款业务的对象减少，上海金融中心的建设，需要更多依托新型的交易平台，嵌入供应链发展新型金融服务，并在大宗商品定价中心的基础上建立金融衍生品市场。国际金融中心需要建设在新型贸易中心（电子交易平台）、供应链管理中心、定价中心和结算中心的基础上。

（四）推进电子商务建设，促进上海产业结构调整的政策建议

上海发展电子商务，需要建立一个基于产业链和产业生态环境的系统思维，为电子商务产业的发展营造一个良好的环境。不能按照传统发展制造业的思维发展电子商务。电子商务（特别是独立的新兴电子商务业态），需要一个健全的产业支撑体系和产业政策体系，其中任何一个环节带来的高交易成本都会抵消电子商务的优势，使之难以发展。

具体的政策建议包括：

1. 加强社会征信体系建设

征信体系是指由与征信活动有关的法律规章、组织机构、市场管理、文化建设、宣传教育等共同构成的一个体系。从国际发达国家的经验看，征信体系模式主要有市场主导、政府主导和会员制三种模式。上海作为一个个人网上消费、企业 B2B 业务都非常繁荣的城市，有必要率先建立这样一个体系，通过接轨

国际规范，培养出具有国际竞争力的电子商务企业。在现阶段上海应采取政府主导的模式，逐步过渡到政府、市场、会员制多元模式。

2. 进行个人信息保护的立法，加强信息安全

在发展电子商务的过程中，需要加强对个人信息的保护，这样才能鼓励更多的人愿意采用电子商务的方式，也保证电子商务企业的业务开展处于合法的轨道上。如何在网上保证交易的公正性和安全性，保证交易方身份的真实性，保证传递信息的完整性以及交易的不可抵赖性，已成为我国电子商务发展过程中人们最为关心的问题。

3. 严格行业监管，提高进入门槛，规范从业者行为

在电子交易市场领域引入仲裁机制、加强行业监管是解决处理风险问题的有效途径。引入仲裁机制，由权威机构根据相关政策法规公平、公正地处理风险，同时加强行业监管，这对规范市场运作、抑制过度投机将会起到良好的作用。对电子交易市场的设立、运行、管理等，政府需要加强监管，明确监管单位的职责，使市场有法可依。交易制度和规则要相应的统一和规范。交易资金结算应该统一规定，引进银行作为第三方资金托管和资金安全的制度。

4. 大力发展现代物流，提高供应链服务能力

在现代物流的支持下，电子商务企业才能以顾客为中心提供一系列服务，否则电子商务企业的业务范围将会大大缩小。一定程度上说，电子商务企业的无限可能性必须通过供应链服务的有限能力实现，现代物流发展到何种程度，电子商务企业就能发展到何种程度。

电子商务物流具有分散性、个性化、时效性等特点，并且电子商务的主体是商务，这必然涉及货币支付、信息传递及商品所有权的转移等一系列活动，即商流、资金流、信息流、物流的一体化，物流成为信息流、资金流的载体，并且还伴随着相关的商务服务。其中的复杂性远远高于传统物流的一定时间内的送达服务。上海需要加快发展现代物流，对电子商务提供有力的支撑，形成电子商务（网上国际贸易中心）与航运中心建设的互动。

5. 针对电子商务新兴业态，及时调整税收政策，降低交易成本

电子商务的主要优势在于可以降低交易成本，但是传统的营业税容易导致重复征税，反而增大交易成本，削弱其发展的动力。

从电子商务带动产业结构转型升级的机制看，电子商务最终将通过供应链等完成现实商品的交割、传递，可以落实在实体经济环节进行税收征收，对于电子商务活动的一些环节可以采取低税和免税的政策，鼓励电子商务企业的发展。

例如涉及第三方替代交收业务、供应链金融、电子支付等新的业态，及时采取新的税收征管办法，在保证税收的征管的前提下，要简化环节，方便新型业务的开展，避免用传统的税收征收办法，增加交易成本，甚至阻碍业务的创新。

6. 进行政策配套创新，支持电子商务企业走出上海，走向世界

当电子商务企业进行国际化经营时，需要有人民币跨境交易的试点。当一些电子交易中心具有定价权以后，政府可以支持进一步依托定价中心，发展指数产品，通过将国际贸易进行产业链的延伸，发展金融产品，进一步带动金融中心建设，形成国际贸易中心和国际金融中心的高端良性互动。

在土地资源稀缺的状态下，上海国际贸易中心的建设，绝对不仅仅是多建些批发市场、购物中心等实体交易市场，必须通过电子商务的虚拟空间实现海内外贸易主体的低成本集聚。“十二五”时期上海需要通过打造一个以电子商务为龙头，实现各种要素创新组合的新型国际贸易中心，在国内确立领先优势，并以此带动上海生产性服务业和先进制造业发展，加快上海经济的转型升级。

执笔：刘明宇

2011 年 12 月

第三章 新一轮工业革命正在叩门，上海怎么办？

2012 年 4 月 21 日出版的《经济学人》发表了《第三次工业革命：制造业与创新》封面文章，此文发表后立刻引起了全球各国各界的广泛关注。我国过去错过了两次工业革命带来的经济发展的历史机遇，如果第三次工业革命真的来了，那么就应该认真对待，抓住历史机遇谋求更好更快发展。2012 年是上海“十二五”规划实施的第二年，产业发展状况如何影响很大。为此工作室研究人员承担了比较多的研究任务，成果形成了九篇研究专报，主要内容涉及第三次工业革命对上海经济与产业发展战略的思考，三网融合产业监管体制的启示，上海高技术产业与北京相关产业的比较，上海 2012 年年度产业跟踪分析，以及最近发达国家发展战略性新兴产业的政策及其启发等，专报从第三次工业革命、全球产业发展趋势角度，分析上海产业发展现实问题及其原因，借鉴发达国家的经验，战略性思考上海产业结构调整与未来发展路径。

一、英美日三网融合产业监管体制变革对上海的启示

上海三网融合试点走在了全国的前列，并形成了电信与广电合作推动三网融合的“上海模式”，但这种模式是基于现有监管体制且三网技术未发生融合的

基础上的，是三网融合早期阶段的成功模式之一。伴随着东方有线对上海各区县有线电视网络整合的正式完成及“下一代广播电视网（NGB）”的建成，上海正处于由技术融合全面走向业务融合阶段。在此背景下，尽管上海市政府成立了三网融合工作协调小组，但仍面临着三网融合相关立法严重滞后、分业监管模式导致利益冲突、新兴业务监管政策空白、监管手段单一等监管体制的约束，因此，三网融合产业监管体制变革成为推进上海三网深度融合的主要驱动力。通过对英、美、日三国三网融合产业监管体制变革的比较研究，发现尽管三国三网融合的产业监管体制变革的路径不同，但都朝着一个共同趋势发展。这对于促进上海三网融合产业监管体制变革具有很强的借鉴启发意义。

（一）上海三网融合产业监管体制急需突破

三网融合的实质是产业融合，即信息技术产业、通讯产业与互联网产业在技术、业务、企业、监管等产业要素融合的作用下协同演进，共同促进新兴信息通信产业的产生与发展过程。由于产业监管是界定产业边界的关键要素之一，因此，进行产业监管体制变革是实现三网融合的前提条件与重要驱动力。所谓产业监管体制是指政府行政机构在市场机制的框架内，为矫正市场失灵，基于法律对市场主体的经济活动以及伴随其经济活动而产生的社会问题进行的微观层面上的干预和控制活动的一个系统，它由法律法规、规章制度、监管机构、监管政策和监管手段等关键要素构成。

1999 年，在中央政府政策支持下，上海开始试点三网融合。经过近 13 年的努力探索，取得了初步成就。主要表现在：①上海广电体制改革顺利推进。东方有线顺利完成对上海市有线电视网络的整合，成为全国最大的城域网，并建成了“下一代广播电视网”示范网；东方传媒（SMG）完成了新媒体产业布局，并获得开展融合性业务必须具备的五张牌照等。②技术融合成就显著。东方有线已具备了传输语音、数据和广播电视等多重捆绑业务的技术平台与能力。③形成了三网融合的“上海模式”，即形成了广电与电信的分工合作，共同拓展

IPTV 等融合性业务来推动三网融合的发展模式。

但上海三网的深度融合越来越面临着较多问题的制约。①业务融合进程缓慢。东方有线虽具备了提供多重捆绑业务的能力，但目前仍集中在宽带接入业务方面。而 SMG 与上海电信的合作主要集中在 IPTV 业务方面。②台网联动机制尚未形成。东方有线的 DTV 业务与 SMG（与电信合作）的 IPTV 业务有着竞争关系，二者仍未形成明确有效的联动方式。③业务双向进入没有实质性进展。④上海三网融合模式面临挑战。有线网络整合完成和 NGB 网络建成，中央政府对双向业务进入的政策支持等都直接给上海三网融合模式（广电与电信分工合作方式）带来了较多的不确定性因素，同时也对现有融合模式提出了创新要求。

上海三网深度融合面临的问题与三网融合产业监管体制密切相关。目前，我国三网融合产业监管体制现状是相关法律法规空白，监管机构体制各异，监管政策仍以分业监管为主，监管方式比较单一等。上海尽管成立了协调小组来促进监管机构合作，但这并没有改变现有监管体制。因此，积极推进三网融合产业监管体制变革是加快上海三网深度融合的重要驱动力。通过对国外三网融合产业监管体制变革的研究，可以为上海提供借鉴与启示。

（二）国际三网融合产业监管体制的比较研究

从国内外三网融合产业监管体制变革的历程来看，主要有三种典型类型或阶段。一是由两个独立的监管机构分别负责电信和广电业务的监管工作，以中国为代表；二是在统一监管机构下的不同部门分别负责电信和广电的监管工作，以美国和日本为代表；三是由统一监管机构负责对电信和广电的监管，在部门设置方面，打破了传统的电信与广电业务分别监管模式，分别从技术、内容、传输等横向内容进行监管，以英国为代表。

1. 日本三网融合产业监管体制变革

日本三网融合产业监管体制变革是从监管机构融合开始的。2001 年日本政府对三网融合产业监管机构进行重组，促进通信与广电监管机构的融合，即由原来主管通信的部门邮政省、自治省、总务厅合并组成总务省（Ministry of Internal Affairs and Communications，MIC）。

MIC 下设有“全球信息通信技术战略局”“信息通信局”和“电信局”等机构。其中，“全球信息通信技术战略局”负责制定信息和通信技术领域的综合性和战略性的政策，力图突破传统的通信/广播二分法的约束，从全球的角度，促进在这一领域的研究和开发，标准化活动，以增强日本信息通信产业的国际竞争力。“信息通信局”负责促进广播电视数字化和利用先进的信息与通信技术等监管工作。“电信局”负责电信业的监管工作，以促进电信业的竞争。

除机构融合外，日本政府正积极推动监管政策变革，由原来的纵向行业监管向横向监管转变，即按照内容、平台以及网络三层的框架来构建法律体系，并以此为指导思想对日本的通信与广电法律体系进行改革。

此外，日本政府重视利用行政与行业力量等监管手段，除重视依据法律等间接监管手段来对广电与电信企业进行监管外，还积极引导行业力量来加强监管。如 2008 年，广电与电信运营商组建了“日本 IPTV 论坛”行业组织，在统一 IPTV 业务标准方面起着主导作用。

在法律法规方面，尽管日本有多于二十部与信息通信相关的法律，但是由于现有的通信与广电的法律体系仍呈现“纵向分割”结构，法律首先分为通信、广电两大部分，继而又分为内容和基础设施两大部分规范。这直接影响到了日本相关法律融合的进程，并进而影响到日本三网深度融合的进程。

2. 美国三网融合产业监管体制

美国三网融合开始于法律法规的改革。1934 年《通信法案》颁布，美国依法设立联邦通讯委员会（FCC），负责监管有线、无线通信以及广播电视。1984 年《有线电视通信政策法案》出台，FCC 进一步拥有对有线电视的监管权。1996 年《电信法案》颁布，FCC 从交通部接管其互联网监管工作，开始对广播电视、电信和互联网全面实行统一监管。

目前美国形成了以FCC为主、各州公益事业管理委员会(PUC)为辅且遵循“联邦优先”原则的产业监管体系。其中,FCC是以国会立法的形式设立的,直接对国会负责,独立于电信运营商,独立于政府行政机构,专门负责州际和国际业务电信和广电业监管工作。而PUC是负责州内电信监管业务。两者之间既合作又竞争,对于一些融合性业务,常发生“电信管辖权”的纠纷,需要更高层管理机构通过立法或协调等手段来加以解决。

FCC成立之初的组织架构是按照通信技术,如有线、无线、广播和有线电视来划分职能部门,在历经1999年、2002年、2003年和2006等多年的调整,最终形成了7个职能局和10个处理日常办公事务的办公室。其中媒体局负责地面、有线、卫星广播电视媒体服务的政策和牌照发放;有线竞争局负责有线通信运营商的政策和牌照发放;无线竞争局负责无线通信运营商的政策和牌照发放。这消除了美国通信产业中所存在的政出多门、相互分隔的现象。

美国的三网融合监管政策主要包括技术系统、产业、内容和版权等监管政策。其中,技术系统监管政策涉及对频谱资源进行统一分配,并有权对违反频率使用规则者进行调查并给予处罚等;产业监管政策主要围绕促进融合与公平竞争,建构良好产业环境进行;内容监管政策的范围由广播电视扩展到互联网,监管重点是保护言论自由、保护儿童少年、保护个人隐私和保护内容版权等。

在监管手段方面,美国政府注重综合使用法律法规监管、直接经济监管和行业自律监管等手段。如运用法律法规来规范市场行为,通过行业自律来加强对于互联网上传播的内容的监管等。

3. 英国三网融合产业监管体制

英国的三网融合是在法律法规融合的驱动下实现的。1991年颁布《竞争与选择白皮书》全面放开电信市场;1992年《1990年广播电视法案》规定有线电视公司可单向进入电话业务市场;2000年《通信的新未来》白皮书规定从2002年开始,广电与电信双向进入;2003年《通信法》依法对电信管理局、无线电通信管理局、独立电视委员会、无线电管理局、播放标准委员会5家监管机构进行整合，设立统一监管机构英国通信管理局（OFCOM）。同时，对于《通信法》中没有明确规定的融合性业务，如通过互联网和3G移动电话分发传输的内容等，监管机构及时做出界定，认定为电视业务等，有效地促进三网深度融合的进程。

OFCOM将原五大管理机构的职能高度集成和横向组合为六大块：内容标准分部、技术标准和频谱分部、战略市场发展分部、组织计划发展分部、频谱政策分部、竞争市场分部，彻底打破了各种壁垒，改变了多头分散监管体制，减少监管机构之间的大量协商和协调工作。

在设立统一监管机构的同时，英国监管政策由原来的许可证制度向"以市场为主导"的政策转变，取消了过去的"经营许可证"制度，除了需要个别许可证或使用权来保证稀缺资源的最佳利用外，进入市场只需要满足运营"资格的一般条款"即可。

在监管手段方面，政府积极采取直接或间接监管与行业协会自律相结合方式。一方面，政府积极通过颁布法律法规及直接经济监管等手段促进三网融合的进程；另一方面，倡导行业自律和协调，如针对互联网的快速发展，由互联网服务提供商、城市警察署、内政部和互联网监察基金会签署网络监管行业性规范《R3安全网络协议》等，经过多年实践，其网络管理取得了明显的效果。

（三）上海推进三网融合产业监管体制变革的思路

基于国内的现状及国外的发展经验，上海市政府可从以下几方面来推动三网融合产业监管体制改革。

1. 遵循监管体制变革原则

上海三网融合产业监管体制变革应遵循市场化、产业化、系统性、灵活性、政策制定与执行相分离等原则。①市场化原则是国外的一个共性，是指依靠广电与电信等企业的充分竞争与合作行为，相互进入及融合性业务的创新与拓展来推动三网融合的进程。政府主要起着创造与维护一个有效竞争的市场环境的作用。②产业化原则要求产业监管体制变革要符合新兴产业发展规律，从产业链或产业网络制高点来加强监管法律法规政策的制定与监管机构的设立等。③系统性原则要求产业监管体制变革要包括法律法规条例、监管机构、监管政策与监管手段等内容，而不是某一方面的变革。④灵活性原则要求针对融合过程中遇到的问题，对法规制度或条例、监管机构职能、监管政策与监管手段等进行变革，确保监管体制与三网融合过程共同演变、协同发展。⑤政策制定与执行相分离原则，即监管政策制定与执行分别属于不同的监管机构。

2. 系统推进三网融合产业监管体制变革

(1)加快监管机构的融合

在我国融合性法规未颁布前，上海市政府可从监管机构融合作为突破口。近期要依据监管政策制定与监管政策执行相分离的原则，把三网融合协调小组建设成为一个直属市政府的实体行政机构，全面负责三网融合监管政策制定的职能，上海市通信管理局和上海市文化广播影视管理局等则分别负责相关政策的执行。长期来看，在协调小组平台基础上，组建信息通信管理局，整合上海市通信管理局和上海市文化广播影视管理局，实现监管机构的完全融合。

(2)积极参与三网融合监管法律法规制定

国外经验表现，法律法规融合滞后会严重影响到三网融合的进程，反之则会加速融合进程。因此，上海市在试点三网融合过程中，要加强三网融合法律法规制度的供给。具体而言，从短期来看，上海市政府应加强三网融合过程中涉及的技术、网络、内容、融合性业务、传输、终端等提供相关监管条例等规章制度的供给，为制定监管政策提供依据与指导，为深化三网融合进程提供制度保障。从长期来看，上海应把三网融合监管体制变革试点所取得的成果转化为制度与条例，为中央政府的一级立法奠定基础。

(3)提升监管政策的供给与实施能力

目前上海三网融合正处于由技术融合向业务融合发展阶段，这要求对现有的分业监管模式进行变革，放松现有监管政策，促进广电与电信双向进入。同时，在监管内容方面进行变革，由过去的以技术监管为主向以内容监管为主转型，包括技术监管政策、网络监管政策、内容监管政策、企业监管政策、融合性业务监管政策、消费者利益保护政策、新兴信息通信产业发展政策等，加强这些政策供给与执行，为规范企业有序竞争及融合性业务的健康发展创造良好的市场环境。

(4)完善现有监管手段

政府要综合利用多种通过法律法规、直接经济监管、社会监管及行业力量等监管手段。一方面要加强直接经济监管，如互联互通、价格、普遍服务的监管等，另一方面积极利用通过制定法律法规条例等间接监管、社会监管及行业自律监管等方式来降低行政成本，提高监管效率。

3. 积极获取相关政策支持

上海市三网融合产业监管体制变革需要有相关政策支持与保障，主要有：

(1)积极获取与推进产业监管体制改革试点

2011 年 7 月国务院总理温家宝在《求是》撰文指出，体制问题是影响三网融合等战略性新兴产业发展的一大障碍。上海应积极响应并争取中央政府(国务院)的支持，获取三网融合产业监管体制改革试点，这是上海市三网融合产业监管体制改革的前提与保障。

(2)争取中央及上海市高层领导的支持

监管体制改革涉及相关法律法规条例、监管机构、监管政策等内容，会触及广电与电信等多个部门利益，使得改革面临较大阻力。因此，争取到中央与上海市高层领导的支持，组建以高层领导率领下的改革小组，是确保上海三网融合产业监管体制改革顺利推行的必要条件。

(3)深化广电体制改革

东方有线与东方传媒集团体制改革进展顺利，但在建立现代企业制度以及与电信、移动等集团公司的市场竞争力等方面仍有一定的差距。因此，加强东方有线与东方传媒的现代企业制度建设，给予其税收支持或一定期限的业务经营保护，促进两大集团的战略合作等举措以提升其市场竞争力，是实现三网融合业务双向进入的重要保障。

(4)提升监管队伍的综合素质

三网融合监管政策制定与实施涉及广电、电信与互联网等多个产业的技术、专利产权、法律、经济等多方面专业知识,这需要有相应的复合型人才及团队与之相匹配。一方面可通过全球招聘途径获得复合型人才,另一方面可通过内部培训与学习等途径加以培养等,加强对国际经验的比较研究与学习能力,从而提升三网融合的监管能力,提高监管效率与效果。

(5)加大财政税收等政策支持

三网融合的主体是企业,企业之间的有序竞争与合作是促进三网深度融合的重要动力。政府应加大对相关企业的财政税收支持,包括上游的内容供应商、下游的分销商等,以壮大产业企业群,促进产业企业集聚,鼓励企业自主创新。

执笔:胡金星

2012 年 3 月

二、结构调整势头良好,转型基础仍需稳固

——2012 年一季度上海产业结构调整跟踪分析

世界经济复苏情况仍不确定,发达国家再工业化对上海高端产业形成冲击。在这种背景下,上海一季度产业发展稳定、结构调整展现了良好的开局:战略性新兴产业和重点产业占比提升,企业创新活动加速,高科技企业表现出良好的绩效。同时,传统制造业受金融危机和成本冲击下滑明显,而战略性新兴产业和先进制造业的发展基础并不稳固,表现为占比提升主要由于传统产业的比重下降,先进制造业增长乏力。

（一）世界经济复苏仍不确定，再工业化加剧高端竞争

1. 美国有复苏迹象，欧洲尚未走出阴影，中国外需市场仍不乐观

2012年以来，美国经济出现复苏迹象，美国就业市场、零售销售和制造业情况不断改善，美国由于内部经济情况推出第三轮量化宽松政策的可能性降级。3月份整体制造业的商业景气指数从2月份的10.2升至12.5，为2011年4月以来最高水平。

希腊危机暂时解除，西班牙、葡萄牙危机显现，欧洲仍深陷债务危机泥潭。西班牙央行3月20日公布的数据显示，西班牙1月商业银行未偿付贷款中的坏账比率从上月的7.61%升至7.9%，创下1994年8月以来最高水平。葡萄牙2012年前两个月的核心公共赤字几乎3倍于去年同期赤字水平。葡萄牙有可能步希腊后尘，成为一个不得不为高借贷成本而进行债务重组的国家。

2012年初我国整体出口增速回落，对欧洲出口情况最差。国家统计局前两个月出台的经济数据显示，我国1—2月相对美、欧、日三大传统出口市场均出现了回落，但对欧出口表现最差。对欧出口475.86亿美元，同比下降1.1%，增速回落10.6个百分点。

2. 发达国家再工业化政策使得产业高端竞争加剧

美国致力于战略性新兴产业，吸引全球资本回流美国。美国由“去工业化”到“再工业化”的转变，并非简单回归“美国制造”，而是全面技术进步的工业化。2012年3月9日，美国总统奥巴马在弗吉尼亚州发表演讲提议拨款10亿美元设立全美制造业创新网络。近期以“投资美国”为口号，美国正在通过一系列优惠政策努力促进资本回流。

美国再启贸易保护政策，中美贸易摩擦从“低端”领域逐步迈向“高端”领域。2012年以来，从3月13日到20日，仅仅一周的时间，美国针对中国出口产品的贸易救济行动就多达6起。3月19日美商务部就中国太阳能电池产品反补贴调查作出初裁，认定中国涉案企业存在补贴，幅度2.9%～4.73%不等，并

追溯 90 天征税。而太阳能电池产业恰恰是上海新能源产业的发展重点。

发达国家"再工业化"政策可能引起新一轮技术封锁,加强自主创新迫在眉睫。在技术引进中,外方称"猫教老虎,不教爬树"。以前国内的大企业可以通过资本甚至市场换技术,如今钱也买不来技术,这就逼着中国的技术创新迈上新台阶。

(二)上海一季度产业表现:增速降,比例升,创新热

1. 上海传统产业绝对规模下降,重点产业增长乏力,新兴产业比例稳步增长

上海工业增长速度持续走低,全国排位略有上升。上海市工业增加值继去年个位数增长后,今年继续持续走低,1—2 月份工业增加值增长率仅为 4%,比去年平均增长速度降低 3.4 个百分点。因为浙江省增长速度降幅加大,上海市在全国排名上升一位,但仍在 31 个省市中排名倒数第三,仅高于北京和浙江两个地区。

传统产业绝对规模下降。以纺织化工、冶金、机械制造和仪表仪器为代表的传统制造业发展速度显著降低,几大传统产业工业生产总值出现不同程度下降。2012 年 1—2 月份,上述几大传统产业实现工业总产值仅为 1 470.5 亿元,比去年年底减少 282.42 亿元,剔除季节性因素和统计期间长短的影响,比去年同期减少 27.2 亿元,同比下降 2%(见图 3.1)。

重点产业总体增长乏力。2012 年 1—2 月份,六大重点产业同比增长率仅为 0.6%。与去年同期相比,精品钢材制造业同比下降 10.2%,石油化工及精细化工和成套设备制造业虽然同比有所上升,但增长不够明显,分别上涨 1%和 0.7%。同期北京市先进制造业也出现明显下滑,同比下降 4%。

电子信息产业下降与全国增长形成反差,汽车制造增长领先。电子信息产业同比下降 5.7%,同期全国平均水平同比增长 10.9%。汽车制造业同比上涨 13.6%,汽车制造业增长率领先于全国平均水平,同期全国同比增长仅为 5.9%。

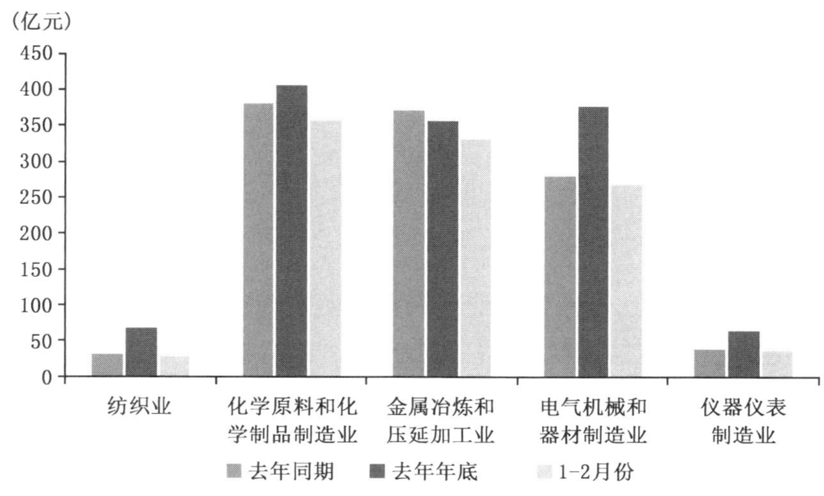

图 3.1　传统产业发展情况

战略性新兴产业比例稳步增长。2011 年，战略性新兴产业（工业部分）增长率高于全市工业增长率，比上年增长 11.5%，战略性新兴产业占比稳步提升。

“五大高载能行业”增速放缓，贡献节能减排。黑色金属冶炼和压延加工业 1—2 月份共实现工业总产值 269.63 亿元，同比减少 10.8%；化学原料及化学制品制造业实现 359.21 亿元，比 2011 年同期减少 5.9%；非金属矿物制品业实现 66.89 亿元，同比减少 7.5%，综合五大高载能行业，增速明显低于战略性新兴产业发展速度，有利于产业结构调整和节能减排。

2. 外资企业产值增幅下降显著，国有企业产值增幅上升

2012 年 1—2 月，上海全市规模以上工业企业完成工业总产值 4 695.2 亿元，比去年同期增长 0.4%。按企业类型划分，四类企业增幅数据均呈现大幅下滑态势，其中外资企业的产值增幅下滑趋势最为显著，股份制企业的产值增幅下滑趋势相对平缓，但 2012 年 1—2 月国有企业的产值增幅是三类企业中最高的（见图 3.2）。

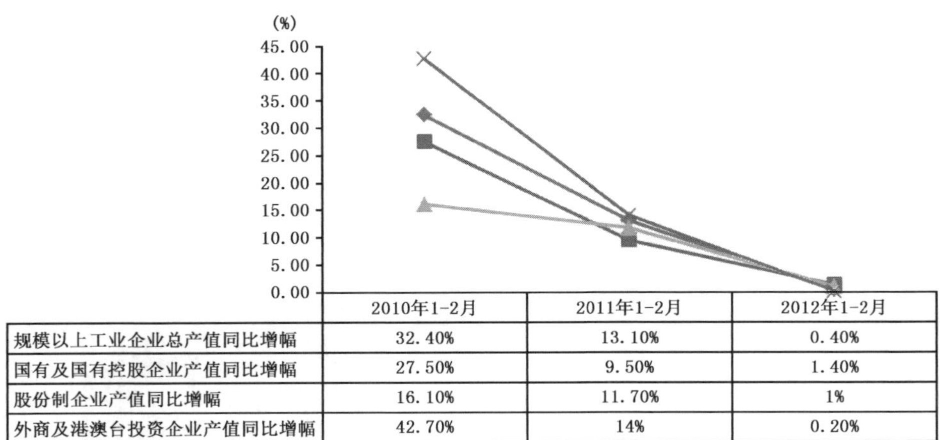

	2010年1-2月	2011年1-2月	2012年1-2月
规模以上工业企业总产值同比增幅	32.40%	13.10%	0.40%
国有及国有控股企业产值同比增幅	27.50%	9.50%	1.40%
股份制企业产值同比增幅	16.10%	11.70%	1%
外商及港澳台投资企业产值同比增幅	42.70%	14%	0.20%

资料来源:上海市统计局。

图 3.2　上海近 3 年来 1—2 月规模以上工业企业总产值

以及不同类型企业产值的同比增幅比较

3. 民营高科技上市公司业绩普遍预增

截至 2012 年 3 月 25 日,上海共有 8 家上市公司公布了 2012 年第一季度业绩预告。8 家公司全部为民营企业,全部为业绩预增,其中,7 家公司在创业板上市,1 家公司在中小板上市。说明处于战略性新兴产业的民营企业具有良好的发展势头。

4. 企业加速创新试验,推动转型升级

通过技术创新和产品创新开辟蓝海市场。以 2012 年第一季度业绩大幅预增的华平股份为例。作为一家专门提供网络视频通信产品和专业系统解决方案的民营企业在成功上市后,凭借资金优势、品牌效应以及长期积累的技术优势,加强技术创新和产品创新,在以往基于专线网络的视频会议硬件系统基础上,开发出适应公用网络的硬件产品,从而创造了一个新的市场,并且几乎垄断了这个市场。新市场的开辟为公司带来了大量新的订单,2012 年一季度的业绩预增就是因为订单确认而创造的。

通过合作研发，突破企业研发瓶颈。振华重工与F&G公司的合作就是创新研发模式的典型。中交集团通过收购全球海洋工程移动式钻井平台领先设计商F&G公司，与振华重工的海洋工程制造优势进行对接整合。这一合作2011年为振华重工的海工业务带来了12亿美元的新订单，2012年的订单量还将增长10%～15%。

培育生产性服务，实现商业模式创新。上海电气培育新兴生产性服务业务，推进生产性服务与制造业的互动。2012年一季度，上海电气与施耐德电气公司合作成立合资公司，重点发展上海地区大型建筑楼宇节能项目或相关改造的总承包业务。有力推进了上海电气的商业模式创新，由制造商进一步向制造与服务综合提供商转型。

5. 新兴的产业组织业态快速发展

电子商务平台发展迅速，市场影响力进一步加强。依托于雄厚的制造业和发达的城市商品流通体系，上海电子商务多年保持快速增长，不仅初步集聚形成了新兴的产业链，更推动了基于信息化的现代物流、金融等相关行业的创新发展，配置组织资源要素的作用逐年增强。2011年全年，上海电子商务交易额为5 401亿元，同比增长近27%，预计“十二五”期末，其交易规模将达到1.2万亿元。

初步形成一些领军企业。部分新兴电子商务网站凭借自身优势逆势而上，带动了上海电子商务行业的整体发展。例如，钻石小鸟借助独特的O2O商业模式，已经成为国内最具规模和人气的钻石电子商务平台。成立不足四年的一号店以每月业绩平均28%的增长速度正在成长为国内领先的B2C网上购物平台，并于2月份获得沃尔玛的增资。通过引入沃尔玛的管理经验以及实现采购和供应链的共享，加速发展的一号店未来很可能成为国内电子商务平台的领军企业。

云计算公共服务平台渐成规模，带动产业格局变革。目前，我市正在通过典型应用示范工程探索基于云计算服务的新兴商业模式，建设支撑产业发展的新型云计算公共服务平台，支持汽车、钢铁、石化等工业企业对现有信息系统和基础设施进行云计算改造，建设服务于产业链的产品研发和仿真分析等公共云计算服务平台，提升传统产业的信息化水平，促进产业转型与升级。

总结：上海产业转型在传统产业衰退中推进，转型基础尚不稳固

上海市正处于产业转型的初期，传统产业已现衰退，重点产业相对停滞，新兴产业尚未成熟。现阶段结构调整主要由于传统产业的下降，导致新兴产业比例相对提高。六大重点产业同比增长率仅为 0.6%，其中除汽车制造业以外，其他产业增长幅度不大，甚至出现负增长(见表 3.1)。

表 3.1　　2012 年 1—2 月份传统产业发展情况　　单位：%

传统产业	比去年年底增长	比去年同期增长	全国平均水平	北京市
纺织业	−58.2	−11.1	14.1	33.3
化学原料和化学制品制造业	−11.9	−5.9	13.4	−4.9
黑色金属冶炼和压延加工业	−4.0	−10.8	8.4	−12.3
有色金属冶炼和压延加工业	−18.8	−10.8	16.7	−17.1
电器机械和器材制造业	−28.6	−4	10.2	−0.6
仪表仪器制造业	−41.7	−4.8	8.7	2.4

但是这是经济发达地区在产业转型初期遇到的普遍性问题，是阶段性的。北京市同样面临着“传统产业加速衰退和新兴产业增长乏力”的发展困境，2012 年 1—2 月份北京市现代制造业同比下降 4%，其中电子信息产品制造业同比下降 2.1%，汽车制造业下降 16.9%。

上海汽车制造增速明显高于全国平均水平，说明形成比较优势是发展的根本。与北京相比，1—2 月份上海市汽车制造业一枝独秀，同比增长 13.6%，是重点产业中增长最快的产业，显著领先于北京(−16.9%)及全国平均水平(5.9%)。1—2 月份，汽车制造业已经超越电子信息产品制造业，成为上海市工业生产总值规模最高的产业。这主要得益于上海市汽车制造业工业基础好，汽

车品牌社会认可度高。虽然面临经济增速放缓和油价上涨等诸多压力，上海汽车产业依然能够实现较快较好的增长。

（三）原因分析

1. 战略性新兴产业创新价值网络初步形成，但是自主创新能力不强，缺乏核心技术

生物医药形成以研发外包服务为核心的全产业链创新价值网络（见图3.3）。随着全球创新分工的不断细化，在新药开发领域，创新链条被拉长。为了使企业创新具备可持续发展的动力，张江药谷在研发外包和服务平台两方面提供支撑，加快了生物医药产业创新价值网络初步形成。

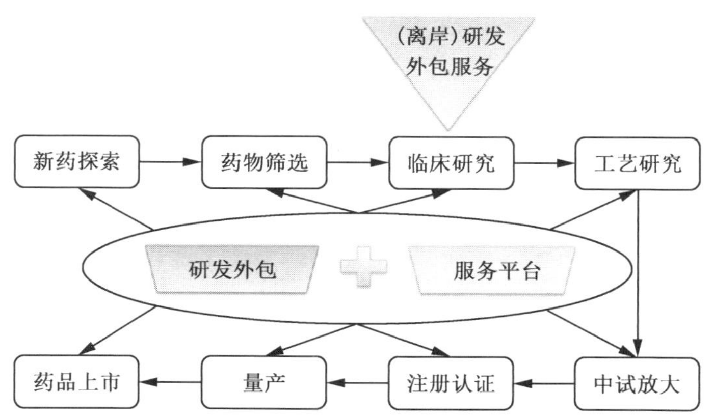

图 3.3 上海生物医药产业创新价值网络图

据不完全统计，张江园区内的 14 家重点医药研发外包公司预计将在 2012 年完成研发外包服务收入近 20 亿元。2012 年 1—2 月，上海生物医药产业完成 106.37 亿元，增长 6.8%。

生物医药产业虽然快速发展，但是缺乏创新药物和关键设备。在全球生物医药领域，美国、欧洲、日本的专利申请数量分别占全球专利申请总量的 53%（79 989 件）、19%（28 646 件）和 14%（20 565 件），中国专利申请基数较小，仅

占全球专利申请总量的7%(11 011件)。截至2011年3月,我国公开的生物医药领域专利申请为31 844件,其中国外来华申请14 930件,所占比重为46.9%。

高端装备制造关键部件技术缺乏。上海部分涉及战略性新兴产业的国有企业创新动力不足,而民营企业实力亟须增强。原创能力不足导致许多重要技术和装备依赖进口。风电大型装机的设计能力和关键部件的技术制造弱,新兴信息产业虽然取得明显成长,但在高端芯片和基础软件等领域受制于人。

节能环保产业核心技术缺乏。能耗过大,成本居高不下使上海的很多化工企业陷入困境。对一些企业来说,进行节能减排改造,最缺的不是钱,而是解决方案。上海大大小小几百家节能服务公司,但技术实力、服务能力参差不齐。由于缺少自主研发的核心技术,很多环保企业提出的改造方案可行性不强并缺乏有效监管,各种节能技术标准也没跟上,节能服务公司和用能单位无据可依。

2. 先进制造增长乏力的原因是产业能级较低

先进制造不先进,处于价值链低端环节。近些年上海大力推进了先进制造业改造升级,但多数企业还未处于全球价值链的高端环节。以电子信息制造业为例,上海的多数电子信息制造业公司是产业链上的一环,或是境外企业在中国的一个工厂,而不是主导产业链的关键公司。在低端环节加速向中西部转移的情况下,上海电子信息产业就表现为逆全国增长趋势的衰退。

产业链集成能力显著落后于外资企业。如思科公司落户漕河泾开发区,思科早在15年前就把生产环节剥离出去,主要集中在高端的研发设计。思科与先进制造企业的关系非常密切,思科的入园带动配套代工企业英业达等也在园区相继落户。而内资企业产业链集成能力低,主要服务于本土企业和低端市场,先进制造能级处于较低水平,对于产业集聚的吸引带动能力低。

3. 传统制造产能过剩,升级和转移难度大

2012年1—2月份,上海传统产业实现工业总产值仅为1 470.5亿元,比去年年底减少282.42亿元,剔除季节性因素和统计期间长短的影响,比去年同期

减少 27.2 亿元，同比下降 2%。原因有以下几个方面：

需求下降，加剧产能过剩。钢铁行业下游增速放缓，供需矛盾仍较尖锐，钢材社会库存量偏高。2012 年前 2 个月，在主要用钢行业增速大幅度回落，导致主要钢材社会库存量升至 1 894 万吨，比上年末增加 46.80%，比上年同期增加 2.19%。造船业需求下降明显，2012 年 1—2 月全球船舶订购量为 112 艘，与去年同期的 310 艘相比下降 64%。

成本上涨，产品价格下降，导致企业盈利能力下降、供给下降。原材料价格的不断上涨，推动传统制造业成本的上升，而产品价格却在持续下降，传统制造企业的盈利能力降低，企业供给下降明显。

部分领域，技术改造和资产剥离提升传统产业能级。上海今年计划工业投资 1 300 亿元，其中技术改造占 56%，将加快传统制造业技术改造和产业能级提升。近期宝钢股份公布了不锈钢和特钢资产的剥离方案，将产能过剩和盈利能力低的业务剥离，同时与多家企业和高校签订了战略合作协议，开展在高端钢材方面的合作。汽车产业连续投资开发新能源汽车。

腾笼换鸟难度增加。上海计划今年完成 120 家非工业园区危化生产企业调整，实现规模以上工业单位增加值能耗下降 3.6%。但由于搬迁成本过高、搬迁地基础配套设施不完善、配套关联企业无法跟进等原因，以及企业面对土地增值预期不愿主动搬迁，上海传统制造业的转移面临新的困难。如上海高桥石化虽然从 2011 年开始就在讨论搬迁事宜，但直至今日仍未启动搬迁。

（四）政策建议

1. 加大力度，支持传统制造技术改造和先进制造的能级提升

主动淘汰低端。通过严格节能减排和环境标准，对高能耗、高污染、无竞争力的企业征收环境税，淘汰落后产能，加快传统制造业转移。

中端推动差异化。鼓励企业加强技术改造，加大新设备和研发投入，提升企业技术水平，避免企业低端的同质化竞争，以应对成本的不断上升，提高企业

盈利水平。

对接战略性新兴产业，创造高端新市场。鼓励钢铁、化工产业发展新能源、新材料等战略性新兴产业，推动新能源汽车和新能源船舶的发展，进入新市场。

2. 降低企业间协调成本，创造有利于新兴业态发展的环境，促进资源整合

加强电子商务平台功能整合，促进电子支付和信用体系建设。在电子商务快速发展的大背景下，电子支付作为实现电子商务交易活动不可或缺的手段，也得到蓬勃发展。政府应出台政策，鼓励银行等金融机构与电子商务行业进行电子支付和信用体系的功能建设和整合，降低企业运行成本。

完善行业扶持政策，减少新兴业态企业成本压力。以电子商务行业为例，首先可以扩大政策扶持对象，让更多新兴的电子商务平台以及网商企业获益；其次需要转变政策扶持形式，由营业税返税的优惠形式逐步转变为税收政策优惠与直接资金补贴相结合，加大支持力度，增强上海新兴产业企业的竞争力。

支持服务外包企业的升级。目前，我市共有服务外包企业 1 500 余家，已经覆盖了软件开发、生物医药研发、后台运营、金融保险服务、人力资源外包等多个领域，但仍存缺口。此外，受到人民币升值、劳动力成本上升等因素的影响，外包服务供应商需要谋求主动升级，从提供简单初级的服务向提供设计服务和解决方案过渡，既能够帮助行业自身走出价值链的最低端，也能够为其他行业的发展提供更优质的外包服务。

3. 加大对具有产业链集成能力的“链主”企业、平台企业的支持，发挥产业升级带动作用

抓住上海营业税改增值税试点的契机，引入产业链集成企业。以园区为着力点，引进和培育具有较强产业链集成能力的企业（包括生产性服务企业），通过降低交易成本，使产业链集成企业能够带动其他企业集聚和发展（增值税改革前这种企业面临的交易成本太高，难以引入），从而带动产业升级。

鼓励中外资企业在产业升级中协作。跨国公司目前产业链集成能力显著高于本土企业，需要打破产业升级政策的身份限制，鼓励中外资企业相互进入

对方的配套体系，通过学习提升自己的集成能力和专业化能力。

提升供应链管理能力，打造一体化物流平台。通过对资源的有效整合，提供一个超大规模的工业原材料及成品展览交易平台，集交易、展览展示、检测、电子商务、信息交流、仓储、配送、货运以及金融结算等功能于一体的现代化物流平台，提升自身供应链管理能力，有效降低物流成本，助力产业的结构转型。

4. 建立提高企业自主创新能力的配套政策环境

完善产业创新的价值网络，形成支持战略性新兴产业发展的创新服务体系。聚焦战略性新兴产业重点领域，充分发挥知识创新在价值网络中的核心作用，大力发展知识创新服务并加快创新服务平台建设，使创新服务与战略性新兴产业和先进制造形成良性互动。

强化企业创新激励。一方面，增强民营企业创新能力，为战略性新兴产业领域的民营中小企业和留学生创业企业提供财税支持和针对性、个性化服务。另一方面，强化国有企业创新导向。创新国有企业管理者绩效激励和考核模式，鼓励企业增加对新技术研发和引进技术消化吸收的投入。提高科技成果本地转化率，加快产学研结合，将科研优势充分转化为产业优势。善于发现并培育具有自主创新能力的产业链集成者，以大企业为主体，通过对产业链的重组实现战略性新兴产业的跨越式发展。

加强创新型人才培养和激励。发挥高校和科研院所的支撑和引领作用，改革人才培养模式，制定鼓励企业参与人才培养的政策，建立企校联合培养人才的新机制，促进创新型、应用型、复合型和技能型人才的培养。健全国有及国有控股的院所转制企业、高新技术企业自主创新和科技成果转化的激励分配机制，鼓励研发人员向企业流动。

执笔：芮明杰　刘明宇　王子军　赵小芸　杨丰强

王明辉　张群　黄舒　徐抒璋

2012 年 3 月

三、上海市高新技术产业国际竞争力评价指标体系研究
——基于上海、北京的比较研究

"十二五"时期是上海发展转型的关键时期。推进高新技术产业化，是上海提高核心竞争力和可持续发展能力的关键所在，是决定上海未来影响力和带动力的关键所在，也是加快形成以创新和服务为特征的服务经济主导产业结构的关键所在。2010年上海高技术产业完成工业总产值6 958.01亿元，增长33.7%。根据目标，上海高新技术产业产值在2012年将达到11 000亿元，上海市政府配套100亿元资金以确保实现目标。然而，一个国家或地区某个产业的产值高并不等于该产业的竞争力就强。高新技术产业竞争力关注的是一个国家或一个地区某个产业在全球或国内市场上是否具有优势，竞争的对象则是其他国家或本国其他地区的高新技术产业。产业由企业组成，又存在于国家或地区之中，因此影响产业竞争力的因素也同时包括了来自企业、产业、国家或地区等各项因素。

（一）上海市高新技术产业与北京的比较

基于世界经济论坛（WEF）和瑞士国际管理开发研究院（IMD）的国际竞争力研究范式，中国产业国际竞争力的综合性、动态性和层次性相结合的一般分析范式，以及"新钻石模型"的分析范式（芮明杰，2009）①；从竞争结果与竞争力来源两个方面构建上海市高新技术产业国际竞争力评价指标体系，具体见表3.2。

① 芮明杰.产业竞争力的"新钻石模型"[J].社会科学，2006(4)：68－73.

表 3.2　上海市高新技术产业国际竞争力评价指标

<table>
<tr><th>一级指标</th><th colspan="2">二级指标</th><th>三级指标</th><th>四级指标</th><th>五级指标</th></tr>
<tr><td rowspan="24">上海市高新技术产业国际竞争力</td><td colspan="2" rowspan="5">竞争结果</td><td rowspan="2">总量</td><td>总体销售能力</td><td>产业产值</td></tr>
<tr><td>对外贸易能力</td><td>出口产值</td></tr>
<tr><td>效益</td><td>利润水平</td><td>产值利润</td></tr>
<tr><td rowspan="2">潜力</td><td>增长能力</td><td>产值增长率</td></tr>
<tr><td>持续增长能力</td><td>新产品产值</td></tr>
<tr><td rowspan="19">竞争力来源</td><td rowspan="10">企业竞争力</td><td rowspan="2">关键要素</td><td>人力资源</td><td>从业人员数量</td></tr>
<tr><td>资本资源</td><td>资本可获性</td></tr>
<tr><td rowspan="3">创新能力</td><td>研发能力</td><td>授权的专利数量</td></tr>
<tr><td>产业化能力</td><td>科技合同数量</td></tr>
<tr><td>潜在能力</td><td>科技活动经费支出</td></tr>
<tr><td rowspan="2">学习能力</td><td>学习经费投入</td><td>技术人员年平均培训费用</td></tr>
<tr><td>学习时间投入</td><td>技术人员年平均培训时间</td></tr>
<tr><td rowspan="3">效率</td><td>劳动效率</td><td>劳动生产率</td></tr>
<tr><td>获利能力</td><td>成本费用利润率</td></tr>
<tr><td>营销能力</td><td>产销率</td></tr>
<tr><td rowspan="9">产业环境竞争力优势</td><td rowspan="2">资源可获性</td><td>人力资源</td><td>科技人员数量</td></tr>
<tr><td>资本资源</td><td>投融资政策</td></tr>
<tr><td rowspan="2">劳动力成本优势</td><td>直接成本</td><td>平均工资</td></tr>
<tr><td>间接成本</td><td>消费价格指数</td></tr>
<tr><td rowspan="3">商务成本优势</td><td>生产要素成本</td><td>原材料、燃料、动力购进价格指数</td></tr>
<tr><td>生产用地成本</td><td>工业土地价格指数</td></tr>
<tr><td>办公成本</td><td>办公楼价格指数</td></tr>
<tr><td rowspan="2">产业政策优势</td><td>财务政策</td><td>税收优惠、技术转让政策等</td></tr>
<tr><td>市场支持</td><td>政府采购政策</td></tr>
</table>

根据上述评价指标，我们比较了近年来上海市与北京市的高新技术产业竞争力，见表 3.3。

表 3.3　　上海市与北京市高新技术产业竞争力指标对照表

指标	2008 年		2009 年		2010 年	
	上海市	北京市	上海市	北京市	上海市	北京市
产业产值(亿元)	6 041.98	2 995.9	5 560.65	2 748.52	6 958.01	3 007.65
出口产值(亿元)	4 506.58	1 325.3	3 907.25	1 168.76	4 990.19	1 214.43
产值利润(亿元)	119.92	116.67	0.35	37.6	217.65	171.79
产值增长率(%)	7.76	−6.21	−7.97	−8.26	25.13	9.43
新产品产值(亿元)	782.26	1 537.58	637.23	1 481.44	718.66	1 577.95
从业人员数量(万)	54.25	24.8	45.47	24.03	51.76	24.44
授权专利数量(件)	24 468	17 747	34 913	22 921	48 215	33 511
科技合同数量(个)	28 713	52 742	27 109	49 938	26 185	50 847
研发经费支出(亿元)	362.3	620.10	431.98	688.64	480.18	821.82
劳动生产率(元/人)	139 605	165 163	183 393	189 529	216 404	221 639
成本费用利润率(%)	3.84	5.09	5.98	6.43	7.75	8.23
产销率(%)	97.7	98.95	98.3	98.78	98.2	98.74
科技人员数量(万)	23.08	45.01	34.56	53	33.39	52.98
平均工资(元)	40 897	44 715	42 801	48 444	47 478	50 415
消费价格指数(上年为100)	105.78	105.1	99.59	98.5	103.1	102.4
原材料、燃料、动力购进价格指数(上年为100)	110.3	115.8	89.8	88.6	111.2	110.5
工业土地价格指数(上年为100)	107.271	109.1	101.7	99.4	115.1	107.7
办公楼价格指数(上年为100)	105.6	97.4	101	100.3	101.3	101
备注：高新技术产值利润分别是 2008 年 1—8 月份、2009 年 1—5 月份、2010 年 1—11 月份的数据。						

数据来源：上海市统计局(www.stats-sh.gov.cn)、北京市统计局(www.bjstats.gov.cn)、国家发改委高新技术产业司(http://gjss.ndrc.gov.cn)。

通过以上比较可以发现，上海市高新技术产业发展与北京相比是有较大差距。主要的原因为：

1. 产值总量大但经济效益不高。上海高新技术产业在总产值、出口产值、产值增长率方面均不错，但利润率总体上是下降的，由 2000 年的 9.18%下降到

2010 年的 3.13％，到了亏损的边缘。

2. 研发能力强但科技成果产业化水平低。上海每年获得授权的专利成果比较多，但科技合同数量很少；此外，上海高新技术产业新产品产值也比较低。

3. 高新技术从业人员数量多但科技活动人员数量少，这种人才格局将不利于上海高新技术产业未来快速发展而产生的对高技术人才的需求。

4. 研发费用投入不足。上海市各级机构每年在研究与试验方面的投入相对较少，将导致未来研发竞争力的下降，从而失去产业价值链微笑曲线左端的研发设计优势，并直接影响高新技术产业的竞争力。

（二）上海市高新技术产业竞争力评价指标与提升竞争力的发展方向

上海市高新技术产业国际竞争力评价指标体系包含产业竞争结果与产业竞争力的来源两个方面。通过对各指标的进一步分析可知，上海市高新技术产业竞争力来源于生产要素、国内外市场需求、相关的支持性产业、企业战略、企业结构和同业竞争，以及知识吸收与创新能力，其中知识吸收与创新能力是最为核心的来源。此外，上海市高新技术产业大多处于形成期与成长期，少部分处于成熟期，从竞争力的驱动因素来看，以要素驱动与投资驱动为先导，通过创新驱动促进产业发展，提升高新技术产业的国际竞争力。

因此，上海市高新技术产业提升国际竞争力的发展方向为：增强高新技术企业学习能力与创新能力，提高高新技术企业的素质，使高新技术产值增加，产值利润提升，技术研发能力增强，从而带来新产品产值的增加，以致诞生更多的自主品牌企业，从而促进产业竞争力的提升。与此同时，政府应该推动良好高新技术产业发展环境建设，使得高新技术产业发展所需高级技术人才、资金更加容易获得；在总体商务成本逐渐提高的情况下，推动企业通过提高资源的配置效率来降低单位商务成本；设置合理的激励机制，引导高新技术企业向产业价值链微笑曲线的两端发展，增强产业链的治理能力，进而促进产业竞争力的提升。

（三）上海市高新技术产业发展的政策建议

为提升上海市高新技术产业的国际竞争力，针对上述评价指标与发展方向，政策建议包括：

第一，抓高端技术打中低端市场，在进一步提高产值的基础上，大力提升高新技术产业的经济效益。大力拓展中国、印度、越南以及其他东南亚国家、中东、非洲等国家的市场，因为在这些中低端市场中，我们的技术基本能够满足需要，成本优势将有利于我们击败对手。通过中低端市场的开发，将进一步提升高新技术产业的总产值与出口产值，并带来产值利润的提升。

第二，抓重点投资，解体制困局，发展产业价值链微笑曲线的两端，提升高新技术产业的治理能力。为增强上海市高新技术产业的产业链治理能力，需要在引进国外技术的同时努力进行自主研发，逐步提升自主研发能力，避免核心技术的长期对外依赖。同时大力培育自主品牌，增强在国际竞争中的市场竞争地位与话语权。然而，高技术的研发投入与自主品牌的建设都需要巨额的高风险投资，这是一般企业难以承担的，需要政府整合国有资本进行大力投资。

第三，建立公共研发平台与技术交易平台，大力推进高新技术产业化进程。建立开放式的公共研发平台，鼓励研发机构与终端企业的具体业务结合，加大应用性研发力度。通过技术交易平台，使更多领先的技术成果转化为生产应用，提升高新技术的产业化水平。

第四，抓投资环境破政策瓶颈。在高新技术产业企业的赋税方面进行政策突破，给予更大的优惠；在内外资进口设备引进方面施行统一的免税优惠政策；实施更加优惠的科技人才引进政策，吸引更多的国内外高技术人才集聚上海。

执笔：陈之荣

2012 年 4 月

四、新一轮工业革命上海的应对策略

《经济学人》最近发表了《第三次工业革命：制造业与创新》的专题报道（以下简称"报道"）可以说是用了一种散文化，而非学术性的报道笔调，来描述了目前正在发生的技术引领的制造业的变化。这个报道引起了广泛的关注，问题是报道中所述现象是否是新一轮工业革命的端倪？如果是，那么这一轮新工业革命的本质是什么？它会给我们人类社会带来多大的影响？作为工业化进程中的我们又应该怎么应对？

（一）新工业革命的实质：制造业生产方式发生重大变化

1. 工业革命概念。所谓工业革命，是说制造业技术突破性的发展，使得人类生活方式、生产方式，乃至交易方式发生重大变化。第一次工业革命最典型的代表物是蒸汽机，蒸汽机的发明给机器生产带来了动力，而在这之前只能靠人力。在蒸汽机的带动下，大规模生产变得可能。蒸汽机导致纺织厂、纺织产业发生了巨大的变化，蒸汽机用到交通方面，就有了火车。第二次工业革命是以电力的广泛应用、内燃机和新交通工具的创制、新通信手段的发明为代表的，它包括了一系列重大技术革新。电力驱动替代了笨重的蒸汽机，为我们节约了能源；流水线带来了大批量、廉价、标准化的产品，通信使人们的信息交流迅速，生产交易更快捷。每一次工业革命都使生产力极大的提高，极大地丰富人类生活、生产的物质与精神需要。

根据第一次工业革命、第二次工业革命的概念与实质，我们来看报道中提到的3D设计、3D打印等案例。3D打印其实不是一种真正的打印，而是一种生产方式。比方说一个杯子，以前制造它需要模具，整体浇注而成，现在是一层层的"打印"，把材料堆积起来形成一个杯子。这样一种制造模式的意义在于，所谓打印总是被一个电脑所控制，于是人们可以用各种程序来规定打印的具体方式和步骤，因而和一个模具式制造模式不同，它可以随意生产制作个性化的产品，这非常重要，因为人类已经进入个性化消费时代。

当人们的收入不断地提高，消费者希望根据自己的爱好进行消费，也有能力消费有个性化的消费品，从而最大程度满足消费者的需要。这样的条件下，需要制造业提供一种生产方式，它既能大规模生产，同时又能定制。过去生产方式是大规模的，但是标准化的3D打印可以根据个人不同需求随时在电脑上进行操作，马上就会反映到产品的生产上。所以，它适应了消费者未来的需求偏好，也使消费者生活更满意，幸福指数更高。从能耗上讲，3D打印更节能，减少碳排放和原材料消耗。由此，交易方式也会发生改变，从前是在店里挑选购买，现在是根据自己的需求，很可能自己画一个出来定制，然后边生产边购买，就能及时获得自己喜好的产品。

3D打印案例实质上说明了，一方面科学技术进步已经为大规模个性化定制做着准备；另一方面随着社会富裕，人们有了大规模个性消费的需求与购买力；在以需求为导向的创新条件下，随着互联网时代的数字、信息和计算机革命，使传统制造业的生产方式和制造模式正在发生重大改变。

2. 新制造业生产方式。我认为新一轮工业革命即所谓第三次工业革命，实质是以计算机、信息和互联网技术的重大创新为代表的能够导致工业、产业乃至社会发生重大变革的事件。事实上，计算机、信息与互联网已经使得我们的生活方式已经发生了变化，我们今天获取信息和互联沟通、复杂计算变得非常方便，我们今天的交易方式也发生了巨大的转变，例如电子商务发展创新迅速，网络成交量大幅度提高。而制造业的生产方式也正在悄悄发生着我们可能不注意但同时又是非常重要的变化。

这场变革是以制造业生产方式、制造模式、交易方式与人们的生活方式发生重大变化为核心的。我对这一新生产方式在多年以前就有过论述，我称之为以互联网为支撑的智能化大规模定制生产方式。具体来说，今天的互联网既是信息平台，又是交易平台和生产控制平台，当然它还是娱乐平台和社交平台，比如 Facebook，以后还会在我们的生活和生产中扮演什么角色还可以继续大胆想象。但是在今天，通过互联网，通过计算机控制的联网智能化机器在随时收到指令后，就可以自行分析、决策，进行操作上的变化。毫无疑问，未来的新生产方式必然依托互联网。智能化意味着智慧型计算机嵌入在制造设备后能够使生产设备更快地感知、自我反应，计算判断，分析决策，操作。正是如此，符合个性化需要的个性化产品的大规模定制生产成为可能。比如大规模的定制西装已经成为现实，几百套数据输进去，激光剪裁，快得不得了。还有德国的辉腾汽车，不需要 4S 店，只要消费者说出需求总有满足他需求的车。

这样的生产方式首先将导致今天"工厂"的形态发生重大的变革，比如从前产品生产是先圈一块地盖厂房，全世界原料送进来，生产后运到全世界销售，导致运输成本很高，交易成本很高，资源很浪费。新的生产方式则不一样，它可以真正做到销地产，不需要今天这样的工厂，只需要在需求地放上几台互联网连接的 3D 打印机，需要什么样的产品直接把原料拉到商店，打印就可以了。这样运输量大大减少，交易成本降低，完全定制也就没有库存，没有多余产品的浪费等等，整个社会资源就得到了很大的节约。

而且我们的生活方式也将随之改变了，我们还有必要去购物中心吗？可能购物都真正主要以体验为主了。所以在我看来，互联网和数字化、信息化、智能化很有可能是新一轮工业技术革命的导火线。我觉得如果把基于信息、计算机、数字化、互联网的制造业变革以及它给我们的生活与生产方式带来的极大变化定义成"第三次工业革命"是没什么问题的。

（二）抓住机遇，发达国家极可能实现"再工业化"

1. 新制造模式变革的条件。

"工业革命"、生产方式变化、制造模式变革是需要许多重要条件的。

首先，从报道中反映的情况来看，制造生产技术变革正在进行，现在看来已经到快要获得重大突破的时刻了。从国外最新的经济学论述来看，国外的企业已经注意到了消费者个性化需求的变化，而他们的技术准备也都是冲着这个目标去的，3D 打印只是其中一个例子。报道中提到的制药生产方式也和过去的生产方式不一样。又比方说，汽车制造在过去，汽车流水线是一条线只能生产一种类型的车，但如果是大规模定制，那么一条流水线上应该想生产什么类型的汽车就可以生产什么类型的汽车，而目前先进的柔性制造技术已经可以帮助实现一条流水线生产不同型号的车，甚至将来一条流水线可以同时生产小汽车、卡车等不同类型的车。目前发达国家在这方面技术上的探索走在我们前面。

类似比较先进的完整制造业体系总是在比较发达的国家孕育出来，意味着它们的市场条件和技术条件更有利于发展所谓"第三次工业革命"和实现下一步的社会进步。发达国家原来是在"去工业化"，现在它们正在探索如何将社会原有的法律进行适应市场需求的改造，例如知识产权这样的重大问题如何界定解决？没有知识产权的保护，谁愿意来创新呢？再往下，大规模定制化还需要一个智慧型的计算机，要对每个人不同的需求做出快速的反应，这需要海量的计算。这个技术我们现在有了，正在不断完善。这么大型的计算机，一个企业自己拥有显然不划算，那就需要大家来公用，于是就有了云计算的概念。

再次，大规模定制需要及时的信息交流、处理与沟通，包括人跟人、人跟机器、机器跟机器之间的信息交流与沟通。智能化的高端设备，有感知能力，比如切割的时候感知到异物，会停下来，或者检测出切割的是什么，设备内的计算机像人一样计算决策应该采取哪一种方案进行切割。随着微电子芯片计算能力，包括配套软件的飞速发展，这些很快就能成为现实。那么机器之间的决策沟通就显得非常重要，就好比一条流水线上的两名工人合作配套，今天合作更加复杂，精度要求更高，这些靠的是通信技术，靠的是互联网和信息的贯通。

2."再工业化"就是抢占先机？

如果"第三次工业革命"的浪潮起来，发达国家会不会首先推进这个进程？如果推进，对中国有没有影响？我认为发达国家的"再工业化"完全有可能：

第一，发达国家工业品消费的量，包括总量和品质平均需求肯定高于发展中国家，市场环境好交易便捷。

第二，他们更富裕，更具备个性化消费的条件。此前发达国家的制造生产环节都推到发展中国家，原因是此前的生产方式是大批量标准化的，而发展中国家的劳动力如此廉价，全球运费也不贵，所以制造环节外包是自然而然的。今天来看就不一样，类似3D打印的生产方式对土地等要素的占用很少，不需要很大的厂房，总部通过互联网发送的指令，完全可以在客户家门口给他打印，直接“销地产”，这大大超越了传统的“以销定产”模式，在销售地直接生产是最节约成本的。因此新技术很可能导致制造业重新流回发达国家。

第三，我们劳动力价格总体虽然便宜，但是我们劳动生产率还是低于美国和日本等发达国家，再加上运输成本、市场成本、税收等，企业核算下来会发现成本不比美国企业低。美国企业会发现如果制造技术革命后生产效率提高，在本国生产节约运输费用又更能适应市场需求，制造成本不一定比中国高，出于就业等经济考虑，完全有可能使新一代制造业倒流回发达国家，而这还没有考虑发达国家政府支持的因素。

第四，发达国家创新往往以市场为导向，市场导向的创新容易产业化并产生经济效益。我不是说所有的研发都要市场化，但是就工业来讲，市场导向是很重要的。这个过程中政府也应该出面，但不是指定发展的方向，而是说“我为你们企业创造什么条件”，这是非常重要的。美国政府这次的“再工业化”首先想到拿钱出来投资教育和培训，这是对的。未来的工业革命也好技术革命也好，人力资本都是最重要的。美国都这样，我们更应该反思中国的人才培养体系，怎么使我们培养的人才更能适应这个伟大时代的变化。如果从地区经济的角度来说，人才是一个地区最宝贵的资源，特别是对于上海而言。

（三）如何应对新一轮工业技术革命

1. 应对新工业革命的总体思路

目前上海正处在产业结构调整的时期，有一种观点是认为上海已经进入服务经济时代，应该大力发展现代服务经济把制造业转移淘汰出去。因为服务经济节能减排比较好，污染比较轻，是后工业化时期的特点，这叫做“去工业化”观点。当然这也是一个方向，但是这是美国等发达国家已经走过的路。人家都在“再工业化”而不单纯否定制造业，我们目前刚刚要往服务经济进行转型，是不是还要重蹈他们的覆辙呢？这显然需要考虑。

所以我个人的看法是上海当然需要发展服务经济，包括生产性服务业，但是发展生产性服务业的目标，是促进制造业的转型升级。这个转型升级不是简单地在老的制造业发展方式制造模式里面兜圈子，而是目标要远大，要瞄准能够引领未来“第三次工业革命”的新生产方式的转变，抓住这一历史机遇。换句话说，上海要更有能力判断出新的发展方向，率先在“第三次工业革命”过程中做些布局和投入，进行些探索，推动研究，使我们在新工业技术革命的过程中不至于被甩得太远。我们过去说的一个概念叫“新型工业化”道路，那什么叫“新型工业化”呢？之前想不清楚，现在看来要抓住“以互联网为支撑的智能化大规模定制的生产方式”这个核心，转型要往这上面靠才是正道。而不是简单的产品技术提升，品牌价值提升，当然短期来看这些也都重要，但是真正的“新型工业化”还需要一些先行者来探索。

2. 应对新工业革命的五大策略

面对挑战，我认为上海要做的有这么几个方面：

第一，更大胆地进行创新制度和知识产权制度的改革。前者的关键在于激励机制能否建立，比如现在很多发明，发明者所在的单位都会声称这是发明者的职务发明。如果要去开个公司，单位既不出钱又要求占大头，而发明者辛辛苦苦只拿小头，如此以后谁还有动力去创新？关于知识产权保护则需要更准确的界定和更严格的执法，比如在国外很多商业模式都是可以申请专利，而国内的定义是很狭隘的。严格来说我们写的文章都是应该受知识产权保护的，这和专利是一个性质，但是现在网上书籍作品都是随便下载，如此谁还肯创作呢？同时是执法要加强，做到“有法必依，执法必严”。

创新者只有分享到了创新带来的红利才能有更大的动力投入下一步创新，

要形成正向的反馈。创新激励目前在张江试点，个人认为步子太慢，我认为这个要加快推进。在国家知识产权保护制度以外，地方能不能推动建立一些地方性的法规？上海如果成为全国最好的知识产权保护的地区，这对上海的科技创新、文化艺术创新与繁荣是大有好处的，也能够集聚大量的高端创新人才。如果做好了，广大的企业、学校、个人才有创新的动力。否则创新一无收益、二高成本、三高风险、四高税收，那还创新什么？这必须要改变。

第二，进一步加大人才教育制度深化改革。这个非常重要。现在的教育分两块，一块是普通教育，一块是职业教育。我们做过研究，美国的大学普通教育很强，不过它的职业教育没有德国强。我们常说德国制造非常精良，原因就在于它有一支庞大的熟练技术工人和工程师队伍。我们现在还有谁想当技术工人呢？孩子们都想去银行工作。这教育做不好，上海的产业升级肯定做不好。当然除了用资金把人才体系建立完善，还需要想办法吸引外部人才。现在上海住房这么贵，消费这么高，虽然做了些工作，但还是杯水车薪。上海相对于有些省市已经谈不上“人才高地”了，我们要培养高端人才，但上海如果要占领下一轮产业革命的制高点，新一代制造业人才是重中之重，如此教育体系与教育制度就需要进一步深入改革。

第三，用市场机制建立工业研究院，同时改善财政补贴使用机制。工业研究院在中国台湾省工业的创新技术发展和产业化上做出了极大的贡献，其下属多个研究所，出了成果就算创新者的。类似孵化器，但又不是孵化器；不是政府机构但政府也出资，机制很有特色。它偏向工业应用技术的创新和产业化研究，但中国台湾工业研究院中不仅仅有技术研究者，还有研究工业经济和工业管理的学者。在那里软科学和硬科学研究就结合在了一起，两者不能彼此割裂分离，相结合就能创造很大的成果。上海要下决心在这方面建立一个平台，应该把有限的财力集中起来，好好建设工业技术研究院，进行一些研发投入，共享成果。引导推动工业研究的人才集聚，而不要把科研资金像胡椒面似的撒。我们现在科研经费的使用机制有问题，有一些中小企业号称是高新技术，其实没啥创新能力。今后应该要看企业是不是真正有创新的苗子，是否已经有了研发的成果，是否在市场化或者税收方面遇到了困难，如果是则可以进行一些扶持。另一方面我们在推动创新的同时，也要讲究投入产出比。

第四，支持制造业转型升级，特别支持新制造模式创新。上海实体经济发展，应该是发展未来在价值链上有控制力，占据价值链高端环节的制造业。我们应该抓住新工业技术革命的历史机遇，从现在主要依赖于发达国家产业体系的现状上，进行创新变革，未来上海的制造业应该成为产业价值链上的领导者。今天我们应该围绕这个目标进行制度改革与政策设计，要支持我们的企业去争取价值链的控制权。比如一个企业从前没有品牌，现在开始打造品牌，有点起色，那么我们可以考虑帮助它，让它逐步超越国外品牌。政府优惠政策导向应该是让企业大胆创新，如果企业是围绕大规模定制化生产方式展开的，是新制造模式创新的，那就应该重点支持。应该要有一个有效的评估机制，应该成立一个专业的委员会，让资深的专家和行业人士来评价，甄选被支持企业，使之成为未来具有国际竞争力的制造企业。

第五，迅速完善上海的创新服务体系。上海不是没有创新服务，比如生物医药行业中的检测检验机构、孵化器、公用的实验装备等都是其中的要件，但是据我们调研，目前存在效率不高、不方便、服务不到位的情况。举个例子来说，我们的互联网速度这么慢，有人会认为居民家网络慢点就慢点，没有关系，这个观点是不对的，现在是速度经济时代，速度决定了竞争成败。网络慢使得我们搜寻信息的成本就非常高，浪费时间，阻碍了资源的有效配置。现在的创新服务体系不是没有，但各个单位不互通，各自为战，很不方便。应该要把创新服务体系变成一个有机的体系，让用户使用感到很方便，成本也很低，甚至免费，这样创新的效率才会提高。

执笔：芮明杰

2012 年 5 月

五、调整周期中的产业发展策略

长短结合，扶优扶强"稳"增长

——2012年上半年上海产业结构调整跟踪分析

国内外的经济形势都表明，世界经济结构的深度失衡并没有简单的消除，世界经济和中国经济都进入深度调整周期。从上半年产业跟踪分析来看，上海工业总体增长乏力，强未很强，弱未很弱，这是导致上海经济增长和结构调整均在低位徘徊的重要原因。

现代经济理论认为，经济周期的一个重要作用是通过重新配置资源，恢复平衡。让具有竞争优势的企业获得更多资源、淘汰落后和过剩产能是走向新一轮发展的必然要求。上海处于经济调整周期，政策面临既要稳增长，又要调结构的双重压力，如何在两者之间取得平衡？

（一）宏观形势严峻，抑制经济加速放缓成为政策重点，显示经济进入深度调整周期

1. 欧美等发达国家经济复苏步履维艰，欧债危机近期再次升温，中国短期内的外需前景不容乐观

美国公布的经济数据呈疲软态势，市场对美联储推行第三轮量化宽松的预期不断升温。美国劳工部2012年6月1日公布的最新数据显示，美国5月份非农就业人数仅增6.9万人，远低于15.5万人的预期增幅。失业率则上升0.1个百分点，至8.2%，为将近一年来的首次上升。此外，美国商务部6月4日发布报告称，该国4月份工厂订单数据（反映美国国内制造业总体发展状况）意外下滑，为连续第2个月走低。

与美国复苏的缓慢和不稳定相比，欧洲仍然在衰退的泥潭中挣扎。希腊邻

国塞浦路斯很有可能成为下一个寻求欧盟救助的成员国，西班牙仍在为银行业危机苦苦挣扎，而希腊仍在为保住欧元区成员资格而努力。与此同时，欧元区4月失业率为11%，创纪录新高，欧元区5月制造业采购经理人指数(PMI)跌至3年来最低45.1%，显示5月欧元区制造业活动进一步萎缩，法国和西班牙PMI数据也创下3年来新低。6月欧元区投资者信心连续第三个月下滑，降至3年多来的最低水准。中国是全球制造业中心，外贸依存度高，欧洲已是中国的第一大贸易伙伴，如果欧洲订单大量减少，对中国国内经济，乃至全球经济一定会产生负面影响。

2. 中国经济明显放缓，经济政策重点转为抑制经济加速下滑，建立稳增长预期

2012年上半年我国经济下行压力明显加大，多项宏观经济指标明显回落。一是“三驾马车”均快速放缓。二是制造业景气程度继续回落。三是财政收入、用电量、铁路货运周转量等指标均回落明显，显示经济继续降温。数据显示，5月份中国经济继续增速下滑。2012年1至4月出口实际增速只有6.9%，比去年同期下降2.3个百分点。5月份官方中国制造业采购经理人指数(PMI)从4月份的53.3%大幅下降至50.4%。

在面临内外部环境的严峻形势下，国家发改委放松地方项目审批以刺激经济，中央银行三年来首次降息。今年前四个月，发改委批准了868个新项目，较2011年同期高出一倍以上。发改委批准的投资项目内容涵盖广泛，包括新建钢铁厂、医院和水处理厂等各类项目，其中风电、太阳能和水电在内的清洁能源项目占了4月份发改委批准项目的71%以上。央行决定自2012年6月8日起降息，金融机构一年期存贷款基准利率下调0.25个百分点，这是近三年半以来央行首次降息，上次降息是2008年12月23日。

国内外的经济形势都表明，世界经济结构的深度失衡并没有简单的消除，世界经济和中国经济都进入深度调整周期，在这个周期中，上海作为产业转型升级走在前面的城市应该采取何种策略需要有自己的特色。

（二）上海产业发展不平衡，但是强未很强，弱未很弱，是导致经济增长和结构调整均在低位徘徊的重要原因

1. 重点行业微增长，传统行业缓下降，上海工业总体增速低

上海市工业增加值继去年个位数增长后，2012 年将继续持续走低。截至 5 月份，工业增加值增长率仅为 3.5%，比去年平均增长速度降低 3.9 个百分点，暂列所有省市中最后一名，比倒数第二名北京低 1.7 个百分点。

以纺织、化工、冶金、机械制造和仪表仪器为代表的传统制造业工业生产总值出现不同程度下降。截至 5 月份，上述几大传统行业累计完成工业总产值仅为 2 726.15 亿元，比去年同期减少 101.11 亿元，同比下降约 3.6%。其中，纺织业实现产值 86.43 亿元，同比下降 6.4%；化学原料和化学制品制造业实现产值 1 011.21 亿元，同比下降 2%；黑色金属冶炼和压延加工业实现产值 706.79 亿元，同比下降 5.8%；电气机械及器材制造业实现产值 810.1 亿元，同比下降 3.1%；仪器仪表制造业实现产值 111.62 亿元，同比下降 4.4%（见图 3.4）。

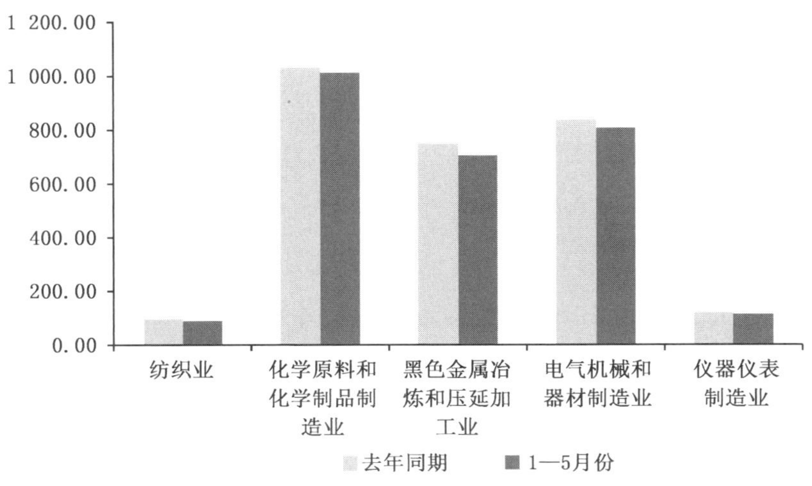

图 3.4　传统产业工业生产总值

重点产业总体增长乏力，汽车和生物制药表现良好(见表3.4)。上海市六大重点行业工业生产总值增长仅为0.4%。截至5月份，电子信息产品制造业和精品钢制造业分别实现产值2 531.54亿元和683.18亿元，同比分别下降6%和5.3%，下降显著。石油化工及精细化工制造业和成套设备制造业分别实现1 644.39亿元和1 498.62亿元，同比降低0.7%和1.4%，比去年略有下降；汽车制造业和生物制药业发展势头良好，同比上涨16.1%和7%。

表3.4　　六大重点产业产值状况

重点产业	4月份产值	比去年同期	1—4月份产值	比去年同期
电子信息产品制造业	535.26	−2.9	2 531.54	−6.0
汽车制造业	328.48	16.9	1 787.37	16.1
石油化工及精细化工制造业	352.41	3.5	1 644.39	−0.7
精品钢材制造业	139.75	−7.0	683.18	−5.3
成套设备制造业	321.66	−5.9	1 498.62	−1.4
生物医药制造业	64.00	11.9	293.05	7.0

2. 上半年上海固定资产投资、外贸进出口下降，稳增长主要依靠内需相关产业和服务业

在国外国内经济形势的作用下，上海固定资产投资、外贸进出口额均下降。根据上海统计局发布的数据显示，1—4月，上海全社会固定资产投资1 223.80亿元，比去年同期下降0.4%。与此同时，4月，上海实现的外贸进出口总额为345.73亿美元，比去年同期下降2.8%。其中，出口同比下降4.1%，进口下降1.6%。这是自2009年10月以来本市进出口同比首次出现“双降”。工业生产出厂价格总水平同比下降1.1%。

重工业企业产值、利润双降，与内需相关的轻工业趋稳。今年1—4月，上海重工业企业产值、主营业务收入、利润总额均为负增长，其中产值下降0.8%，主营业务收入下降3.6%，利润下降12.8%。这与整体经济形势恶化，

对上游产业需求量大幅萎缩密切相关。相比之下，轻工业企业的产值、主营业务收入、利润总额的增幅虽也呈现下滑趋势，但绝对量上仍维持了相对平稳的增长。

服务业对于上海维持增长发挥了重要作用。一季度，上海市社会消费品零售总额达 1 790.2 亿元，同比增长 10.6%。上海市金融业实现生产总值 491.65 亿元，同比增长 6.5%，金融业发展态势良好；上海消费者信心指数为 108.7%，同比增长 3.4 个百分点。上海市消费者信心正在慢慢恢复，这表示未来一个阶段以内需为主的服务业仍然是稳增长的重要力量。

3. 企业盈利能力普遍显著下降，国有企业经营效率仍需提高

规模以上企业利润下滑明显。2012 年 1—4 月，上海规模以上工业企业总产值同比增长仅为 0.2%，远低于去年 11.5%的水平。而主营业务收入和利润不但没有增长，反而减少 1.8%和 8%(见图 3.5)。

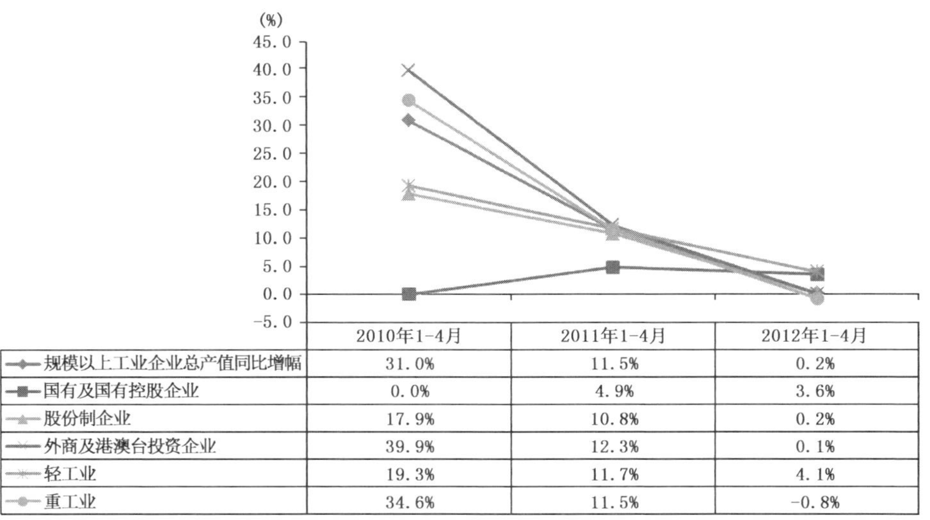

	2010年1-4月	2011年1-4月	2012年1-4月
规模以上工业企业总产值同比增幅	31.0%	11.5%	0.2%
国有及国有控股企业	0.0%	4.9%	3.6%
股份制企业	17.9%	10.8%	0.2%
外商及港澳台投资企业	39.9%	12.3%	0.1%
轻工业	19.3%	11.7%	4.1%
重工业	34.6%	11.5%	-0.8%

图 3.5　上海近 3 年来 1—4 月规模以上工业企业总产值以及不同类型企业产值的同比增幅比较

从企业性质看，股份制企业和外资企业利润下滑明显。今年 1—4 月，股份制企业和外资企业的工业产值几乎没有增长。主营业务收入方面，两类企业较去年同期均无增长，反而减少 0.5%和 2.9%。利润总额方面，股份制企业较去年同期减少 7.9%，外资企业的降幅更达 10.4%。

国有企业盈利上升，但是利润率仍低于其他所有制企业。今年 1—4 月，上海国有企业工业产值同比增长 3.6%，主营业务收入同比增长 9.1%，利润总额同比增幅高达 230%。然而，进一步横向比较。今年 1—3 月，上海国有企业的利润总额虽同比增长 230%，但主营业务利润率仅为 2.8%，而股份制企业和外资企业的利润虽同比下降 7.9%和 10.4%，但利润率仍达到 6.4%左右（见图 3.6）。国有企业显示了在经济调整过程中逆周期扩张的特点，国有企业虽然有获取资源的优势，但是经营效率仍需要继续提高。

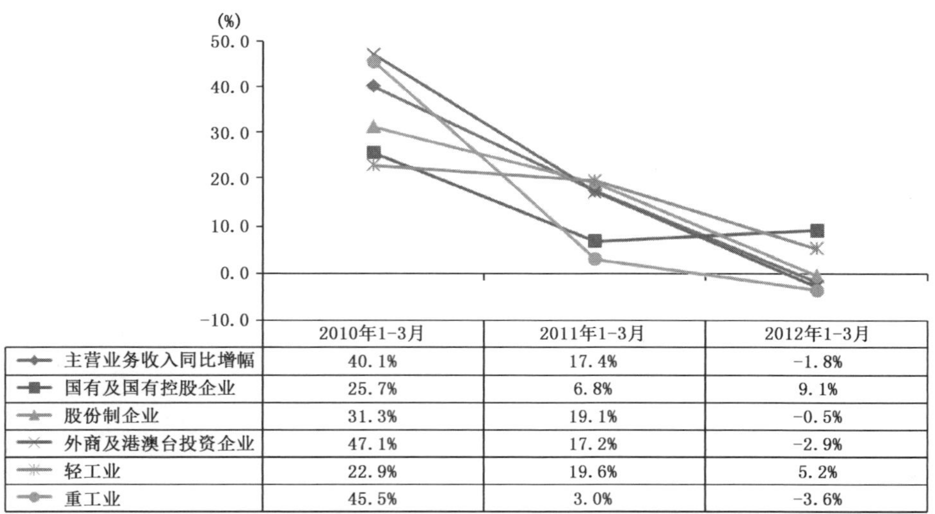

	2010年1-3月	2011年1-3月	2012年1-3月
主营业务收入同比增幅	40.1%	17.4%	-1.8%
国有及国有控股企业	25.7%	6.8%	9.1%
股份制企业	31.3%	19.1%	-0.5%
外商及港澳台投资企业	47.1%	17.2%	-2.9%
轻工业	22.9%	19.6%	5.2%
重工业	45.5%	3.0%	-3.6%

图 3.6 上海近 3 年来 1—3 月规模以上工业企业主营业务收入以及不同类型企业的同比增幅比较

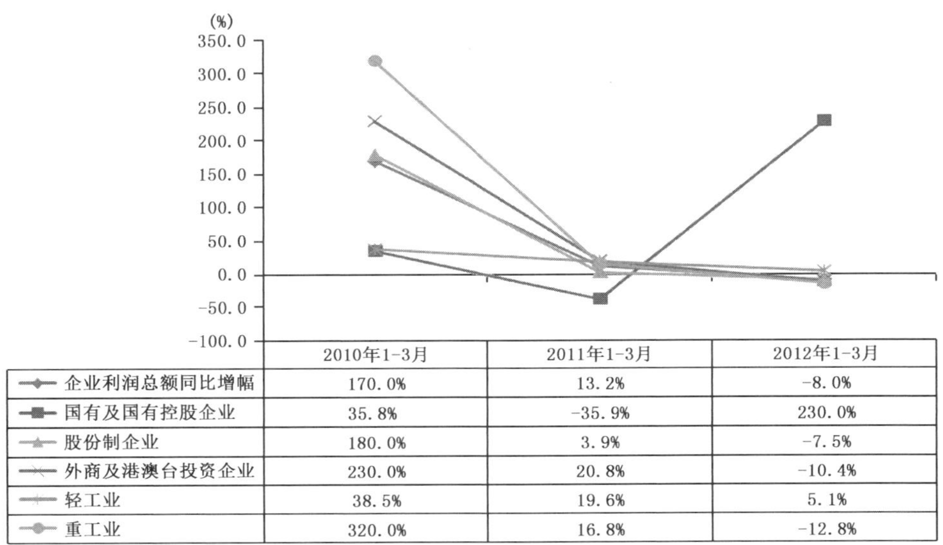

	2010年1-3月	2011年1-3月	2012年1-3月
企业利润总额同比增幅	170.0%	13.2%	-8.0%
国有及国有控股企业	35.8%	-35.9%	230.0%
股份制企业	180.0%	3.9%	-7.5%
外商及港澳台投资企业	230.0%	20.8%	-10.4%
轻工业	38.5%	19.6%	5.1%
重工业	320.0%	16.8%	-12.8%

图 3.7　上海近 3 年来 1—3 月规模以上工业企业
利润以及不同类型企业的同比增幅比较

4. 前瞻性指标看好，结构调整仍需努力

前瞻性指标有所回升，工业增长前景看好。3 月份，制造业经理采购指数(PMI)为 53%，连续两个月回升。根据美国经验，PMI 领先于制造业 6～18 个月，数据表明制造业有望在优化转型之后实现复苏。同时，企业家信心指数(工业 124)上升，企业家对未来工业复苏的信心也正在不断增强。1—4 月份工业完成固定资产投资 393.96 亿元，同比增长 12.3%，表明未来工业增长前景看好。产业结构不断优化，但是力度仍待加强。今年以来，上海产业结构持续优化，但结构转型有限，其中重点产业比例略有提升。2011 年，六大重点产业工业生产总值同比增长 6.5%，占全市工业生产总值的 63.1%。2012 年截至 5 月份，重点产业同比增长 0.4%，占全市生产总值 62.8%，与去年平均水平和同期水平大致相当。一季度，上海市第三产业完成生产总值 2 695.27 亿元，占全市生产总值的 58.67%，与去年平均水平相比，上升 0.8 个百分点。

(三)长线短线结合,促进产业结构调整的政策建议

在经济调整周期政策面临既要稳增长,又要调结构的双重压力下,如何在两者之间取得平衡?这需要根据产业发展的规律,结合经济周期阶段和上海市的产业实际情况,选择合适的产业重点,长线促升级、短线稳增长,长短线结合,才能获得最佳的资源配置效果,提高上海的产业竞争力。

1. 重大项目重新梳理,优先实施反经济周期产业的重大项目

在经济衰退周期中,传统产业,特别是装备产业处于收缩阶段,投资动机缺乏。资源应聚焦于一些反经济周期的产业项目,短期可促进增长,长期可收产业升级之效。在目前上市的预警、预减、预亏的 24 家企业中,各类机械、装备、设备制造企业共有 11 家,占比接近 50%。这充分表明目前实体经济整体状况持续下滑,设备等受经济周期影响显著的企业普遍没有扩产动机,相应地对上游机械、装备、设备的增量需求很小。根据上海发改委公布的 2012 年重大项目建设计划表显示,上海在 2012 年启动建设 95 个大项目,涉及总投资额达 5 783.5 亿元。其中,涉及战略性新兴产业有 953 亿元的总投资规模,节能减排项目共计 18 项,总投资额 368 亿元。需要根据产业特点和经济周期阶段,对于今后三年启动的重大项目进行统筹安排,对经济周期不敏感甚至存在反周期发展机遇的行业应该提前上马,而另外一些顺周期产业的项目投资应该延后等待复苏周期到来。将资源集中使用,才能收获最大的稳增长与产业升级效果。反经济周期产业主要包括服务业、轻工业等民生相关产业,部分有终端需求的战略性新兴产业也具有反周期或者弱周期的特点。

2. 支持创新驱动和品牌领导,大力发展有市场需求支撑的产业,鼓励并购重组

具有创新能力的企业能够在经济调整周期创造市场需求,具有良好的增长业绩。应该重点支持有创新驱动力和品牌领导力的企业发展壮大,做大做强,以企业为载体发挥上海四个率先的引领作用。2012 年上半年,部分具有前期战

略眼光、具有丰富新产品储备的上海企业通过向市场集中投放新产品，助推企业实现业绩增长。2012 年 1—4 月，汽车制造业主营业务收入达 1 370 亿元，利润同比增幅达到 30%。其主要增长贡献来自上汽集团。2012 年以来上汽集团旗下上海大众、上海通用两家公司加大新车型推出力度，不断打开国际国内市场。国内市场上，上海大众 2012 年 B 级车销量将达到 48.2 万辆，同比增长 42%，成为公司业绩上升的主要动力。

上海家化 2012 年上半年除传统产品销量上升外，得益于新产品集中铺货，使企业业绩超出预期。其中，男士化妆品牌“高夫”在 2012 年开始全渠道铺货，一季度销量增速达到 100%；佰草集以每年 200 家门店的规模扩张支撑了今年一季度 25%的销量增长。在经济周期的调整阶段，优势企业可以廉价获得资源，实现快速成长，这是资源配置效率提高的重要途径。经济调整周期客观上起到了筛选好企业的作用，政策上应该对这些企业进行支持，引导领先企业并购重组，使得强者更强。

传统制造产业已剥离缺乏竞争力资产，做强为主。业绩增幅显著的宝钢股份，上半年主营业务同比增幅高达 80%。其主要原因是剥离了亏损的不锈钢、特钢事业部资产。在钢铁行业竞争激烈、钢铁盈利不断下滑的背景下公司由“全”向“精”转型，做强板材核心主业。需要鼓励企业加大技术改造力度，加快新技术、新工艺、新材料、新装备的升级，加快形成高端产品的生产能力，提高核心竞争力，促进产业优化升级，提高产品的技术含量和附加值。上海的传统制造业关联程度大，几大传统产业间都存在上下游关系，如新能源汽车的发展同时需要有相应的新型材料，汽车、钢铁、化工，产业间关联性很大，因此产业转型升级还应加强产业间的联动。

3. 大力发展生产性服务，兼收促增长和产业升级之效

产业转型升级过程中，产生大量的生产性服务的需求，服务业的规模扩张比制造企业所需时间要短，可以更快获得促增长的效果。以目前业绩预增的 10 家企业中，5 家属于生产性服务业，其他 5 家为制造业，生产性服务业占了业绩

良好企业的50%。说明目前的经济周期并没有给这一类企业造成很大冲击，反而在竞争压力下，制造业的转型升级产生了更多的服务需求，推动了生产性服务企业经营业绩的提升。

生产性服务，包括创新服务，是产业转型升级的重要助力。2012年上半年，上海创业投资引导基金与17家创投基金企业签订合作协议，承诺参股出资约14亿元，带动募集资金总规模76亿元，投资专注于战略性新兴产业、文化领域和高技术服务业的种子期、早期创业企业，对于战略性新兴产业的发展起到了助推器的作用。上海只有产学研紧密结合，才能出成果并提高科技成果的转化率。需要引导科研机构、中介服务机构、高等院校的科研力量为企业实践创新驱动和品牌领导提供支持，提高科技成果转化和产业化水平。需要利用服务业增值税改革契机，简化手续、降低税费，大力促进制造业和战略性新兴产业的服务外包，促进生产性服务的发展。

4. 多渠道加快国有企业的改制重组，构建增长和转型升级的机制保障通过股权激励，提高国有企业经营效率

上海家化自2011年底将100%股权出让于平安信托旗下公司平浦投资后，2012年上半年又实施了股权激励方案。此次上海家化的股权激励方案对公司管理层的覆盖率达到38%，是目前国内上市公司中股权激励覆盖率最高的企业。改制后上海家化真正进入纯市场化运作阶段，管理层的决策空间和自由度更大，有助于进一步提升企业的市场竞争力。该模式可以在有条件的国有企业中进一步推广。

通过资产重组，做大做强。隧道股份作为上海城建集团旗下唯一的上市平台，城建集团通过重组，将隧道股份建成国际一流的城市大型基础设施建设综合服务提供商。2012年上半年，城建集团明确了资产注入方案，拟在年内完成，目前处于资产交割阶段。此次注入资产主要包括工程设计、施工板块及基础设施投资板块。注入完成后隧道股份将由大型基建分包商进一步转型成为完全的总包商，市场竞争力将得到大幅提升。

引入民资，建立现代产权制度。2012年5月25日国务院国资委下发了《国务院关于鼓励和引导民间投资健康发展的若干意见》，其中提出，积极引入民间投资参与国有企业改制重组，发展混合所有制经济，建立现代产权制度，进一步推动国有企业转换经营机制、转变发展方式。上海应该在推进产权制度改革，促进国有企业转换经营机制方面加大力度，从机制上解决国有企业的市场活力问题。

5. 大力鼓励新兴业态发展，支持产业协同创新，形成新的经济增长点

在经济调整过程中，旧的业态萎缩新的业态成长是自然现象，关键是能否创造有利于新兴业态成长的政策环境。以大宗商品的现货交易为例，上海大宗钢铁电子交易中心作为依托高效的互联网信息技术，以流通为核心，同时链接现货购销、仓储物流及相关金融配套服务的综合性服务平台，其运营模式能够让市场主体充分表达各自意愿，形成权威价格，指导企业生产经营，合理配置资源。其打破传统的"三现"交易方式（现场、现金、现货），实现交易机制的升级与进化，不仅大大提升商品价格的发现、调节和市场联动功能，还提高了市场运行的公开度、透明度。

然而，随着中国经济增长的放缓，市场对大宗商品的需求也出现回落，今年以来大宗商品电子交易平台交易量明显萎缩。但是，随着电子交易平台增速放缓，派生出二级电商新形态。以总部位于长宁区的易贸网为例，其以上海大宗商品现货电子交易平台为核心，基于实时撮合、支付、融资、仓储、物流、资讯等云服务，实现了对大宗商品和第三方服务的有效配置，从而创建了大宗商品生态圈。目前，易贸网每天大宗商品撮合交易量突破1亿元，并在周边集聚了一批关联企业。派生于大宗商品电子交易平台的电子商务网站正与交易平台一同发挥要素集聚与产业链组织者的角色，对上海金融中心的建设起到支撑作用。

需要完善行业扶持政策，降低新兴业态企业的成本压力。首先，以大宗商品电子交易平台为例，可以扩大政策扶持对象，让更多新兴的电子交易平台以及二级派生平台企业获益；其次，需要转变政策扶持形式，由营业税返税的优惠形式逐步转变为税收政策优惠与直接资金补贴相结合，加大支持力度，增强上

海新兴产业企业的竞争力。此外，政府需针对各类产业平台的电子商务交易、信用、物流、供应链协同、融资服务等环节，制定具有前瞻性、可行性、开放性、兼容性的地方性政策、法规和规章，保证平台的健康有序发展。

在经济调整阶段，上海企业要不断探索并创新与其他企业之间的合作方式，通过建立基于产业链的深层次战略合作关系，实现优势互补、互利共赢。这种建立在本土企业产业链基础上的合作关系将更为稳固，更具竞争力。

课题组成员：芮明杰　刘明宇　王子军　赵小芸　杨丰强
王明辉　张群　黄舒　徐抒璋
2012 年

六、美国、德国与日本新兴产业发展战略与政策导向

2008 年世界金融危机导致了发达国家经济普遍的不景气，美国、德国与日本作为目前世界发达国家中的翘楚也未能幸免，然而正是在本次危机中，这些国家看到了实体经济的重要，看到了新兴产业的未来，看到了虚拟经济的问题所在，纷纷开始了结构性调整，把再生性能源产业、互联网技术、智能高端制造、数字信息技术、生命生物产业、新型材料产业等的发展看作新一轮经济发展的先导。在坚持市场导向的条件下，这些国家政府出台了一系列针对上述新兴产业、战略性产业的扶植法规与政策，加快创新发展，争取获得未来国际市场的先机的同时又带动本国经济健康持续发展。美国、德国与日本在战略性新兴产业方面目前的发展思路、战略考虑以及作为政府又是如何采取措施与策略来扶植这些产业的发展，值得我们上海在发展战略性新兴产业时参考借鉴。

（一）美国：以新能源、互联网为核心的战略性新兴产业发展战略

近年来，美国通过多种措施，大力发展新能源、节能环保、新一代信息与网络技术、生物技术、航天航空及海洋等新兴产业，抢占国际金融危机催生下的世界新一轮科技与产业革命的制高点，努力实现宏观经济的战略转型。

1. 催生全新的能源产业

发展新兴产业，奥巴马政府首选新能源产业，主张依靠科学技术开辟能源产业发展的新路径，其"能源新政"要通过大力发展清洁能源和低碳技术，一方面确保美国的能源安全，实现美国"能源独立"；另一方面，通过发展新能源产业实现美国产业结构的战略转型，为长期的经济增长和繁荣打下坚实的基础。

新能源革命将成为美国整个工业体系中新的标志性能源转换的驱动力：到2012年美国电力总量的10%将来自风能、太阳能等可再生能源，2025年要达到25%；到2020年汽车燃油经济标准从现在的每加仑汽油行驶27.5英里提高到35英里；18年内要把能源经济标准提高1倍，在2030年之前将石油消费降低35%，化石燃料在美国能源供应中的比例将下降到79%；进口石油依存度将从2007年的58%下降到41%，天然气进口依存度从16%下降到14%。

2. 信息网络产业领跑全球

美国的创新议程提出，要继续支持信息技术基础和应用研究，利用量子计算和纳米电子技术等全新的手段显著提高计算机通信能力。重点是发展下一代宽带网络，以适应21世纪商业与通信的需要；普及宽带网络使用，优先使学校、图书馆、医院和家庭广泛接入宽带网络，确保所有公民能够有效利用这个现代化的基础设施并削弱网络提供商的垄断以鼓励创新。

3. 重振制造业，向实体经济回归

重振"美国制造"是美国国会两党相对能形成共识的为数不多的领域之一。2009年年底，美国总统奥巴马发表声明，美国经济要转向可持续的增长模式，即"再工业化"。美国"再工业化"并不是恢复原有传统制造业，而是在新的技术平

台上，实现新兴产业发展。为了保障"再工业化"战略的顺利实施，美国政府推出了《美国制造业促进法案》等政策和措施，投入规模达 170 亿美元左右，鼓励科技创新，支持中小企业发展，以"确保 21 世纪仍然是美国的世纪"。

4. 发展生物医疗产业

美国高度重视生命科学的研发，在联邦政府的研发预算中，投入生命科学研发的经费达到民用研发总投入的 50%。为推动健康信息技术领域取得突破，政府拨款 190 亿美元用于卫生信息系统的现代化建设。同时，在健康研究方面的投入也扩大到 100 亿美元。这些措施，都将推动技术创新和医保系统的现代化步伐，确保其在这一新兴产业的领先地位。

5. 巩固航天和海洋"王者"地位

在航空航天领域要实施新的太空探索计划，研制新一代载人飞船"猎户座"探索飞行器；鼓励各类私人公司建造和发射多种航天器；进一步开展月球、火星和其他星球深空探索；研发即插即用"积木卫星"；实施太空武器计划；尽快完成国际空间站建设，并使其使用年限扩展到 2016 年；切实推动远近地轨道的太空探索，力争在 2020 年实现重返月球，在 21 世纪 30 年代中期实现人类往返火星轨道的目标。在海洋产业领域奥巴马政府提出要大力提高美国海洋产业的国际地位，采用全面、综合和基于生态系统的方法，制定新的有效的海洋空间规划框架，寻求海洋可再生能源等领域取得更多突破。

6. 美国是一个以市场为主体进行主导产业选择与培育的典型国家，是市场主导型产业聚集模式

美国的市场机制比较健全，基本上主导产业各阶段的成长过程都依赖于市场自发完成。但是，在主导产业成长过程中，政府起到关键的作用。首先，通过金融、财政产业等杠杆，美国政府对经济进行整体调节，最终由市场选出最有发展潜力、最有活力的产业。其次，通过与企业、大学签订订货与科研合同，对研究与发展进行大量投资，实现政、学、企三者相结合发展尖端技术的途径。然后，重视尖端技术和强调基础研究，美国一直从多方面扶植尖端工业，根本上是

抓教育抓人才。再次，以大学为中心兴办工业园、科技园，以高校的智力资源吸引企业过来，从而使高校的新成果、新知识迅速转化为现实的生产力。著名的硅谷就是围绕斯坦福大学兴建的产业园。

（二）德国：以“绿色技术”“智能制造”为核心的战略性新兴产业发展战略

1. 积极发展再生性能源产业

德国政府制定了国家长期的能源目标：即到2050年一次能源的总消费量中可再生能源至少要占50%。为此德国政府大力发展再生性能源产业以替代化石能源。德国政府先后制定了国家经济发展的能源政策，其政策目标包括提高能源效率、发展替代能源、节约能源和保护环境。对于发展再生性能源，德国政府是给予再生能源发电新设备投资补偿，补偿幅度根据设备投产年度来定，补偿的期限为20年，而设备的功率和所使用的原料及技术性能（发电和供暖）决定补偿幅度的大小。其中为了鼓励民众使用再生能源，政府对小型设备给予较高的补偿；而为促进企业不断创新，提高这些设备利用率，降低生产成本，政府给予补偿幅度是每年降低的，直至不再补偿。

2. 在机械和装备制造业方面继续保持领先

德国在机械和装备制造领域始终保持领先地位，是因为在产品质量和高端技术方面投入大、成效高，用德国人自己的话说，就是在高价值上做文章。未来德国进一步在智能机械、智能装备、智能生产与数字服务方面投入巨资进行研发创新，保持原有的领先优势，使德国制造成为世界最好的制造。

3. 大力发展ICT产业

ICT产业与互联网技术、信息技术、数字计算技术等密切相关，是未来新兴产业发展的基础性产业，德国把此产业看做重要的产业来发展。长远来看，德国ICT产业中最有前途的领域是云计算、嵌入式系统和IT安全。2010年，德国云计算市场达到了6.5亿欧元，预计到2025年，这一数字将达到204亿欧元（年平均增速为26%）。嵌入式系统市场增长速度与云计算相比较小，平均增速将为8.5%左右。但考虑到2011年,该领域市场规模达到了190亿欧元,那么到2020年前,这一数字将会达到424亿欧元,份额占到国家ICT产业总规模的15%左右。IT安全领域在2010年的市场规模为56亿欧元,预计到2025年将会达到250亿欧元。

4. 2010年,德国通过了一项"面对消费者"高新技术发展新战略

该战略确定了未来面对消费者的五个重要需求:气候变化和能源、卫生和食品、移动性、安全性和通信。该战略为每一个上述行业需求列出了技术类型和实施创新的基础条件,同时也引入了几项10~15年的长期发展项目。例如,致力于发展创新发电技术和二氧化碳分离技术;地球观测、发展高分辨率卫星系统和卫星数据市场推广的技术;基于互联网的知识工程(THESEUS)技术;等等。

5. 创新联盟是促进科技和产业界合作的重要机制

德国政府通过财政资金资助鼓励企业和科研单位结成战略合作关系、建立创新联盟,使创新覆盖整个产业链的所有重要环节。产学研创新联盟的设立可以使创新成果的产业化可能性提高,加上先期与后期的风险资金投入,大大提高中小企业研发投入积极性。目前,德国已经成立了若干个重要产业领域创新联盟并投入资金:如电动汽车创新联盟、有机发光二极管(OLED)创新联盟、有机太阳能电池(OPV)创新联盟、锂离子电池创新联盟、分子成像创新联盟、欧洲网络技术100GET创新联盟,等等。

(三)日本:以新能源、新材料为核心的战略性新兴产业发展战略

金融危机后,日本在考虑经济振兴与未来发展时特别重视对以新能源、新材料为代表的新兴产业的扶持。

1. 高度重视新能源技术开发

2008年,日本出台了《低碳社会行动计划》,提出大力发展高科技产业,以核能和太阳能等低碳能源为重点,为产业科研提供政策支持和资金补助(诸如财

政关税等）。为了根本性地提高资源生产力，《新经济成长战略》提出采取集中投资，使日本向低碳社会和资源节约型社会转型，实施“资源生产力战略”。日本是世界第三核能大国，核能电化率近40％，核能占能源供给总量的15％。日本是世界上太阳能应用技术强国和太阳能开发利用第一大国。根据风力资源极其丰富的特点，日本政府给予补助风电设备，大力支持风力发电，剩余风电可卖给电力公司。

2. 大力发展新兴产业领域

2009年，日本政府公布了到2020年的“增长战略”基本方针，对于额外增长的六大领域应着重拓展：能源及环境、科学技术、医疗及护理、旅游、促进就业及人才培养。此外，宇宙航空、信息通讯、节能和生物工程、海洋开发等产业也是日本政府发展的重点领域。

3. 用技术创新推动新兴产业发展

2009年，日本出台了为期3年的信息技术发展计划，侧重于促进在行政、医疗等领域的IT技术应用。着眼于2025年，日本在信息技术、工程技术、医药等领域的长期战略方针“技术创新25”制定和实施，通过开放和创新能力的姿态试图给日本经济注入新的活力。

（四）欧美发达国家推动战略性新兴产业的政策措施

通过对比美、德、日近年来发展战略性新兴产业的政策和措施，可以发现它们的共同点包含以下几个方面。

1. 市场导向下的强有力产业扶持是战略性新兴产业发展的必要保证

在其发展初期，战略性新兴产业大多为弱势产业，缺少竞争优势。战略性新兴产业发展面临着各种各样的不确定性，对其投资具有一定的风险性，促使它们快速发展的重要条件是对这些产业进行必要的培育和扶持。目前来看无论是政府主导型经济的日本，还是市场主导型经济的欧美国家，都给予战略性新兴产业发展必要的培育和扶持。扶持的重点一方面是对这些产业的技术研发、配套体系建设等的资金投入和人才引进;另一方面是在相关配套政策体系的建立。同时,各项政策、措施有机配合、互相协调,以形成一个完整的产业发展支撑体系。如美国对战略性新兴产业除了政府财政直接投资,还通过税收补贴等手段撬动社会资本,扶植中小企业科技创新;欧盟和日本在发展低碳产业的同时,不仅重视科研计划的制定,还注重机制、法律等的保障作用。形成了国家发展战略、科技研发、市场应用创新的完整产业链条,而其中通过市场的培育,逐步让企业成为这些产业发展的真正主体,使之有市场竞争力是关键。

2. 拥有自主知识产权的核心技术是战略性新兴产业可持续发展的第一要素

在金融危机的背景下,不少国家都高度重视依靠科技的引领作用培育和发展战略性新兴产业。如美国国会批准了奥巴马政府 2010 年财政预算,使 2009—2010 年联邦科技投入达到 GDP 的 3%,为美国历史上最大的科技投入。根据世界经济论坛的《全球竞争力 2010—2011》数据,美国大学与产业界的研发合作在世界排名第一,“2011 年技术先锋”企业有半数以上来自美国;欧盟 2009 年财政预算加大了对科技创新、就业和区域发展的支持力度,根据《欧洲创新记分牌 2009》的数据,欧盟 27 国的创新绩效增长速度为 3.17%,远大于美国的 1.63%和日本的 1.16%。今天谁拥有了自主知识产权的核心技术,实际上就可以成为该产业的领先者,可以成为该产业价值链的控制者,从而掌控该新兴产业的市场。

3. 以新能源和低碳经济为主的绿色经济是战略性新兴产业的重要内容

面对国际金融危机及气候变迁威胁,欧美发达国家的新兴产业战略都有一个明显的政策导向——以新能源革命和低碳经济为主的绿色经济引领新兴产业发展。这既是国际市场上传统化石能源产品价格高昂压力所致,也是人类可持续发展的客观需要。联合国环境规划署(UNEP)“全球绿色新政”报告研究团队的资料显示,截至 2009 年 6 月全球经济振兴方案中有 15.4%的财政支出投入“绿色经济”相关领域。当美国、德国、日本等发达国家比较早的摆脱对化石能源的依赖，转而变为主要使用再生性清洁能源的时候，实际上它们的产业体系、社会结构、人们生活方式等已经发生了重大变化，使他们拥有了可持续发展的能力。目前实际上发达国家已经开始了谁拥有可持续发展能力的竞争。

4. 信息网络环境建设是战略性新兴产业发展的坚实基础

传统产业的升级和新兴产业的发展都离不开信息网络技术的强力支撑。美国、德国、日本均高度重视信息网络技术的开发与应用，通过人才、技术、资金多种要素的投入促进信息网络技术与相关产业的融合，智能化生产、清洁能源运用、智慧型城市建设都离不开信息网络技术的发展进步。据统计，信息网络产业对欧盟生产力增长的贡献率达40%，对欧盟GDP增长的贡献率达25%。目前，从产业发展基础看，我国的IT产业与发达国家研发基本同步，并在某些领域形成了一定的竞争优势。从市场容量看，新应用不断涌现，产品升级换代速度加快，互联网日益普及，两化融合持续深化仍将给IT产业带来巨大的成长空间。从产业关联角度看，IT产业与节能环保、新材料、新能源、新能源汽车、高端装备制造等其他战略性新兴产业的关系十分密切。

参考文献：

[1]德国支持ICT产业创新发展的国家政策，2012－07－26.来源：中国经济网(北京).

[2]科技部国际合作司委托课题《发达国家R&D转移的趋势与我国的对策研究》阶段性研究成果，被选为科技部《专报信息》，报送国务院.

[3]德国注重传统和特色产业发展，2012－03－26.来源：中国经济网—《经济日报》.

执笔：芮明杰　胡军

2012年11月

七、能源、环境约束下的上海产业选择与发展

第三次工业革命为上海实现向后碳社会的转型提供了新的机遇与挑战。在这个背景下，上海应该如何进行产业选择和结构调整，关系到“十二五”期间上海能否遵循产业发展的客观规律，积极稳妥地推进产业的结构调整，建立资源节约、环境友好和产业升级的和谐关系，推动上海经济高质量发展。

（一）上海能源、环境与产业发展的关系现状

1. 上海能源消费具有显著的行业集中性

上海工业重点耗能行业主要集中在五大高载能行业（黑色金属冶炼及压延加工业、石油加工炼焦及核燃料加工业、化学原料及化学制品制造业、非金属矿物制品业、电力热力的生产和供应业），2010 年五大高载能行业能源消费量和增加值分别占工业总量的 74％和 21％，非高载能行业分别占 26％和 79％。

2. 随着上海产业结构调整，第三产业能源需求持续增加，上海工业单位增加值能耗显著下降

产业结构的调整将改变能源消费需求总量和结构，在产业结构不断演进、优化过程中，能源强度会逐步降低，经济增长对能源消耗的依赖性也会不断减弱。随着上海产业结构的调整，上海工业用能结构优化，单位增加值能耗显著下降，2011 年 1—11 月，全市规模以上万元工业增加值能耗为 0.804 吨标准煤，同比下降 8.8％。工业用能出现下降，工业综合能源消费量同比下降 2.01％。

3. 能源消耗与产业发展阶段有动态对应关系，上海总体能源利用效率与发达国家存在明显差距

上海制造正处于以加工、组装为中心发展的阶段向“技术集约化”阶段过渡时期，随着各种高新技术与工艺得到普遍的应用，能源利用率大幅提高，经济发展对能源的需求将开始逐步下降。上海的产业发展阶段滞后于发达国家，因

此，虽然上海能源利用效率不断提高，但与发达国家和地区相比，差距比较明显。从GDP单耗看，2011年上海每万元GDP能耗为0.618吨标准煤，是2000年世界平均水平的1.3倍、德国的2.8倍、日本的3.9倍。

4. 以煤为主的能源结构，导致环境压力大，不符合国际化大都市的发展要求

上海能源消费品种构成有所改善，但与发达国家相比，煤炭在能源消费中所占比重仍高达60%左右。从世界能源消费的主流看，能源消费朝着以优质型能源为主的方向发展，世界发达国家能源消费品种构成中，煤炭比重基本上都低于25%，其中法国更是不到5%。产业结构不仅影响着能源消费总量，也会对能源消费结构产生影响，降低煤炭消费大的产业在经济结构中的比重，可以有效地改变目前的能源需求结构。

5. 产业组织水平、产业间的比例结构、产业布局的合理性都会影响环境污染水平

目前上海环境污染主要来自化工石化、医药制造、橡胶塑料制品、纺织印染、金属表面处理、金属冶炼及压延、非金属矿物制品、皮革鞣制、金属铸锻加工九类行业。另外，电力、钢铁、化学原料及化学制品制造业、石油加工和炼焦及机动车尾气排放等也是造成上海环境污染的主要行业。制造业发展面临碳排放的约束，环境成本内化的程度将不断提高，环境因素对产业国际竞争力的影响越来越大。显示上海对于高能耗产业结构的调整具有迫切性，而大力发展服务业和新能源，推动能源结构调整，实现低碳发展也势在必行。

（二）能源、环境与产业发展的国际经验借鉴：洛杉矶、东京和伦敦

1. 洛杉矶是技术创新主导模式

洛杉矶通过技术创新大力提升产业能级，发展先进制造和现代服务业，推动了能源消耗结构的变化。从重化工业阶段以石油和煤炭为主要能源需求，到发展高科技产业逐步降低对石油和煤炭的依赖，再到发展高端服务业推动新能

源的开发利用。然后,能源结构的变化引发对环境发展影响的变化,并进一步影响能源利用方向并催生新产业,形成了能源、产业和环境的良好互动。

2. 东京是能源结构优化引领模式

东京的历次产业结构调整受制于能源发展的局限。60年代国内煤炭资源的枯竭、70年代世界范围的石油危机导致传统能源资源供应的减少,企业不得已被动寻找替代能源,推动能源结构的转变。新一代核能技术发展、太阳能电板开发利用大大提高了新能源的利用程度,清洁能源成为能源发展的主角。技术进步同时提高了能源的使用效率。新技术、新机器在企业中的使用减少了企业自身的能源需求,降低了能源依赖程度,促进产业自身改造升级。

3. 伦敦则是环境目标导向的产业结构调整

环境目标成为伦敦产业发展和能源转型的重要标准,在伦敦的城市发展规划中,政府制定了节能减排的目标。在环境目标的驱使下,伦敦开始新能源开发利用的尝试:伦敦大力发展清洁能源,提倡使用风能、太阳能等零碳排放能源。能源结构的转变同时推动了产业结构的转变。低能源需求的产业,如先进制造业、服务业等快速发展,在经济结构中的比重不断上升。伦敦一直把世界金融中心作为城市发展的经济目标,以金融业引导的产业结构显著减少了城市污染源,降低了污染程度,对环境造成的影响不断减小,伦敦的城市环境得到了明显的改善。

洛杉矶、东京和伦敦处理能源、环境、产业三者关系的经验,启示上海需要制定统一的城市发展规划,以市场主导为基础,政府积极引导能源结构和产业结构转型;推动技术创新和进步,促进能源结构和产业结构的动态平衡。

(三)能源效率、环境管制与产业发展关系的研究

1. 上海能源效率的影响因素与产业发展

为了增强研究的科学性和可靠性,课题组对上海能源效率的影响因素和环境保护与产业选择的关系进行实证研究。研究发现:财政支出占 GDP 比重越

高，能源效率越低。这说明充分发挥市场在资源配置中的主导作用，对于提高能源效率非常重要。为提高能源效率，需要降低政府在经济活动中的干预程度，更多地发挥市场的力量，合理地界定政府作用的范围。第三产业比重越高，能源效率就越高，可以通过提高第三产业在经济中的比重来提高能源效率。随着第三产业比重提高，效率提升的速度减慢。

2. 环境管制与产业发展的关系

给定其他条件不变，通过提高环境管制水平，确实会对污染性的产业产生挤出效应，可以对非污染性的产业产生吸引。上海的环境管制有利于产业结构绿色化、经济结构转型，实现环境友好型社会，但是否促进短期内经济增长则是不确定的。税费因素总体对产业资本的流向产生重要影响，在政策组合中，以环境管制结合差异化的税费调节促进非污染型产业的资本流入，同时主动去除污染型产业，以促进经济转型。但是产业的不同价值链环节对环境的影响程度可能是完全不同的，由此受环境规制的影响也截然不同。需要结合价值链的分析具体讨论。

（四）上海产业选择的总体思路、基本模式和产业重点

1. 上海产业发展的阶段划分

上海产业发展主要分为工业化主导阶段、服务经济主导阶段、智慧城市主导阶段、新型城市主导阶段。前两个阶段主要体现在工业和服务业量的变化，后两个阶段是组织手段和生产方式发生重要质变的阶段。智慧城市主导阶段是通过信息化手段，将各种资源充分利用，充分缓解城市面临的人口膨胀、卫生安全、能源、环境污染和交通拥挤等问题，其核心是城市管理和组织方式的改进。新型城市主导阶段则是基于第三次工业革命的可再生能源利用、新型生产方式和新型生活方式，从根本上解决产业发展与能源、环境的矛盾。目前上海处于服务经济的初期阶段，第三产业比重虽然超过50%，但是地位不稳固，现代服务业的比重还比较低。

2. 上海产业选择的总体思路

上海在能源环境压力下，要变被动为主动，以上海具有比较优势的绿色产业为抓手，以技术创新为手段，充分发挥市场资源配置的主导作用，促进城市新能源和环境产业的发展，形成能源、环境与产业结构优化的良性互动，构建支持城市可持续发展的绿色产业体系。

绿色产业体系是指以新能源和先进制造技术、环境治理技术为基础，以节能、环保生产性服务业为依托，外部具有环境友好特征和竞争优势，内部形成产业间和谐关系的一组产业。

具体分为以下四个方面：第一，以技术创新为主要手段，充分发挥上海在新型能源和绿色产业方面的比较优势，推动环境友好发展；第二，以严格环境保护和提高能源效率为杠杆，实现先进生产方式对落后生产方式的替代，促进产业结构的升级；第三，大力发展服务经济，以促进产业结构优化升级为根本途径，建立能源、环境与产业发展的良性互动关系，形成绿色产业结构；第四，充分发挥市场的主导作用和政府的引导作用，让市场筛选有竞争力的技术和产业价值链环节，政府的重点是规范与监管，促进市场建立起规范秩序，结合自身实际和城市发展阶段制定统一的能源、产业、环境的城市发展规划，做到三者协调、有序、可持续发展。

3. 上海产业选择的基本模式

根据上海产业发展阶段和能源、环境的复杂关系，上海的产业选择有“加减乘除”四个模式。

一是提高能效的加模式。加模式的核心是推动技术升级，提高能源使用效率，采取更加环境友好的技术进行生产。严格限制“两高一低”产业项目的进入；大力发展高端、高效、高附加值、节能环保、资源循环利用的技术装备和产品；用高新技术和先进实用技术改造传统产业，降低能源成本、环境成本在产品中的比重，提高产品的竞争力。

二是去制造化的减模式。去制造化的实质是做价值链上上海有比较优势的高端高效环节，放弃缺乏技术含量的高能耗、高污染的加工组装环节。

三是利用新兴产业替代的除模式。通过新能源的应用实现能源消费的多元化，对碳石能源实现替代，从源头解决能源约束和碳排放问题。大力发展环保支持产业，构建循环经济体系，形成环境友好的产业结构模式，这对于减少环境污染有重要影响。

四是构建新型制造体系的乘模式。通过新能源替代、新生产组织方式及下一代信息技术的应用，建立新型制造体系，完全跳出传统的能源约束和环境问题。使上海率先在第三次工业革命过程中做布局和投入，在全国的产业转型升级中发挥战略引领作用。

4. 上海产业选择的重点领域

根据基本模式对重点行业进行产业链分析和价值链分解，分析其价值链的位置和竞争力状况，筛选重点产业领域。

针对高能耗、高污染的钢铁、石化产业，通过自身转型发展，实现节能减排、低碳环保的目标。要优化产品结构，加快推进钢铁新材料产业化，推动石化产品精细化、高端化和集约化，延长产业链。促进与周边地区协调发展，着力提高高耗能、高污染制造业的资源节约、环境友好和安全生产水平，深入推进节能减排，全面实施清洁生产和循环经济，控制高耗能产业产能。

要推动制造业企业发展品牌、研发设计等高端环节，着力发展总集成总承包、检验检测、产品认证、供应链管理、专业维修、融资租赁等生产性服务业。通过促进服务业与制造业的深度融合，实现节能减排、低碳环保的目标。

上海未来应加大对天然气、核能等清洁能源的利用力度，重点发展太阳能和生物质能等新能源，优化能源结构。综合利用与回收，特别是废弃物能源转化是上海产业发展的重点，变废为宝可以降低综合成本，提高上海产业的竞争力。应着力发展环保服务和节能服务环节，以产业链上清洁生产和综合利用与回收为重点，提供集技术、服务与管理一体化的服务。上海也需要充分利用第三次工业革命的机遇，引入新的制造模式和系统集成方法，使用可再生的能源和新的信息技术，并运用新的管理理念来彻底改变商业模式。

（五）促进结构调整实现节能环保的政策建议

1. 控制性调整产业政策

对于高能耗、高污染、低附加值产业，政策导向以“限、惩”为主：明确准入条件，禁止双高项目上马，强化退出机制；制定差别电价与惩罚性电价促转移。对于高能耗、高污染、高附加值产业，政策导向以“促优”为主：加大研发费用加计抵扣力度鼓励技术创新；探索研发费用直接抵税；发展排污权交易、构建碳中和体系。

2. 制造服务化产业政策

对于高载能的制造业，政策导向以“扶强”为主。制定政策鼓励行业中有较强竞争力的企业，投资核心技术和品牌，进一步提升在价值链中的地位。包括建设共性技术研发平台、突破核心技术，鼓励企业加大设计和品牌投入。对于向服务业转型的制造企业，政策导向以“减费”为主。减少因为财税政策、行业管理、土地制度等不配套，造成的交易费用增加，形成有利于制造服务化的政策环境，包括用地政策鼓励制造企业服务化、税制配套、避免制造服务化的税收成本增加。

3. 鼓励新能源产业发展政策

对于可应用清洁能源的产业，政策导向以“稳供”为主。建立清洁能源稳定的供应体系，保证供应的数量、质量和价格的竞争力。包括建设天然气期货市场，稳定价格、稳定供应；对火电机组进行淘汰升级。对于可再生能源产业，政策导向以“促用”为主，包括加大政府采购力度，鼓励可再生能源市场化应用；推进智能电网升级改造，增强可再生能源消费能力。

4. 发展绿色产业政策

鼓励制造业进行绿色产业链改造，政策导向以“贴补”为主。由于环境改善具有正的社会效益，政府通过政策的补贴，推进企业提高清洁生产和污染处理水平。加强高污染行业监管，提高清洁生产水平。对于节能环保服务业，政策导向以“促新”为主。大力发展节能环保领域的新服务模式，提高专业化水平。包括推进绿色产业链由末端治理转向全程控制；引入节能环保咨询机构，完善绿色金融服务体系；加大财政税收政策优惠力度，扶植龙头企业。

5. 发展下一代制造业的产业政策

对于信息技术产业、纳米材料、生物纤维等新材料产业，政策导向以“转化”为主。创造条件提高科技成果的转化率，包括对参与下一代制造产学研活动的企业和科研机构、高等院校进行双向补贴，鼓励科技成果转化；在企业、高校和科研机构之间建立人才交流和人才培养长期机制，推进联合人才培养模式；对新材料的生产企业提供如直接补贴、贷款利息减免等激励措施，以加快新材料本地化的进程；借助服务业增值税改革契机促进外包服务业发展，积累技术能力；推动建设完善的科技金融服务体系，帮助解决下一代制造的科研成果产业化的融资问题。

对于下一代制造模式的发展，政策导向以“示范”为主。新制造模式的技术和应用突破，关键在于产业链的创新协同，上海需要以示范基地为抓手，探索创新协同机制，在第三次工业革命中争取领先地位。包括建立 3D 打印行业示范基地，促进新产品应用；构建公共研发平台促进产业链协同创新。通过上述产业发展政策的组合，希望能发挥集成效果，最终目标是从根本上改变环境与城市的关系，实现上海城市的可持续发展，构建新型城市。

执笔：芮明杰　刘明宇

2012 年 12 月

八、上海战略性新兴产业发展与高新技术自主创新网络、公共服务体系配套政策思考

“十二五”期间国家把发展七大战略性新兴产业作为我国产业结构调整与现代产业体系建设的重要工作,有关部门还在不断出台这些产业发展的规划纲要,作为“十二五”期间这些战略性新兴产业发展的指导。各地方省市也都开始战略性新兴产业发展的规划与布局。上海作为国际大都市,在发展国际金融中心、国际航运中心、国际贸易中心的过程中,产业结构正在面临重大的转变,其中发展适合上海未来产业体系的部分战略性新兴产业是上海“十二五”期间经济与产业发展的重要内容,可以这么说,通过发展战略性新兴产业是上海产业结构调整的一个重要方面。

(一)上海战略性新兴产业的现状和存在的问题

1. 现有发展基础

“十一五”期间,上海加快建设创新型城市,大力推进高新技术产业化,着力培育新兴产业,为“十二五”战略性新兴产业发展打下了良好基础。

产业发展形成一定基础。上海是我国“综合性国家高技术产业基地”和国家微电子产业、软件产业(出口)、生物产业和民用航天产业基地,也是高端装备、民用航空等领域的国家级新型工业化示范基地。高技术产业自主知识产权拥有率近 30%,2010 年完成总产值 6 958 亿元,年均增长率超过 22%,约占全市规模以上工业总产值的 1/4。

自主创新能力不断提升。到 2010 年底,在战略性新兴产业领域,获批国家工程实验室 7 家,国家工程研究中心 18 家,国家工程技术研究中心 13 家,国家认定企业技术中心 38 家。涌现出高端硅基 SOI 材料、手机基带芯片、高温超导材料、7 500 吨全回转浮吊、超临界燃煤发电技术等一批自主创新成果。离子刻

蚀机、先进封装光刻机等高端装备实现销售，半导体清洗设备、地铁盾构等先进装备走向国际市场。上海光源、蛋白质设施等一批国家重大科学设施落户上海。

高新技术产业化加快推进。上海市委、市政府出台了《关于进一步推进科技创新加快高新技术产业化的若干意见》，设立了自主创新和高新技术产业发展重大项目专项资金，颁布了新能源、生物医药、新能源汽车产业政策，优化了战略性新兴产业发展的政策环境。

国际化水平显著提高。到 2010 年底，上海累计吸引跨国公司地区总部 305 家、投资性公司 213 家、外资研发机构 319 家。上海高技术产业出口交货值年均增长 30%，高技术企业走出去的步伐也在不断加快。

金融市场体系和金融机构体系日趋完备。上海加快建设国际金融中心，已形成货币、证券、期货、黄金以及股权转让等在内的国内最齐备的金融市场体系，以及涵盖银行、证券、保险、风险投资、股权投资等机构在内较完备的金融机构体系。目前，注册在沪的证券公司 14 家，占全国 13%；基金管理公司 30 家，占全国 50%；创业投资机构 238 家，管理总资本占全国 38%。上海还设立了创业投资引导基金。

2. 存在的问题

企业主体的技术创新能力不强。国有企业创新动力不足，民营企业实力亟须增强；外资研发中心与自主创新体系的关联度不高；特别是缺少具有创新活力、行业领先的龙头企业。

科技成果本地转化率不高。产学研结合成效不显著，科研优势未能充分转化为产业优势；技术成果的发现、评估、筛选、转移机制尚待完善；技术交易、科技信息服务等科技中介服务体系发展较慢，市场化的创新成果产业化中介机构缺失。

人才激励机制亟须完善。上海科研人员超过一半集中在高校、科研院所，由于职业自由度、社会尊重度等问题，不愿向企业流动；国有企业科技人员的科技成果未能更多地参与产业化收益的分配；战略性新兴产业高端人才引进和培育的力度需进一步加大。

金融服务体系尚未形成有力支撑。上海投资初创期的天使基金缺乏，知识产权质押、科技担保等发展较慢，金融优势对于创新创业发展的支撑作用尚待加强。部分领域管理体制改革滞后。行政审批、资质管理、价格管理等还不能满足战略性新兴产业发展的需要，有利于新技术新产品进入市场的政策规定不健全。

总之，上海的战略性新兴产业发展的自主创新主体与公共服务配套体系方面的问题如果解决不好，会影响上海市战略性新兴产业的发展，影响上海在产业制高点上的未来位置。

（二）上海发展战略性新兴产业的重点与对策

到 2015 年，上海要成为我国综合实力领先、在若干领域跻身世界前列的战略性新兴产业集聚区，战略性新兴产业成为上海国民经济和社会发展的重要推动力量，引领产业结构优化升级；打造全方位、多层次、高效能的政府服务体系，形成支撑战略性新兴产业发展的优良服务环境；初步形成创新要素活跃、创新能力突出、成果转化迅速、产业特色鲜明的良好格局。

上海市战略性新兴产业发展的重点是新一代信息技术产业、智能装备制造、新能源产业、生物产业、新材料产业等。

上海市战略性新兴产业发展的对策是：

第一，发展战略性新兴产业必须因时因地制宜。在不同的经济发展阶段，科学选择和确定未来的新兴产业，以保证经济的长期繁荣发展。在科学选择重点产业和优先发展领域，依据是一个国家和地区的经济发展水平、科技和产业基础等。

第二，注重培育完善战略性新兴产业创新链。上海由于没有形成一个完整的自主创新链，根本原因是企业技术创新一直相对滞后。由于创新链太长，创新链难以形成，任何一个环节脱节都会导致整个链条的断裂。通过制定完善的政策体系，首要的政策问题是保证创新链各个环节的有效衔接。

第三，尊重市场机制的基础资源配置功能，合理界定政府职能边界。政府发展战略性新兴产业的积极性高涨，以政府为核心制定了很多规划和实施细则等措施，忽略或削弱了市场机制的配置作用。忽视了企业是战略性产业发展的主力军地位，政府的基本定位是催生有效率的企业，促进竞争性市场。

第四，发挥科技金融的资金保障作用。要通过开展知识产权质押融资、产业链融资等新型融资方式，加大对战略性新兴产业的支持力度；加快完善创业板、场外证券交易等资本市场渠道，通过设立政府创业投资引导基金，引导创业风险投资投向战略性新兴产业领域。

第五，构建良好的政策支持体系。从现阶段国际经验来看，为促进战略性新兴产业发展，许多国家就战略性新兴产业发展关键领域投入大量资金，诸如支撑体系建设、技术研发等方面，其中政府财税优惠政策对战略性新兴产业的推动作用明显。

第六，要注重引进培养大批战略性新兴产业人才。吸引和引进人才关键在于留住人才和用好人才。因此，建立战略性新兴产业促进政策体系重点就是要解决如何引进和吸引人才以及如何营造良好发展环境留住和使用好人才等问题。

第七，完善法律监管体系。完善的、持久的贯彻和执行新兴产业的政策执行体系和法律制度，是产业未来发展的重要因素，国外经验已经证明好的法律可以保障战略性新兴产业的健康发展。

（三）建立有效的上海战略性新兴产业的创新网络与服务平台

在全国新一轮战略性新兴产业发展的时刻，谁能够占领产业制高点，并不在于资本的高投入，而是在于能否在技术、产品、服务以及商业模式的创新突破上，在于良好的知识人才、信息交流、创新网络与服务。所以我们认为在战略性新兴产业发展上，上海要实现自主创新推动的产业结构优化升级，形成现代产业体系必须依托一个高效的创新网络和公共服务体系，而目前上海这方面还有相当大的欠缺，主要表现在：高新技术创新主体比较缺位，创新的内生性动力不足；知识创新网络没有真正形成，知识服务体系与公共服务平台正在建立中，但比较条块分割有各自为战的状况与未来上海发展战略性新兴产业所需要的知识创新服务的要求不匹配。这些问题的存在，必将阻碍上海产业结构调整与产业升级，也影响上海未来在战略性新兴产业发展的领先位置，影响上海建设具有国际竞争力的现代产业体系。

1. 上海市战略性新兴产业发展的自主创新网络发展模式

上海目前已经基本形成了三类区域自主创新网络发展模式：

(1)区域的自主创新的发展模式，是指通过探索、努力，建设有特色的系统，形成了领先的发展模式，具有明显的特点：在一些方面有独特性；建立具有特色的机制；在技术创新和服务方面有独创性和前瞻性；与特殊的区域环境存在好的联系，建立有地域特色的系统，如上海紫竹园区。

(2)区域的创新系统模仿的发展模式，是指区域内有成功经验的创新的区域学习，模仿其发展，结合自身特点。例如，深入改革系统运行的机制，借鉴、结合自身情况，进行变化，形成自己的方式；追踪研究技术的研究和开发，并模仿；而模仿不是仅仅的照搬，应该利用可直接利用的新技术与管理模式，建立创新的环节，在创新产品各方面产生优势，通过模仿来超越，如金桥科技园创新网络。

(3)区域创新的合作发展的模式，是通过区域间合作，优势互补，大范围共享和配置资源，完成创新发展的模式。企业间、高等院校、独立研究和开发机构的合作；服务机构合作，尤其是信息类、金融类、人才交流的对接；政府间的合作；整体进行创新的合作，达到创新一体化，如杨浦知识创新基地创新网络。

三种模式各有特色，可以成为上海市战略性新兴产业发展的自主创新网络发展模式。

2. 上海市公共服务平台集成发展目标

公共服务平台建设的最终目标就是通过集聚整合科技创新的资源和要素，

面向全社会，特别是中小企业创新创业的需求提供各类服务。按照“共建、共享、协作、服务”的建设理念，在提高科技资源的共享服务效率的同时，平台通过科技资源的不断整合集聚，在服务能力建设和服务体系建设方面着重对各类科技资源进行了政策引导和项目支持。针对战略性新兴产业自主创新网络，上海市公共服务平台的发展目标是：

第一，以法制建设来促进共享服务工作的开展；

第二，探索建立平台建设运行服务机制；

第三，建立多层次的平台服务管理组织体系。

3. 上海公共服务平台建设思路——“三位一体”

上海公共服务平台建设应坚持体制、机制和法制“三位一体”推进。其主要内容是：

一是建立并形成了协同、统筹、高效的管理体制。为加强协调与平台建设，建立组长由市政府领导担任，市政府相关委办局及有关单位组成了平台指导协调小组。为推进长三角科技资源共享服务平台建设，则联合设立长三角科技资源共享服务平台建设工作小组，在“长三角区域创新体系建设联席会议”的框架下开展工作。

二是积极探索市场与政府相结合的平台运行机制。发挥有限的财政投入在优化创新环境中的功效放大效应，在平台的服务、开放和应用中逐步引入市场机制，探索“使用社会化、营运专业化、产权多元化”机制，稳步提高平台运作的市场化程度。

三是不断加强与平台相关的法制建设和规范建设。上海市公共服务平台建设应不断提高服务效率，提升服务功能，强化对产业技术创新的支撑与引领，强化资源集聚与绩效评估相结合，强化政府引导与市场机制相结合，强化对企业技术创新活动的支撑与服务，有效服务企业创新、支撑产业发展的完善的研发公共服务平台体系最终形成。

4. 上海公共服务平台建设推进对策

(1)建立、完善相关运行机制以营造鼓励创新的环境

上海自主创新公共服务平台的加快构建与发展，首先就需要发挥和完善政府在环境营造方面的积极作用，建立和完善科技创新和产业发展的竞争和协同机制，建立和完善产业聚集、风险投资和人才的培养教育等相关机制。

(2)积极发展科技类的中介服务机构

要组织和鼓励有能力的专业技术机构创办科技类的中介机构，通过和科技体制改革的紧密结合，促进一批科研机构发展或转为科技类的中介机构；进一步提升科技情报机构在信息采集、分析和加工方面的能力，和技术交易机构一道，发挥区域性质的技术转移中心的积极作用；组织和鼓励有能力的科研机构、高等院校充分发挥技术、人才优势，创办各种类型的科技中介机构，更大程度地发挥其社会功能，不仅为政府决策提供专业服务，也面向全社会提供科技咨询，开展评估活动。

(3)建立和完善支撑科技创新的人才体系

必须在牢固树立以人为本的正确观念的基础上构建科技创新公共服务平台，逐步向以人才为中心的创新方式进行转变，避免出现“见物不见人”的问题。政府在人才问题上的一个重要作用就是构建和完善鼓励科技创新的环境，不断提供合适的创新服务并营造创新文化，以充分发挥人才的科技创新才能。

(4)优化资源配置以充分发挥上海的科技创新潜力

市场通过配置科技创新活动资源来改变科技创新的速度、方向以及规模，这是市场影响科技创新活动的最主要的机制。通过市场机制提高技术引进和投入的可能，加快建设科技创新公共服务研发平台；要加快信息网络建设，加快实现科技创新公共服务平台的数字化建设；同时还要加大知识产权的保护力度，以充分发挥上海的科技创新潜力，推动上海的战略性新兴产业健康发展。

执笔：芮明杰　胡军

2012 年 12 月

九、结构调整中的努力:2012年上海产业年度运行分析

当前上海产业发展面临双重压力:一是面临市场的压力,外需明显不足,国内产能过剩;二是上海自身产业结构调整处于初期阶段,多数产业尚未处于价值链高端,自主创新能力不强,产业链集成者缺乏,对产业转型升级的带动力不足。上海工业只有进一步转型、提升能级,才能成为现代服务业发展的支撑,产业结构优化才能有稳固的基础。

(一)世界经济处于衰退周期,贸易保护主义加剧,增长仍靠内需和投资支撑

1. 欧债危机延烧、美国财政悬崖致使全球经济不确定性增大,中国成为贸易保护主义的最大受害者

美国经济在大选来临之际创造了一波“大选景气”,但财政悬崖导致美国经济的不确定性依然存在。美国就业市场显著改善,2012年10月私营部门的就业人数增加了184 000人。消费者信心指数创出近年新高,零售数据持续增长,第三季度实际个人消费支出增长2.0%,增幅高于第二季度的1.5%,耐用品支出增长尤其强劲,增幅达8.5%。住房市场的改善推动住宅固定资产投资增加14.4%,从而使这类投资连续实现大幅增长。美国商务部公布的数据显示,第三季度国内生产总值折合成年率增长2.0%,较二季度的1.3%有明显回升,但美国经济的不确定性依然存在,美国国会预算局发布的一份报告称,“财政悬崖”问题(指在2013年1月,根据现行法律政策美国将出现民众税收大幅增加,同时政府支出大幅减少的状况)可能在明年令美国经济重新陷入衰退,并导致失业率在明年年底前攀升至9.1%,2013年美国的国内生产总值也可能因此下降0.5%。

与美国复苏的缓慢和不稳定相比,欧债风暴不仅仍不见止息,反倒是向欧

元区轴心国家步步紧逼,欧元贬值预期升温。曾经在欧元区内“一枝独秀”的德国经济逐渐露出疲态,难以抵挡欧债危机带来的负面影响。德国制造业部门连续萎缩,2012 年 11 月 6 日公布的数据显示,德国 9 月出口降幅创 2011 年 12 月以来新高,预期德国 2013 年国内生产总值将仅增长 0.8%。欧元区就业市场持续恶化,西班牙和希腊失业率均超过 25%。市场预计欧元有可能贬值。

全球经济增长放缓以及强势日元导致日本出口低迷,灾后重建需求已不能支撑内需增长,日本经济在衰退的局面中越陷越深。除去物价变动因素的影响,日本第三季度实际 GDP 环比下降 0.9%,按年率计算下降 3.5%,这是过去三个季度以来日本经济首次出现负增长。

在全球经济发展前景不明的情况下,非洲经济近年来却保持了较快增长势头。据统计,2011 年撒哈拉以南非洲地区国内生产总值增长率为 4.9%,2012 年将超过 5%。国际货币基金组织最新报告预计,撒哈拉以南地区未来两年经济增长率将达 5.4%,越来越多的非洲国家利用海外投资进行国家基础设施建设和公共项目。巴西为主办两大体坛盛事(2014 年世界杯和 2016 年夏季奥运会)进行筹备,使撒哈拉以南的非洲和巴西成为国际资本和出口的理想目的地。

在总需求萎缩的背景下,贸易保护主义盛行,中国成为最大受害者。商务部的报告指出,2012 年前三季度,中国出口产品遭遇国外贸易救济调查 55 起,增长 38%,涉案金额 243 亿美元,增长近 8 倍。据英国智库“经济政策研究中心”的“世界贸易预警”项目监测,2008 年国际金融危机爆发以来,全球 40%的贸易保护主义措施针对中国。中国光伏产业在 11 月先后遭到美国征收反倾销和反补贴关税以及欧盟的反补贴调查。

2. 国内经济回稳迹象明显,央行有相应政策空间

目前宏观经济企稳回升的态势已得到进一步确立,经济继续沿着“软着陆”的轨道运行,全年经济增长可望实现 7.5%的预期目标。首先,第三季度国内生产总值经季节性调整后按季增长回升至 2.2%,为近一年来最高。其次,大部分主要经济指标下半年均有所回升。固定资产投资第三季度增长 20.6%,消费品

零售第三季度增长 13.5%；2012 年 11 月制造业采购经理指数回升至 50.6%。外贸形势也出现了略微好转，但是刚刚结束的秋交会也显示外需疲软状况短期内很难有实质性改观。

物价水平温和可控，央行有相应政策空间。2012 年 11 月 CPI 同比上涨 2.0%，PPI 则同比下降 2.2%，环比下降 0.1%。鉴于短周期经济正在企稳筑底，政策取向近期出现大幅度调整的可能性不大，但因物价在低位保持温和态势，客观上使得年内乃至明年上半年各项宏观经济政策的灵活性进一步增加。

全球经济形势，欧、美、日等发达国家依然在进行深度调整，短期难有起色；一些新兴经济体如非洲南部以及巴西等国有望成为全球经济的亮点。上海可以结合自身优势，抓住机遇优化出口结构。上海需要充分利用内需增长和货币政策宽松时期的投资机会，推进创新驱动，进一步优化产业结构。

（二）上海产业结构持续向服务经济转型，工业竞争力仍需增强

1. 全市经济继续向服务经济转型，工业增速下降

第三产业继续发挥着推动全市经济发展的重要作用。截至 2012 年第三季度，上海市第三产业生产总值为 8 478.84 亿元，同比增长 10.9%，占全市生产总值的比重高达 58.99%，比去年平均水平提高 1 个百分点。

工业增长速度下降，全国排位下滑。上海市工业增加值继去年个位数增长后，2012 年将继续持续走低。截至 2012 年 10 月份，上海市工业增加值增长率仅为 2.7%，比 2011 年平均增长速度降低 4.7 个百分点，暂列所有省市中最后一名，比倒数第二名的北京低 3.9 个百分点。预计 2012 年上海市工业增长速度不容乐观，增长率约在 2.5%左右(见图 3.8)。

2. 传统产业继续萎缩，重点产业发展放缓，工业内部结构优化不明显

以纺织、化工、冶金、机械制造和仪表仪器为代表的传统制造业发展速度显著降低，几大传统产业工业生产总值出现不同程度下降。截至 10 月份，上述几大传统行业累计完成工业总产值仅为 5 522.17 亿元，比去年同期减少 140.54

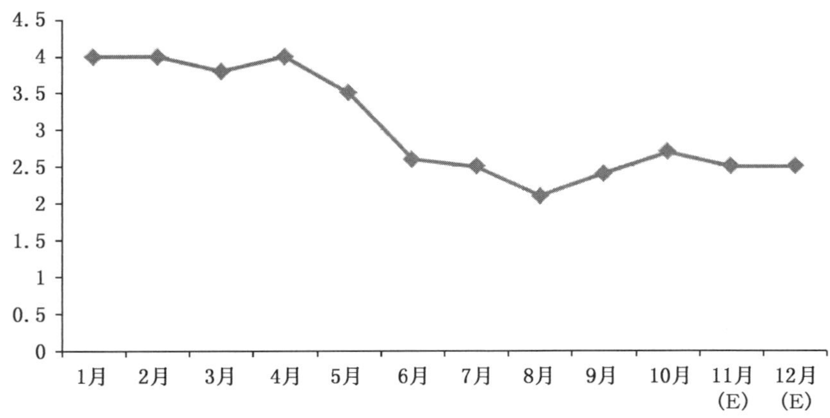

图 3.8 2012 年上海市工业增加值增速变化趋势

亿元。其中,纺织业实现产值 184.02 亿元,同比下降 2.7%,黑色金属冶炼和压延加工业实现 1 270.64 亿元,同比下降 5%,电气机械及器材制造业实现 1 689.7 亿元,同比下降 6.1%,仪器仪表制造业实现 238.85 亿元,同比下降 2.9%(见图 3.9)。

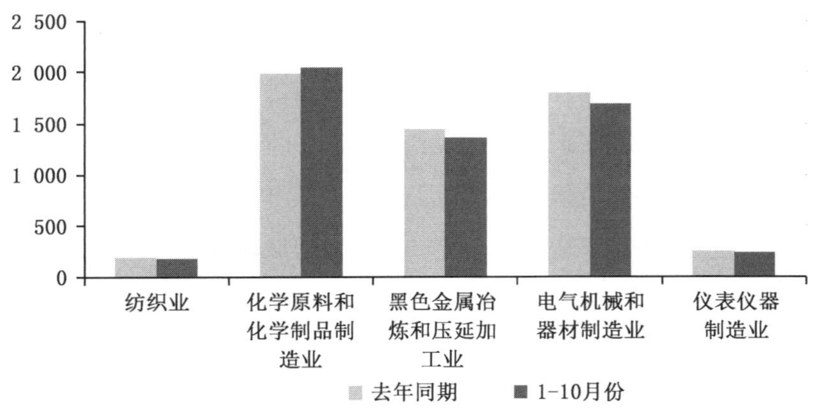

图 3.9 传统工业总产值

重点产业发展整体放缓,汽车和生物制药表现良好。电子信息产品制造业、精品钢制造业和成套设备制造业分别实现产值 5 524.22 亿元、1 321.63 亿元和 3 064.15 亿元，同比分别下降 5.4%、4.7%和 5.2%，下降显著（见表 3.5）；石油化工及精细化工制造业实现 3 243.95 亿元，同比略有上升；汽车制造业和生物制药业发展势头良好，同比上涨 10.1%和 8%。

表 3.5 **上海重点产业发展情况**

重点产业	10 月	比去年同期	1—10 月份	比去年同期
电子信息产品制造业	586.42	−1.6	5 524.22	−5.4
汽车制造业	360.96	5.2	3 507.73	10.1
石油化工及精细化工制造业	326.09	6.9	3 243.95	2.0
精品钢材制造业	124.43	1.6	1 321.63	−4.7
成套设备制造业	292.69	−7.7	3 064.15	−5.2
生物医药制造业	61.00	7.1	603.37	8.0

但是从全国范围看，汽车行业已经无法维持高位增长，增速放缓。上海汽车行业经济运行主要指标稳定增长，主要受益于上汽企业的强劲表现：2012 年 1—9 月，上海汽车产量 152.18 万辆（不含上汽外地企业产汽车），同比上升 8.27%，销售 155.43 万辆，同比上升 10.47%；高于全国 5%和 3.4%。据对上汽外 63 家企业的统计，1—9 月总产值、主营业务收入分别下降了 2.67%和 1.2%，而盈利能力则大幅下降，利润总额下降了 41.39%。

上海市六大重点行业工业生产总值出现下降。截至今年 10 月，受电子信息制造业和精品钢材制造业产值下滑的不利影响，全市六大重点发展行业完成工业总产值仅为 17 265.07 亿元，与去年同期相比下降 0.7%。六大重点产业占全市工业总产值的比重为 63.03%，比去年平均水平 63.1%略有下降，与 2010 年全年平均水平相比下降 1 个百分点。

战略性新兴产业增长缓慢。2012 年 1—9 月，上海战略性新兴产业产值同比增长 1.9%，制造业部分同比有所下降，与去年总体 12%的增速相比，发展速度放缓。新能源产业产量大幅度提升，但是由于价格下降，导致产值同比下降；

另外，民用航空等产业还处于投入期，实现产业化仍需时间。

3. 上海工业企业盈利能力普遍显著下降，国有企业经营效率仍需提高

规模以上企业利润下滑明显。2012 年 1—9 月，上海规模以上工业企业总产值同比下降 0.8%，主营业务收入和利润分别减少 2.4%和 0.3%。

从企业性质看，国有企业和外资企业利润下滑明显，股份制企业盈利上升。2012 年 1—9 月，国有企业主营业务收入虽略有增长，但是利润率出现显著下滑，与 2011 年同期相比，国有企业利润总额减少 14.4%，下降幅度明显高于其他两类企业。外资企业同样经历了严重下滑，主营业务收入和利润总额分别下降 2%和 9.1%，略好于国有企业。股份制企业盈利能力显著提升，主营业务收入虽略有下降，但得益于利润率的提高，利润总额大幅增加，增幅达 17.2%。

横向比较来看，国有企业利润率最低，股份制企业最高。2012 年 1—9 月，上海国有企业利润率仅为 2.67%，在三类企业中垫底(见表 3.6)。其次是外资企业，利润率为 6.28%。股份制企业盈利能力最强，利润率高达 8.24%，在三类企业中遥遥领先。可见受制度环境的约束，国有经济运行效率普遍偏低，未来提高国有经济效率是上海加快工业复苏的途径之一。

表 3.6　不同性质企业业绩状况

企业性质	营业收入		利润总额		利润率
	1—9 月	同比增长	1—9 月	同比增长	1—9 月
国有企业	1 022.72	2.5	27.3	−14.4	2.67%
股份制企业	8 083.47	−3.5	665.92	17.2	8.24%
外资企业	15 327.34	−2	962.16	−9.1	6.28%

(三)上海产业结构调整面临的主要困难分析

从发展面临的外部环境来看，受全球经济衰退的影响，今年上海产业发展面临双重压力：一是面临市场的压力，外需明显不足，国内产能过剩；二是上海

自身产业结构调整处于初期阶段，多数产业尚未处于价值链高端，自主创新能力不强，产业链集成者缺乏，对产业转型升级的带动力不足。

1. 传统制造受外需萎缩、产能过剩的影响大，产品低端是根源

化工行业产品价格因需求萎缩，价格大幅下跌。2012 年 1—8 月全国化工行业利润总额同比下降 18.4%，上海石化前三季度亏损 16 亿元，由于受国际原油价格暴跌，国内外需求增速明显放缓，出口减少，下游企业生产活动低迷，中间商去库存化等影响，石化产品的价格出现持续大幅下跌，化工产品市场低迷，行业竞争激烈，企业盈利能力大幅下降。

钢铁行业受累产能过剩，盈利能力下降。中国钢铁工业协会数据显示，前三季度国内重点大中型钢铁企业亏损 55.28 亿元，同比由盈变亏。进口铁矿石现货价格出现大幅上涨，涨幅高达 32%；钢坯价格涨幅近 10%，远远大于钢材价格的涨幅。产能过剩持续恶化，2012 年末全国产能将达 9.34 亿吨，较去年增长 6.7%。上海宝钢集团表现较好，前三季度盈利 102 亿元，但产量和销量同比都出现较大幅度下滑。

产品低端缺乏竞争力。在全球经济危机的情况下，世界第三大钢铁生产商韩国浦项钢铁第三季度净利润同比增长了两倍以上，综合净利润增长 216%，与国内企业形成了鲜明对比。我国化学品总生产能力是相对过剩的，特别是一些大宗产品过剩较大，但中高端产品、新材料等仍需进口。上海传统制造业发展面临的主要问题是技术水平低，产业链低端的同质化竞争，对产业链缺乏控制力，竞争剧烈，利润率低。

2. 先进制造产值利润率低，需要突破核心技术和技术应用型人才缺乏的瓶颈

上海电子制造业产值比重大，利润率不高，上海电子制造业产业能级同其规模不匹配。集成电路产业（IC 产业）是上海电子制造业的亮点，其产业链较齐全，集聚度和技术能级较高。一些创业型中小企业，拥有一批自主创新成果和尖端产品，正在快速成长，如格科微电子（生产图像传感芯片）、新傲公司（生产

高端硅基 SOI 材料)、展讯公司(生产手机芯片),以及安集微电子、盛美半导体、理想能源设备等企业。

先进制造仍缺乏核心技术。国内汽车企业技术相对落后,生产的汽车多数以中低端为主,高端汽车技术都来自国外合资生产商。为掌控新能源汽车产业链的关键环节,上汽集团也在新能源关键零部件、电池电芯业务方面同国际先进厂商合作。许多化工企业研发经费一般只占企业销售收入的 1.5%以下,而发达国家化工企业的研发经费则为 5%左右,精细化工类企业达到 10%~20%。

技术应用型人才缺乏。改革开放前,上海制造业辉煌的重要原因之一是高素质的上海工人队伍。先进制造发展更需要大批高素质、高技能的技术应用型人才队伍。据近期上海电机学院对临港产业区企业的人才需求调研,技术应用型人才(如现场工程师和高级技工)是先进制造业企业非常短缺和渴求的人才。过去上海有一批行业的技工学校,现在多数已经不存在了,或者升级或者关门。而大学培养的人才直接到车间和生产线上还需要培训,一些大型制造企业就设法自己培养,但由于人员流动等原因,多数企业不愿自己花钱培养,导致人才缺口。

3. 战略性新兴产业面临技术阻滞和制度阻滞

战略性新兴产业的技术积累相对不足,部分仍处于价值链低端。在战略性新兴产业,也存在价值链的低端环节。以生物医药产业为例,应着力研发生物大分子制药,因为小分子药易被模仿,且根据国际经验,一旦专利保护失效,在之后的 12 个月,小分子药为公司创造的收入将会锐减 90%以上。而生物大分子制药市场进入门槛高,在专利失效 12 个月后仍可以保持 50%以上的收入。电动汽车行业,麦肯锡两年前的报告指出中国的技术水平居世界第三,但 2012 年下滑到第六,原因在于随着发达国家跨国汽车企业对电动汽车的重视,竞争日趋激烈,而中国先天技术基础不足的弊端就慢慢暴露出来,在竞争中处于不利地位。

过于依靠政府推动显现弊端，缺乏支持产业发展的配套制度安排。政府将大量资源投入到一些战略性新兴产业中，引发大量投资在低端集聚，同时对需求侧的关注不够，从而导致需求侧与供给侧不匹配。以光伏产业为例，由于电池片和组件生产的技术门槛较低，在战略性新兴产业光环下，各地区一窝蜂地上马光伏生产项目，这使得该行业迅速产能过剩，进入比拼成本的阶段。由于缺乏核心技术，受到下游领域需求萎缩的影响，部分战略性新兴产业产品利润空间越来越小，难以应对全球经济衰退带来的冲击。

生物医药产业化过程中面临政府审批环节复杂，周期过长。按照中国相关规定，最佳新型药进入临床一期的审批周期最长为 12 个月，很多情况下都会被拖延至两年甚至超过两年，而同样一种药，在美国的审批时间只需两个月。市场准入方面产生滞后，使得产品不能迅速产生经济效益，投资回收慢，阻碍了产业化进程。与国外相比，中国的优势在于临床试验成本低，但由于政府审批周期过长导致了优势的丧失，最后变成了劣势。

（四）推进上海产业结构调整的政策建议

1. 深化国有企业改革，发挥国有大型企业在产业升级中的引领作用

现阶段上海国资国企面临深化国有企业改革和产业转型升级的双重任务。对于电子制造业和化工产业，上海有着庞大的国资基础。要充分发挥这些巨型国企在人力资源、设备等方面的优势，加大自主创新的激励，培育产业链的治理能力。

培育行业大企业和产业集聚同时结合进行。如目前临港产业区初步形成汽车及零部件、船舶关键件、新能源装备、海洋工程装备、大型工程机械和电气设备高端制造基地，现在中国商飞进驻浦东临港，有望形成大飞机装备基地。政府要在配套、政策服务等方面提供方便，通过大企业的成长引领先进制造的发展和对传统产业能级的提升。

2. 采取创新激励的无歧视待遇，为中小制造企业做专做精营造宽松成长

环境

中小企业可以在产业链上的某个环节，做专做精。小企业的专业化水平提高，反过来可以支持大企业通过产业链的协作提高竞争力。德国的制造业除有大众、西门子等大企业外，还有众多“隐形冠军”企业。这些企业通常专注于较窄的市场领域，在其价值链上的各个环节深度发展，成为细分市场的领导者。上海电子制造业的一些中小型企业有向“隐形冠军”企业类型发展的趋势，但是他们没有大企业的知名度和与政府互动的优势，在政策上尤其需要宽松和扶持。需要降低政策优惠的企业规模门槛，对于创新激励、人才扶持等，实行“无歧视待遇”。

3. 合理引导制造企业“由重入轻”，形成“两头在沪”的产业格局

从政策上引导制造企业由以大型机械装备、高炉为代表的资金密集的“重资产”行业，向技术密集、知识密集的“轻资产”行业发展。

鼓励制造企业向价值链两端附加值高的研发、品牌营销环节发展，对于处于低端、缺乏核心技术的组装环节进行外包或转移，形成“两头在沪，中间在外”的产业格局。光伏产业是新能源开发带动的新兴产业，其产业链包括“硅料—硅片—电池片—电池组件—应用系统”环节，未来光伏产业发展应逐渐去除组件制造环节，重点发展高纯度多晶硅的研发及制造以及下游光伏发电集成技术。生物医药产业链应聚焦技术、资本密集型的新药研发和销售，转移一般仿制药的生产加工环节。

4. 将供给侧的创新政策与需求侧政策结合，促进新兴产业发展

一是创造新需求。上海可以围绕智慧城市建设，解决城市发展中存在的问题，从需求侧拉动战略性新兴产业发展。如通过发展新兴产业解决上海的交通拥堵、环境监测、社会服务等问题，从而创造新需求。二是把新兴产业的发展和传统产业的改造结合起来，形成需求。在第三次工业革命的大背景下，促进工业化和信息化的深度融合，通过新兴技术带动来改造传统产业。三是通过需求侧拉动创新。目前我国的创新政策主要集中在供给侧，但政府支持的项目在实

际中不一定有好的发展前景。应该通过需求侧创新激励政策，扩大新兴产业的规模，更重要的是激励新技术和新商业模式的出现。

5. 大力发展新兴业态，鼓励生产性服务与制造业融合

完善行业扶持政策，降低新兴业态企业的成本压力。以大宗商品电子交易平台为例，可以扩大政策扶持对象，让更多新兴的电子交易平台获益；需要转变政策扶持形式，由营业税返税的优惠形式逐步转变为税收政策优惠与直接资金补贴相结合，加大支持力度，增强上海新兴产业企业的竞争力。

对于一些新兴业态，在国家暂未明确监管主体的情况下，上海市应先行出台规范市场的管理办法，并落实行业协会和政府部门联合监管的管理思路，通过规范监管，促进新兴业态的健康发展，培育领军企业。

鼓励大型企业电子商务平台向专业性大宗商品电子交易平台转化。通过整合交易撮合、电子支付、融资手段、仓储物流、资讯支持功能，引导产业资源的优化配置，提高制造业的竞争力。

6. 通过政策配套和精准服务深化创新环境营造

鼓励制造企业建设共性技术研发平台、突破核心技术，对共性技术研发平台政府进行一定的财政补贴，充分发挥创新的知识溢出效应。通过扩大研发费用加计抵扣和无形资产加计摊销的范围，鼓励企业加大设计和品牌投入，引导制造业沿价值链攀升。为提升上海的先进制造业水平，一是选择部分行业高校开办应用型人才培养专业；二是同外地成熟应用型高校合作定向培养；三是为应用型人才来上海就业和留在上海工作生活提供政策优惠。

针对特殊行业，制定专门的配套政策，降低企业经营成本。生物医药产业建议设立审批绿色通道，缩短新药审批时间。应建立政府主导的生物技术产业化引导风险基金，正确引领产业化方向，吸引更多的社会资金参与前期产品的研发，同时在研发长周期的关键阶段给予资金支持。与市场准入相关的部门还应加快适应生物技术等产业高速发展需求的法律、条例的建设步伐，在保障安全的前提下，尽量缩短产品上市的时间，加大对自主知识产权产品的市场保护，

使研发——转化——市场这一循环能够良性、高效运转。

政府需针对各类产业平台的电子商务交易、信用、物流、供应链协同、融资服务等环节，制定具有前瞻性、可行性、开放性、兼容性的地方性政策、法规和规章，保证平台的健康有序发展。

执笔：刘明宇　芮明杰

2012 年 12 月

第四章　上海制造业结构转型与区域新增长极打造

目前欧美发达国家都在“再工业化”，积极调整本国或地区的制造业发展战略，希望制造业回流并重振其曾经拥有的国际竞争力。上海曾经是我国的工业中心，制造业基础雄厚，然而这些年来制造业在GDP中的贡献逐步下降，其中一些传统制造业甚至到了发展十分困难的境地，这就有了上海作为大都市型经济体未来是否还需要发展制造业，发展什么样的制造业的重大问题。本章是2013年工作室研究人员提交上海市政府的4篇研究专报，对上海制造业未来发展进行了深入思考，主要内容涉及上海市奉贤区发展新型制造业培育经济增长极、上海高技术产业与其他省市高技术产业的比较分析、上海制造业结构转型与增长的战略思考、发达国家制造业结构转型以及对上海的启示等。

一、发挥奉贤后发优势，打造上海新增长极

上海已经进入服务经济主导阶段，但是上海的经济发展具有不平衡性，以奉贤为代表的周边区县尚处于工业化阶段。上海需要利用好这种格局，通过引导周边区县走新型工业化道路，延长制造业的生命周期；促进服务业和制造业的有机融合，增强上海经济发展的稳健度；培育新增长极，实现上海经济的可持

续增长。

(一)奉贤后发优势对上海经济可持续增长的意义显著

1. 上海已处于服务经济主导阶段,奉贤则处于工业化中期

2012 年,上海第三产业增加值占全市生产总值的比重首次达到 60%,比上年提高 2 个百分点。按照国际惯例,第三产业比重超过 60%意味着进入服务经济发展阶段。上海经济增长目前主要靠服务业拉动,2012 年第三产业增加值 12 060.76 亿元,增长 10.6%,但是工业增速低,拉低了整个经济的增长速度,第二产业增加值 7 912.77 亿元,增长 3.1%。从数据上看,上海经济增速在全国处于较低水平,显示已经进入了结构性调整阶段。

上海各区县经济发展具有不平衡的特点,中心城区已经完成了向服务经济主导的转变,周边区县的工业仍然处于重要地位。2012 年奉贤三大产业的比重为 2.8∶64.5∶32.6,第二产业占主导地位。与上海市整体相比,第二产业比重高于全市比重 25.1%,第三产业比重小于全市比重 27.4%。奉贤的经济增长,工业驱动的作用明显,尚处于工业化中期阶段。上海需要利用好这种格局,通过引导周边区县走新型工业化道路,延长制造业的生命周期;促进服务业和制造业的有机融合,增强上海经济发展的稳健度;培育新增长极,实现上海经济的可持续增长。

2. 奉贤的后发优势可以为上海持续增长贡献力量

奉贤相比中心城区具有明显的后发优势:

一是劳动力成本较低。根据上海市统计局统计,2012 年本市职工平均工资为 56 304 元,比上年增长 8.3%。根据抽样调查,奉贤城镇居民家庭人均年可支配收入 30 209 元,比上年增长 11.8%;农村居民家庭人均年可支配收入 16 789 元,比上年增长 11.9%。同中心城区相比,奉贤的劳动力成本尚有一定的优势,但是技术类一线岗位的结构性短缺也很明显。

二是尚有较丰富的待开发土地。上海目前土地普遍紧缺,奉贤则有相对丰

富的土地储备。包括三个层面:(1)尚未利用的建设用地。奉贤区总面积为720.4平方千米,其中建设用地面积为230平方千米,产业用地面积84.8平方千米。从17个产业园区土地利用情况来看,规划总面积7 460.14公顷,已开发利用4 781.86公顷,剩余2 678.28公顷可用。(2)土地集约利用。由于奉贤以往较低的产业能级和粗放的发展方式,奉贤区工业园区平均容积率和亩均产出率均低于上海市平均水平。奉贤六大新兴产业平均亩均产值为332万元/亩,全市平均水平则是501万元/亩。通过二次开发、集约用地,使土地与更先进的资本结合,将释放出更多的土地空间。(3)暂时受政策限制,但是工业化前景明显的土地。奉贤全区基本农田保护面积达45.63万亩,位居上海市各区县第二,约占全市总量的1/7。这些土地很多处于交通便利的区位,主要受限于基本农田保护的政策,随着城市的发展和土地利用政策的优化,更多土地可以转为非农利用。

三是环境优势。奉贤拥有上海地区最好的生活岸线资源、较佳的空气环境质量、绿地覆盖面积。2011年,全区绿化覆盖面积为1.06万公顷,林木绿化率为15.5%,全区共有各类公园绿地面积482.2公顷。良好的环境是发展先进制造、现代服务业,促进人才集聚的必要条件。

3. 上海自由贸易试验区启动,奉贤由后方变为前哨阵地

2013年7月,《中国(上海)自由贸易试验区总体方案》获批,洋山港保税区以及空港综合保税区成为上海自由贸易试验区的重要组成部分。奉贤处在洋山深水港的右翼,是洋山深水港和空港重要的对外物流通道。洋山深水港由于缺乏腹地,要提高吞吐量,除了多式联运、快速周转外,拥有物流仓储和再加工的增值空间就非常必要。奉贤的物流交通网络能够快速的实现货流的聚散,而不需要通过中心城区(避免拥堵,更加快捷),奉贤具有得天独厚的地缘优势和交通优势。

由于海港经济特点,洋山深水港陆地近区会有装备制造、高附加值产品制造、供应链服务、维修检测服务等特色产业聚集,存在大量价值链延伸的产业机

会。奉贤可以通过与浦东临港区域的差异化定位实现战略协同，增强洋山港区的竞争力，并充分获得海港经济发展的溢出效果，实现港区联动。

（二）新形势下，开发奉贤面临的主要瓶颈

1. 对奉贤的战略定位模糊，缺乏主导产业

由于奉贤地理位置偏于后方，南有杭州湾的阻隔，长期以来被上海当作经济发展的储备区，主要功能是为上海做好基本农田保护，提供建设用地指标。这种情况下，奉贤一直是一个投资飞地（即与上海整体的投资布局相隔离）。上海大型的中央企业、市属国有企业以及大型产业项目鲜有落户奉贤，上海 8 大重点工业领域、6 大产业基地也没有选址奉贤。这使得奉贤经济主要依靠中小企业支撑，规模以上工业产值不到 2 000 亿元，与市郊其他区县相比处于中下水平，远低于闵行、松江、嘉定等“第一梯队”区县。同时，奉贤工业的发展领域过于宽泛，门类众多，“6+8”（6 大新兴产业，8 大优势主导产业）的产业 2012 年实现规模以上工业产值 1 003.7 亿元，只占全部规模以上产值的 63.6%，规模最大的精细化工产业，产值也只有 194 亿元，占全区规模产值比重仅为 12.3%。发展重点不够突出，主导产业带动作用不强，使得奉贤的资源秉赋优势难以发挥。

2. 货流通畅但是人流阻塞，导致先进要素无法与土地结合

随着新城建设和上海交通网络的布局逐渐完善，奉贤目前已经形成二纵四横的公路交通网，对外交通大为改善。周边杭州湾大桥、洋山港、浦东空港的建设已经改变了奉贤交通末端的位置，开始向枢纽位置转变。随着上海的土地资源日趋紧张，在浦东开发之后，奉贤必然成为上海南向发展的开发重点。

但是目前奉贤的交通格局是货流通畅，人流阻塞——奉贤缺乏连接中心城区的快速交通，奉贤区是除崇明县以外唯一未通轨交的区。未来轨交 5 号线南伸以后，由于在闵行迂回度较长，这一难题仍然无法从根本上解决。人流阻塞，使得资本、土地、劳动力三者的结合，人成为最主要的瓶颈。其表现为奉贤的制造业和现代服务业无法吸引到所需要的人才，导致产业的本地化和封闭化（即

服务业主要满足本地需求，制造业主要为本地企业和周边企业配套，产业能级不高、辐射半径有限）。奉贤虽然拥有丰富的滨海资源、森林资源、餐饮和文化资源等，却因为客流不畅，旅游业难以发展。

3. 户籍人口与外来人口倒挂，社会服务配套不足

奉贤区现有外来人口较多，2012 年末，全区户籍总人口 52.53 万人，常住人口 112.99 万人，外来人口 60.46 万，来奉贤人员随迁子女占义务教育学生总数的 60.5%。户籍人口与外来人口倒挂，导致医疗、教育等供求的失衡，质量下降。由于奉贤的产业能级较低，外来人口主要以从事较简单的加工贸易以及农业为主，消费能力不高，奉贤的生活服务业发展较为滞后。社会配套服务的不足，使得奉贤对于高层次人才缺乏吸引力，这反过来制约了奉贤的产业升级。在调研过程中，一些受访企业表示，因为交通不便以及社会服务配套的不完善，很多员工招聘来留不住，即便企业加工资，一些年轻员工也要到其他区去。“在奉贤感觉不像在上海”——很多年轻员工表示。高层次服务人才与制造业专业技术人员缺乏，导致人才与产业难以良性互动发展。

（三）在上海服务经济主导下，奉贤需采取的发展策略

1. 走新型工业化道路，打造新增长极

奉贤的工业化仍在中期阶段，交通网络的完善和区位优势使得奉贤具有成长为新增长极的条件。奉贤在新形势下，需要走新型工业化道路，以绿色制造、低碳节能、信息化、高附加值为方向，才能在产业发展的同时，继续保持奉贤的环境优势。结合奉贤的资源禀赋和产业发展趋势，可以重点发展高端装备制造、电子信息产业，同时将新能源、光仪电作为战略性培育产业。改变原来产业门类过于分散的状况，培育优势产业并发挥其在产业升级中的带动作用，促进奉贤的制造业整体上向高端化、绿色化、服务化发展。

2. 借力洋山，开放式发展生产性服务

奉贤要以服务上海和长三角产业升级为中心任务，做上海产业升级的创新

智力源，发挥后发优势，将奉贤打造为生产性服务核心城区，为周边（包括杭州湾、长三角）先进制造业发展提供高水平的生产性服务，为产业结构调整提供智力支持和创新动力。结合奉贤的资源禀赋，重点发展电子商务、供应链服务，并对健康服务、旅游文化产业进行战略性培育。利用靠近洋山港的区位优势，借助自由贸易试验区的建立，在毗邻区域建立保税区，促进奉贤产业的开放发展，融入全球价值链，带动奉贤产业布局的优化和升级。

3. 完善社会服务软环境，结合新型城镇化集聚人才

新型工业化和现代服务业的基础是人才，目前奉贤的自然环境优良，生产条件也比较优越。但是由于缺乏快速交通、社会配套服务不完善，以及一刀切的户籍政策削弱了对人才的吸引力，使得奉贤的资源优势难以发挥。

吸引人才首要的是做好对三“子”的服务，即孩子、妻子（丈夫）、老子（父母）。新型城镇化是以人为本的城镇化，奉贤需要进一步提升社会服务软环境，提高教育、生活服务、医疗保障的水平。在现有制度安排下，这些服务的提供又与户籍政策有着紧密的联系。在访谈中，一位奉贤中型高科技企业的领导反映，对于他们企业非常重要的总工程师申请了几年都没有能够获批上海户籍（他认为获得上海户籍的一些条件只适合大企业），更不论其他重要的技术人员了。在奉贤外来人口已占多数的情况下，如何结合产业发展需要，匹配以灵活的户籍、居住证制度，激发人才积极性成为产业发展的关键。这个工作做好，高素质的人才就会来到奉贤，工作生活在奉贤，消费投资在奉贤，就会形成产业、人才和环境的良好互动。

4. 环境产业与头脑产业互动，打造“美丽新奉贤，智慧南上海”

美丽新奉贤：在绿色生态的传统优势之上，以人为本，注入现代生活方式，打造现代、健康、宜居、宜业的新奉贤。依托奉贤的海湾森林公园、渔人码头、碧海金沙、生态走廊、奉城历史文化古迹、现代农业等资源，成为上海人休闲娱乐、健康疗养的重要汇集区，做上海的后花园。

智慧南上海：依托后发优势，成为上海创新驱动、转型发展阶段的新增长

极，成为南上海先进制造业重镇、南上海生产性服务业核心城区。发挥奉贤的贤文化优势，聚贤、用贤，以人才集聚支撑产业升级，通过先进制造、生产性服务等高端产业发展，为上海创新驱动、转型发展提供智力支持。

美丽新奉贤和智慧南上海的关系：秀外慧中，美丽新奉贤是人才集聚的环境条件，智慧南上海则是人才集聚后形成的产业功能。

执笔：刘明宇　芮明杰

2013 年 10 月

二、上海与其他省市技术创新与高技术产业比较分析

高技术产业是我国国民经济的战略性先导产业，已成为经济发展的加速器。近年来我国科技创新与高技术产业进入重要的转型发展阶段，全国研究开发经费支出从 1990 年的 125 亿元增长到 2012 年的 10 294.4 亿元，2012 年比 2011 年增长 1 611.4 亿元，研发与试验发展（R&D）经费投入强度（与国内生产总值之比）为 1.98%。比 2011 年的 1.84%提高 0.14 个百分点。其中，研究与试验发展经费支出超过 500 亿元的有江苏、广东、北京、山东、浙江和上海 6 个省（市），共支出 6 009.8 亿元，占全国经费总支出的 58.4%。研究与试验发展经费投入强度（与地区生产总值之比）达到或超过全国平均水平的有北京、上海、天津、江苏、广东、浙江、山东和陕西 8 个省（市）。全国研发经费中用于基础研究、应用研究和试验发展占研究与试验发展经费总支出的比重分别为 4.8%、11.3%和 83.9%。

上海的科技力量比较强，人才济济，在基础研究、应用研究等方面都取得了相当好的成绩，上海也是研发经费投入比较多的地区，从绝对数来看排名第六，相对 GDP 的投入强度看排名第二，仅次于北京。同时在产业结构转型升级的

过程中,上海十分重视高技术产业发展,积极探索鼓励自主创新的运行机制,营造良好的高新技术成果转化的政策环境。上海高技术产业产值规模和创新投入增长迅速,在国内居于前列。但科技力量雄厚与研发经费的高投入对上海高技术产业转型升级发展的效果究竟如何,与兄弟省市的高技术产业发展比较上海究竟是否还有许多领先优势?都值得认真分析研究。

(一)上海与其他省市高技术产业发展总体状况比较

高技术产业凭借其发展速度快、对其他产业渗透力强等特点而成为国民经济当之无愧的先导产业,并在一国经济中发挥着重要作用。改革开放以来我国高技术产业发展取得巨大成就,主要经济指标高速增长,高技术产业各行业年总产值显著增加,产业规模跃居世界前列,高技术产品出口竞争力显著增强,产品产量大幅度增长,成为世界高技术产品的重要生产基地。

1. 各省市高技术产业分行业地区分布比较:上海特色不明显

高技术产业按总产值分从大到小依次为电子及通信设备制造业、电子计算机及办公设备制造业、医药制造业、航空航天器制造业、医疗设备及仪器仪表制造业,其中电子通信设备制造业和电子计算机行业、医疗设备及仪器仪表制造业主要集中在东部地区,医药制造业东中西分布为 6∶3∶1,航空航天东中西分布为 5∶2∶3。

2011 年从地区分布来看电子及通信设备制造业在广东、江苏、上海、天津、浙江、山东、福建、北京处于第一层次,其中上海当年价总产值为 2 321.7 亿元;四川、湖北、辽宁、河南、湖南、安徽、江西处在第二层次,其他地区产值较小,为第三层次。电子计算机及办公设备制造业广东、江苏、上海、山东、福建、四川、重庆、北京占全国主要比重,其中上海当年价总产值为 3 806.0 亿元,占比 18%(与全国电子计算机及办公设备制造业总产值之比);山东、江苏、河南、广东、四川、吉林、浙江在医药制造业所占全国产值较大,上海当年价总产值 449.0 亿元,占比为 3%(与全国医药制造业总产值之比);江苏、浙江、广东、山东、上海在医疗设备制造方面所占全国产值较大，尤其是浙江和山东在东部地区中属于医药产业相对发达的地区，其中上海医疗设备及仪器仪表制造业当年价总产值为384.8亿元，占比为5.6%（与全国医疗设备及仪器仪表制造业总产值之比）及最后航空航天设备制造业主要分布在陕西、天津、辽宁、江苏和四川地区，其中上海总产值为59.9亿元，占比3.1%（与全国航空航天器制造业总产值之比）。从总产值增长情况看江苏、广东、山东、天津、福建维持较快的增长，北京、上海、浙江规模增长速度放缓（见图4.1）。

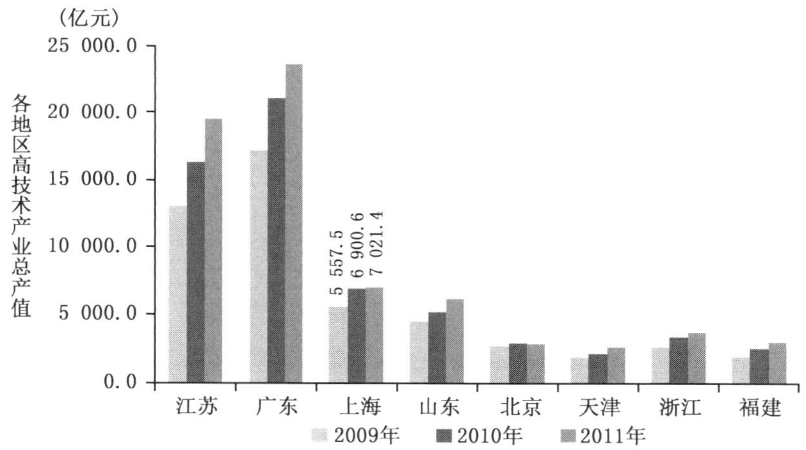

资料来源：《2010—2012年中国高技术产业统计年鉴》。

图4.1 各地区高技术产业总产值变化情况

根据地区产业结构来看天津、江苏电子通信与医药制造业的比例为6∶1，北京、河北、山西、四川、内蒙古、辽宁、安徽、江西、吉林、河南、湖北、海南、云南、西藏、新疆、湖南、广西、甘肃医药制造业与电子及通信设备制造业都占比较大的比重；内蒙古、吉林、黑龙江、湖北、海南、四川、贵州、云南、甘肃、青海、新疆的高技术产业结构中医疗设备及制造业与医药行业比重高达8∶1以上。黑龙江、贵州、陕西在航空航天设备制造业比重最大。北京、天津、上海、江苏、福建、广东产业结构中电子通信和电子计算机及办公设备制造业的比重占绝大部分，且比例较为均衡，浙江、山东、湖北、重庆、陕西产业结构在医药制造业、电子通信以及电子计算机及办公设备制造产业的分配都比较均衡。从地区产业结构比例变动看，北京在医药制造行业比重上升，黑龙江在航空航天器制造业比重上升，上海、江苏、浙江在电子计算机及办公设备制造业比重上升，广东、江苏继续在电子及通信设备制造业保持绝对优势(见图 4.2)。

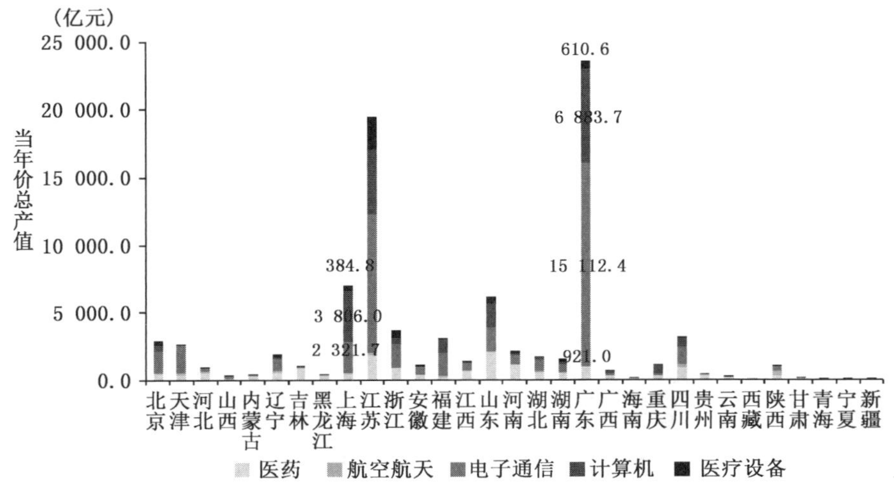

资料来源:《2012 年中国高技术产业统计年鉴》。

图 4.2　2011 年高技术产业区域分布

2. 各省市高技术产业发展规模比较:上海处在第二集团首位

1995—2011 年间，我国高技术产业总产值由 4 097.8 亿元增加到 88 433.9 亿元，增长了近 21 倍。但产业布局在区域间极不均衡，主要集中在东部地区 11 个省份，东西分布不平衡。2011 年总产值在万亿元以上的是广东省和江苏省；千亿元以上的地区有上海、山东、浙江、四川、福建、北京、天津、河南、辽宁、湖北、湖南、江西、重庆、安徽、陕西、吉林地区，上海为第二集团的首位，总产值为 7 021.4 亿元。其中山东、浙江、四川、河南、辽宁的规模增长较快，北京规模增长速度降低；其他地区产值均在千亿元以下。

比较2003年到2011年各省高技术产业规模动态变化，从图4.3和图4.4中可以看出，地区高技术产业规模排名较为稳定，山东、四川、安徽、重庆的排名略有上升，北京、天津、辽宁、陕西、黑龙江、河北的排名略有下降。高技术产业的规模能够反映产业的竞争力状况。

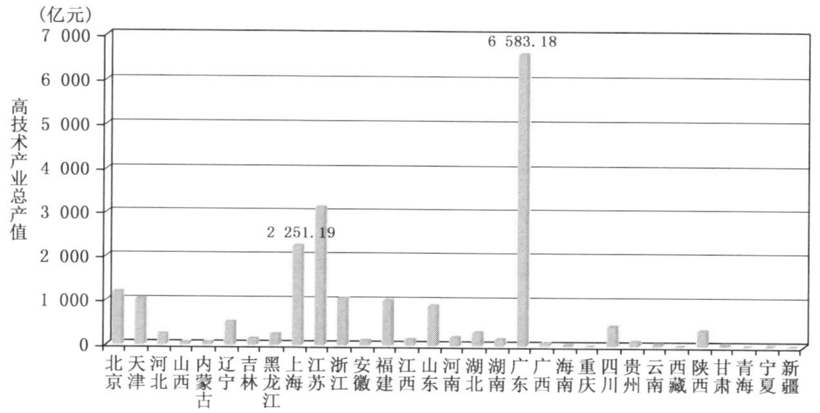

资料来源：《中国科技统计年鉴》《中国统计年鉴》，中国统计出版社。

图4.3　2003年各地区高技术产业工业总产值排序

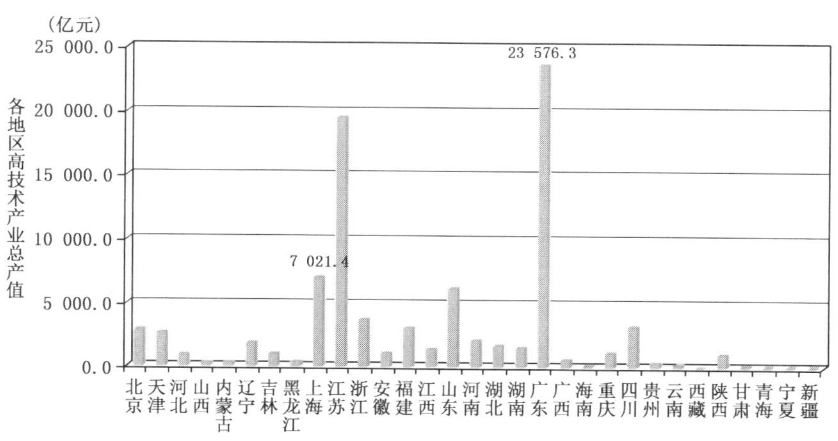

资料来源：《中国科技统计年鉴》《中国统计年鉴》，中国统计出版社。

图4.4　2011年各地区高技术产业工业总产值排序

3. 各省市高技术产业产值占工业总产值的比例比较：上海排名第三

高技术产业产值占工业总产值的比例变化反映制造业从低端制造业向高技术和高端制造业转变的能力。2003 年以来，全国高技术产业快速发展，全国高技术产业工业总产值从 2003 年的 20 556 亿元上升到 2011 年的 88 434 亿元。但是我国的高技术产业主要集中在广东、江苏、上海、山东、浙江、福建、北京等东部地区，高技术产业在地区之间很不平衡，特别是西部地区高技术产业规模还很小。

从高技术产业产值占工业总产值的比例变化来看，31 个省市区域之间的差距比较明显，广东、江苏、上海等省市处在全国前列，但占比呈下降趋势，2011 年上海仅为全国工业总产值的 0.81%。相反，山东、四川、福建等省高技术产业发展速度明显加快，占比在上升（见图 4.5、图 4.6）。

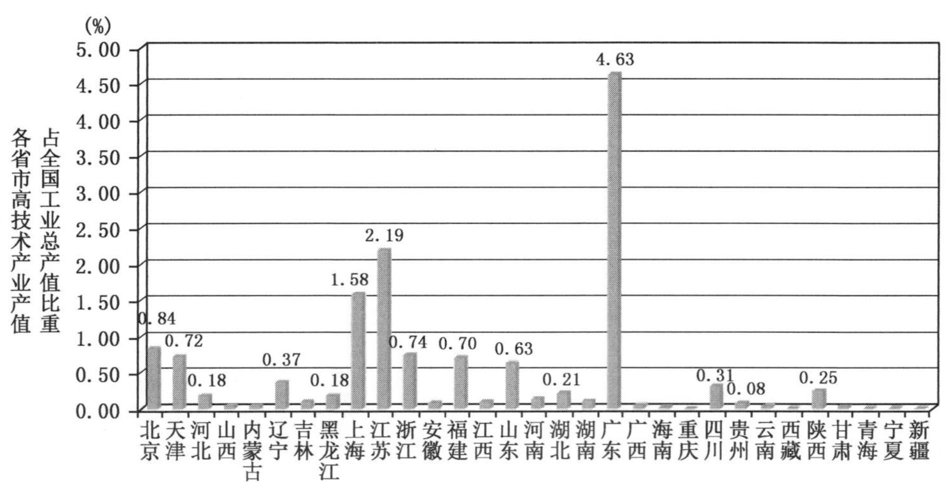

资料来源：《中国科技统计年鉴》《中国统计年鉴》，中国统计出版社。

图 4.5　2003 年 31 个省市高技术产业占全国工业总产值比重

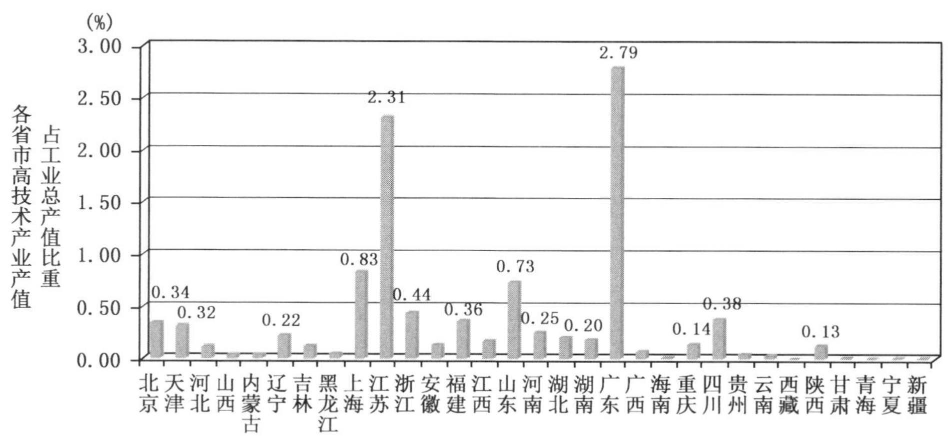

资料来源:《中国科技统计年鉴》《中国统计年鉴》,中国统计出版社。

图 4.6　2011 年 31 个省市高技术产业产值占全国工业总产值比重

4. 各省市高技术产品出口竞争力比较:上海稳居前三

从“863”计划以来我国高技术产业快速发展,出口交货值从 1995 年的 1 125.23 亿元上升到 2011 年的 40 600.3 亿元,增长了 35 倍。出口主要集中在东部地区。以 2011 年的出口规模来划分,处于第一层次的是广东、江苏、上海;第二层次是福建、山东、浙江、天津、北京;第三层次是四川、重庆、河南、辽宁、湖北、江西、河北、广西、安徽、湖南;第四层次为陕西、山西、贵州、黑龙江、宁夏、吉林、内蒙古、云南、甘肃、新疆、海南、青海、西藏。排序提升的地区有福建、浙江、山东、重庆、江西、广西等;排序降低的有天津、北京、辽宁、湖北、河北等(见图 4.7、图 4.8)。

从 2011 年出口交货值占本地区高技术产业当年价总产值的比重看,比重超过 35%的地区有上海、广东、福建、江苏、天津、重庆、北京、浙江;超过 10%的地区有四川、宁夏、山西、广西、山东、湖北、辽宁、河南、河北、新疆、江西、安徽;低于 10%的有 11 个省份;上海、江苏、重庆、北京、四川、宁夏、山西、广西的排序明显提升;辽宁、湖北、河北、湖南的排序明显下降,表明地理位置以外的因素对

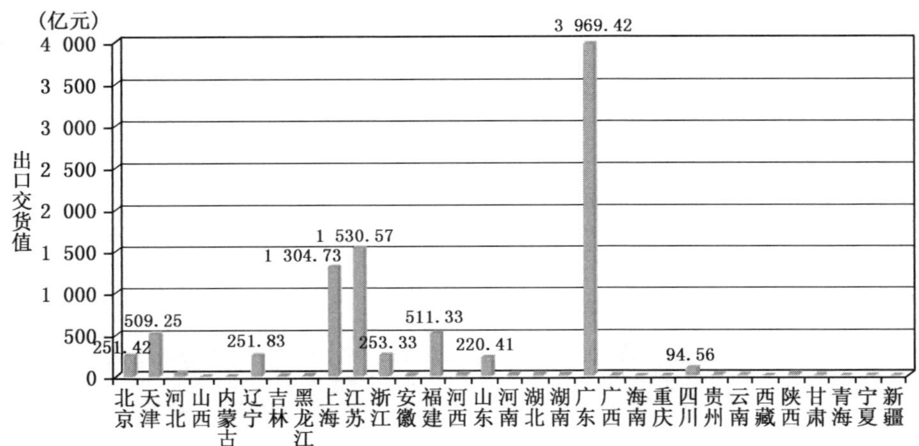

资料来源:《2004 中国高技术产业统计年鉴》。

图 4.7　2003 年各省市高技术产业出口总额

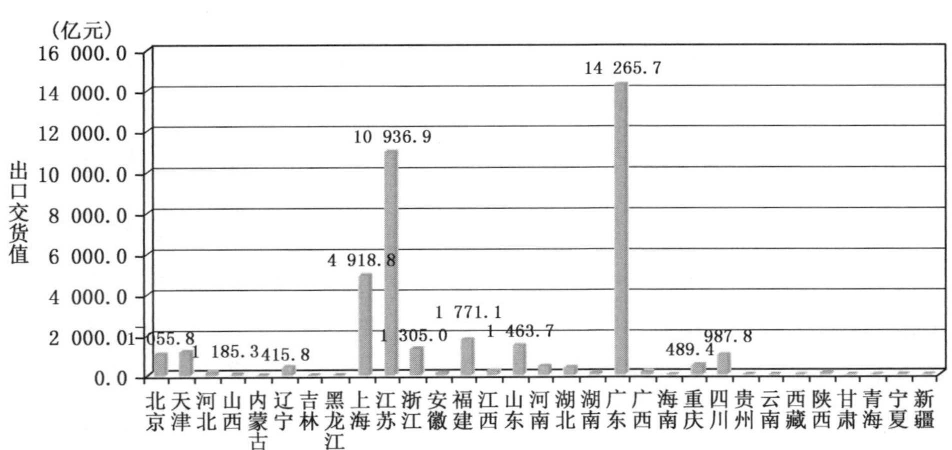

资料来源:《2012 中国高技术产业统计年鉴》。

图 4.8　2011 年各省市高技术产业出口总额

出口的影响增强(见图 4.9、图 4.10)。

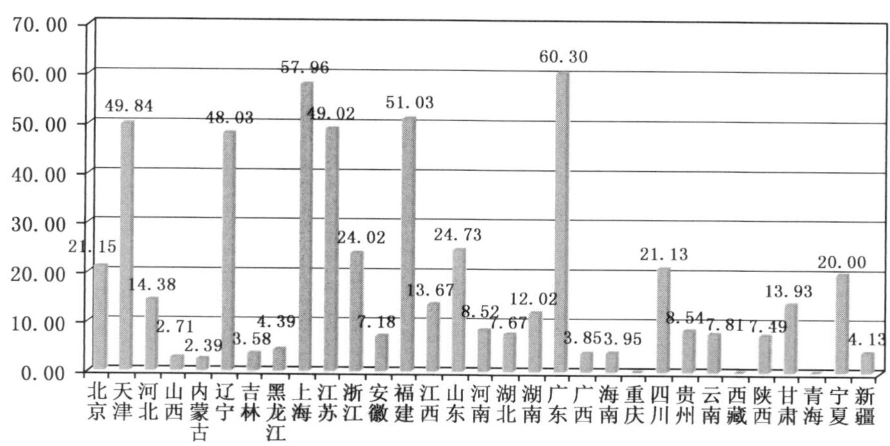

资料来源:《2004 中国高技术产业统计年鉴》。

图 4.9　2003 年各省市高技术产业出口占本地区高技术产业总产值比重

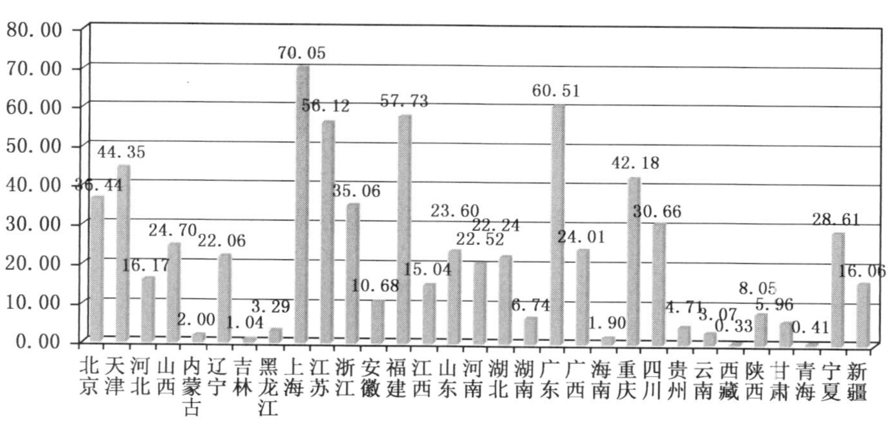

资料来源:《2012 中国高技术产业统计年鉴》。

图 4.10　2011 年各省市高技术产业出口占本地区高技术产业总产值比重

从主要地区出口比重变化看，2008 年后我国高技术产业出口比重(各地区高技术产业出口交货值与本地区高技术产业总产值之比)明显下降，这是我国经济由外需转向内需拉动的结果，也是高技术产业危机后开始转型升级的标志。从增长趋势看广东和福建的出口比重增长开始放缓。2008 年的金融危机对广东、天津、浙江的影响程度较大，增加了这些地区高技术产业转型升级的压力；对上海、江苏、福建、山东、北京的影响程度较小(见图 4.11)。

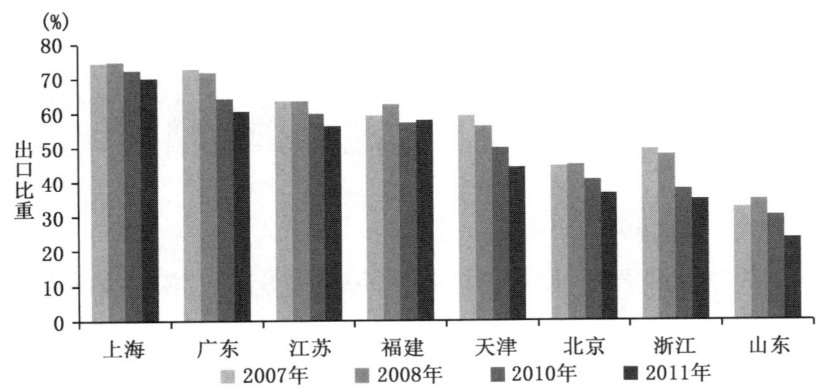

资料来源:《高技术产业统计年鉴》。

图 4.11 主要地区高技术产业出口比重变化

(二)上海与各省市高技术产业投入产出状况比较分析

高技术产业是研究开发投入较高的产业，具有高投入、高产出、高附加值、高渗透性和高创新性的特点。从高技术产业的发展历程来看，产业发展的基础是技术创新。技术创新能力是高技术产业竞争力的核心，只有持续不断地推进技术创新，高技术产业才能在激烈的竞争中充满活力，因此对各省市高技术产业的投入产出状况进行分析，可以清晰地反映高技术产业技术创新能力的现状及发展态势，为产业发展指明方向，为科学制定政策提供参考依据。

1. 各省市高技术产业固定资产投资比较:上海已经处在下游位置

从固定资产投资额的绝对数值来看,各地区的绝对值都在持续增加,从增长的速度来看江苏最快;广东、山东、辽宁等东部地区以及四川、江西、河南、安徽、湖北等中西部地区增长较快;浙江、福建、陕西、重庆、湖南等地区增长放缓(见图4.12、图4.13)。

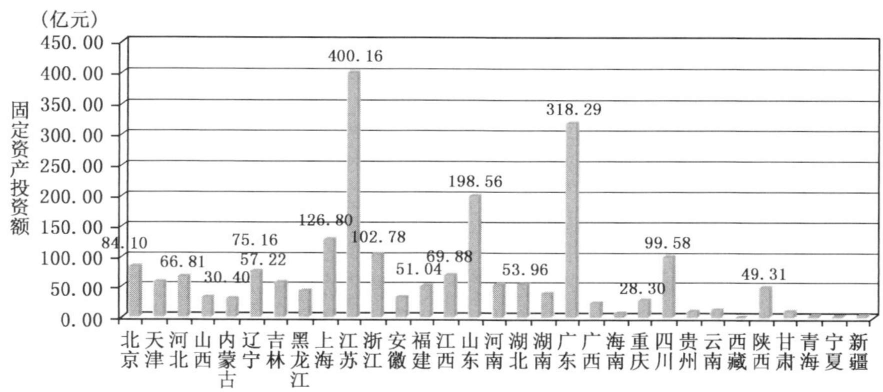

资料来源:《2006中国高技术产业统计年鉴》。

图4.12　2005年各地区高技术产业固定资产投资额

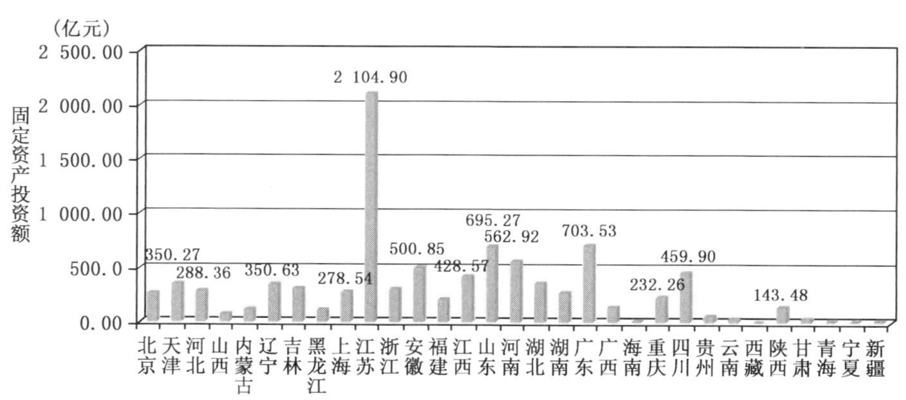

资料来源:《2012中国高技术产业统计年鉴》。

图4.13　2011年各地区高技术产业固定资产投资额

2005—2011年各省市固定资产投资额占本地区高技术产业当年价总产值的比重在持续增加中，但地区间的差别非常明显，中西部地区比重远远高于东部地区，上海的占比基本稳定在3%～4%，水平比较低。而2011年，西藏、安徽、吉林、江西远远高于其他地区；河北、内蒙古、广西、甘肃、辽宁、宁夏、河南、湖北、黑龙江、重庆、山西等地区也维持在较高水平；北京、广东、江苏、浙江虽然不是很高，但也远远超过上海（见图4.14、图4.15）。

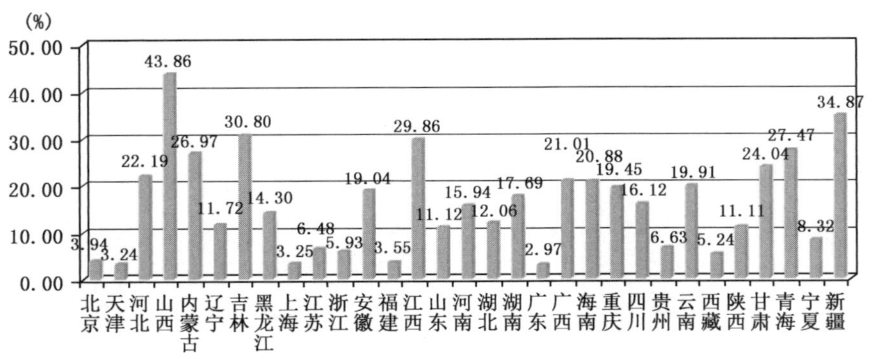

资料来源：《2006中国高技术产业统计年鉴》。

图4.14　2005年高技术产业固定资产投资额占比

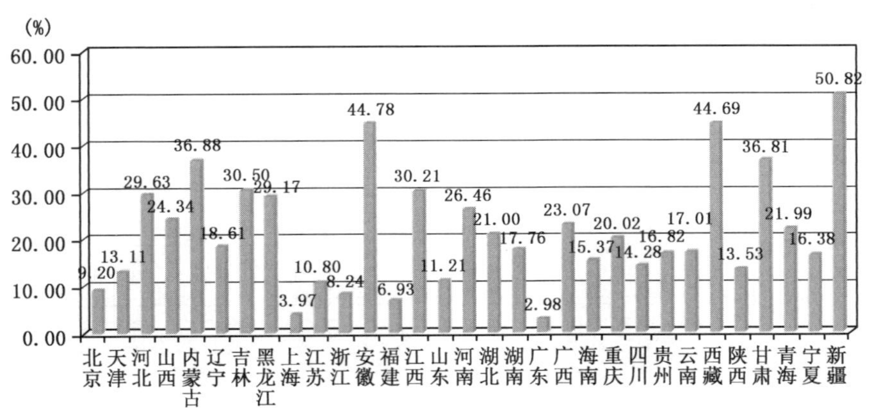

资料来源：《2012中国高技术产业统计年鉴》。

图4.15　2011年各地区高技术产业固定资产投资额占比

2. 各省市高技术产业创新投入情况比较：上海明显不及兄弟省市

2011 年本地区 R&D 经费比重（本地区高技术产业研发经费内部支出与本地区高技术产业总产值之比）在 2%以上的是新疆、陕西、黑龙江、辽宁、湖北、北京、甘肃、浙江、贵州、云南、广东、宁夏；1%以上的是安徽、福建、山东、上海等地，上海处在中间状况；青海、内蒙古、重庆、吉林、河南、山西等地的比重明显较低。

从高技术产业研发投入强度的地区看，北京、浙江、广东三省研发投入强度（与本地区高技术产业总产值之比）较大，上海、江苏、天津研发强度较弱。金融危机后，出口影响较大的省份广东、浙江、福建的研发强度出现明显的增强，而其他地区增长强度并不明显。这表明这些省份转型升级的力度加大（见图 4.16、图 4.17、图 4.18）。

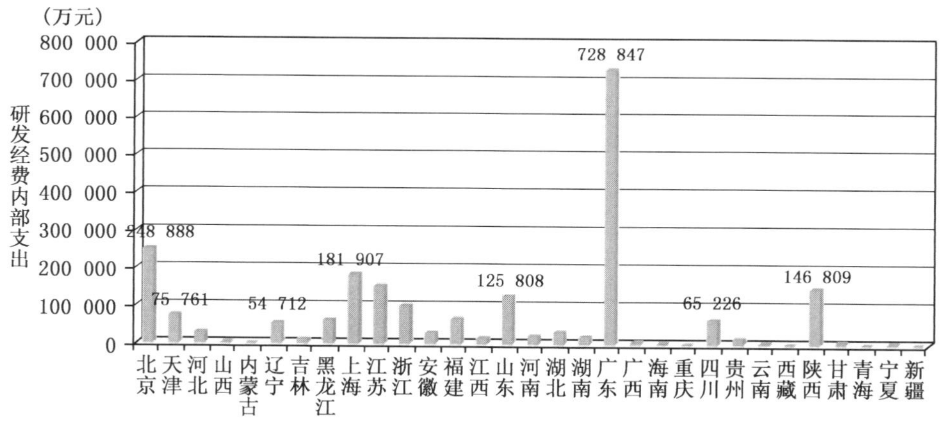

资料来源：《2004 年中国高技术产业统计年鉴》。

图 4.16　2003 年各省市高技术产业 R&D 经费内部支出

从各地区高技术产业研发人员占产业总从业人员的比重看，云南、宁夏、黑龙江、湖北、安徽、北京、浙江、陕西等 18 个省份比重超过 5%，河北、湖南、四川、江苏、上海、吉林等 9 个地区超过 3%；西藏、山西、内蒙古、青海 4 个地区低于 3%。这其中一些中西部地区可能是由于从业人员总体规模较小，而造成研发人员比重偏高。主要东部省份中，北京研发人员的基础最好，但近年来趋向饱

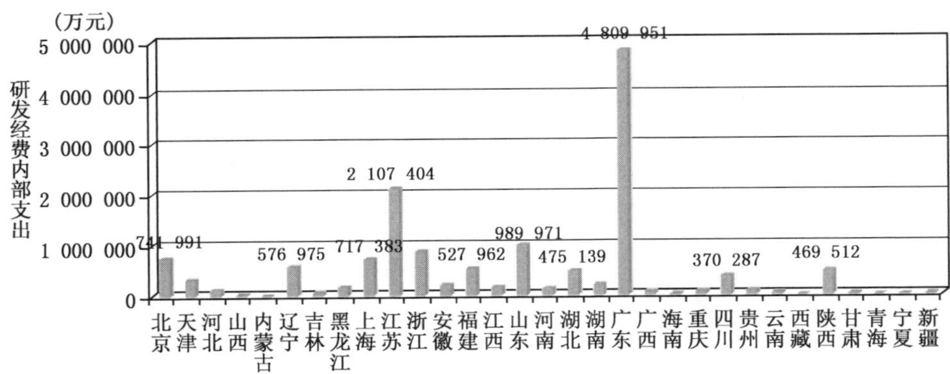

资料来源:《2012 年中国高技术产业统计年鉴》。

图 4.17 2011 年各省市高技术产业 R&D 经费内部支出

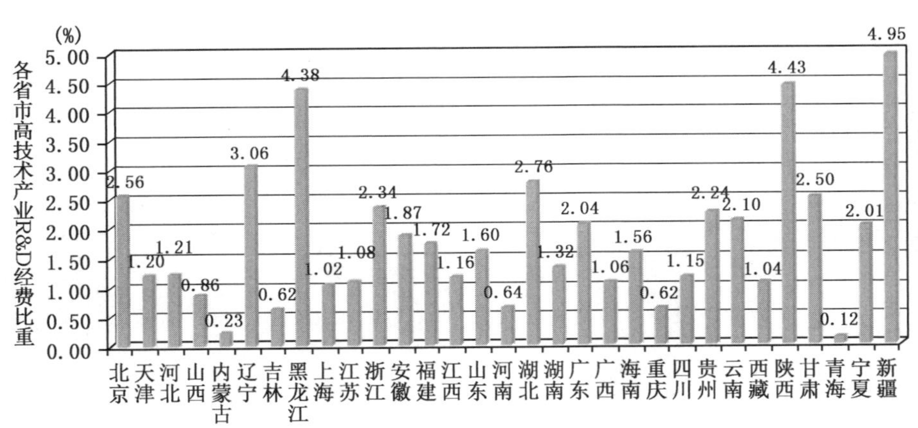

资料来源:《2012 年中国高技术产业统计年鉴》。

图 4.18 2011 年各省市高技术产业 R&D 经费比重

和并有下降的趋势;上海、浙江的增长态势良好;江苏和天津在研发人员强度方面实力稍弱(见图 4.19、图 4.20)。

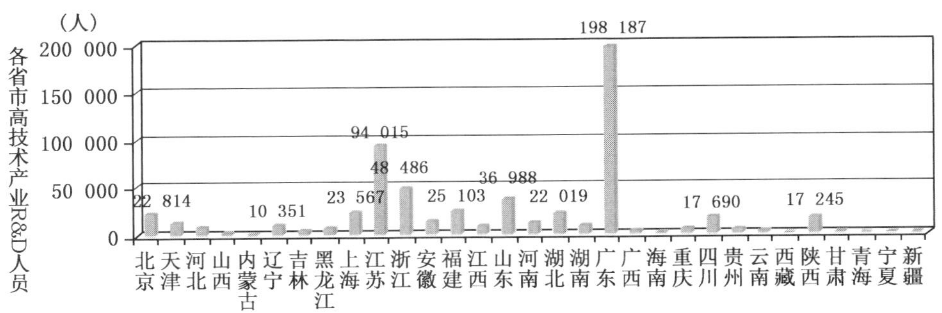

资料来源:《2012 年中国高技术产业统计年鉴》。

图 4.19　2011 年各省市高技术产业 R&D 人员

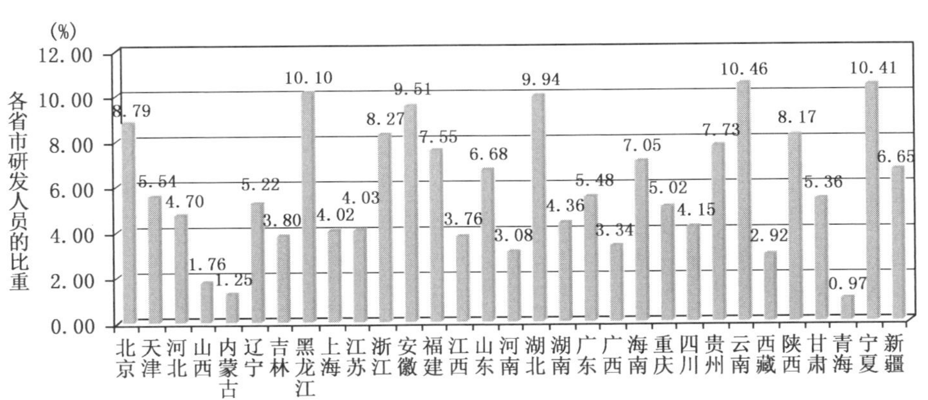

资料来源:《2012 年中国高技术产业统计年鉴》。

图 4.20　2011 年各省市高技术产业 R&D 人员比重

从研发成果即主要发明专利产出来看,主要集中在广东省,占全国的 54.9%,北京、上海、江苏、浙江、山东占 26.3%,上海处在第四位(见图 4.21)。

3. 各省市新产品研究开发经费比较:上海与广东、江苏差距正在扩大

新产品研发主要集中在高技术产业比较发达的地区,广东、江苏、上海、山东、北京、浙江处于第一层次;四川、福建、湖北、辽宁、陕西、天津、安徽、湖南、贵州、江西、黑龙江、河南、河北处于第二层次;其他地区处于第三层次。第一、二

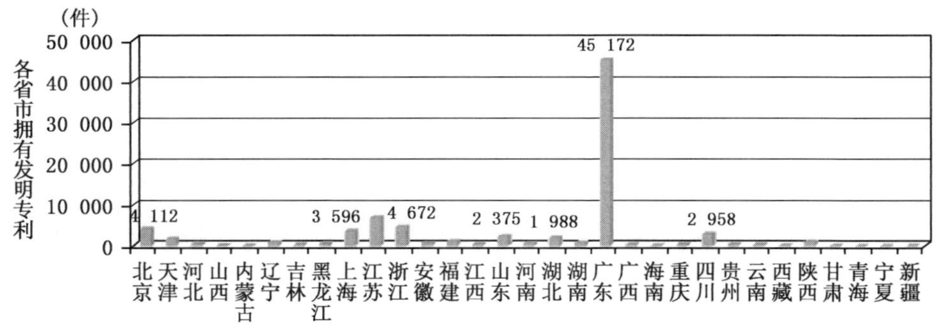

资料来源:《2012 年中国高技术产业统计年鉴》。

图 4.21　2011 年各省市高技术产业拥有发明专利

层次间差异较大。第一层次中,广东、江苏投入最大;上海、山东、北京、浙江次之。广东省是我国新产品研发强度最高的地区,江苏则是新产品研发投入最快的地区,在 2005 年就超过了位居第二的上海(见图 4.22)。

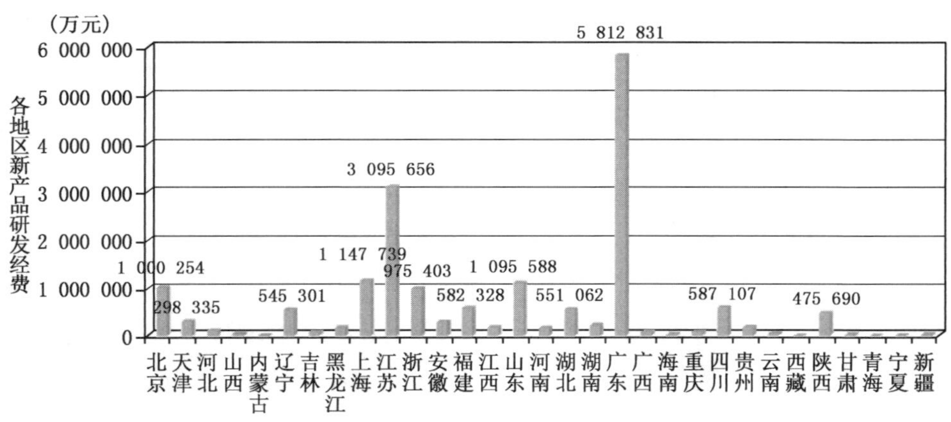

资料来源:《2012 年中国高技术产业统计年鉴》。

图 4.22　2011 年各省市高技术产业新产品研发经费

从 2011 年新产品研发投入占主营业务收入的比重排名看，新疆、贵州、陕西、黑龙江、湖北等 14 个地区的比重较高；福建、四川、山东、上海、江苏等 11 个地区处于中段；吉林、河南、重庆、青海、内蒙古、西藏等省份处于排名末段（见图 4.23）。

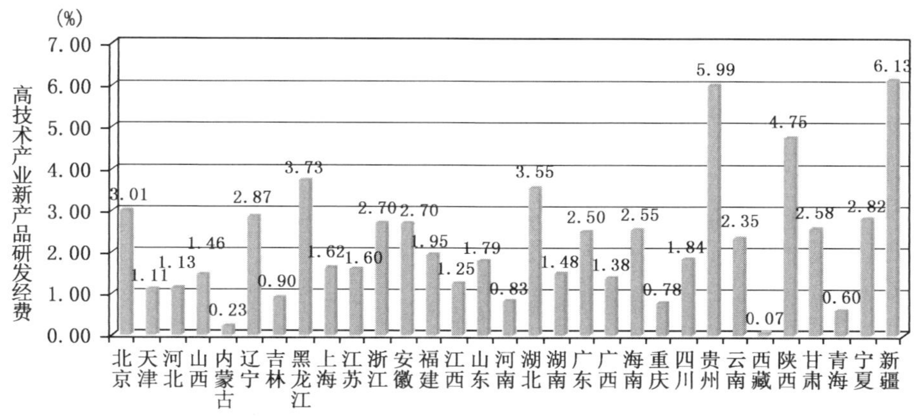

资料来源：《2012 年中国高技术产业统计年鉴》。

图 4.23　2011 年各省市高技术产业新产品研发经费比重

4. 各省市高技术产业技术改造与引进投入：上海的投入正在下降

2003—2011 年全国各地区技术引进与改造的投入变动不大。以 2011 年数据看，投入超过 15 亿元的地区包括江苏、浙江、福建、广东、四川、山东、湖南、上海；超过 1 亿元的包括辽宁、陕西、北京、黑龙江、天津等 14 个地区；其他 9 个地区小于 1 亿元。高技术产业技术引进与改造比重（与各地区高技术产业总产值之比）在黑龙江、湖南、新疆、陕西、贵州省份高于 1%，福建、宁夏、浙江、辽宁、四川、江苏、海南、广西、安徽高于 0.5%；甘肃、湖北、北京、天津、山东等 17 个地区低于 0.5%。浙江、福建、湖南、湖北排名上升；陕西、黑龙江、上海、天津、河南、河北、甘肃、山西排名下降；其他地区不变（见图 4.24 至图 4.27）。

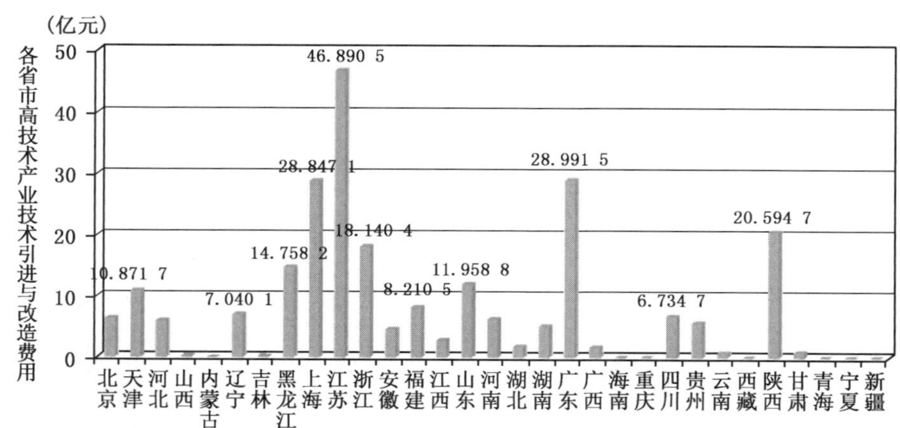

资料来源:《2004 年中国高技术产业统计年鉴》。

图 4.24 2003 年各省市高技术产业技术引进与改造费用

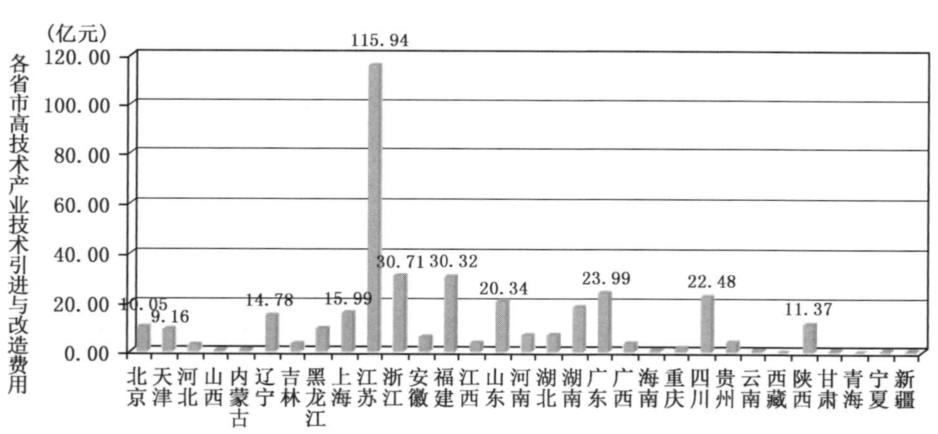

资料来源:《2012 年中国高技术产业统计年鉴》。

图 4.25 2011 年各省市高技术产业技术引进与改造费用

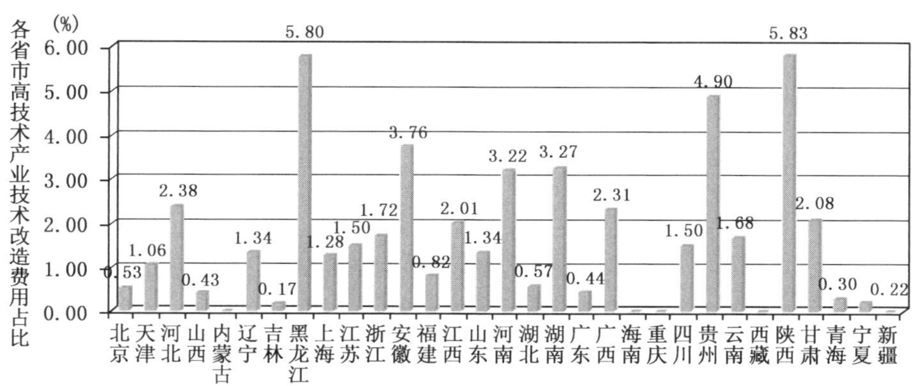

资料来源:《2004 年中国高技术产业统计年鉴》。

图 4.26　2003 年各省市高技术产业技术改造费用占比

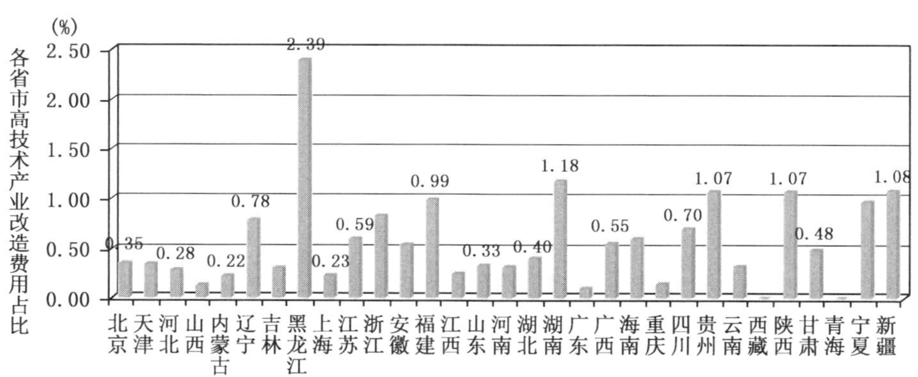

资料来源:《2012 年中国高技术产业统计年鉴》。

图 4.27　2011 年各省市高技术产业技术改造费用占比

从创新投入总体来看,新产品研发强度最高,研发强度次之,技术引进与改造强度最弱。从区域分布来看,黑龙江、贵州、陕西、安徽等地区创新总体投入强度较大;东部地区北京、上海、江苏、浙江、山东、广东均以研发和新产品研发为主,技术改造强度极低,表明这些地区产业创新能力已经比较强劲。

5. 各省市高技术产业产出盈利能力比较：上海成为最后一位

考虑到我国不同地区不同行业税收政策差异对高技术产业产出盈利能力的影响，利润率的解释作用有限，因此本文采用产值利税率大小①来表示产业产出盈利能力。从2011年数据看，利税率在15%以上的地区有西藏、云南、海南、宁夏、黑龙江、甘肃、广西、新疆8个省份，其中西藏的利税率最高是因为其高技术工业总产值过低，仅为6.0亿元，而利税额为2.6亿元，所以计算出的利税率高；在10%以上的有内蒙古、湖南、吉林、浙江、安徽等15个省份；10%以下的省份包括湖北、天津、江西、广东、江苏、福建、重庆、上海。2011年与2005年相比利税率在10%以上的地区增加了11个，总体来看全国高技术产业的盈利能力是上升的，但上海还是在全国的最后(见图4.28、图4.29)。

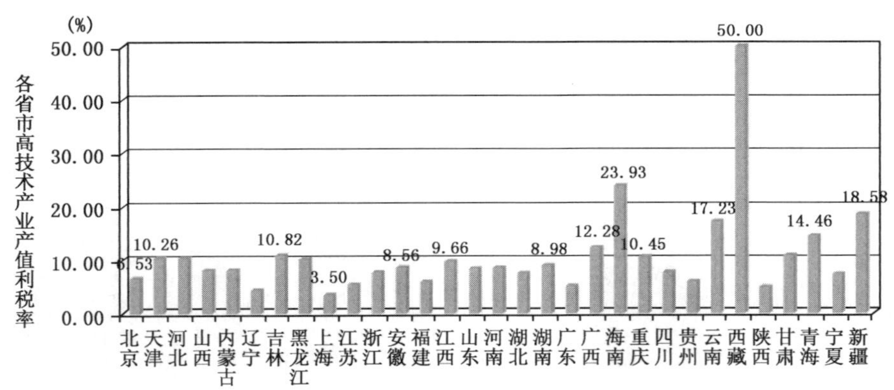

资料来源：《2006中国高技术产业统计年鉴》。

图4.28　2005年各省市高技术产业产值利税率

---

① 产值利税率中利是指利润总额，税是指全部销售业务的税金及其附加，包括营业税和增值税等所得税前和销售有关的税种。计算公式：利税率=(利润总额+销售税及附加)/(固定资产投资+流动资金投资)。利税率分为产值利税率、销售利税率、投资利税率、成本费用利税率、资金利税率、营业收入利税率等。本文分析中采用产值利税率。产值利税率指报告期已实现的利润、税金总额(包括利润总额、产品销售税金及附加和应交增值税)占同期全部工业总产值的百分比，计算公式：产值利税率(%)= 利税总额/工业总产值。

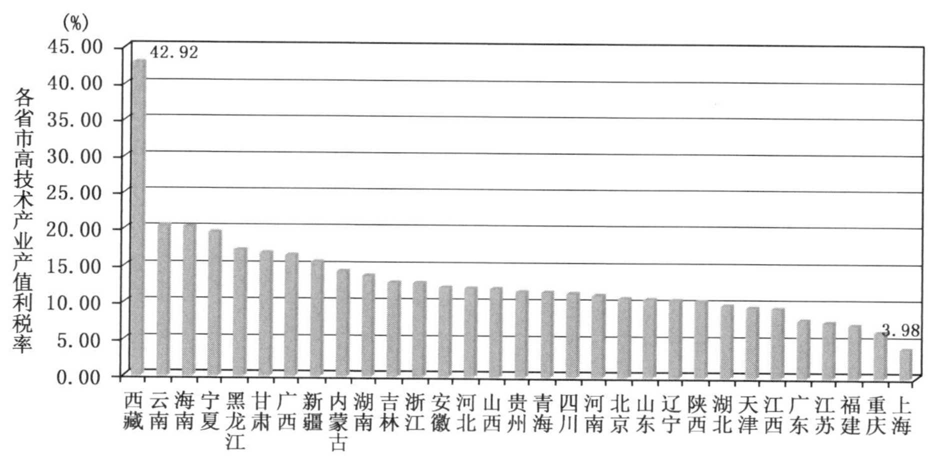

资料来源:《2012 中国高技术产业统计年鉴》。

图 4.29　2011 年各省市高技术产业产值利税率

产值利税率呈现出东西倒挂的现象。这是由各地区侧重的高技术产业细分行业不同导致的。统计数据显示 2011 年医药制造业利税率为 15.9%,医疗设备及仪器仪表制造业为 13.4%,电子及通信设备制造业为 7.7%,航空航天器制造业为 7.3%,电子计算机及办公设备制造业为 4.8%。我们前面研究表明东部地区特别是上海偏重于电子通信和电子计算机及办公设备制造业;中西部地区偏重医药和电子及通信制造业。此外行业集中程度、竞争程度也是我国地区间产值利税率差异的影响因素。

(三)上海与其他省市高技术产业比较分析的结论

1. 上海与其他省市高技术产业发展现状比较

近年来,上海高技术产业快速发展,产业规模不断扩大,实现了从小到大的历史性转变,进入了新的发展阶段,成为经济发展的重要引擎。

产值规模居前。从与其他省市高技术产业发展总体状况比较来看,上海高技术产业工业总产值稳居全国第三位,2011 年为 7 021.4 亿元,占全国高技术产业工业总产值比重为 7.9%，排在前二位的是广东、江苏，2011 年总产值分别为 23 576.3 亿元、19 487.8 亿元，占全国高技术工业总产值的比重为 26.7%、22.0%，可见上海与排在前两位的广东、江苏还是存在较大的差距。

出口规模较大。在高技术产业产品出口竞争力方面，上海依托良好的产业基础，优良的地理资源和金融资源，同时紧靠港口，有着全国一流的物流能力，在进出口方面具有得天独厚的优势，2011 年上海出口交货值为 4 918.8 亿元，占本地区高技术产业总产值的比重居第一位，达到了 70.1%。但从另一方面来说，上海的高技术产业出口产品主要是为出口的加工组装的产品，规模比重大，但是处在价值链的低端。

行业结构需要调整。从上海高技术产业的行业结构来看，由于上海产业政策倾斜，使得电子及通信设备制造业和电子计算机及办公设备制造业成为上海经济发展的重要支柱产业，上海不断巩固其在高技术产业的主导地位，2011 年全市电子通信及计算机产业的产值达到 6 127.7 亿元，占全市高技术产业总产值的 87.3%，而利税率占比仅仅为 13.3%；随着医药制造、医疗设备产业的长足发展，2011 年的产值占高技术产业总产值的 11.9%，利税率占比却为 76.2%；2011 年航空航天制造业总产值达到 59.9 亿元，比上一年增长了 66.8%，远高于其他产业，国家大飞机项目在上海的实施，有待成为上海高技术产业的一个新的利润增长点。

新增固定资产投资不足。从上海与其他各省市高技术产业投入产出比较分析中，可以看出上海新增固定资产投资 183.94 亿元，占总产值的比重为 2.6%，持续维持在较低水平。在研发投入方面，上海研发经费支出增势明显，2011 年研发经费内部支出为 71.74 亿元，仅次于北京的 74.20 亿元，从研发人员占企业从业人员的比重看为 4%，增长态势良好，2011 年上海新产品研发经费为 114.77 亿元，占主营业务收入比重处于上升趋势中。上海技术改造与引进投入变动不大，2011 年为 15.99 亿元。

盈利能力不强。一直以来，上海高技术产业产值规模虽然比较大且已经位居全国第三，但总体的盈利能力与其他省市相比明显偏低，2011 年高技术产业平均利税率仅为 4%，上海雄厚的科技创新能力并没有真正转化为高技术产业的创新能力，在产业规模快速扩张、创新投入不断加大的同时，上海高技术产业的效益没有实现显著增长。

2. 上海高技术产业产值规模大而低利润率的原因分析

上海市高技术产业发展迅速、产业规模成倍扩大，但其整体利润率及对 GDP 的贡献率较低，对经济的贡献十分有限，一直属于高消耗、高投入、低收益的增长方式。究其原因有三：

第一，从投入产出的价值增值过程分析，依照施振荣先生提出的微笑曲线，高技术产业的价值链上主要包括技术研发、关键零部件生产、加工组装、营销和售后服务环节。由于价值链各个环节所要求的要素、能力不同，导致各个环节在价值链上的价值分布是不对称的，呈 U 形曲线，即两端附加值高、中间附加值低。我们的调研说明，上海高技术产业在不断加入到国际分工的过程中，由于缺乏核心技术和关键零部件，只能处于价值链的低端，处在价值链中间的加工组装环节，未能掌握价值链两端的关键技术、零部件的设计开发和销售渠道、品牌服务市场，获取高额价值。

第二，上海高技术产业利润率有明显的行业差异，从上海高技术产业五个主要行业的利润率及其变化趋势看，电子及通信设备制造业、电子计算机及办公设备制造业增长速度最快、产业规模最大，而利润率却在逐年下降。航空航天器制造业、医疗设备及仪器仪表制造业的利润率稳步上升，但规模不大。我们从上海高技术产业研发投入情况变化可以看出，尽管上海加大了对高技术产业的投资，但总体利润率水平却未升反降，这意味着生产要素和资源主要流向了利润率低的行业，流向了低端的组装加工生产能力扩张环节，而并非用于价值链两端有助于创新能力提升的环节。而这样的资源配置是不符合市场机制配置资源的取向的，说明上海在高技术产业发展的市场配置资源的体制机制方面可能存在问题。

第三，上海市高技术产业自主创新能力不强，技术进步、技术创新并没有真正转化为高技术产业的创新能力，技术效率没有相应地提高。上海市这些年高技术产业规模快速发展壮大，需要投入很多的人力、物力、财力资源才取得今天这样的成绩，而上海高技术产业盈利能力却越来越低，2011年已居于全国的最后一位，又由于高技术产业新增固定资产投入规模不大，可能对未来增长产生影响，所以增强自主创新能力，大力提升技术效率是上海高技术产业效益显著增长、盈利能力显著增强的关键所在。

（四）上海市高技术产业发展的对策措施

通过比较，我们发现上海的高技术产业这些年的发展在全国来看已经没有多大的竞争力，特色不明显，其投入产出效率来看已经低于全国的平均水平，上海的技术优势、人才优势、创新优势未能有效转化为产业优势，产业结构亟待调整优化。必须调整战略思路，采取有效对策，推进上海高技术产业结构优化，技术与产品升级，提高附加价值创造。近期我们认为有以下几项对策：

1. 发挥市场配置资源的关键作用，激发创新活力

推进上海高技术产业的结构优化转型发展，必须以市场配置资源为核心。"十二五"期间随着上海改革开放的进一步深化，着眼于提升高技术产业自主创新发展能力的环节，通过改革国家科技专项实施机制，由市场来解决上海高技术行业管理分割、投入不足、投入效率低等问题。发挥市场配置资源的关键作用，由市场来形成产学研一体化发展以及高校、科研机构研究成果转移机制，形成企业为主体、产学研相结合的产业技术创新体系，共同开展技术引进、消化吸收和改造等工作，政府应该在知识产权保护和完善专利交易制度的设计维护，推动技术成果向专利的转变，激发企业的创新活力方面做工作。

2. 调整现行高技术产业结构，优化产业布局

上海的电子及通信设备制造业、电子计算机及办公设备制造业增长速度最快、产业规模最大，而利润率却在逐年下降。对这两个产业应该进行产业升级规划，在技术创新、产品升级、品牌创新等方面加以引导，促进这两个产业淘汰

或转移低附加价值的价值链环节，在制造关键环节上促进技术创新提升。目前上海的航空航天器制造业、医疗设备及仪器仪表制造业的利润率稳步上升，但规模不大，对此应该帮助企业加大投入，迅速做大、做强，使之成为上海高技术产业发展的主导型产业。通过如此针对性的政策措施，促进上海高技术产业结构不断优化升级，推动上海高技术产业空间布局的优化。

3. 提高自主创新能力关键是激励机制设计

推进上海高技术产业转型发展关键在于全面增强企业的自主创新能力，努力掌握核心、关键技术，从根本上改变高技术企业在全球价值链中的地位。自主创新能力提高，能够不断出成果不光是人才的问题，更多的是激励机制的问题。上海不缺人才，缺的是好的创新激励机制和企业发展环境。我们认为上海未来应该加快自主创新、新技术新产品产业化方面的激励机制改革，应该在激励体制与机制方面大胆突破，形成创新成功的巨大财富效应，加上税收的减免，让创新成为整个社会的社会生活范式，创新成功者成为社会的英雄，使激励机制创新成为上海新一轮改革开放的重要内容。

执笔：芮明杰　程惠芳　付永萍等

2013 年 11 月

三、上海制造业结构转型与增长的实证分析与战略思考

面对新一轮的产业革命，“十二五”期间上海的制造业结构转型升级应体现出第三次工业革命的要求，体现信息技术与工业技术高度融合发展的本质特征，以智能制造技术、互联网技术为坚实基础，重点发展新能源、新材料、高端装备制造、信息技术、生物技术等战略性新兴领域，利用信息技术将产业优势和信息技术进行嫁接，促进制造业结构向高端转型升级、实现制造业的绿色可持续

发展,取得新的竞争优势。

(一)上海制造业结构转型与增长的现状分析

1. 新世纪上海市制造业进入快速发展轨道

上海制造业总产值从 1956 年的 100 亿元发展到 1987 年的 1 000 亿元,大约用了 30 年;2003 年,上海制造业总产值为 10 037.88 亿元,首次超过 1 万亿元,上海制造业用了 15 年的时间突破 1 万亿元。2007 年,上海制造业总产值为 21 425.13 亿元,首次超过 2 万亿元。上海制造业总产值从 1 万亿元到突破 2 万亿元仅仅用了 5 年的时间。2011 年,上海制造业总产值为 30 687.33 亿元,首次超过 3 万亿元,再创历史新高。

2. 随着上海制造业结构调整,重点产业发展放缓,整体利润下降

2012 年六个重点发展工业行业总产值占比为 66.0%,利润额占比为 64.4%,比上一年有所下降。上海虽然大力推进制造业改造升级,但多数企业特别是电子信息制造业还处于全球价值链的低端,未能主导产业链高附加值的关键环节;生物医药制造业不论是产业规模占比还是利润额占比都是六个重点发展行业中最低的。

3. 轻重工业遇发展困境,盈利能力较差

2012 年,轻工制造业发展规模有所增大,但总体盈利能力较差。重工制造业总产值在全市工业总产值中所占的比例为 78.3%,化工、金属冶炼、电气机械和仪器仪表等重化工业已呈现出加速衰退的发展困境,其中化工制造业虽然发展规模略有增大,但利润额却呈现不断下降趋势,行业竞争水平偏低。

4. 技术密集型行业重要性凸显,积极扩大行业规模

上海技术密集型制造业已经成为上海制造业转型发展的重要支撑,2012 年上海技术密集型制造业产值规模占全市总产值规模的 66.4%,利润额占全市总额的 68.3%。上海制造业的结构向高端化转型的过程中,应积极促进劳动密集型、资本密集型制造业向技术密集型制造业转型和再发展,技术密集型制造业

应抓住发展机会，积极扩大行业规模。

（二）上海制造业结构转型与增长的实证研究

1. 基于偏离份额法的实证研究

偏离份额法是把区域经济的变化看作一个动态的过程，以其所在或整个国家的经济发展为参照系，将区域自身经济总量在某一时期的变动分解为三个分量，即份额分量、产业结构偏离分量和竞争力偏离分量，以此说明区域经济发展和衰退的原因，找出区域具有相对竞争优势的产业部门，进而可以确定区域未来经济发展的合理方向和产业结构调整的原则。

实证分析结果表明，上海市制造业产业规模在不断扩大，上海市制造业产业结构在 2000 年以来经历巨大的变化，经济中朝阳的、增长快的产业部门比重较多，上海市制造业的总体经济结构较为合理。但 2008 年受到国际金融危机的影响，上海市经济增速明显降低，上海市制造业发展受到了巨大的冲击，制造业的整体竞争力低于全国平均水平，上海重点发展行业虽然属于增长性行业，但近两年区域增长优势与竞争力优势却不断下降，这将给上海制造业结构转型带来更大压力。

2. 数据包络分析法实证研究

通过采用 Farrell(1957)[①]构造的基于 DEA-VRS 的 Malmquist 指数，

$$M_0^{t+1}(X^{t+1},Y^{t+1},X^t,Y^t)=\frac{D_0^{t+1}(X^{t+1},Y^{t+1})}{D_0^t(X^t,Y^t)}\times$$

$$\left[\frac{D_0^t(X^{t+1},Y^{t+1})}{D_0^{t+1}(X^{t+1},Y^{t+1})}\times\frac{D_0^t(X^t,Y^t)}{D_0^{t+1}(X^t,Y^t)}\right]=EC\times TE$$

技术效率变化 EC 再进一步分解为纯技术效率 PE 和规模效率 SE（即结构效率），则技术效率变化可以表示为 $EC=PE\times SE$，对上海市制造业结构转型与

① Farrell, Michael James. The measurement of productive efficiency[J]. Journal of the Royal Statistical Society: Series A(General), 1957, 120(3): 253－281.

制造业增长的关系做进一步的研究，研究表明：

(1)上海市制造业全要素生产率增长不显著，技术效率方面的缺陷吞噬了技术进步的成果

上海市这些年制造业技术的快速进步实在不易，需要投入很大的人力物力财力资源才取得这样令人满意的结果。但通过数据包络法的分析发现，上海市制造业全要素生产率的增长并不显著，是因为技术效率方面的缺陷吞噬了技术进步的成果，2004—2011 年上海市制造业技术进步较快，但是技术效率却没有相应地提高。

(2)制造业技术结构效率较为合理，纯技术效率乏力

上海市自 2000 年以来采用重点发展支柱性制造业及积极调整制造业结构的一系列措施取得了较好的效果，制造业分行业表现出了很好的技术结构效应，政策扶持性行业和重点发展行业结构转型对行业的经济增长拉动较为突出，并且具备了相当强的优势，但是医药制造业作为上海市重点发展的行业，各方面的表现却不如意。另外，上海市纯技术效率的乏力直接"拖累"了技术效率的改善，由于长期以来关注的是加强创新、加快技术升级的步伐等政策，上海市更多的是在技术效率方面败下阵来。

(三)上海制造业结构转型与增长的战略思路

1. 迎接新工业革命挑战，进行跨越式发展

新工业革命其实质是以数字制造技术、互联网技术和再生性能源技术的重大创新与融合为代表的能够导致工业、产业乃至社会发生重大变革的事件，它将导致社会生产方式、制造模式甚至生产组织方式等方面的重要变革。

上海未来制造业结构转型方向为成为技术领先、产业高端的新能源产业基地，成为关键新材料研发及产业化基地，成为综合实力领先的高端装备研发和制造基地，成为新一代软件和信息服务业的产业高地，成为国内生物技术创新的重要基地。

2. 进行产业链整合,形成有效合作网络

产业发展本身是一个产业链的动态构建、整合与分化的过程,涉及竞争与合作的问题。产业链整合是在核心企业的主导下,以节点企业为主体,遵照产业链内生逻辑,实现企业间的相互合作、资源优化配置,提升产业价值链,从产业链整体运行效率提高的过程中获得更多的利润来源和更大的市场竞争力,可以通过产业链纵向整合获取互补性资源和要素,通过产业链横向整合提升产业竞争力,通过产业集群组织形式形成产业链成员之间的良性竞合机制。

3. 进行价值链上价值再配置,形成价值链控制力

上海实现从现行制造业向先进制造业的升级,最根本是要使之形成在全球价值链的控制力,充分整合产业链中各企业的价值链,持续地对产业链价值系统进行设计和再设计。这需要大力提升研发环节自主研发能力,加大对关键性技术领域研发的投入力度,组织骨干技术队伍进行技术攻关,逐步培育出具有自主知识产权的制造技术;生产环节向规模化、高级化发展,提升总体技术层次,改变处于产业价值链末端的不利位置;销售环节坚持市场需求导向,通过充分的市场需求分析,建立完善的分销体系,赋予产品更多的价值增值空间。

4. 进行供应链协同管理,形成网络化协同运作方式

实现供应链协同,需形成紧密的战略性合作伙伴关系,要建立和保持长期的战略合作伙伴关系;实现供应链协同,需加强供应链上信息的共享和交流;实现供应链协同,网络化供应链协同运作平台必不可少。上海制造业产业供应链正处在快速成长时期,这一时期的一个典型特征就是发展模式的网络化,网络化的经济发展模式将所有社会经济活动都纳入网络的运行轨道,使得企业之间的经济联系变得更为复杂而紧密。

(四)促进上海制造业结构转型升级的政策建议

1. 改变强势政府思维,创造良好环境

在市场经济条件下,在不同的经济发展阶段,科学选择和确定未来的新兴

产业需要改变强势政府思维，使行政推动不能再扭曲市场机制的作用，起到因势利导的作用。尊重市场机制的基础资源配置功能，合理界定政府职能边界，完善财税政策，进一步发挥财税政策的激励效果，完善对制造业结构转型升级的金融政策，构建完善的知识产权保护与交易环境，完善创新型人才培养和激励机制，以保证为制造业向高端转型升级提供良好的政策环境。

2. 加快创新体系建设，提高创新效率

在上海制造业结构转型升级的过程中，国有大型企业是上海制造业发展的中流砥柱，在创新体系建设中理所应当发挥重要作用，同时中小企业是创新体系构建中最具活力的组成部分，它们的生存严格遵循市场导向性原则，比国有大型企业具有更强的创新动力，增强中小企业的自主创新能力，是上海制造业升级的必然要求。自主创新公共服务平台的建设，支持制造企业建立技术中心和研发中心，将不断改善创新创业的环境，优化创新资源品质，降低创新创业成本与风险，提升了研究开发和产业化的能力和水平，营造人才脱颖而出的自主创新环境。

3. 促进二三产业融合发展，加快制造业结构转型与增长的步伐

大力支持生产性服务企业加强技术研发、服务创新与商业模式创新，增强企业自主创新能力和专业服务水平；大力培育生产性服务领域的大企业，通过财政补贴、政府奖励、项目扶持等多种方式，培育一批生产性服务业的旗舰企业，促进其规模化、品牌化经营，形成一批拥有自主知识产权和知名品牌、具有较强竞争力的大型生产性服务企业集团；鼓励制造企业，尤其是国有大中型制造企业与生产性服务企业以项目为纽带进行合作创新，政府应给予适当奖励并进一步向市场推广合作经验，以逐步促进二三产业融合发展，优化产业结构。

4. 建立绿色为先的新发展模式，走可持续发展之路

大力发展可再生能源和清洁能源，加大低碳清洁能源的开发利用，大力促进生产过程的传统化石能源的低碳化利用，加快发展新能源和节能环保产业；加强减排工作，控制新增排污总量，抓好规划环评，提高环保标准，严格环保执

法，使新增污染物排放量得到有效控制；推进清洁生产，完善工业废水、废气和废渣回收处理设施，支持企业实施清洁生产技术改造工程，对于源头治理污染物的排放，政府要通过立法来推进绿色为先的经济发展方式，通过产业发展政策的组合，发挥集成效果，最终目标是实现制造业结构向高端的转型升级，建立绿色可持续的发展模式。

执笔：芮明杰　付永萍

2013 年 12 月

四、美国、德国与日本制造业结构转型模式研究与启示

金融危机发生以来，发达国家经济纷纷陷入困境，为了改善局面，美国总统奥巴马提出了再工业化战略，强调了制造业的重要地位和回归实体经济的必要性。日本政府出台措施，着力扭转制造业流失局面。2011 年伴随着欧债风波的持续发酵，整个欧洲陷入经济不景气之中，但是德国、英国等国家积极投入调整产业结构，把再生性能源产业、互联网技术、智能高端制造等新兴产业的发展看作新一轮经济发展的先导。上海制造业的结构调整既关系到制造业产业高端化目标能否实现，又关系到上海创新驱动、转型发展的进程能否有效推进，通过对发达国家的经验借鉴，有助于更清晰地把握制造业结构调整方向，加快创新发展，争取获得未来国际市场的先机的同时又带动本国经济健康持续发展。

（一）美国制造业的先进技术驱动转型模式

2008 年金融危机之后，美国提出了“再工业化”战略，通过政府的帮助来实现旧工业部门的复兴和鼓励新兴工业部门的增长，实质上是对制造业产业链的重构，推进具有高附加值的先进制造业发展。

1. 制造技术向以数控、低耗和洁净生产为重点的先进制造技术转变

美国制造业的回归不是简单地回归传统制造业领域，而是致力于制造业上最高端、最多附加价值的领域，实现制造业由传统、常规技术向广泛使用以数控、低耗和洁净生产为重点的先进制造技术转变，从制造业的现代化、高级化和清洁化中寻找“再工业化”的出路，大力发展生物科技、风力发电、纳米技术、空间技术、电动汽车等高新技术，并以此改造传统制造业，建立新产业部门，创造就业机会，创造新的经济增长点。

2. 人工智能与数字化新技术与制造业有机结合

新技术的大规模应用，给制造业发展带来新的变革。在新兴的人工智能与数字化新技术与制造业的有机结合的领域，形成对高强度劳动投入的替代，从而节省人工生产与管理的费用，使制造产品的装配成本更低，具有更高的效率和精准度。此外，新技术在制造领域的应用便于个性化产品的设计和生产，具有更加贴近客户需求的优势。目前，机器人等技术已经在部分制造业领域应用，并且向越来越多的领域进行扩展。

3. 生产性服务业与制造业融合互动发展

美国信息技术的快速发展，使服务业和制造业的许多行业融合互动发展，甚至使制造业的发展呈现出“服务化”趋向，主要表现为：制造业部门的产品是为提供某种服务而生产的，其附加值中越来越多的比重来源于服务，服务含量在整个企业产值和增加值中所占比重越来越高。生产性服务业支撑制造业发展，制造业为生产性服务业提供巨大的市场空间。

总体来看，美国制造业升级的思路是以技术创新为导向，推动高新技术成果产业化，占领高科技制高点，并通过具有高技术特征的生产性服务业的配套支持来大力发展制造业。

（二）日本制造业的技术引进与创新驱动模式

在经济危机的背景下，2011 年日本出现自 1980 年以来的首次贸易逆差，产

业转移造成制造业空心化，日本政府在不断出台措施，通过技术引进与创新推动新兴产业的发展。

1. 创新发展精益制造模式

日本企业在大力引进国外先进技术的基础上，对本国的生产方式进行突破性创新，形成了精益制造模式，即以及时响应、每个员工都对质量负责、客户价值增值为基本原则的生产方式，注重减少生产的废弃物以及提倡不断改进生产过程。创新的技术与技艺融入生产流程的分析、设计与再造，使企业的知识创新和技术优势蕴含在制造过程中。

2. 以技术创新提升制造能力

2009 年，日本出台了为期 3 年的信息技术发展计划，日本经济产业省发布《制造基础白皮书》，认为日本应当以技术创新为主要手段，努力变当前的危机为变革的契机，全面提升制造业的制造能力，为推进全球化和扩展世界市场而强化产品与服务的高附加价值的创新功能，进一步构筑国际生产体系和确定下一代成长产业及其支持产业发展的新技术。

3. 大力推动新兴产业发展。2008 年，日本出台了《低碳社会行动计划》，提出大力发展高科技产业，以核能和太阳能等低碳能源为重点发展，为产业科研提供政策支持和资金补助诸如财政关税等。为了根本性地提高资源生产力，《新经济成长战略》提出采取集中投资，使日本向低碳社会和资源节约型社会转型，实施“资源生产力战略”。

日本制造业以精益制造为生产模式，通过引进国外先进技术带动国内技术创新，通过大力发展新兴产业，全面提升制造业的创新能力。

（三）德国制造业品质制胜驱动模式

2008 年金融危机发生以来，制造业成为德国经济逆势复苏和率先走出衰退的主导产业。

1. 重视产品的品质，注重高端专有生产技术和特种设备的研制开发

高品质和可靠性成为德国产品誉满全球的法宝。为了保证能够生产出高质量的产品，德国制定了很多制造业的“德国标准”，制造企业均建立完善的质量控制体系。德国非常重视对生产高技术产品所需要的设备和生产技术的创新，使其成为其他国家先进制造业的设备供应商和技术提供商，在国际市场上具有独特的竞争优势。例如：德国生产的大量特种机械设备都包含大量的系统专有技术。

2. 以制造业数字化为核心，将传统制造业与新兴产业融合对接起来

目前，德国制造的机械设备产品一半以上都应用了微电子控制，而十几年前这个比例还不到5%。经过微电子技术改造的传统机器设备制造业被定位为新兴产业的上游产业，同时与下游的化学和塑料、电气和电子、汽车、食品和饮料、可再生动力和绿色能源等产业形成有机的生产链。如光伏发电产业，主要由德国机器设备制造企业提供所需的各种设备，而该产业也因此获得了新的发展动力，传统制造业与新兴产业可以有机地结合起来。

3. 德国制造定位于科技和绿色制造

传统制造业转型升级不仅意味着原业务领域从低端向高端的转移，还包括经营范围的拓展，与信息化和低碳化相结合，走向科技制造和绿色制造。在环境和资源约束条件下，重点发展技术密集型的环保产业，并逐渐形成有竞争力的环保产业链条。

4. 发展生产性服务体系，力图同时成为制造强国和服务大国

在信息技术革命中，德国电气和电子生产企业纷纷加盟，参与了电信网络、计算机的软硬件建设、信息和通信技术服务等生产领域，同时也出现了一些新的企业实体。云计算成为德国信息和通信制造业发展的主攻方向，计划把该产业预算的10%用于云计算的研发，把它作为今后高新技术产业重要的增长领域。

（四）对上海市制造业结构转型的借鉴与启示

通过对美国、日本、德国等国家制造业结构转型升级经验的总结，我们可以从中获得如下启示：

1. 重视外部经济环境变化对制造业结构转型带来的影响，夯实工业基础

国际经济环境的变化，如石油危机、金融危机等都会影响进出口结构，而进出口结构变化又进一步影响了制造业的生产结构。美国在金融危机之后，从制造业的现代化、高级化和清洁化中寻找再工业化的出路，日本企业以精益制造开辟着生存发展之路，德国之所以能在欧洲主权债务危机中表现坚挺，与德国政府长期重视制造业发展的基础建设密不可分。对于上海而言，核心技术、关键部件、基础材料等工业基础能力，决定了本地区的工业整体素质、综合实力和核心竞争力；基础不实、基础不牢，成为制约制造业优化升级和发展质量提高的关键因素。为此，上海应集中力量突破制约制造业升级的关键领域、关键环节和主要瓶颈，夯实工业制造基础，尽快提高工业的整体素质和发展质量。

2. 加大高新技术的研发力度并注重推进高新技术产业化，是推动制造业升级的根本动力

美国鼓励原创性技术创新、日本鼓励改进性和自主创新、德国大力发展高端生产技术，无不体现出技术研发对制造业升级的核心作用。对于上海而言，高新技术研发已具有较好的基础，关键在于如何构建有效的高新技术产业化机制，提高技术成果向现实生产力的转化效率。这是我们在推进先进制造业发展过程中需要认真思考的问题。

3. 根据本国或本地实情，认清产业发展方向，找准制造业升级的突破路径

国际经验告诉我们，必须准确定位自身的优势和劣势，发挥优势、取长补短，才能获得比较竞争优势。美国发挥本国的技术优势进行技术原创性创新、日本根据本国资源匮乏的国情致力于创新精益制造模式、德国发挥本国传统制造优势发展高精尖端生产设备和技术创新，都是在正确认识自身优劣势基础上

做出的战略选择。上海如何在目前全球价值链分工体系和国内竞争环境中寻找到发展先进制造业的突破路径，实现制造业的创新驱动、绿色发展是我们思考的重点所在。

4. 政府的政策设计需要重视中小企业力量，培育发展一批具有较强竞争力的小巨人企业

强大而稳定的微观基础是保持产业发展活力和市场竞争力的重要源泉。即便日本的先进制造业是在政府向大企业进行政策和资源倾斜的模式下发展起来的，占企业总数 90%以上的中小企业的利益也未被忽视，政府成立了专门机构为中小企业提供政策、金融等服务。中小企业在高新技术研发和产业化领域具有强大潜力，要加快培育发展一批规模效益型、科技创新型、持续成长型的小巨人企业，为大企业大集团培育后备力量。目前在上海，中小企业已经成为先进制造业的重要组成部分，但是中小企业的发展仍然面临诸多瓶颈，政府政策如何切实在技术开发、市场开拓、人力资源培训、融资辅导和管理咨询等方面提供支持和服务，帮助中小企业突破障碍实现飞越是关系先进制造业发展的重要问题。

5. 生产性服务业与制造业的互动发展，对制造业发展的水平有显著影响

美国、德国的经验表明，服务在制造业产值中所占的比例呈现出快速上升趋势，生产性服务业能否满足制造业发展的需要将在很大程度上影响制造业能否顺利实现升级。生产性服务业的发展甚至可能改变制造业的发展路径。对于上海而言，生产性服务业的重要性还未得到充分认同，如何促进生产性服务业与制造业的融合发展是需要前瞻性布局的战略问题。

执笔：芮明杰　付永萍

2013 年 12 月

第五章　“工业 4.0”、智能装备与上海工业设计业发展

“工业 4.0”是 2011 年德国在法兰克福工业博览会上提出的新概念，在经过两年的发酵后，已经在德国本土、欧洲其他地区、美国乃至全球引发了热烈的讨论。我们以为德国“工业 4.0”与美国的“CPS”虽然概念不同但实质都是针对消费者个性化消费需求的新一代智能制造生产方式，这一新的生产方式代表了未来工业或者制造业发展的未来。为此 2014 年工作室研究人员专门进行了研究探讨，其成果形成了三篇研究专报，主要内容涉及“工业 4.0”与 CPS 的战略、路径与本质的探讨，国际高端装备产业发展趋势及其对上海的启示，上海工业设计与长三角制造业协同发展的对策等。

一、“工业 4.0”与 CPS 的战略、路径与本质

互联网与信息技术的高速发展正迅速影响着整个世界。人们发现，生活中的几乎每一个领域都受到互联网的影响，呈现新的业态与发展形势。尤其是在消费领域，网络消费模式重新定义了人们的购买方式，也推进了消费理念与偏好的升级。个性化消费需求的倾向正越来越明显。如今，大规模大批量标准化生产模式正越来越难以满足消费者的个性化需要，于是新工业革命的到来顺理

成章。所谓“工业 4.0”与 CPS 虽然概念不同但实质都是针对消费者个性化消费需求的新一代智能制造生产方式，这一新的生产方式代表了未来工业或者制造业发展的未来。

（一）制造模式变革：“工业 4.0”与 CPS 的核心战略

“工业 4.0”是 2011 年德国提出的新概念。在经过两年的发酵后，已经在德国本土、欧洲其他地区、美国乃至全球引发了热烈的讨论。“工业 4.0”与 CPS 的核心战略究竟是什么？

1. 互联网技术与制造设备融合发展

2011 年，在汉诺威工业博览会开幕式致辞中，德国人工智能研究中心负责人和执行总裁 Wolfgang Wahlster 教授首次提出“工业 4.0”这一词。2013 年，德国成立了“工业 4.0”工作组，并于同年 4 月在汉诺威工业博览会上发布了最终报告《保障德国制造业的未来：关于实施“工业 4.0”战略的建议》(*Securing the Future of German Manufacturing Industry*: *Recommendations for Implementing the Strategic Initiative Industrie* 4.0)。这份报告认为“工业 4.0”的核心就是下一代工业革命是信息物联网和服务互联网与制造业的融合创新。报告指出，“工业 4.0”将智能技术和网络投入工业应用中，从而进一步巩固德国作为生产地以及制造设备供应国和 IT 业务解决方案供应国的领先地位。

美国于 2005 年末 2006 年初曾对信息物联网和服务互联网与制造业的融合做出综合性的概括，称之为虚拟网络—实体物理系统(Cyber-Phsysical System，CPS)。美国与德国面对制造业未来虽然提出的概念不同，但“工业 4.0”与 CPS 本质上是异曲同工的。

2. 战略核心：制造智能化

“工业 4.0”与 CPS 想实现的是通过物联网，信息通信技术与大数据分析，把不同的设备通过数据交互连接到一起，让工厂内部，甚至工厂之间都能成为一个整体，在自动化之上，形成制造的智能化。这一智能化又包含两大主题：智能工厂与智能生产。

智能工厂主要关注智能化生产系统及过程，以及网络分布式生产设施的实现。未来，各个工厂将具备统一的机械、电器和通信标准。以物联网和服务互联网为基础，配备有感测器、无线和 RFID 通信技术的智能制造设备可以对生产过程进行智能化监控。由此，智能工厂能够自行运转，且工厂间零件与机器可以相互交流。结合大数据技术，智能工厂还能对生产与修理作出可能的提示。这使得工厂设备脱离固有生产线的束缚，可以不断做出智能的调整，从而使得一次性生产的产品也可以通过颇具收益的方式制造出来，打破了标准化生产的成本优势。

智能生产是在智能工厂的基础上进一步加入了人的要素，同时强调生产过程本身，主要涉及整个企业的生产物流管理、人机互动、3D 打印以及增材制造等技术在工业生产过程中的应用等。目前大部分制造系统都采用集中式控制方案，在中央控制机器上独立地进行处理，工人主要负责监控维修控制机器。未来的智能生产是以人为中心的基于信息物理系统为智能辅助系统创造更优秀的人机互动模式。

3. 制造模式变革：产品、设备与管理设想

“工业 4.0”与 CPS 希望通过智能工厂与智能生产的建设，最终实现的是制造模式的变革。每一个产品将承载其整个供应链和生命周期中所需的各种信息。设备将由整个生产价值链所继承，可实现自组织。管理能够根据当前的状况，灵活决定生产过程。具体可以用 6C 来进一步说明，6C 为连接（Connection，传感器和网络）、云（Cloud，任何时间及需求的数据）、虚拟网络（Cyber，模式与记忆）、内容（Content，相关性和含义）、社群（Community，分享和交际）、定制化（Customization，个性化服务与价值）。6C 条件下的产品本身，将成为信息的载体。产品能够自动记录其生产过程的一切。同时，它还能够辅助操作步骤与监测周围环境。比如一款产品出厂情况会根据温度与湿度的变化发生变化，产品还会自动提示监事人员自己还需要增加什么样的额外调整措施。

6C 条件下的工厂可以实现全产业链的智能生产，实现生产的自我调整。2013 年，蔡司(Zeiss)集团在欧洲机床上展出的 PiWeb 系统正是这一理念的现实反映。该系统能把分布在不同地区、不同产业链环节的工厂机器测量数据汇总。未来，这些汇总信息能够自动通过系统分析出调整结果，重新返回各个工厂实现实时智能化调整。

6C 条件下的管理可以实现透明化生产，预测性制造。目前的制造中，存在许多无法定量的因素，包括加工过程中的性能下降，零件的偶发失效，废品的返工，整体设备的效率下降等。通过透明化，也就是一种阐述并量化那些不确定因素，以使生产组织者能客观地估计自身制造和装备状态的能力，通过管理实现预测性制造，做到维修成本的降低，运行效率的提高，产品质量的改进。

(二)“工业 4.0”与 CPS 的实现路径

基于美国与德国各自国家不同的优势所在，两者在推进新一轮工业革命的实现路径时还是有所不同，各有侧重(见表 5.1)。

1. 德国:国家战略下合作探索“工业 4.0”智能工厂

德国提出“工业 4.0”这一概念本身带有国家的反思。德国称得上是一个高端制造的大国，制造业作为其经济增长的动力，使其在欧债危机中长期保持坚挺。但他们的制造业始终以产品为主。他们一直在反思，为什么自己的产品只有生产功能的价值，而没有服务的价值。为此通过互联、数字、智能化的融合、智能工厂的建设，可能是未来的方向。为此基于自身较强的制造设备工业，在国家战略下合作建设互联的智能工厂系统可能是重要的路径，使得德国成为第四次工业革命的先行者。

Detlef Zuehlk 教授所在的德国人工智能研究中心创新工厂系统部协同 10 家德国企业，建立了世界上首个反映“工业 4.0”愿景的工厂模型。借助这个被称为 Smartfactory 的项目，10 个合作伙伴各自建立一个系统模块，或者提供相关跨应用的技术。这个工厂模型展示了不同领域的创新性企业相互合作，共同工作，使概念转化成商品，把愿景实现为现实的过程。这一模型示范了 6C 下的组织生产的一种实现。

在 2014 年，主题为“融合的工业——下一步”的汉诺威工业博览会上，各个德国企业还展示了自己的“工业 4.0”构想生产线。西门子展示在其生产线上，车体与机器人一边“对话”一边进行组装。博士力士乐和萨博分别展示了一条能在同一条生产线上生产两种产品和六种断路器的概念灵活装配线。萨博展示了一台可以生产 16 种不同产品，并对它们进行区分的设备装置。

2. 美国：依托硅谷模式抢占软件技术优势，发展先进生产方式

美国是最早提出信息物联系统的国家，美国认为制造过程的下一步优化，是透明化那些不可见的因素，从而使生产能在完全的信息下进行，也就是透明化生产和预测性制造。在 CPS 系统研究的初级阶段，制造业并未脱离原有的制造模式，而是在生产信息系统层面进行相应的改革。

随着 CPS 系统概念的不断发展与进化，美国对透明化生产的认识逐步上升到工业大数据层面。工业大数据是由一个产品制造流程或者一个工业体系带出的数据。工业大数据使得产品带来更高的价值，每一个出产的产品最后都能回馈信息至生产者手中，从而反过来影响之后的生产者决策与行为，也能提前为生产者应对突发情况做出提示，使得生产过程中不再存在不确定的信息。工业大数据的信息系统对制造设备的要求越来越高，逐步成为新一代智能制造装备或工厂。

工业大数据及其配套的信息系统与硅谷模式相结合，使得美国可以在智能制造信息系统类生产方式构件上取得领先。美国目前已经构建出一套创新性的预测工具，能将数据系统所收集的内容加工成解释不确定性的信息，使管理人员做出更多“知情”的决定，实现部分透明化生产。这一套工具中包含了整合平台、预测分析工具和可视化工具。例如软件 Watchdog Agent™ 中，算法被分为四个部分：信号处理和特征提取、健康评估、性能预测和故障预测。利用雷达图、故障图、风险图和健康退化曲线，有效的传达工厂设备的信息，从而做到智

能化的生产。

表 5.1　德国与美国的新工业革命实现路径对比

	德国	美国
提出原因	产品只有功能,没有服务价值	制造业优化:透明不可见因素
国家优势	制造业设备先进	软件与信息系统优势
发展主题	智能工厂	智能生产
具体操作	由国家主导,合作发展实验性智能工厂及设备	鼓励开发智能监控软件,研究相应大数据理论与数据应用
范例	Smartfactory 模型	Watchdog Agent™ 软件

(三)"工业 4.0"与 CPS 的战略本质

1. 大规模定制化生产方式正逐步实现

"工业 4.0"与 CPS 及其代表的新一代智能生产方式可能就是大规模定制化的生产方式的初级阶段。因为消费者个性化需求如果实现,一方面需要供应商能够生产提供符合消费者个性偏好的产品或服务,一方面需要社会提供消费者有个性化消费的空间与过程。由于消费者众多,每个人的需求不同导致需求的具体信息也不同,加上需求的不断变化,就构成了供应商的大数据。对这些数据进行处理,进而传递给智能设备,进行运算,设备调整,材料准备与自动加工等步骤,才能生产出符合个性化需求的产品。

"工业 4.0"与 CPS 所体现的进步技术包括物联网、信息技术、大数据处理技术,与个性化产品制造所需的技术十分相似,相对来说缺少了在消费者层面采集数据的环节。但通过工厂层面的设备革新、产业链协作、大数据处理,产品能够具有服务价值,从而使得智能制造设备根据处理后的信息,进行判断、分析、自我调整、自动驱动生产加工、品质保持,直至最后的产出步骤。可以说,智能工厂已经为最终的制造业大规模定制生产做好了准备。

2. 消费性大数据与生产性大数据处理的结合

在“工业 4.0”或 CPS 的工厂中,消费者需求与行为产生的大数据除了反馈至生产设备,进行产品生产的调整外,还将对生产本身进行进一步监控。而生产所产生的数据同样经过快速处理、传递,反馈至生产过程及其涉及的产业链的链条中,从而使得生产过程高品质的进行。

例如在过去,在设备运行的过程中,自然磨损本身会使产品的品质发生一定的变化。随着个性化生产的推进,产品生产所涉及的自然环境因素、突发因素、设备条件等变量会进一步增多,这种磨损对整个生产带来的影响会被放大。通过信息处理技术及互联技术,生产过程中的这些因素才能被精确控制,从而真正实现生产的智能化。一定程度上,这一工业大数据的处理技术直接决定了“工业 4.0”与 CPS 所要求的智能化设备的智能水平。

3. 新一代智能制造工厂的未来

消费需求的个性化需求要求传统制造业突破现有的生产方式与制造模式,根据消费需求的海量数据与信息,进行大数据处理与传递;而在进行这些非标准化产品生产过程中产生的生产信息与数据也是大量的,需要及时收集、处理和传递。这两方面大数据信息流最终通过互联网在智能制造设备交汇,由智能制造设备进行分析、判断、决策、调整、控制开展智能制造过程,确保生产出高品质个性化产品。这就决定了互联网、信息技术与制造母机的融合后,最终形成新一代互联的智能制造工厂以替代现今的工厂。

“工业 4.0”与 CPS 瞄准的都是这个方向。为了应对这个变革的趋势,我国应该更加注重制造业高端标准与技术的确立,寻找智能制造设备与信息技术融合性的突破,大数据建立与分析应用的突破,做到互联网应用技术的升级,培养信息技术与制造技术复合型人才。

执笔:芮明杰 肖勰

2014 年 7 月

二、国际高端装备制造业发展趋势及对上海的启示

装备制造业位居工业的核心地位，担负着为国民经济发展和国防建设提供技术装备的重任，是工业化国家的主导产业。即使在信息社会中，装备制造业的基础战略产业地位仍不会动摇。世界发达国家的发展经验充分证明，没有强大的装备制造业，就无法完成工业化，更不可能实现现代化。进入 21 世纪，国际上发达国家将装备制造业置于更为优先发展的战略地位，不仅体现在装备制造业占本国工业总量的比重、资本积累、就业贡献等指标上均居前列，更体现在装备制造业为新技术、新工艺、新产品的开发、设计和生产提供了重要的物质基础。在美国金融危机影响和新技术革命和经济全球化发展推动下，当前国际装备制造业有了重大变化，呈现出新特点和新趋势，这为上海高端装备制造业的进一步发展提供了新的启示。

（一）国际装备制造业发展的新趋势

近年来，特别是金融危机爆发以来，全球产业调整、技术升级和区域转移向纵深发展，国际装备制造业发展出现了新的趋势。主要表现在以下五个方面：

1. 由“全球制造”向“制造回流”转变

进入 21 世纪，随着经济全球化的深入，国际装备制造业跨国企业的生产、销售、服务、研发呈现出全球化分工的趋势，基本实现了异地设计、制造和远程销售，这就导致与制造紧密相联的各个环节朝着全球化方向迈进，使得制造资源在世界范围内调剂、共享和优化配置。然而，2008 年国际金融危机爆发使得欧美等发达国家纷纷实施“再工业化”和“制造业回归”战略，力图抢占高端制造市场。2009 年 12 月之后美国先后制定了《重振美国制造业框架》《“先进制造伙伴”计划》和《先进制造业国家战略计划》，将智能电网、清洁能源、先进汽车、航

空、生物和纳米技术、新一代机器人等作为重点发展领域，抢占 21 世纪先进制造业制高点。德国政府推出了“‘工业 4.0’战略”，欧盟国家提出的“再制造化”，目标是将工业占 GDP 的比重从现在的 15.1%到 2020 年提升至 20%。与此同时，新兴国家如巴西、印度均制定了一系列促进制造业发展和吸引国际产业转移的具体措施，以更低的劳动力成本承接劳动密集型产业的转移，与我国形成了同质竞争。在这种局面下，有的跨国资本直接到新兴国家投资设厂，有的则考虑将中国工厂迁至其他新兴国家。我国装备制造业面临着发达国家“高端回流”和发展中国家“中低端分流”的双重挤压。

2. 由“初级分工”向“纵深分工”转变

受装备制造行业全球化影响，发达国家装备制造产业分工从简单的“初级分工”转移向“纵深分工”发展。装备制造业的国际间的劳动分工从过去的原料生产和成品生产之间的初级分工，发展到了“纵深分工”。发展中国家土地、劳动力等生产要素成本仍具有明显优势，国际产业转移的根本动力依然存在，大型跨国公司在全球建立低成本生产基地和战略性重组步伐加快。今后较长时期内，发达国家装备制造业加工组装环节将加快向劳动力丰富、成本低、市场需求大的发展中国家转移，外资将大规模投向研发中心、维修服务中心、销售网络和具有技术深度的加工组装等高端环节。

3. 由“制造—科技分离”向“科技控制制造”转变

随着国际产业分工的转移，发达国家制造业在本国 GDP 中的比重以及在全球制造业增加值总量中的比重都呈下降趋势，但这并不代表发达国家放弃了制造业的战略地位。在新一代技术革命下，美国利用信息革命和知识经济的技术创新优势完成了“制造业中心”与“科技中心”的相对分离，开始了以“科技中心”控制“制造业中心”的新时代。全球科技中心对制造业中心的控制主要通过跨国公司内部分工、扶持委托加工制造中心、强化低端产品对高端产品的依赖、核心技术对生产性技术的控制以及市场需求等方式来实现。跨国公司在全球各地到处寻找低成本的投资区，它们不再仅仅考虑某个产品在哪里生产，而且要考虑某个零件在哪里生产成本最低。例如一架波音 747 飞机有 450 万个部件，来自近 10 个国家、1 000 多家大企业、1.5 万多家小企业。

4. 制造模式由“传统制造”向“新型制造”转变

以信息技术为代表的高新技术与制造技术相融合，进一步给装备制造业带来深刻的、革命性的变化，使得装备制造业从传统的制造模式向数字化、信息化、智能化等新型制造模式转变。这种转变体现在以下几个方面：一是产品信息化数字化。将传感技术、计算机技术、软件技术“嵌入”制造业的产品，实现产品的信息化、数字化。二是制造过程的数字化、信息化与智能化。美国提出了基于建模与仿真的可靠制造，智能化、数控加工、柔性制造单元等数字化设计制造技术得到广泛应用。三是制造装备高精度、高效与智能化。信息技术的应用将大大提高制造装备的精度与效率，并实现自动化与智能化，超微超精和超大超重装备的制造技术明显提升，装备领域进一步延伸拓展。四是制造的网络化与柔性化。制造装备和制造系统的柔性与可重组成为 21 世纪制造技术的显著特点。五是制造管理的信息化。彻底改变制造业的传统观念和生产组织方式，加速了现代管理理论发展和创新。

5. 由“单一产品或服务供应商”向“综合性解决方案供应商”转变

国际装备“制造业服务化”趋势越来越明显，简单来说就是制造业企业由仅仅提供物品或服务向“物品＋服务”转变，并且服务在整个产品包中居于主导地位，是增加值的主要来源。现代服务业与制造业的相互融合日趋紧密，服务的价值越来越高，制造服务已成为要素流动和资源配置的重要方向。产品创新、市场营销和售后服务的增值作用明显提高，装备制造业的产出正从“单一产品”转变为包含“产品＋服务”的综合性解决方案供应商。特别是大型成套设备制造业已经由以制造为中心转向以定向设计制造和全方位营销服务为中心。随着装备工业服务化趋势的发展，许多企业的销售额中全球服务的比重在不断提高，服务对公司毛利润率、营业利润率的提高所起的作用不断增强。如日本机械工程产业创造的产值已经相当于机械工业总产值的 80％。同时，专业或兼业的工程企业几乎已经涉及装备工业各个行业，形成了工业中的服务产业群。欧美等发达国家将通过转移传统制造业，保留高质量的制造业，大力发展高水平的现代制造服务业，在全球产业链分工中继续处于高端位置。

（二）对上海装备制造业转型升级的启示

上海正处于制造业加速发展和快速转型的关键时期，面临新技术革命和新产业革命带来的机遇，国际发达国家高端装备制造业的最新发展趋势，对上海加快发展高端装备制造业，促进产业升级，具有诸多启示。

1. 借助美国“制造业回归”战略，提升上海高端技术和资本密集型装备制造业发展质量

尽管美国制造业回流趋势明显，并形成与我国制造业全面竞争和对抗的态势，但同时也为上海带来一些机遇。一是鼓励上海有实力的制造业企业集团扩大对美国的中高端制造业投资或并购力度。一直以来，美国对我国高新技术出口实施严格的管制，我国也因此走了引进来以市场换技术的路径。在美国再工业化战略下，我国可以“走出去”对美国进行直接投资以资本换技术，提升商品在国际市场的竞争力。二是加大对高技术的引进力度。美国的再工业化战略提出保护最敏感的高端和先进技术，放松对其他技术的出口管制，因此，上海可以密切关注美国再工业化动向，适时扩大对美的先进技术进口，提高上海中高技术密集型制造业的发展层次。三是加强与欧美国家在高端装备制造技术研发合作。以清洁能源为例，2009 年中国以 346 亿美元成为能源投融资第一大国。中国巨大的市场潜力使美国对清洁能源领域的合作表现出强烈的意愿。美国在清洁能源方面具有先进的技术。美国更加看重的是中国国内的市场潜力，上海应借此加强与美国在相关高端技术的合作研发，提升在高端装备制造领域的技术研发能力。

2. 大力发展先进制造技术，推动装备制造业信息化、智能化

全球金融危机爆发之后，欧美等发达国家开始重视制造业，并通过推动机

器人、人工智能及3D打印等智能技术来实现“再工业化”。智能化、网络化、信息化、服务化已成为国际装备制造业的最新发展趋势，具体表现为计算机辅助设计(CAD)技术、柔性制造系统(FMS)以及计算机集成制造系统(CIMS)等先进技术的开发与广泛应用。上海应以核电、风电、清洁能源、太阳能等高端能源装备为核心，大力发展船舶、轨道交通、民用航空等先进交通装备，推动上海高端装备制造业尽快实现智能制造、绿色制造和服务制造，推进信息化与工业化、信息技术与制造技术的深度融合。

3. 大力发展生产性服务业，促进生产性服务业与制造业的深度融合发展

国际装备制造业与服务业的融合趋势不断在加强，服务功能进一步强化。近年来，上海装备制造业发展很快，可生产性服务业发展速度却滞后，长期这样下去，会成为装备制造业发展的瓶颈，制约装备制造业的发展。发展生产性服务业要以产业化为导向、市场化为手段、信息化为支撑、法制化为保障，以现代金融、科技信息、现代物流、商务服务等为重点，大力发展配套型、承接型、延伸型、互补型、深化型生产性服务业，努力形成自己的特色和优势，构建生产性服务业与其他产业深度融合、协调发展的良好格局。

4. 借鉴美国“产业公地”建设经验，完善高端装备制造业产业集群创新政策

20世纪90年代以来，全球装备制造业的集群化趋势不断发展。英国北部的汽车、金属加工等制造业集群，美国硅谷和128公路的电子业集群、明尼阿波利斯的医学设备业集群，德国索林根的刀具业集群、斯图加特的机床业集群、韦热拉的光学仪器集群等，已经成为地区经济发展的重要支柱。在日本东京，众多电子设备、精密仪器领域的中小企业集聚周围，这些“产品开发型中小企业”正取代传统的“承包加工型中小企业”，迅速发展成为日本培育产业竞争力的基础。长期以来，上海虽然重视产业集群的发展，但却缺乏行之有效的促进产业集群创新的政策。上海应借鉴美国的“产业公地”建设经验，一是设立专门的产业创新基金，推进企业之间尤其是中小企业之间共享的信息资源和研发平台建设，以加速推进产业集群创新。二是通过行业协会或中介机构，组织先进制造

企业进行联合投资,共同建设并分享共性技术成果和基础设施。

5. 大力提高自主创新能力,加快培养一批能够提供重大技术装备总承包服务的企业集团

在经济全球化的今天,装备制造业发达国家,总是由具有总承包能力即提供交钥匙工程的公司,把有关设计、制造企业联合起来。总承包公司控制着总体设计和关键设备的制造。而上海目前装备制造业的现状是研究院所、设计院、制造企业各自为战,缺乏有机联系,至今没有能够像美国通用电气和IBM、德国西门子、日本三菱重工、法国阿尔斯通那样的企业,成为提供全系统服务的世界级装备巨头。加快发展具有总体设计、系统集成、成套生产、配套服务等“一揽子”功能的大型装备制造企业,是占领国际国内竞争制高点的关键环节。不断强化系统设计、成套制造的能力,也是国际装备制造业的一个重要发展方向。韩国早在20世纪70年代就提出了工程成套规划,极大地促进了本国装备制造业的发展。由于工程承包公司掌握着关键流程工艺技术,在设备选用上也有决定权,因此促进这类公司持续快速健康发展,不仅有利于上海装备制造技术水平的整体提高,而且也有益于实现技术装备特别是重大技术装备的国产化。

6. 壮大先进装备制造业人才队伍

一是积极推动“创新人才推进计划”在装备制造、航空航天、电子信息等重点领域的组织实施,着力造就一批产业技术创新领军人才和高水平团队。二是依托国家科技重大专项和重大工程,加强战略性新兴产业等领域紧缺人才的引进和培养。三是加强高等院校、企业、科研院所之间的合作,培育一批年富力强、具有创造性的中青年科技人才、管理人才和高级技工,特别要培养重大装备研制和系统设计的带头人。

执笔人:程贵孙

2014年9月

三、上海设计业与长三角制造业协同发展机制与政策研究

随着大多数全球创新领先公司日趋重视基于设计的创新，将其作为主要的竞争战略，设计进入了人们的视野。“设计力就是竞争力”，通过设计提升产品的创新能力和增加产品的附加值已迫在眉睫。上海设计业与长三角制造业融合是指地方政府、制造企业、设计公司三方利用现有资源的再配置，来实现制造业转型升级的重要模式创新，也是“政产学研”的具体实施。为此，如何制定和升级设计业和制造业协同发展的产业政策，及推动产业融合创新从初级阶段到未来深化阶段，直接关系到未来上海设计产业的发展，以及上海长三角传统制造企业能否走出低端困局的关键。

（一）工业设计发展的背景

随着大多数全球创新领先公司日趋重视基于设计的创新，将其作为主要的竞争战略，设计进入了人们的视野。如苹果、三星、斯沃琪（Swatch）手表、星巴克（Starbucks）咖啡、特斯拉等一大批新兴公司成为行业最耀眼的创新企业，成功的背后源于在设计创新方面付出的巨大努力和对设计过程的高度重视，其卓越的设计创新能力使产品收获消费者一次次惊喜，实现创造性突破的同时，引领经济社会发展未来趋势。

近年来，国内制造业产品同质化严重，创新严重缺乏使竞争演变成了低端价格战，“设计力就是竞争力”，通过设计提升产品的创新能力和增加产品的附加值已迫在眉睫，也是本土制造企业和产品转型升级路径之一。当前，工业设计在我国转变经济发展方式的大背景下被寄予厚望，中国的设计产业迎来了新的发展契机。

一直以来，现有的企业升级研究集中在与技术提升、品牌建立有关的企业

功能升级(Gereffi,1999; Kaplinsky,2001;Humphrey 和 Schmitz,2002)①。也就是说,在转型升级过程中,技术或市场都是驱动创新的首选,并以此带动产品升级(Chen 和 Qu, 2003;熊建明和汤文仙, 2008)②。Verganti(2003)③提出在传统的技术推动和市场拉动之外,还存在设计驱动型创新的第三种创新模式。Utterback 和 Abernathy④ 也早在 1975 年就探索了设计在产业创新周期竞争中的决定性作用,并提出了主导设计(Dominant Design)这一重要概念。Gorb 和 Dumas(1987)⑤认为设计作为产品和人之间沟通的语言,直接担负着创造性组合生产要素任务,占据所有产品和服务开发过程的要津。Gemser 和 Leenders (2001)⑥研究发现,对于新采纳设计战略的企业,设计强度对绩效正影响更明显。Chiva 和 Alegre(2007)⑦提出设计是人类有目的地运用创造力的过程,能通过各种元素和资源配置赋予产品独特的外形、性能、制造方法,使其易于使用。Mutanen(2008)⑧认为设计是沟通生产与使用的桥梁。Verganti(2008)⑨

---

① Gary Gereffi. International Trade & Industrial Upgrading in the Apparel Commodity Chains, [J]. Journal of International Economics, Vol. 48, 1999: 37—70.

Kaplinsky, R. & M. Morris. A Handbook for Value Chain Research[C]. Brighton: IDS, 2001.

Humphrey, John and Hubert Schmitz. How does insertion in global value chains affect upgrading in industrial clusters? [J]. Regional Studies, 2002, 36(9): 1017—1027.

② Chen, Jin and W. G. Qu. A new technological learning in China[J]. Technovation, 2003, 23(11): 861—867.

熊建明和汤文仙. 企业并购与技术跨越[J]. 中国软科学, 2008(5): 81—90, 135.

③ Verganti, Roberto. Design as brokering of languages: Innovation strategies in Italian firms[J]. Design Management Journal, 2003, 14(3): 34—42.

④ Utterback, James, and William J. Abernathy. A dynamic model of product and process innovation [J]. Omega, 1975, 3(6): 11.

⑤ Gorb, Peter and Angela Dumas. Silent design[J]. Design Studies, 1987, 8(3): 150—156.

⑥ Gemser, Gerda and Mark AAM Leenders. How integrating industrial design in the product development process impacts on company performance[J]. Journal of Product Innovation Management: an International Publication of the Product Development & Management Association, 2001, 18(1): 28—38.

⑦ Chiva, Ricardo and Joaquín Alegre. Linking design management skills and design function organization: An empirical study of Spanish and Italian ceramic tile producers[J]. Technovation, 2007, 27(10): 616—627.

⑧ Harmaakorpi, Vesa and Arto Mutanen. Knowledge production in networked practice-based innovation processes-interrogative model as a methodological approach[J]. Interdisciplinary Journal of Information, Knowledge, and Management, 2008, 3: 87.

⑨ Verganti, Roberto. Design, meanings, and radical innovation: A metamodel and a research agenda [J]. Journal of Product Innovation Management, 2008, 25(5): 436—456.

进一步明确界定了设计驱动型创新的内涵，奠定了理论发展的基石。

近年来，上海的制造业一直在按照落实科学发展观，以现有制造能力为基础，以调整、优化和提高为方向，以高新技术研发、创新和产业化为重点进行推进。何谓高新技术？高新技术定义为人类改造自然的手段和方法的知识体系顶部的一个子体系，它建立在持续技术知识创新的基础上。同时，工业设计不仅是改造自然的手段和方法，也是持续的技术和知识创新，工业设计的发展可以带动传统产业和基础产业的技术进步。可以看出，设计产业的发展，尤其是设计业和制造业融合创新不仅能带动产业链上下游产业及相关服务产业等合作，还能推动制造企业技术的进步与转型发展。

（二）上海工业设计发展和助推转型升级

工业设计在我国是一个新兴的行业，可以说，近年来的发展是相当迅速的。工业设计是工业现代化和市场竞争的必然产物，其设计对象是以工业化方法批量生产的产品。工业设计对现代人类生活有着巨大的影响，同时又受制于生产与生活的现实水平。

20 世纪 70 年代末，工业设计在我国大陆开始受到重视，1987 年中国工业设计协会成立，进一步促进了工业设计在我国的发展。工业设计的概念是 20 世纪 80 年代从国外引进的，这是我国改革开放，产品逐步走向世界的必然结果。回首工业设计在中国发展的 20 年，既有令人兴奋鼓舞的一面，又有一些不尽如人意的方面。相当多的人开始重视并投身其中，给我国的工业产品带来了新面貌，但是，与发达国家相比，我们在各方面都还有很大距离，特别是在工业设计的理解认识及对行业的规范管理方面。

上海工业设计工作起步早，发展快。近年来，上海利用其独特的地位，国际大都市的形象，在与国际先进国家的设计交流中加快了步伐。上海是长江三角洲龙头城市，是长三角地区的经济、文化、科技、教育中心。良好的区位优势为上海工业设计产业的发展奠定了坚实的基础。截至 2013 年，上海人均 GDP 已经超过12 000美元。综合经济实力多年来稳居全国城市第一位。上海工业在全市国民经济中占有重要地位，是长江三角洲区域的中心，吸引众多海内外工业设计机构和人士抢滩上海。尤其是上海周边地区完善的软件业、制造业和服装、家电、日用品、家具、建材等专业市场为工业设计的前端创意表现，为后段生产和产业化提供了强大的后援保证。2010年联合国教科文组织正式批准上海加入联合国教科文组织“创意城市网络”并颁发上海“设计之都”的称号。“设计之都”是城市的一张文化名片，打造成“设计之都”可以提升城市软实力、促使上海长三角产业结构升级换代进而转变经济运行方式，最终真正体现以人为本的发展理念，并促进上海率先转变发展方式。

（三）上海工业设计业与长三角制造业融合机制和路径

1. 设计业制造业初始阶段

20世纪80年代至90年代为我国设计业启蒙发展阶段，未能掀起设计热潮，无论是传统产业内企业，还是工业设计，都在各自独立和发展，以企业自发和市场为主，也就是设计与制造业协同前的初级阶段。当然，设计和制造从来就是孪生兄弟，有制造就有设计，有设计就要制造，制造企业和设计公司各自独立运行（见图5.1）。

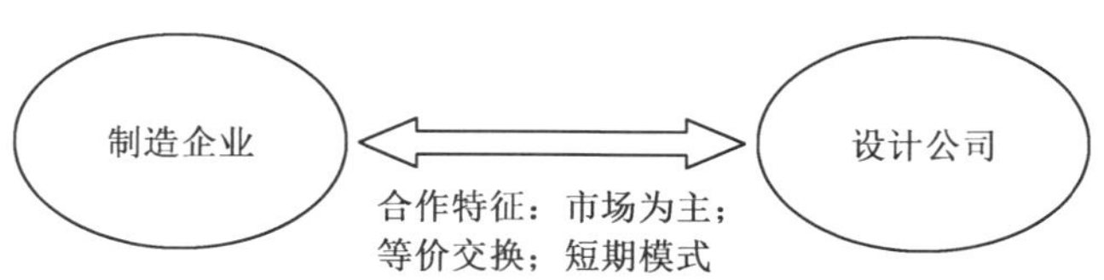

图5.1 设计和制造合作的初级阶段（1.0阶段）

由于各方面主客观原因，造成了制造和设计的双向需求停留在初级阶段（即设计1.0阶段），设计公司和传统制造企业双方都被束缚在设计没有充分展开的市场，即使有设计合作，也多停留在低端设计合作商。目前，尽管江浙沪是传统制造业发达地区，也仍然停留在初级阶段的设计交易方式上，这种以“等价交换"为特征的模式由于缺乏长期合作的思想，表面看似自由、平等、合理、简单、高效，实则掩盖了难以出现真正的原创的自由设计思想的好作品的原因。设计和制造双方都不愿意承担设计风险，更多的是以"短平快"的模仿设计为主。这种阶段和合作模式只会使"好的设计"越来越少，且各种弊端也凸显出来。如设计创意业之间抄袭、模仿的现象十分普遍，真正的原创设计和创意劳动又往往得不到有效保护，从而打击企业"自主创新"的积极性。

同时，制造企业对与设计公司合作的意愿不足，投入也是裹足不前，这其中就存在很大的"机制设计缺陷"，也就是经济学所说的"搭便车"效应，某一个区域产品品牌或某一创意设计产品出来，大家都是受益者，导致前期个体企业都不愿意参与投入创新，都想"搭便车"发展。为此，长三角传统制造企业聚集的区域就迫切需要一个"平台"来引导和"协同创新"，从而助推转型升级。

2. 设计业制造业开始融合创新阶段

目前，随着设计的兴起，长三角地方区域政府都在积极搭建工业设计的供需平台，通过设计业制造业创新平台，改变设计思路狭窄和落后的局面，不断融入上海优秀的工业设计理念，助推传统制造产品增加市场通路。同时，上海的优秀设计师的作品也需要转化为产品，也需要依托平台计划寻找到产品转化平台。对当地政府来说，县市制造企业产品通路打开，产能增加，政府税收也可以提高，确保制造企业转型升级和健康发展。

当前设计也好，制造也好，重点和共同的任务就是促进制造业的转型升级。上海设计和长三角传统制造怎么样协同创新？近几年来，江浙沪地区产业区域通过政府资助或政府给予税收、资金、场地、人才引进等优惠政策，建立集场地、资金、设备、信息、培训、技术交易、设计资源共享及管理咨询为一体的以工业设计企业为主体的工业设计创新园区，从而形成按照市场经济规律运作，形式各异、各具特色的产品设计部门与公司——孵化器。也就是目前"设计和制造业融合创新平台"模式。

由于中小企业一般都没有自己的设计部门及社会上设计公司水平的参差

不齐，企业就更需要有一条龙服务的设计部门为它们出谋划策，整合设计资源，提高计划执行的成效。目前，不少国家和地区工业设计的发展都由政府主持、推广，并在各方面政策上加以扶持引导，形成一个工业设计良性循环的竞争氛围（见图 5.2）（即，设计 2.0 阶段）。

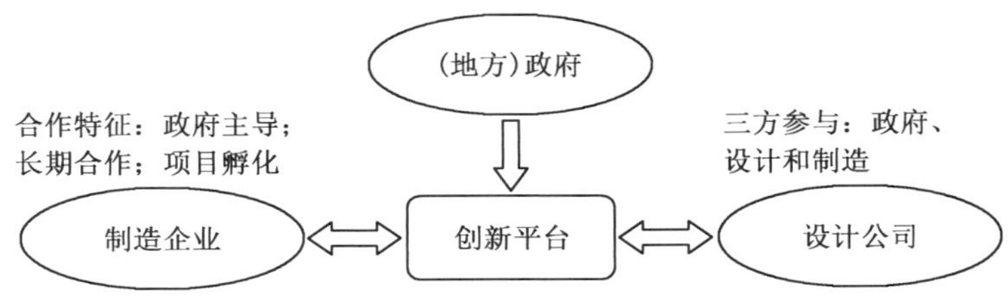

图 5.2　设计和制造合作的创新平台阶段（2.0 阶段）

随着转型升级的压力增多，以及对工业设计的不约而同的重视，长三角各地市县级政府都在加快制定出台针对设计创意产业自身发展需求的具体扶植政策（如，江苏宝应、大丰，浙江杭州、义乌、长兴，安徽铜陵、马鞍山、芜湖等），建立起相关的平台机构和制定相关的行业规范，以及为相关企业寻找设计合作伙伴，提供相关设计机构的业务范围、设计实力以及成功设计案例等。同时，这一阶段地方政府考虑更多的是在产业政策上予以支持，如设计费的支持，以及设计企业税收返还、人才培养、高新技术企业认证、国家创新资金扶植等。同时，各地政府都有意识地加强知识产权的有效保护，推进产业和设计对接交流合作。

可以看出，当市场不能自动调节和达到最优的时候，政府就应该扮演干预的角色，如通过设计业制造业融合创新平台，达到区域产业和企业升级，即由二元结构（企业与设计）模式，演变成三元结构模式，政府参与进来，请外部知名设计和院校参与。这一模式是基础，是三元结构的起始，政府进来之后，起到桥梁的作用，尤其是可以引进外部优秀的设计资源。当然，这一阶段，首要目标还是想盘活当地传统制造产业。同时，上海设计是服务长三角传统制造业的一次重要尝试。近几年来，上海设计产业发展逐步壮大，设计师和设计企业在为企业提供设计服务的同时，也在积极打造自主设计品牌，设计师不再仅仅是设计师，也是设计经营者。

3. 设计业制造业前期融合的反思。可以看出，在制造和设计双向需求背景下，形成了设计业和制造业融合平台，并借助部分政府力量和民间力量，一是推动上海设计力量为制造业服务，同时也将设计师的经验和作品转化为具有市场竞争力的产品。但目前设计业和制造业协同发展的产业政策还停留在初级阶段，结合各地运行的这几年效果来看，设计业和制造业融合创新产业政策启动容易，但具体运行起来就“步履维艰”，并表现出一些不足。

不足之一：前期的产业政策制定尚有缺陷，主要还是短期行为，包括兴建设计产业园区，以及简单的财政补贴等“输血”方式支持（如郑州、义乌、铜陵、昆山等城市已经在“输血”助推设计产业和融合发展，更多长三角县市政府还在犹豫），如有的地方支持50%的设计费，有的地方就逐步“衰减”，支持20%～50%的设计费，使得参与企业的积极性大打折扣。当然，由于创新平台自身没有很大的“造血”功能。地方政府也很犹豫，毕竟还是急功近利的心态，短期不能见效应。

不足之二：从前期设计业和制造业创新实践来看，平台影响力小，都还是集中在长三角传统中小企业聚集的产业上。几乎没有参与先进制造业及其技术提升上，如汽车、装备、船舶、电子信息等优势制造业的研发能力和核心竞争力提升有限和“式微”。产业政策服务还是以短平快项目多，且成功样本没有，说服力不够，还仅仅是简单政策“刺激”的平台。

不足之三：目前，最大的问题就是创新平台还是“初级”阶段，也是“设计业制造业融合创新”产业政策的初级阶段。主要表现为参与的设计公司和制造企业等各个方面都还是档次低、层次低，高端网络关系缺失，进而导致平台有价值的信息少，有档次的设计企业少，与同行业及其协会等交流少，使得产业政策制定的“政产学研”初衷大打折扣。未来要建设的平台，应该是结合消费升级背景下的用户研究、创新孵化平台，以及有良好创新环境氛围。图 5.3 所示为未来设计 3.0 阶段构思。

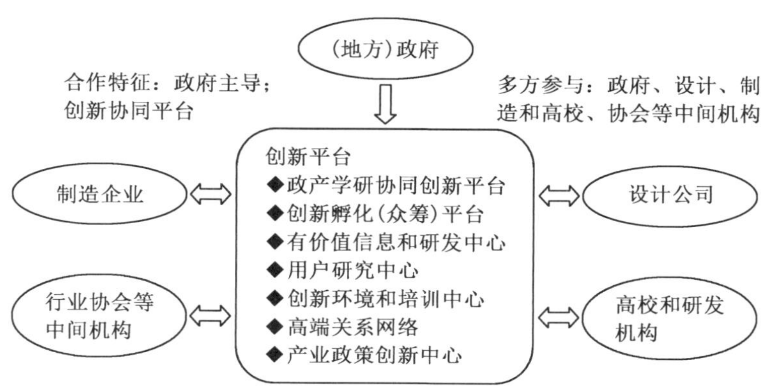

图 5.3 上海设计和长三角制造业合作创新平台(3.0 阶段)

(四)上海设计业和长三角制造业融合创新未来政策思考

当前，消费升级和产业革命把世界推进到一个崭新的设计时代，从某种意义上说，设计时代意味着高附加值的时代。同时，先进制造业是上海乃至国家发展的重点，因此工业设计的服务重点不仅为先进制造业服务，而且还要为传统制造业的转型升级服务。鼓励上海工业设计企业、高等学校、科研机构建立合作机制，促进形成以上海乃至长三角制造企业为主体，市场为导向，政产学研相结合的工业设计创新体系。当前，上海和长三角区域现有工业设计园区有 20 多个，工业设计园区和园区联盟的协同创新作用形成一定规模，尤其是中国工业设计研究院 2014 年在上海正式挂牌成立，未来将进一步发挥向外扩展和辐射的集聚效应，发挥设计业制造业融合的协同创新作用。

上海设计业和制造业需要持之以恒的落实科学发展观，按照转变经济发展方式和"四个率先"要求，抓住新一轮转型升级的发展机遇，以现有制造能力为基础，以调整、优化和提高为方向，以高新技术研发、创新和产业化为重点，不断提高制造业的核心竞争力和产业附加值。可以以设计业和制造业融合创新为视角,可以进一步"窥视"产业政策制定给予的借鉴意义和思考,见图 5.4 所示的"制造业转型升级和设计业制造业融合政策"。未来发展思考如下:

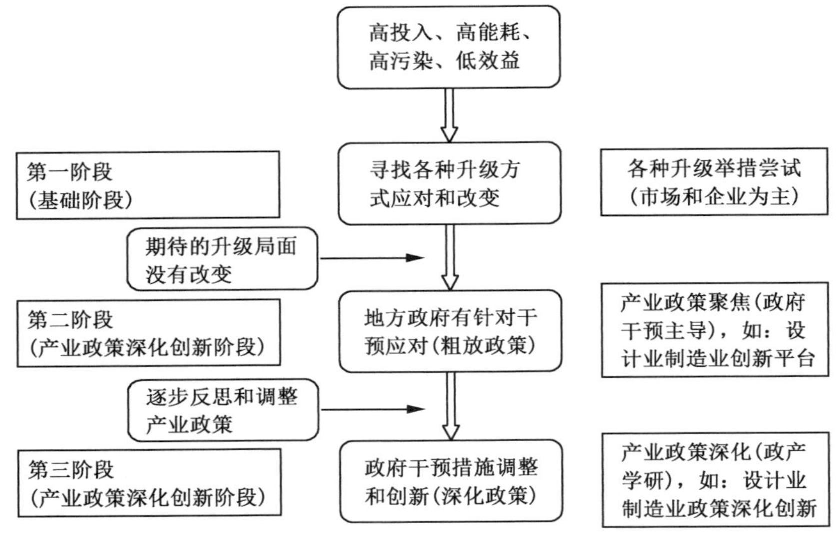

图 5.4　制造业转型升级和设计业制造业融合政策

产业政策的制定重视中小企业和联动长三角区域思考。目前,上海和长三角区域较多关注的是先进制造业重点的"高大上"的部分(大型企业、重工和设备制造业),对传统中小企业的转型升级重视程度不够。中小企业也是上海,乃至长三角经济发展的活力之所在,也是经济转型、产业升级的主体。

同时,上海设计业要发展,一方面还是缺乏具有世界影响的设计师,尤其是本土优秀设计力量和新鲜血液的补充;另一方面必须与长三角制造业融合,才是有本之源。为此,产业政策制定和实施需要联动考虑,这不只是上海本区域的"孤立"问题,而是上海乃至长三角传统制造企业的一个共性问题。只有如此,才可以真正发挥产业政策在调整地方政府与企业关系方面的显著作用,进而形成全社会的创新氛围。激发优秀企业主动创新的热情。毕竟只有企业才是经济转型和产业升级成功的重要基础。

转型升级是一个长期的过程，涉及经济转型和具体产业升级的政策体系，为此，设计产业政策制定要统筹考虑和长期思考。以上海设计业和长三角制造业协同创新为例，这是一个很漫长的过程，必须提出一个中长期的适合上海——长三角传统制造企业产业结构的转型的总体规划。同时，每一个阶段，都针对市场的变化确定不同阶段经济发展的重点，使产业结构和经济结构能够随着市场的变化而不断地调整。只有如此，设计产业政策才是稳定的、不断升级的政策指导，而不是被动的、事后的和应急的举措。

近几年很多兴起的设计产业园等，都有政策制定初期“筑巢引凤”的良好愿望等，但后期很多容易变成地产模式，典型的如大丰、太仓等设计产业园。一方面是“内容”的注入不够，另一方面就是没有兼顾设计产业发展的长期性和艰巨性。在设计业制造业融合的起始阶段离不开政府的推动，在关键时期政府还要发挥重要作用，但是政府推动并不等于政府主导，事实上在培育设计产业和转型升级方面，政府作用在于弥补市场失灵，只是起到增进市场的作用，一旦市场机制建立起来，政府就应该退出。从各地的工业设计产业园科技园区补偿金制度中可见一斑，随着技术成熟和局面打开，支持经费在减少甚至取消。

设计产业政策制定需要智慧，不是简单照搬照抄和粗线条的一时一地的政策“刺激”。需要不断结合设计产业发展目标、转型升级目标的持续深入。

执笔：赖红波

2014 年 9 月

第六章　产业创新、空间重组与高端装备制造业发展战略

2015年是全国与上海“十二五”规划实施的最后一年，也是准备规划“十三五”发展纲要的一年，承上启下十分关键。在2015年度中工作室研究人员关注了我国新兴产业发展动态，上海产业结构调整与产业发展的新状况，思考了产业园区进行相应的空间重组的必要性等问题，承接政府委托的多项研究任务，写了6份研究成果专报，内容涉及上海高端装备产业的发展战略设计；工业设计驱动创新与制造企业转型升级实证研究；对新一轮城市总体规划下上海市开发区空间重构的思考与建议；产业化创新：实质、条件与上海应对；2015年我国新兴产业发展动态及未来发展对策“工业4.0”背景下工业设计、互联网与传统制造业“三业”融合创新与转型升级研究等。

一、上海市高端装备制造业的发展战略研究

高端装备制造业是指现代制造业的高端领域，为国民经济各大行业提供先进技术设备的产业，是各项工业技术、信息技术及各类新兴技术的集成载体。其“高端”体现在几个方面：首先是技术上高端，表现为知识、技术密集，体现多学科和多领域高、精、尖技术的集成；其次是处于价值链高端，具有高附加值特

征,同时它也是产业链的核心部分,其发展水平决定产业链的整体竞争力。

2011 年 3 月 24 日由工业与信息化部等部门起草的《"十二五"高端装备制造业产业发展规划》规定了高端装备制造业的发展方向:第一,在航空装备方面;第二,在轨道交通装备方面;第三,在卫星及应用方面;第四,在海洋工程装备方面;第五,在智能制造装备方面。面对高端装备制造业的发展对于产业结构调整的日益成长的重要性,上海市有必要紧紧抓住国际产业转移和国内城市化、工业化发展加快的机遇,积极应对国际金融危机带来的挑战,按照国家重点产业调整振兴规划和培育发展战略性新兴产业的部署,充分利用和发挥上海的各种优势,大力发展具有本土特色的高端装备制造业。

(一)上海市高端装备制造业的基本现状

2005 年,上海的装备制造业完成工业总产值仅有 8 325.1 亿元,到了 2008 年,完成工业总产值达到 13 974.5 亿元,年均增长率达 18.8%。到了 2009 年,经过全球金融危机的影响,上海的制造业受到了一定的冲击,完成产值有所下降。不过,在国家相关政策的刺激之下,经济状况得以好转,且增长幅度很大。

由表 6.1、图 6.1 和图 6.2 可以看出,2009 年上海市工业总产值比 2008 年降低了 4.1%,装备制造业也比 2008 年降低了 1.5%。但是,到了 2010 年,上海就从国际金融危机的阴影中走了出来,其工业总产值和装备制造业完成产值增速由负转正,且达到了 25.0%左右。从 2010 年开始,工业产值和装备制造业产值虽然有所下降,但总体上趋于稳定。

表 6.1　　上海市 2005—2013 年装备制造业和工业总产值　　单位:亿元

年份	金属制品业	通用设备制造业	专用设备制造业	交通运输设备制造业	电气机械及器材制造业	通信设备、计算机及电子设备制造业	仪器仪表及办公用机械制造业	装备制造业总产值	工业总产值
2005	591.4	1 229.9	395.1	1 393.0	1 001.5	3 434.2	279.9	8 325.1	15 767.5

续表

年份	金属制品业	通用设备制造业	专用设备制造业	交通运输设备制造业	电气机械及器材制造业	通信设备、计算机及电子设备制造业	仪器仪表及办公用机械制造业	装备制造业总产值	工业总产值
2006	670.4	1 530.6	457.6	1 894.7	1 275.8	3 919.3	300.1	10 048.5	18 573.1
2007	831.7	1 890.4	600.6	2 358.9	1 573.4	4 976.9	322.5	12 554.4	22 259.9
2008	973.6	2 216.5	853.7	2 571.7	1 740.6	5 266.7	351.7	13 974.5	25 121.2
2009	752.1	2 172.8	855.7	3 246.2	1 607.3	4 844.9	281.6	13 760.5	24 091.3
2010	906.0	2 396.9	1 077.2	4 475.5	1 962.3	6 026.9	354.6	17 197.5	30 114.4
2011	917.5	2 596.9	1 254.2	5 024.9	2 164.4	6 085.2	361.1	18 404.3	32 445.2
2012	968.4	2 455.6	1 100.0	5 058.3	2 122.8	5 745.4	298.7	17 749.2	31 896.9
2013	942.1	2 459.4	1 110.3	5 590.9	2 126.2	5 444.3	319.6	16 731.2	32 088.9

资料来源：上海市统计局网站（http://www.stats-sh.gov.cn/）。

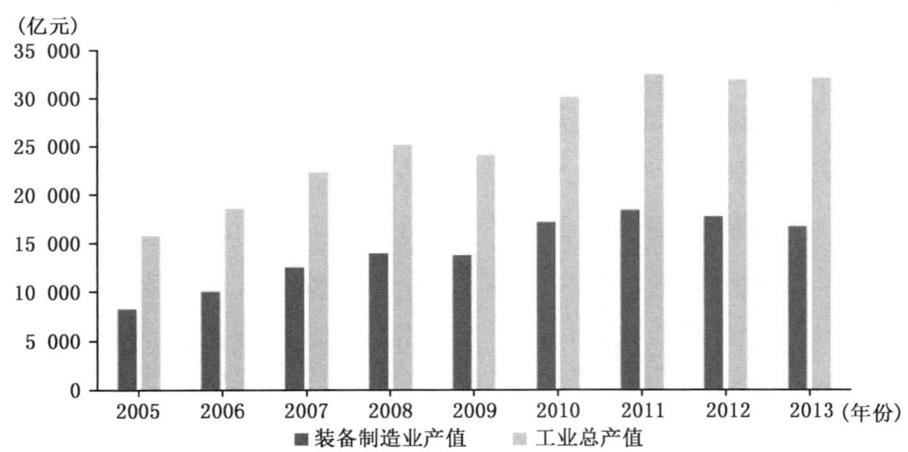

资料来源：上海市统计局网站（http://www.stats-sh.gov.cn/）。

图 6.1　上海工业总产值与装备制造业产值

“十二五”时期，对于上海而言，是一个重大机遇与挑战并存的时期，装备制造业内外环境也发生了较大变化，既有国际金融危机的余波带来的严峻局面，也有国内转变发展方式面临的艰难抉择。然而，从图 6.2 可以看出，“十二五”的前三年，装备制造业的发展状况并不令人乐观。工业总产值由 2011 年的 32 445.2 亿元下降到 2013 年的 32 088.9 亿元，减少了 1.1%。而装备制造业产值由 2011 年的 18 404.3 亿元降低到 2013 年的 16 731.2，减少了 10.0%。

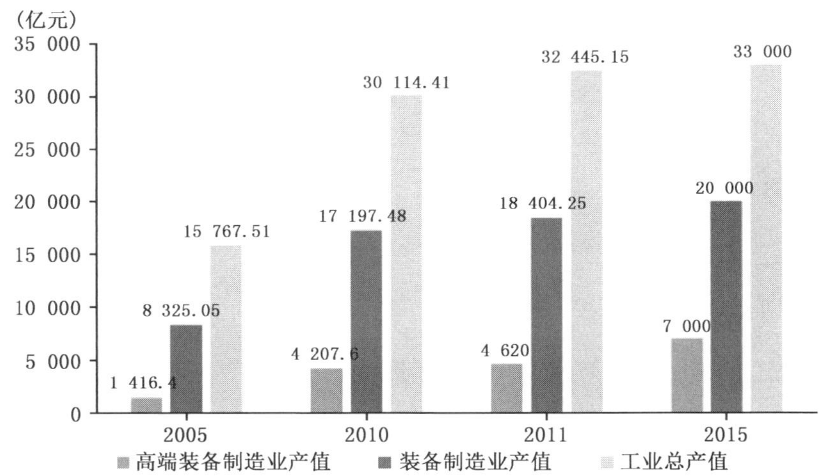

注：2015 年的数据为预估。

资料来源：上海市统计局网站(http://www.stats-sh.gov.cn/)和上海经济和信息化委员会网站(http://www.sheitc.gov.cn/)。

图 6.2　上海市“十一五”和“十二五”期间装备制造业状况

从图 6.3 可以看出，从 2010 年起，装备制造业产值的增速一直在降低，由 2011 年的 7.0%减少到 2013 年的－5.7%。然而，反观高端装备制造业产值的表现，却是一枝独秀，仍然保持增长。2011 年，高端装备制造业产值达 4 620 亿元，比 2010 年的 4 207.6 亿元增长了 9.8%。预计到 2015 年，上海市的高端装备制造业产值将达到 7 000 亿元，占整个装备制造业的比重约为 35.0%。

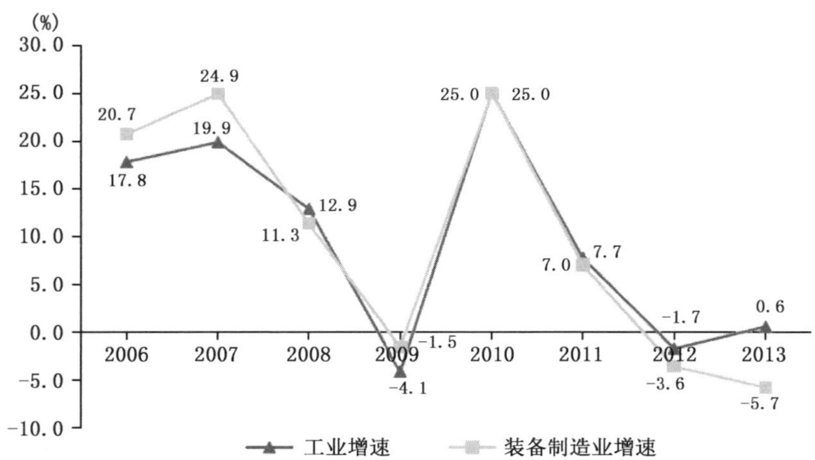

资料来源：上海市统计局网站(http://www.stats-sh.gov.cn/)。

图 6.3　上海市装备制造业增速和工业总产值增速

从图 6.4 我们可以看出，“十一五”期间，上海的装备制造业克服了国际金融危机带来的不利影响，高端化发展趋势明显。从 2005 年到 2010 年，上海的工业总产值由 15 767.5 亿元增加到 30 114.4 亿元，增长了 90.9%。同时，装备制造业也从 8 325.1 亿元增加到 17 197.5 亿元，增长了 106.6%。而高端装备制造业发展更为迅猛，5 年间，其产值从 1 416.4 亿元增加到 4 207.6 亿元，增长了 197.1%。从产业比重看，2010 年上海装备制造业产值占工业总产值的 57.1%，比 2005 年的 52.8%提高了 1.3 个百分点。高端装备制造业占装备制造业的比重由 2005 年的 17.0%提高到 2010 年的 24.5%，整整提高了 7.5 个百分点。

上海高端装备制造业已形成了以临港、长兴岛、闵行等产业基地为骨干(如表 6.2 所示)，以众多区(县)和专业化集聚区为支撑的产业布局和集聚格局，产业集群化发展趋势日益显现。

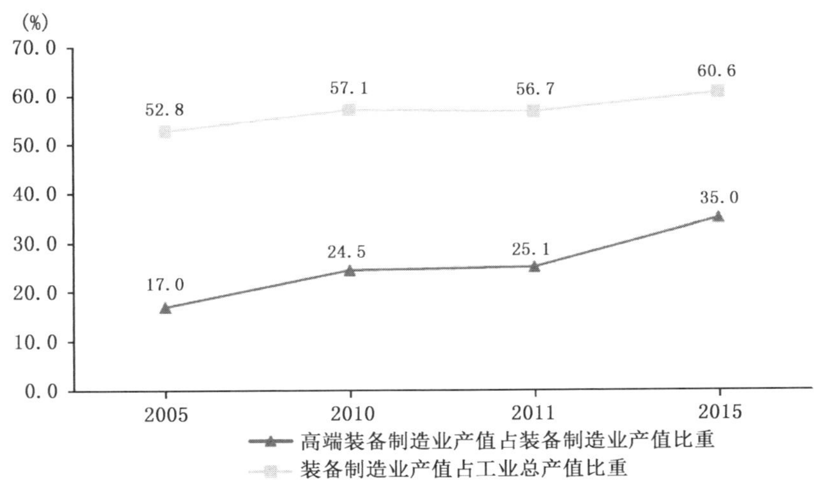

注：2015 年的数据为预估。

资料来源：上海市统计局网站（http://www.stats-sh.gov.cn/）和上海经济和信息化委员会网站（http://www.sheitc.gov.cn/）。

图 6.4　上海“十一五”和“十二五”期间装备制造业占比状况

表 6.2　上海市高端装备制造业的产业布局和主要产业基地

区县/产业基地	重点产业	发展概况
浦东新区临港装备产业基地	清洁高效发电及输变电设备、大型船舶关键件、海洋工程设备、自主品牌汽车整车及零部件、航空装备产业等	初步形成了各种高端装备制造行业的产业集群
长兴岛装备制造基地	高技术船舶及海洋工程装备及配套产品、港口机械等	长兴岛船舶及海洋工程装备基地一期工程顺利建成并迅速形成生产能力，二期工程建设正在加快进行
闵行机电工业基地	大型火电装备、新能源装备、极端制造等	正不断提升能级和壮大超超临界火电、高压输配电、智能电网、轨道交通、民用卫星技术应用等产业水平，向内涵式发展和高端制造之路走去

(二)上海市高端装备制造业发展中存在的问题

1. 高端人才不足,人才队伍建设相对滞后

上海市高端装备制造业良好的发展势头将对高端装备制造的相关人员需求产生“井喷式”增长,但现实却是高端装备制造业人才相对匮乏。中国机械工业企业管理协会对2012年装备制造领域急需、紧缺、专门人才培养培训情况开展调查研究显示,装备制造业急需的管理类人才12 276人,专业技术类人才19 332人,技能类人才242 010人。虽然国家、地方、企业都对人才培养给予高度重视,上海市在对人才的培养方面也是下了大力气,但鉴于人才培养的周期较长,因此与高端装备制造业的需求相比,人才供给仍将出现较大的缺口。

一方面,科技创新人才短缺,缺少具有世界先进核心技术的研发领军人才和团队,以及经验丰富、技能精湛,能把先进科技转化为显示装备的高技能人才;高级蓝领短缺,如高级镗工、铣工、车工、钣金工、安装工、氩弧焊工、机械技工等技术人才存在较大缺口,制约高端研发技术的具体实现。而且很多行业中高级蓝领还存在年龄结构偏高的问题,有断档之忧。

另一方面,由于上海民营企业众多,因此,造成以下两种现象:一是对科技人才的集聚能力较弱,在一定程度上制约了高层次人才的引进;二是部分民营企业重使用轻培养、重当前轻长远,导致技术工人的流动性很大,人才出现“引不进”“留不住”的现象,人才队伍建设相对滞缓。

总体而言,与国内的北京和国外的东京、纽约、伦敦等城市相比,上海市高端装备制造业企业现有人才的使用状况存在总量不高、层次偏低,专科学历者多、专业对口少的现象,创新创优能力强且直接从事产品开发和科研的技术人才相对稀少,直接影响到全市高端装备制造业的自主技术创新能力的提高。

2. 自主创新能力薄弱,核心技术缺乏

上海的高端装备制造业在核心技术上缺乏控制力,相当多的核心技术和知识产权及标准仍掌握在日、美、欧、韩等国,一些核心部件和设备仍依赖进口。

中国在高端装备领域的大部分领域中未能掌握核心关键技术，对外依存度仍然偏高。据统计，目前中国90%的高档数控机床、95%的高档数控系统、机器人和工厂自动控制系统仍主要依赖进口。而科学仪器和精密测量仪器对外依存度达70%。2009年装备制造业进口总额高达1 746亿美元，基本是高端装备与核心关键基础件。具体来看，高端装备制造的一些关键技术的研发力量分散，总体研发能力较弱。大多数企业对产品技术开发的投入不足，技术创新能力较弱，产品技术含量总体不高，劳动生产率低下，难以与以高新技术产业为主导的工业结构相匹配。

以常规生产技术的开发为主，缺少具有独创性的成套工艺技术，还没有从根本上改变引进国外技术建设大型装置的局面，一些核心、关键技术仍依赖国外。同时，由于缺乏配套资金和后期投入，许多企业即使开发出了比较好的专利和产品，也难以实现产业化。特别是在一些超重和超大装备方面的极端制造能力落后于发达国家和地区甚至国内部分地区。上海装备制造企业普遍缺乏自主设计能力，设备成套和工程承保能力明显不足，控制系统及管件工程基础比较薄弱。

因此，以企业为主体、市场为导向、产学研相结合的技术创新体系，还不够紧密，仍需进一步加强协同创新，切实提升自主创新能力。这种状况与核心技术创新体系的不完善直接相关，而核心技术创新体系的建立与成长有其内在规律，不是一朝一夕就能完成的，其发展需要一个较长的成长期。

3. 国家金融政策从紧，银行贷款难度加大

装备制造业是为国民经济各行业提供生产资本品的，企业规模偏大，投资额度一般较大，对多数企业来说会有一定的资金压力。而现阶段国家金融政策改变，银行紧缩，向银行贷款难度加大。根据国外经验，在一项新技术从基础研究到产业化的整个过程中，随着科技成果产业化过程的不断深入，资金的需求也成倍增加，前、中、后期的资金需求比例为1∶10∶100。由于风险投资发展比较慢，加上产权交易体系缺失、资本市场不完善，上海高端装备制造企业发展所

需的资金不足，而单一的政府资助不能满足企业技术研发项目对资金长久发展的需求，往往导致产业化不了了之。

发展高端装备制造业需要巨大的金融信贷支撑。这种行业具有资金投入大、建设周期长的特点。如建造一个大型钻井平台往往需要投资数亿元以上，而且建设周期有的甚至超过两年。因此，上海市政府应与银行系统进一步协商，在金融信贷方面对高端装备制造行业给予更多的政策支持。当然，高端装备制造业也具有较大的行业风险，因此保险行业的支持也是很有必要的。高端制造行业企业与保险行业的合作需要进行各种各样的探索与尝试以找到一条惠及双方的道路，这既是对高端装备行业的挑战，也是对保险行业的挑战和考验。

4. 商务成本上升过快，装备类生产性服务支撑体系不健全

商务运营成本主要包括劳动力成本、土地租金成本、能源资源成本等。根据福布斯《2013 年中国大陆最佳商业城市排行榜》，从劳动力成本、税收成本、能源价格、办公用地租金和企业四险负担（养老、医疗、失业、工伤）等指标上比较，上海是中国大陆商务经营成本第二高的城市，仅次于北京。仅以劳动力成本为例，智联招聘发布的 2014 年春季人才供需报告的最新数据显示，上海以月薪 7 214 元高居全国薪酬排行榜榜首，而上海周边的长三角相邻城市杭州平均月薪是 5 844 元，苏州和南京分别是 5 544 元和 5 278 元，很明显上海劳动力成本已远高于长三角周边城市。上海在土地、原材料、能源和环境治理等方面的成本不断上扬，在一定程度上导致了上海高端装备制造业的成本竞争力持续下降。

诸如原辅材料供应、生产过程中的生产性服务需求、现代物流、现代金融服务等一系列生产性服务业成为支撑高端装备制造业发展的重点。但是，上海市逐年攀升的高昂商务成本已经严重影响到这些装备类生产性服务业的发展，导致公共研发平台、教育培训、公共服务等外部生产性服务支撑体系建设严重不足。例如上海市仍然缺乏通晓国际经贸和国际工程管理的专业人才；又如装备企业在做 EPC 总承包时，必须强有力地组织和控制设计和施工，但目前上海装

备企业在设计和控制等方面的高端人才还很不足；再如在对外承包工程时，需要应用金融手段控制汇率风险，但在这方面的上海装备类服务性企业又相对缺乏，导致相关金融服务支持不健全，因此上海高昂的商务成本，导致上海高端装备制造生产性服务业体系尚不完善，也不健全，不能够很好地支撑高端装备制造产业的发展。

5. 国有资本一股独大，国有企业缺少活力

制度僵化或机制落后等问题，已经成为制约上海市高端装备制造业发展和转型升级的最大瓶颈，这在国有企业层面尤为突出。上海国有企业虽然改革多年，但计划经济的烙印影响深远，上海装备制造业国有企业的改革尚未完全到位，导致企业主体始终缺位。长期困扰国有企业的政企不分、产权不清、权责不明、活力不足、约束无力等问题，一直未能得到根本解决，从而使国有企业活力不强，也使得装备类国有企业在自主创新、产品营销和品牌塑造等方面相对落后。根据上海市外资委 2007 年所做的专项调查，超过四成接受调查的公司把法律规章不够健全、政策透明度不高、工商行政部门办事效率低等列为影响上海投资环境与竞争力的突出问题。

而最近内地装备类民营企业发展很快，经营灵活有效，对上海装备类国有企业形成一定的挑战。相比之下，国有企业体制呆板、观念束缚、效率低下，同时追求大而全，包袱和负担过重。因此必须加快国有企业改革，引入多元化主体，提升装备类国有企业的活力和竞争力。

（三）促进上海市高端装备制造业发展的对策建议

1. 加快装备制造产业基地和集群建设

加大装备产业基地开发建设和招商引资力度，推进一批重大项目引进、开工或投产，发挥产业基地的示范、带动和辐射作用。进一步构筑以临港装备产业基地、国际汽车城、长兴岛船舶和海洋工程基地、航天科技产业基地、航空产业基地等为主，各区县专业化园区为支撑的新型产业体系，形成多个具有自主

创新能力、自主知识产权和著名品牌的装备制造业产业集群。

2. 抓紧人才培养和引进，形成高端人才聚集优势

上海市应大力支持和鼓励有实力的企业引进先进重大装备领域的领军人才和技术团队，积极落实各项人才政策；优先推荐先进重大装备领域的领军人才进入国家“千人计划”，落实相关政策；支持上海高等院校加强相关学科建设，培养一批优秀人才，形成人才梯队。

3. 提升技术改造力度，提高自主创新能力

上海市要支持装备制造类企业成为技术创新的主体，一方面要对引进的技术强调消化吸收再创造；另一方面要重视基础研究和原始创新，利用企业的生产能力和贴近市场的特点，实现技术成果的产业化推广。与此同时，上海市相关部门可尝试推动建立一批由装备制造类企业、科研院所和高校共同参与的高端装备制造业技术联盟，以建立技术创新的长效机制。

4. 加速发展高端装备制造的现代服务业，提升企业的多元化竞争力

上海市的众多制造类企业仍以产品制造和销售为主，缺乏对制造服务业的重视，绝大多数企业的服务性收入比重低于10%。因此，发展现代制造服务业，不仅是顺应国际发展大趋势，更是上海制造企业赢得客户、扩展市场空间、走向价值链高端的必由之路。

5. 推进体制机制创新，促进资源整合与优化配置

在推进机制体制创新方面，上海市政府应按照市场化运作、开放性重组的思路，支持装备制造企业创新体制机制，通过政府政策引导，吸引企业资金、金融资本、社会资本和风险投资等加大投入，同时，要拓展投融资渠道，鼓励有条件的企业在国内外上市融资。

6. 加强政策宣导，积极创造良好政策环境

在高端装备制造业的培育期和起步期，上海要充分发挥政府作用。一是制定国家对高端装备制造业的扶植政策；二是抓好高端装备制造业发展规划的落实；三是完善高端装备制造业的技术标准。除了发挥政府作用，营造有利于高

端装备制造业发展的有利环境，还要充分发挥市场配置资源的决定性作用，调动企业主体的积极性。

7. 协调城市间的区域合作，推动高端装备制造业整体发展

上海应利用自身国际大都市的综合功能，在建设国际经济、金融、贸易和航运中心的同时，依托长三角的交通网络、区位优势，强化高新技术产业和高端装备制造业，加强城市间的区域合作，促进地区高端装备制造业一体化，实现产业协调、资源共享、市场相通、体制相融、人才互通。

执笔：程贵孙

2015 年 2 月

二、上海工业设计驱动创新与制造企业转型升级实证研究

改革开放 30 多年以来，中国 GDP 经济总量已一跃成为仅次于美国的第二大经济体，经济快速增长的背后，是中国本土企业所面临的竞争压力越来越大，无法从根本上摆脱低水平发展状态。当前中国本土企业到了非转型不可的地步，如何以创新驱动转型升级是企业首要考虑的问题，为改变现状，越来越多的企业开始寻求新的突破。

随着大多数全球创新领先公司日趋重视基于设计的创新，将其作为主要的竞争战略，设计进入了人们的视野。如苹果、三星、斯沃琪(Swatch)手表、星巴克(Starbucks)咖啡、特斯拉等一大批新兴公司成为行业最耀眼的创新企业，成功的背后源于在设计创新方面付出巨大的努力和对设计过程的高度重视，其卓越的设计创新能力使产品收获消费者一次次惊喜，实现创造性突破的同时，引领经济社会发展未来趋势。

近年来，国内制造业产品同质化严重，创新严重缺乏使竞争演变成了低端

价格战,“设计力就是竞争力”,通过设计提升产品的创新能力和增加产品的附加值已迫在眉睫,也是本土制造企业和产品转型升级路径之一。当前,工业设计在我国转变经济发展方式的大背景下被寄予厚望,中国的设计产业迎来了新的发展契机。

(一)工业设计驱动创新内涵

一直以来,现有的企业升级研究集中在与技术提升、品牌建立有关的方面,也就是说,在转型升级过程中,技术或市场都是驱动创新的首选,并以此带动产品升级(DOSI,1982;Chen 和 Qu,2003;熊建明和汤文仙,2008)①。Verganti(2003)②提出在传统的技术推动和市场拉动之外,还存在设计驱动型创新的第三种创新模式。Utterback 和 Abernathy③ 也早在 1975 年就探索了设计在产业创新周期竞争中的决定性作用,并提出了主导设计(Dominant Design)这一重要概念。Utterback 指出,某一产品种类的主导设计是赢得市场信赖的一种设计,是竞争者和创新者为支配重要的市场追随者而必须奉行的一种设计。Gorb 和 Dumas(1987)④认为设计作为产品和人之间沟通的语言,直接担负着创造性组合生产要素任务,占据所有产品和服务开发过程的要津。

2000 年之后,陆续有学者进一步把主导设计定义为处于主导地位的各种创

---

① Dosi, Giovanni. Technological paradigms and technological trajectories: a suggested interpretation of the determinants and directions of technical change[J]. Research Policy, 1982, 11(3): 147—162.

Chen, Jin and W. G. Qu. A new technological learning in China[J]. Technovation, 2003, 23(11): 861—867.

熊建明和汤文仙. 企业并购与技术跨越[J]. 中国软科学, 2008(5): 81—90, 135.

② Verganti, Roberto. Design as brokering of languages: Innovation strategies in Italian firms[J]. Design Management Journal, 2003, 14(3): 34—42.

③ Utterback, James, and William J. Abernathy. A dynamic model of product and process innovation[J]. Omega, 1975, 3(6): 11.

④ Gorb, Peter and Angela Dumas. Silent design[J]. Design Studies, 1987, 8(3): 150—156.

新的单一整合，相关研究出现了一个高峰。Gemser 和 Leenders(2001)①研究发现，对于新采纳设计战略的企业，设计强度对绩效正影响更明显。Chiva 和 Alegre(2007)②提出设计是人类有目的地运用创造力的过程，能通过各种元素和资源配置赋予产品独特的外形、性能、制造方法，使其易于使用。Mutanen(2008)③认为设计是沟通生产与使用的桥梁。Verganti(2008)④进一步明确界定了设计驱动型创新的内涵，奠定了理论发展的基石。

当前，以发展中国家企业为样本的理论分析和经验研究较少，针对我国企业和消费者感知的研究则更少。国内学者陈劲和俞湘珍(2010)⑤在前人研究的基础上提出企业基于设计的创新的概念。在此基础上，叶伟巍等(2013)⑥进一步通过实证研究，分析了企业的设计能力(功能设计能力和语义设计能力)与企业创新绩效的关系。为此，本文在前人研究基础上，进一步研究设计驱动与对顾客感知和购买意向的内在机理和作用路径。

Verganti(2009)⑦认为只要产品传递的信息及其设计语言的新颖程度超过了产品功能和技术的新颖程度，这种创新就可以称为设计驱动创新。Gero 等

---

① Gemser, Gerda and Mark AAM Leenders. How integrating industrial design in the product development process impacts on company performance[J]. Journal of Product Innovation Management: an International Publication of the Product Development & Management Association, 2001, 18(1): 28—38.

② Chiva, Ricardo and Joaquín Alegre. Linking design management skills and design function organization: An empirical study of Spanish and Italian ceramic tile producers[J]. Technovation, 2007, 27(10): 616—627.

③ Harmaakorpi, Vesa and Arto Mutanen. Knowledge production in networked practice-based innovation processes-interrogative model as a methodological approach[J]. Interdisciplinary Journal of Information, Knowledge, and Management, 2008, 3: 87.

④ Verganti, Roberto. Design, meanings, and radical innovation: A metamodel and a research agenda[J]. Journal of Product Innovation Management, 2008, 25(5): 436—456.

⑤ 陈劲和俞湘珍. 基于设计的创新——理论初探[J]. 技术经济, 2010, 29(6): 11—14, 34.

⑥ 叶伟巍, 王翠霞, 王皓白. 设计驱动型创新机理的实证研究[J]. 科学学研究, 2013, 31(8): 1260—1267, 1251.

⑦ Verganti, Roberto. Design driven innovation: changing the rules of competition by radically innovating what things mean[M]. Harvard Business Press, 2009.

(2004)[①]认为顾客的行为决定了产品的功能和形态,设计师在设计过程中必须考虑功能、行为、结构的协调性。同时,企业或产品都是处在一个人、事和环境中,设计会通过观察消费潮流的变化来进行沟通设计,从而更好地关注和近距离打动消费者,实现与顾客情感沟通(见图 6.5)。设计也是对生活或环境的一种洞察,并把产品、人(情感)、事、环境融合起来。通过对用户分类和观察潮流变化,以及对他们生活形态的观察,更好地与顾客沟通。从而进一步抓住消费者内在需求,实现从产品沟通,深入到情感层面和体验层面的沟通。

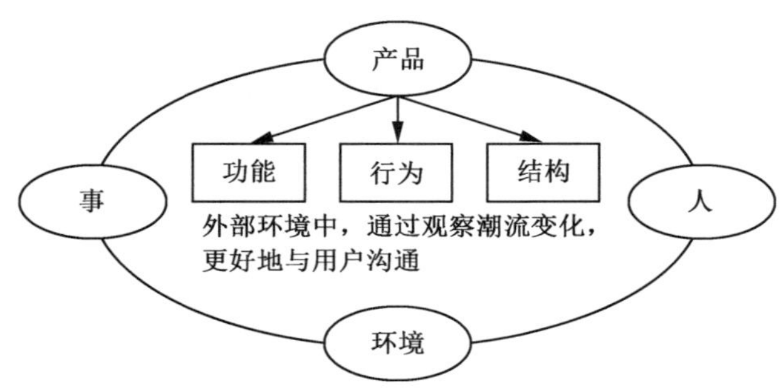

图 6.5 设计驱动产品创新内涵示意图

随着科技的不断进步,设计的重点不仅仅是造型,而是开始向着工艺、材料、工程和系统等方向深入发展。设计的终极目标就是追求好看好用和用户体验的完美统一。在技术和品牌差别不大时,设计的成功与否往往极大的影响产品的销路。其实,人们在购物时不由自主地在为设计买单,如瑞士军刀依靠好的设计成为世界知名品牌。还有苹果公司从 iPod 开始,推出的每一款产品都获得了巨大成功,卓越的设计创新能力使苹果公司产品大大颠覆了消费者对传统产品的惯性预期,实现产品意义突破与创新。

---

① Gero,John,et al. Studying collaborative design in high bandwidth virtual environments[J]. CRC for Construction Innovation,Clients Driving Innovation International Conference,2004.

（二）研究假设与模型

设计驱动创新对企业绩效的影响已经得到中外很多学者的证明。但设计驱动创新如何获得消费者满意和认同？如何影响消费者的产品感知、品牌感知及进一步的购买意向？本文在Veganti(2003)[①]基于两个维度（产品功能设计和产品语义设计）分析设计与用户需求的基础上，进一步增加产品交互设计维度，进行设计驱动产品转型升级对顾客感知与购买意向的模型构建及内在机理研究。

1. 产品功能设计

转型升级第一步就是产品创新，产品创新不仅仅是技术研发和流程再造，也包括产品功能的改变，即产品功能设计。产品功能设计一般指在原有功能的基础上加入新的功能、新的元素，使产品拓展到传统功能领域之外的领域，扩大产品的应用范围和附加值，使产品具有更高的使用价值。正如熊彼特在《经济发展理论》中指出："采用一种新产品（可以是消费者还不熟悉的产品）或一种新特性。"

Ziamou和Ratneshwar(2003)[②]将产品功能创新定义成"为消费者提供一套新颖的利益，但是提供这种创新的不一定是新设备或者新产品"。陈圻(2007)[③]将产品功能创新定义为动态市场需求和市场创新导向下的产品功能配置。叶伟巍等(2013)[④]认为任何产品都兼具功能性和社会性，因此创新过程中必须通过设计对两者进行有效的整合，实现技术、社会文化和市场需求的匹配。

---

① Verganti, Roberto. Design as brokering of languages: Innovation strategies in Italian firms[J]. Design Management Journal, 2003, 14(3): 34－42.

② Ziamou, Paschalina and Srinivasan Ratneshwar. Innovations in product functionality: when and why are explicit comparisons effective? [J]. Journal of Marketing, 2003, 67(2): 49－61.

③ 陈圻. 产品功能创新战略理论框架[J]. 科学学与科学技术管理, 2007(12): 73－79.
Utterback, James M., et al. Design-inspired innovation[M]. World Scientific, 2006.

④ 叶伟巍, 王翠霞, 王皓白. 设计驱动型创新机理的实证研究[J]. 科学学研究, 2013, 31(8): 1260－1267, 1251.

可以看出，产品功能设计也是企业主动应对外部环境变化做出的战略反应，外部环境的变化会触动企业采取全球范围一系列知识学习和知识整合的惯例，从而对消费者感知产生直接影响，如随着消费观念的变化会影响消费者的偏好，或导致对某种功能需求的增加，像“节能”“环保”等观念都会在产品功能设计上体现。

2. 产品语义设计

消费者购买产品，其实质是一种利益需求，包括功能利益和情感利益两方面。也就是说，除了产品功能之外，产品传递给用户的信息还包括产品的情感和象征价值（即产品语义设计），一起构成了产品的意义，这也是用户之所以选择该产品的心理和文化的深层次原因。产品的功能满足了用户的操作需求，而产品语义设计（情感和象征价值）满足了用户的情感表达及社会文化需求（Verganti，2008）。[①] 以各式各样的鼠标为例，其产品功能设计通过组成鼠标各部件的结构安排和电子技术来实现。而产品语义设计就通过象征性、情感性和形式美等产品语义创造来实现的，通过色彩、造型、材料、机理，甚至以鼠标和老鼠的形象相似性等来表现的，这种基于产品“形”“意”关系问题的研究能使设计有理可信，有据可依。

Oliver Richard（1999）[②]认为产品认知成分，只是满意的一部分，更重要的是要有情感成分，产生情感及有心动的感觉。产品的消费，尤其是转型升级后的“高端”产品消费，本质上是一种“符号消费”或“知识消费”，远远超过狭义的功能使用价值。产品意义是指用户购买产品的理由，产品意义包含人与产品的关系、环境与产品的关系、生活方式与产品的关系，也是设计初始阶段必须解决的首要问题，是产品语义学理论的核心内容。产品语义设计是一门研究人造物体在使用情景

① Verganti，Roberto. Design，meanings，and radical innovation：A metamodel and a research agenda [J]. Journal of Product Innovation Management，2008，25(5)：436－456.

② Oliver，Richard L. Whence consumer loyalty? [J]. Journal of Marketing，1999，63(4_suppl1)：33－44.

下的象征特性，并运用符号学原理将其运用到设计中的科学。Chang Hsu(2005)[①]提出，产品设计应该考虑好的品位、适于消费者的生活习惯、适于当地文化、有助于健康和环保等因素。Bruce(2007)[②]认为，产品设计必须考虑消费者习俗和审美的问题。Utterback 等(2006)[③]也提出设计在创新中起到整合技术、市场和产品语意的作用。Verganti(2008)[④]进一步指出产品语义设计是产品传递的信息及设计语言的新颖程度超过了产品功能和技术的新颖程度的创新模式，产品意义的创造才是设计创新的本质。

可以看出，产品语义设计通过挖掘和培育产品和品牌的核心价值，为品牌个性赋予灵魂。当然，在产品语义设计过程中也会考虑如何引导时尚潮流以及关注人的个性需求等都是不可忽略的部分。

3. 产品交互设计

无论是产品功能设计、产品语义设计，都还是停留在产品本身。进入高度竞争和同质化的今天，基于产品的差异越来越小，传统与消费者沟通方式遇到新的挑战。尤其是消费者获取知识和信息的媒介多样化，人们越来越相信自己的判断。为此，企业如何拉近与消费者的距离？如何与消费者更好地沟通和交流促进对产品的感知和品牌感知？传统的设计学科主要关注形式，交互设计更多的是关注内容和内涵，规划和描述事物的行为方式，然后描述传达这种行为的最有效形式。维基百科中“交互设计”又称为互动设计。交互设计在于定义人造物的行为方式(人工制品在特定场景下的反应方式)相关的界面。交互设计的出发点在于研究人和物沟通时人的心理模式和行为模式，通过交互方式来满足人们三个层次的需求——有用、易用、好用。可以看出，交互设计是人、产

---

① Hsu, C. -H. An application and case studies of Taiwanese aboriginal material civilization confer to cultural product design, Chang Gung University Industrial Design Department, Master Thesis (in Chinese), 2004.

② Bruce, Margaret and Lucy Daly. Design and marketing connections: creating added value[J]. Journal of Marketing Management, 2007, 23(9—10): 929—953.

③ Utterback, James M., et al. Design—inspired innovation[M]. World Scientific, 2006.

④ Verganti, Roberto. Design, meanings, and radical innovation: A metamodel and a research agenda[J]. Journal of Product Innovation Management, 2008, 25(5): 436—456.

品、环境和系统的行为，以及传达这种行为的外形元素的设计与定义。ISO13407(1999)中定义交互设计为“以用户为中心的设计过程，是一种交互式系统的开发方法，需要用户参与系统设计和开发的整个过程，关注用户满意度和系统的可用性”。

随着体验经济的到来，企业越来越关注用户的情感需求。交互设计是解决产品和用户之间互动机制的过程，理解用户需求和用户体验一直是交互设计过程中两个重要的方面。在设计实践中，通过使用者导向的情境建构，从用户体验的角度分析用户需求，帮助设计者面对新产品设计的挑战、解决设计者与用户之间的认知。用户的情感体验主要来自交互设计的客观与主观两个层面。情感和体验设计，需要有一种方法来指导情境感知交互设计的过程，使情境感知系统的交互设计更加结构化，更具有可操作性。

交互设计也是一种建构，通过建构特定的场景来沟通和获得情感交流。互联网时代，消费者参与、互动越来越多，消费者除了购买产品，还愿意积极参与各种产品的体验或沟通，如体验刺激、挑战和个人成就感或仅仅是为了乐趣。设计驱动创新的本质是技术、产品和用户体验的集成，用户记住的是一个愉快的体验，而不是产品的系统构成或是每个子系统的设计厂家(Utterback, 2006)[①]。比如，苹果的 iPod 是最典型的成功产品，它给与了用户全新的音乐体验，自从 iPod 问世以来，苹果公司的销售额从 2002 年的 57 亿美元上升到 2013 年的 1 565 亿美元。

可以看出，转型升级之后的产品，不仅可以是一种产品，也是一种服务，一种经历，一种使人身体舒适及精神愉悦的用户体验。

同时，无论是产品功能设计、产品语义设计，还是产品交互设计，最终目的都是提升顾客的产品感知和品牌感知，从而获得消费者的购买意向。为此，本文进一步假设：

---

① Utterback, James M., et al. Design-inspired innovation[M]. World Scientific, 2006.

H4a：产品感知与消费者购买意向呈正相关关系。

H4b：品牌感知与消费者购买意向呈正相关关系。

综上分析，我们同时提出设计驱动转型升级对顾客感知与购买意向的全概念模型，如图 6.6 所示。

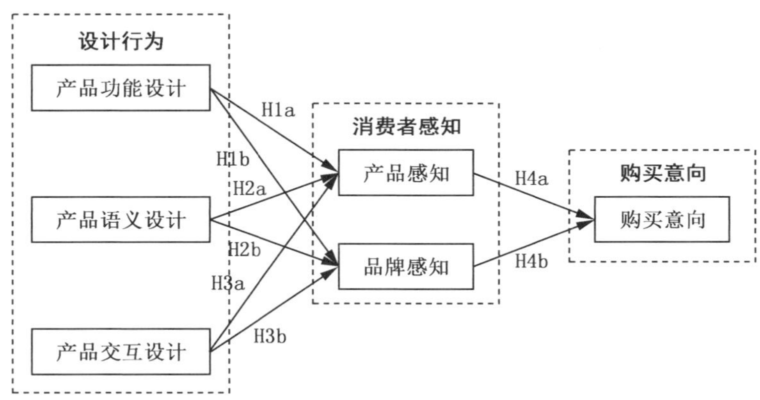

图 6.6　设计驱动产品升级与客户感知和购买意向模型图

（三）研究方法与实证检验

1. 数据收集

结合本研究问题的特点，我们采取有针对性的调研和数据收集，问卷发放前，基本锁定城市中高收入的人群使得问卷范围得以缩小和有针对性。为确保问卷的严肃性，问卷收集在熟悉圈子中展开，从而增加数据采集的可信度和有效性。通过复旦、同济和华东理工高校 EMBA 学生（含成人自考的学员）及其圈子亲友进行。问卷大多数是由有 3 年以上工作年限人员和大专以上学历的人员填答，含现场回收以及邮件回收。正式调查于 2014 年 5 月—2014 年 7 月进行，在调查中给每位参与填写问卷的顾客一份小礼品，以提高被调查者的填写认真程度，提高数据质量。

本次研究回收的问卷 189 份，剔除了不符合要求的问卷（如：遗漏、多选等)，实际有效问卷 173 份，有效问卷回收率为 91.5 %。为了保证问卷的合理性，先后在复旦大学管理学院企业管理的研究生中进行了一次小范围的预调查，并在此基础上对问卷设计及用词进行了修订。

2. 量表设计与信度效度检验

变量的测量指标也就是问题项，是量表设计的核心，也是基于问卷调研为基础的实证分析成功与失败的关键。本研究测量指标如产品功能设计、产品语义设计和交互设计，以及品牌感知和产品感知，购买意向等都是结合大量文献参考，以及前人已经成熟的量表为参考，并结合本问卷设计进行适当修正。

同时，本研究采用李斯特 7 点量表，让填答者根据其实际情况与题项描述的符合程度，从“完全不同意”到“完全同意”分别给予 1 分至 7 分。本文还选取了问卷填写人年龄、家庭月收入等作为控制变量。本文中，问卷所有题项(自变量和因变量)一起做因子分析。

衡量数据是否适合因子分析通常采用 KMO 和 Bartlett 球形检验标准。本研究利用 SPSS16.0 运行整体样本数据，得到 Bartlett 值为 1 176.199，自由度 df 为 78，检验的显著性概率 $p=0.000$，表明相关矩阵不是一个单位矩阵，适合进行因子分析。本研究 KMO 指数为 0.755，属于良好等级，表明可以对样本数据进行因子分析。同时，本文采用主成分法获取公共因子，通过方差最大法(Varimax)的正交旋转方法获得各因子的负载值。各个变量在各自归属的公共因子的载荷均大于 0.6，而在其他公共因子的载荷均较低。因此，该量表及其数据具有较好的聚合效度和区别效度，具体如表 6.3 所示。

表 6.3 量表的测量指标、信度和收敛效度检验

潜在变量	题　项	因子载荷	Cronbach α 系数
产品功能设计 F	产品和技术很适用让我满意	0.892	0.887
	产品结构和性价比合理让我能接受	0.892	
	产品的材质和功能让我满意	0.872	
	产品工艺是精致的，品质是卓越的	0.887	

续表

潜在变量	题　项	因子载荷	Cronbach α 系数
产品语义设计 M	产品设计让我觉得有故事	0.694	0.726
	产品有助于我的社会形象的提升	0.809	
	产品符合我的审美和习俗	0.736	
	产品让我觉得有品位和个性	0.645	
产品交互设计 I	产品使用让我舒适方便并能获得愉快	0.759	0.759
	产品设计更理解我的需求和考虑到我的感受	0.816	
	产品的互动和体验让我获得更好的产品认知	0.821	
	产品互动和体验让我获得更好的品牌认知	0.752	
	产品互动和体验让我兴奋和愉悦	0.713	
产品感知 PT	产品设计精致有美感	0.818	0.818
	产品有文化和故事	0.884	
	产品让我很愉悦并打动我	0.818	
	产品能打动我，让我觉得有价值	0.629	
品牌感知 BT	产品品牌能打动我，让我有好的感觉	0.771	0.872
	品牌让我有惊喜的感觉	0.879	
	我对品牌很认可和感受很好	0.878	
	我喜欢该产品品牌，愿意购买其产品	0.872	
购买意向 PI	未来我有购买的意愿	0.765	0.788
	我愿意再次光顾和选购	0.835	
	我对产品很满意并会持续关注	0.788	

3. 实证检验

本研究使用 SPSS16.0 统计软件包计算了研究中相关变量的均值和标准差，从相关测量指标的平均值和标准差来看，所有测量指标的均值均在 4.356 9 和 5.086 7 之间，标准差在 0.911 25 和 1.242 39 之间，$N=172$。可见，样本分配集中且离散状态良好，可以进行下一步分析。同时，本研究各变量（因变量、中介变量和自变量）之间的 Pearson 相关系数见表 6.4，可以看出各变量（因变量、中介变量和自变量)之间两两相关。

表 6.4 **变量的描述性**

	1	2	3	4	5	6	7
1. 年龄							
2. 家庭月收入	0.237*						
3. 产品功能设计	0.099	0.088					
4. 产品语义设计	−0.144	−0.228	0.042*				
5. 产品交互设计	−0.155*	−0.111	−0.175*	0.247*			
6. 产品感知	0.136	0.028	0.259	0.106	−0.101*		
7. 品牌感知	−0.228*	−0.009*	−0.163	0.391**	0.480*	−0.156*	
8. 购买意向	0.277**	0.065*	0.193*	−0.141**	−0.325**	0.354**	0.437**

注:** 表示相关系数在 0.01 水平上显著,* 表示相关系数在 0.05 水平上显著;都是双尾检验。

具体回归分析如下:首先,把中介变量(产品感知和品牌感知)分别作为因变量,放进产品功能设计、产品语义设计和产品交互设计进行测试,可以看出:产品功能设计和产品交互设计(自变量)对产品感知(中介变量)具有显著的影响($\beta=0.232, p<0.05; \beta=-0.080, p<0.05$);同时,产品语义设计和产品交互设计(自变量)对品牌感知(中介变量)具有显著的影响($\beta=0.308, p<0.05; \beta=0.373, p<0.05$)。其次,把购买意向分别作为因变量,放进产品功能设计、产品语义设计和产品交互设计进行测试,可以看出:产品功能设计、产品语义设计和产品交互设计(自变量)都对购买意向(因变量)具有显著的影响($p<0.05$)。由此,可以看出中介作用条件成立。

同时,放入中介变量(产品感知和品牌感知)和产品功能设计、产品语义设计和产品交互设计等一起作为自变量,把购买意向分别作为因变量进行测试,回归结果显示中介变量(产品感知和品牌感知)对购买意向具有显著效果(标准化回归系数和显著性分别为:$\beta=0.265, p<0.005; \beta=-0.293, p<0.005$),而三个自变量(产品功能设计、产品语义设计和产品交互设计)的影响变得不显著(标准化回归系数和显著性分别为:$\beta=0.039, p>0.05; \beta=-0.003, p>0.05$;

$\beta=-0.127$，$p>0.05$）。基于上述分析，可以看出，产品感知和品牌感知的中介作用是符合三个条件的，回归分析结果较好地验证了本文提出的理论假设。即本文提出的产品设计行为驱动用户感知和购买意向路径影响是有效的，图 6.6 概念模型的影响路径也是成立的。

4. 结果分析

实证结果表明，通过产品设计行为（功能设计、语义设计和交互设计）对消费者感知和购买意向的研究，可以发现设计驱动的产品感知和品牌感知与消费者购买意向的两条路径均通过了假设检验。同时，产品功能设计对消费者产品感知具有显著的影响，产品语义设计对消费者品牌感知具有显著的影响，产品交互设计同时对产品感知和品牌感知具有显著的影响。

（四）主要结论和启示

一直以来，国内企业重视产品研发（R&D）轻设计的观念还存在，以为设计就是外形，就是美观，几乎只做“产品设计”中的最后环节——“外观造型设计”。通过本研究可以看出，在市场竞争日趋激烈的环境中，仅仅靠产品功能设计吸引顾客是不够的，新产品开发中功能设计能力和产品语义创新能力之间需要均衡协调。其实设计也是核心竞争力，是驱动创新和产品转型升级的核心。产品的功能设计是基础，但功能设计带来产品性能和产品形态的渐进性改进，而不能带来全新的突破性的创新（Verganti，2008）[①]。产品语义设计强调从产品与人、产品与社会的角度出发，通过对用户购买使用产品的深层次心理和文化的挖掘，实现产品意义的突破性创新，以及建立产品与消费者的情感联系，从而有效传递产品文化、企业文化，实现品牌感知，使得顾客在精神上有极大的满足和认同感。

设计驱动式创新是一种由设计行为主导的创新模式。与传统的研发驱动

① Verganti，Roberto. Design，meanings，and radical innovation：A metamodel and a research agenda [J]. Journal of Product Innovation Management，2008，25(5)：436－456.

式创新对比，设计驱动式创新强调的不是掌握某种独一无二的新技术，而是一种创新要素的重新整合过程，其整合的对象为来自技术、市场和用户需求方面的知识，通过人和物互动的设计来实现用户的可用性、情感和精神文化三个层次，在需求端超越了传统的市场或顾客的范畴。从而在原有的功能设计和语义设计上更前进一步，基于用户和交互体验视角来捕获消费者的产品感知和情感感知。

执笔：赖红波

2015 年 3 月

三、邻近性促进开发区增长了吗？
——对新一轮城市总体规划下上海市开发区空间重构的思考与建议

上海城市正迈向全球城市发展阶段，但是当前经济增长动力凸显不足。一方面是投资的驱动力在减弱，另一方面由于上海面临创新投入高而创新产出低的困境，使得创新驱动尚未成为经济增长主动力，再加上自“十二五”时期开始，从业人员工资增长率超过全员劳动生产率，上海制造业竞争优势在弱化。开发区是上海工业经济发展的重要空间载体。上海近 90%的产业集中在全市各级各类开发区内，市级以上开发区工业总产值占全市工业总产值比重也超过 50%。经过 30 年的发展，上海市尚可供应工业用地总量已非常有限，再加上在城市发展新阶段下，开发区的转型升级和创新发展被提升为重要议程（国办发〔2014〕54 号），其目的就是要使得开发区在既定的空间规划面积约束下尽可能最大化开发区的总产值或总收入，即促进开发区持续增长，成为带动地区经济发展的重要载体。目前开发区公司和管委会在推动开发区创新发展的过程中，忽视了邻近性对开发区增长的影响。

（一）上海城市经济发展现状与存在的问题

1. 上海城市经济发展现状

上海城市发展正迈向全球城市发展阶段。依据东京、纽约、新加坡、中国香港等全球性城市的发展经验，当城市人均 GDP 达到 10 000 美元（2000 年汇率基准），城市的发展目标由提升生产率、强化产业竞争力，转向城市全球竞争力的提升。2012 年上海人均 GDP 突破万美元（10 312 美元），这意味着上海正由国际大都市建设迈向全球城市发展阶段。服务业已成为上海经济增长的重要支撑。服务业已是上海经济增长的重要驱动力量和重要构成，2012 年服务业占地区 GDP 比重已达 60.4%，生产性服务业占服务业比重超过 50%，服务业增加值和生产性服务业增加值的增长率也均大幅超过地区 GDP 增长率。不过，在服务业构成中，与知识创新相关的服务业在规模和增长速度上都相对滞后。制造业主导产业结构保持稳定，都市型工业发展缓慢。自“十五”时期开始，由电子信息产品制造业、汽车制造业等六个重点发展工业行业占上海市工业产值的比重始终保持在 60%以上，稳定的主导产业结构促进了前三个五年时期上海经济的稳定增长，不过也蕴藏了潜在的问题。服务于都市生产生活的印刷业、文体用品制造业等工业在上海制造业体系中的地位在呈下降趋势。制造业重资产化倾向在增加。依照固定资产—利润比判断的制造业的重资产倾向，在“十五”时期，有 5 个行业趋向重资产，到“十一五”时期，增加到 7 个行业，而到“十二五”时期，则增加到 16 个行业。这意味着，这些行业每增加 1 单位利润，所需要的固定投资则要比上一时期增加 1 倍。

2. 上海城市经济发展存在的问题

上海面临经济增长动力不足。在转向城市全球竞争力发展过程中，我们发现上海经济正面临增长动力不足的问题。一方面，固定资产投资增长速度在快速下降，总投资率也正处于递减阶段，这些迹象都表明原先投资作为上海经济增长主驱动力的角色正在淡化；另一方面，虽然固定投资领域正由工业和房地产领域转向生产性服务业，但是除了金融业以及信息传输、软件和信息技术服务业之外，其他生产性服务业的比较劳动生产率普遍较低。上海制造业竞争优势在减弱，主导产业需更新。“十二五”时期，制造业从业人员平均工资年均增长率为 7.6%，超过了“十一五”时期的 4.3%，超过了全员劳动生产率的增长率 4%，制造业工资增长率超过了全员劳动生产率意味着上海制造业竞争优势正在减弱；另一方面，在“十五”到“十二五”时期，上海产业体系的主导产业构成未发生变化，目前上海正处于迈向全球城市发展阶段，产业体系的主导产业构成亟待进行更新，以迎合新一阶段发展需求。上海面临创新的高投入低产出困境。无论是科技人员占比，还是 R&D 经费占 GDP 比重等创新要素投入都保持较高增长速度，但是根据单位 R&D 投入所带来的新产品产值计算的创新效率却在持续递减，这表明上海处于高创新投入和低创新产出的困境，也意味着上海的技术创新成果产品化水平还比较低。

（二）上海市开发区发展现状与存在的问题

1. 上海市开发区发展现状

截至 2014 年，上海市级以上开发区共计 39 个，其中，国家级开发区 16 个，市级开发区 23 个。其中，国家级开发区主要位于外环和杭州湾产业发展带；市级开发区在外环外的市域范围内分布。开发区是上海市工业发展的重要空间载体。经过了三十多年的发展，上海市开发区已形成了多层次的开发区体系，为上海市经济发展做出了巨大贡献，市级以上开发区工业总产值占上海市工业总产值比重稳定在 50%以上。上海市尚可供应工业用地总量已非常有限。截至 2013 年，上海市已供应的 753.07 平方千米工业用地中，实际用于工业生产的宗地为 603 平方千米，占比达到 80%，其中，104、198 实际用于工业生产的比例均超过 80%，再加上中心城区等的工业用地，已有约 10%～28%的比例向商业及办公用途转型。开发区绩效差异大和可用地空间分布不均。开发区整体产出效率低下，上海市级以上公告开发区以 62.1% 比重的土地面积创造了 50% 以上比重的工业总产值。同时，各开发区单位土地产出差异大，最高单位土地产出是最低单位土地产出的 139 倍，是中位数水平的 4.8 倍。可用工业用地主要分布在浦东、奉贤、松江、嘉定等郊区，中心城区虽保留有部分工业用地，但中心城区内的工业用地转型趋势明显。

2. 上海市开发区发展存在的问题

在实践中，由于开发区由开发区管委会或下属开发公司负责其规划、招商、运营和管理等工作，为了促进开发区增长，彼此之间相互竞争，竞相争夺企业资源、政策资源、人才资源等，把注意力聚集于自身开发区，而忽视了开发区与周边开发区，乃至与上海市开发区系统之间的相互关系。没有开发区是一座孤岛，开发区增长不仅仅与自己有关联，还与其所属的开发区系统有关系。从生态系统视角，管委会在促进开发区增长过程中，忽视了以下问题：第一，忽视了开发区之间的地理邻近性对开发区增长的影响。地理邻近表达了开发区在地理空间上的可达性，如果彼此邻近则有利于不同主体之间展开面对面交流和需要频繁交往的创新活动。目前上海市开发区之间的可达距离，最远的为 162 千米，最近的为 3 千米，平均距离为 43 千米。上海市开发区的空间格局需要重构，开发区之间的空间距离太远或太近都不适宜，需要寻求最有利于开发区增长的空间距离。第二，忽视了开发区之间的系统中心性对开发区增长的影响。系统中心性表达开发区在所属系统中的影响力或自然形成的经济功能状态。系统中心性有利于吸附、吸引、集聚和再生促进开发区增长的资源。目前上海市开发区系统的弗里曼度数中心势为 29%、弗里曼中介中心势为 4.7%、博纳西特征根中心势为 18.13%。这三个指标从不同角度表明了上海市开发区彼此之间自成体系、封闭运作、缺乏与周边园区的合作、恶性竞争、功能分散、系统凝聚性不足。第三，忽视了开发区之间的技术邻近性对开发区增长的影响。技术邻近性表达了开发区之间在产业技术上的相似程度，如果邻近的两个开发区之间的产业完全没有共同的产业知识基础，则员工—企业—管委会等不同主体都有可能形成“老死不相往来”的局面。在2008—2013年，上海市大多数开发区都在经历集聚优势产业的结构调整，一些产业已逐步退出一些开发区，保留一些具有较高集聚优势的产业。在30个开发区中，50%的开发区在电气机械及器材制造业具有明显集聚优势，47%的开发区在橡胶和塑料制品业具有明显集聚优势，40%的开发区在专用设备制造业具有明显集聚优势。开发区之间对技术上高度相近的产业具备相似的产业集聚优势是否有利于开发区增长？

总之，在工业用地总量有限、开发区空间分布差异和产出绩效差异大，以及上海开发区面临开发区自身创新发展和城市功能提升的背景下，上海亟待进行新一轮开发区空间重构。重构的核心问题是考察开发区邻近性（地理邻近性、技术邻近性和系统中心性）对开发区增长的影响，重构的目的是促进有利于创新发生的开发区生态系统的形成，以推进科技创新中心的建设，支撑上海迈向全球城市。

（三）邻近性对开发区增长的影响

1. 开发区邻近产生的互惠效应和竞争效应

开发区通常是在既定的空间规划面积约束下尽可能最大化开发区的总产值或总收入，因此，这里的开发区增长指开发区工业总产值的增长。用来支撑一个城市成长的资源是有限的，开发区要摒弃原先“孤立的、行政区隔”式的规划和发展方式，需要从“生态系统”的视角来重新审视开发区的空间重构问题，需要有一个统一的、系统的空间重构方案，以更有效地支撑城市功能。生态系统视角的关键是考察社会体系中组织之间的相互依赖关系，这种依赖关系，表现为两个方面：竞争和互惠。如果两个组织对彼此的发展是起负面作用的，则它们是竞争性的；如果它们都有助于彼此自生能力的提升，则它们是互惠性的（Barnett and Carroll，1987）①。开发区作为一种经济活动和行政管理组织，开

① Barnett，William P. and Glenn R. Carroll. Competition and mutualism among early telephone companies[J]. Administrative Science Quarterly，1987：400－421.

发区之间的依赖关系，也表现为上述两种。

开发区的互惠效应。在整个开发区系统内，开发区之间在(空间)地理、(产业)技术和(经济/社会)功能上的邻近，有利于构成开发区的各个经济主体构建有效的创新联结，激发创新活力，促进主体之间开展创新活动；也会因上述的邻近性产生的集聚优势，有利于吸引和粘附外来的高级生产要素，形成有利于创新的产业空间(社区)，促进开发区在某一些特色领域的产业技术发展。

开发区的竞争效应。在整个开发区系统内，开发区之间在(空间)地理、(产业)技术和(经济/社会)功能上的邻近，支持开发区的各个经济主体发展的各种关键资源就会趋于相似，比如政策、土地、创新支持、风险投资、产业基金、关键技术人才、优质企业、品牌形象等，而这些资源的有限性必然会导致各主体为获得资源而展开的非生产性竞争活动。开发区所处的区位资源都是有限的，承载能力也是有限的(Ruef，2000)①，如果多个相似组织对某一些共同资源的需求超过了区位对技术发展的承载能力，则不利于开发区的增长。

总之，从生态系统视角，开发区与距离最近的开发区之间的相互关系，表现为：地理邻近、技术邻近和系统中心性。它们分别是从空间布局、产业构成、系统三个维度考察开发区之间的相互关系；它们通过开发区之间的"互惠效应"和"竞争效应"，共同影响开发区增长。

2. 理论假设

地理邻近与开发区增长。地理邻近是从空间布局上考察开发区的相互关系。从现有上海开发区空间布局看，一些开发区彼此之间的距离很近，可达距离仅仅为 3 千米，一些很远，可达距离为 162 千米。创新地理的理论实证研究表明，企业与其他创新主体在地理上的邻近，虽然不是必要条件，但是有助于促进创新的，尤其是在生产经营管理活动涉及较多隐性知识或分析性知识的情况下。对开发区来说，开发区与最近距离开发区之间的地理邻近，可以表现为两

① Ruef，Martin. The emergence of organizational forms：A community ecology approach[J]. American Journal of Sociology，2000，106(3)：658－714.

种形式的“互惠效应”：一种是有助于开发区之间的学习活动。由于开发区之间的邻近，开发区所共同提供的或自然形成的各类平台、场所、空间等，都无形中增加各个主体之间交往、联谊、交流、合作、跳槽、创业等的机会和频率，无论是企业、员工还是开发区管委会层面，都可以通过“干中学”“互动中学”的方式，来促进自己的成长。一种是有助于形成集体声誉，吸引外部注意力。开发区的彼此邻近有助于降低外部经济主体（供应商、采购商、风投等）的搜索成本，有利于它们管中窥豹。

然而，随着地理邻近的增加，开发区之间的竞争程度也相应增加。开发区邻近，无论是开发区中的企业，还是管委会，通常会争夺同区位上的有限资源，包括招商引资、政策支持、人才、资金等，这些可能都会加重开发区所在地区的环境承载负荷。因此，当开发区之间的地理邻近处于低水平时，地理邻近的增加，会产生“互惠效应”而利于开发区增长；当地理邻近处于高水平时，地理邻近的增加，会产生“竞争效应”而不利于开发区增长。本报告提出如下假设：

H1：开发区的地理邻近与开发区增长呈现倒 U 型关系。

技术邻近与开发区增长。技术邻近是从产业结构上考察开发区的相互关系。产业可视为在特定市场区段里的技术系统（Kitschelt，1991）[①]，两个距离上邻近的开发区，如果在产业构成上是一样的，则可以判断，两个开发区的产业在技术上是邻近的。开发区产业技术上的邻近，一方面，不管是企业、员工还是管委会管理者，都具备相似的知识基础和较短的认知距离（Nooteboom et al.，2007）[②]，这有助于促进主体之间通过正式合作机制或非正式机制，促进知识跨边界溢出，也有助于成立联合实验室共同攻克共性技术难题。另一方面，邻近开发区联合形成的产业集聚规模，有利于该地区形成颇具特色的产业集聚功能领域，增加该地区在某领域的专业化知识存量，便于企业的本地创新搜索。

---

① Kitschelt，Herbert. Industrial governance structures，innovation strategies，and the case of Japan：sectoral or cross-national comparative analysis? [J]. International Organization，1991，45(4)：453－493.

② Nooteboom，Bart，et al. Optimal cognitive distance and absorptive capacity[J]. Research Policy，2007，36(7)：1016－1034.

然而，邻近开发区在产业技术的高度邻近，也会促使开发区为了发展相似的产业，而争夺有限的资源，比如为获得创新投入的财政资金、为获得有限的公共技术资源、为争取同一个项目相互竞争压价等。同时也由于产业技术的邻近，加剧流入到该区位的创新资源趋于相似，由于缺乏技术的多样性，也会有碍于产业创新的步伐和减少融合创新机会。另外，多数企业拥有相似的资源、知识和能力，由于技术与企业常规演变的路径依赖，以及认知锁定，先前利于企业发展的专业化外部性反而不利于企业响应市场需求和产业技术的变革，而让企业深陷危机。因此，当开发区之间的技术邻近处于低水平时，技术邻近的增加会产生"互惠效应"而利于开发区增长；当技术邻近处于高水平时，技术邻近的增加会产生"竞争效应"而不利于开发区增长。本报告提出如下假设：

H2：开发区的技术邻近与开发区增长呈现倒U形关系。

系统中心性与开发区增长。系统中心性是从开发区系统上来度量开发区的相互关系。从生态系统视角，每个开发区在开发区系统中的（自然形成的）经济地位不一样，而这种地位也会影响其他开发区的发展。开发区 i 的系统中心性（c_i），由开发区 i 与开发区系统中所连接的其他开发区 j 的中心性（c_j）和开发区 i 与 j 之间的测地线距离（A_{ij}）共同决定，即开发区在系统中具有较高的中心性，它能便捷地与系统中的其他开发区建立内在联结，在信息获取、推进合作、经验学习、互助平台搭建、共建开发区、相似公共资源提供等方面具有优势，同时也能较其他开发区 $c_i = \sum A_{ij}(\alpha + \beta c_j)$ 有吸引优质生产要素的优势，能极大地促进开发区增长。

然而，开发区的系统中心性与其他开发区的系统中心性相互关联，在整个开发区系统中，如果多数开发区的系统中心性都很高，则可能会由于地位和功能的相似性，反而不利于彼此展开合作，同时在为谋求开发区发展时为向获得更高层次资源，而展开非生产性竞争，比如为获得各种称号、基地等，产生更多的内耗，不利于开发区增长。因此，当开发区的系统中心性处于低水平时，系统中心性的增加，会产生"互惠效应"而利于开发区增长；当系统中心性处于高水平时，系统中心性的增加，开区经济功能和地位上的趋同，增强“竞争效应”而不利于开发区增长。本报告提出如下假设：

H3：开发区的系统中心性与开发区增长呈现倒 U 型关系。

（四）开发区增长模型与指标设置

1. 模型设置

借鉴组织增长的理论研究（Barron et al.，1994；Podolny et al.，1996；Sorensen，1999），本报告采取如下模型：

$$\frac{V_{i,t+1}}{V_{it}}=(V_{it})^{\alpha-1}\exp(X_{it}\beta+Z_i\delta+\mu_i+\varepsilon_{it+1})$$

其中，i 为开发区（30 个市级以上开发区），t 为时间（2008—2013 年）；V 为开发区工业总产值，它是随时间而变化的变量；α 是调节参数，说明开发区的增长率依赖于过去的产值；β 是解释向量 X 的参数向量；δ 是开发区层面不随时间变化的个体异质性变量 Z 的参数向量；μ_i 是不可观测的个体异质性，ε_{it} 是随个体和时间而变化的因素。

上述模型对数变换后，基本模型为：

$$\ln(V_{i,t+1})=\alpha\ln(V_{it})+X_{it}\beta+Z_i\delta+\mu_i+\varepsilon_{i,t+1}$$

该模型中，本文重点关注的解释变量中，既有随时间变化的变量，又有不随时间变化的个体异质性变量。为此，本报告需要采取两种估计方法：

固定效应模型。对于随时间变化的解释变量 X_{it}，依据 Hausman 检验，决定是采取固定还是随机效应模型，模型为：

$$\ln(V_{i,t+1})=\alpha\ln(V_{it})+X_{it}\beta+\varepsilon_{i,t+1}$$

依据 Hausman 检验（$chi^2=71.38, p=0.000$）应采用固定效应模型，意味着解释变量 X 中存在与不可观测个体异质性 μ_i 相关的变量。

Hausman-Taylor 估计。虽然固定效应模型通过组内差分可以消除解释变量 X 的内生性，但同时也无法估计本研究中不随时间而变的个体异质性对开发区成长绩效的影响。为此，本文采用 Hausman 和 Taylor(1981)提出的估计方法(简称“HT 估计”)，该方法既可解决固定效应模型中不随时间变化的变量无法估计的问题，同时又能通过工具变量的设置来解决内生性问题。HT 估计模型为：

$$\ln(V_{i,t+1})=\alpha\ln(V_{it})+X_{1,it}\beta_1+X_{2,it}\beta_2+Z_{1i}\delta_1+Z_{2i}\delta_2+\mu_i+\varepsilon_{i,t+1}$$

HT 估计将被解释变量 X 和 Z 分解为两组向量：$X=[X_1;X_2]$ 和 $Z=[Z_1;Z_2]$。其中，X_1 是 $n\times k_2$ 向量，Z_1 是 $n\times g_1$ 向量，Z_2 是 $n\times g_2$ 向量，$n=NT$。X_1 和 Z_1 被界定是外生的，与 μ_i 和 $\varepsilon_{i,t+1}$ 不相关的解释变量，X_2 和 Z_2 被假定是内生的，但是它们仅仅与 μ_i 相关，而与 $\varepsilon_{i,t+1}$ 不相关。本文中 X_1 包括开发区成立年限、开发区就业规模、开发区人均资产；Z_1 包括开发区运行模式；X_2 包括开发区的技术邻近性、出口强度和单位面积产出。这三个变量与开发区初始的产业定位、招商政策和土地开发规划等开发区层面个体异质性 μ_i 有关，是内生的；Z_2 包括开发区的地理邻近性和开发区的系统中心性，这个受开发区所在区位的不可观测的交通网络的影响。系统中心性与开发区的品牌、管委会或开发公司的管理能力等不可观测个体异质性 μ_i 相关，是内生的。使用 HT 估计需要满足识别的两个条件：一是外生解释变量的个数不能少于不变内生变量的个数；二是工具变量与不变内生变量(Z_2)之间要有足够的相关性，以避免弱工具问题。本文研究均满足这两个条件，另外，对面板数据进行组内自相关和组间截面相关检验，均不存在一阶组内自相关和组间截面相关。

2. 指标设置

开发区总产值。被解释变量是开发区总产值，用上海工业产品出厂价格指数剔除价格因素，并以 2008 年为基准年，计算出各开发区 2008—2013 年总产值可比数据。

地理邻近性。开发区的地理邻近性指目标开发区与其可达距离最近的开发区之间的地理邻近性。依照目前学者的方法(Baum and Haveman，1997；

Stuart and Sorenson，2003）[①]，首先，测量每两个开发区之间的地理距离（可达地理距离，本报告采取驾车可达距离），并取自然对数值。其次，为把地理距离转化为可测量的地理邻近性，用每一个距离值减去最大值，进而构建 30×30 的开发区地理邻近性矩阵，依据此邻近矩阵，计算出每个开发区与最近距离开发区之间的地理邻近性。数值越大，表明开发区的地理邻近性越高。

技术邻近性。开发区的技术邻近性用来衡量开发区产业结构之间的技术关系。该指标的计算方法如下：首先，计算逐年开发区每个产业的产业集聚度；其次，依据开发区各产业的产业集聚度，利用 Ucinet 分析工具，并使用 Cohen's Kappa 计算方法，得出 30×30 的开发区技术邻近性矩阵；最后，依据开发区的地理邻近性矩阵，找出目标开发区与邻近性最高的开发区之间的一一对应关系，然后获得目标开发区的技术邻近性指标。数值越大，表明开发区与最近开发区之间在产业技术上越相似。

系统中心性。开发区的系统中心性度量的是每个开发区在整个开发区系统中的结构和位置，以判断开发区之间的功能定位和各个开发区功能定位的相互影响。计算方法如下：首先，依据开发区之间的地理距离矩阵（原始数据），利用 Ucinet 计算出 Bonacich's Power 指数，即 $c_i = \sum A_{ij}(\alpha + \beta c_j)$，其中 A_{ij} 为两个开发区之间的测地线距离。最后，得出每个开发区标准化的系统中心性指标。数值越大，表明开发区在开发区系统中处于较为（潜在）重要的位置。

控制变量。在实证分析中，仍需要控制影响开发区增长的其他因素，包括开发区成立时间、开发区就业人数、资产、出口额等指标。①开发区成立年限。用数据采集年与成立时间之差表示。②开发区就业规模。用开发区从业人员对数值表示。③开发区从业人员人均资产。利用开发区的资产总额/全部从业

---

① Baum，Joel A. C. and Heather A. Haveman. Love thy neighbor? Differentiation and agglomeration in the Manhattan hotel industry，1898－1990[J]. Administrative Science Quarterly，1997：304－338.

Stuart，Toby and Olav Sorenson. The geography of opportunity：spatial heterogeneity in founding rates and the performance of biotechnology firms[J]. Research Policy，2003，32(2)：229－253.

人员表示。④开发区出口强度。利用开发区出口额/开发区销售额表示。⑤开发区单位面积产出。利用开发区产值/累积已开发面积的对数值表示。⑥开发区运行模式。上海开发区有公司制和管委会两种运行模式，赋值 1 为公司制运行模式，赋值 0 为管委会运行模式。

（五）估计结果

1. 描述统计

本报告数据来自于《上海市开发区统计年鉴》(2008—2013 年)。研究对象为上海市市级以上开发区(共计 30 个)，不包括数据缺失的上海朱泾工业区和松江出口加工区。变量统计描述如表 6.5 所示。上海开发区平均工业总产值为 167.3 亿元，单位面积工业总产值为 0.27 亿元/公顷，平均就业人数为 19 772 人，平均成立年限为 15 年，平均的出口强度为 26%，人均资本占有量为 51.3 万元。

表 6.5　　变量的描述性统计和相关性

变量	均值	标准差	1	2	3	4	5	6	7	8	9
开发区产值	16.633	1.798	—								
系统中心性	5.331	1.259	−0.362	—							
地理邻近性	1.278	0.242	0.238	−0.456	—						
技术邻近性	0.298	0.203	0.320	−0.160	0.155	—					
出口强度	0.262	0.191	0.304	−0.144	0.219	0.164	—				
就业规模	9.892	1.533	0.898	−0.324	0.230	0.405	0.343	—			
成立年限	15.000	6.008	0.170	−0.200	0.323	−0.053	0.305	0.167	—		
单位产出	10.201	1.055	0.768	−0.538	0.434	0.275	0.310	0.635	0.204	—	
人均资产	6.241	1.307	0.060	−0.021	−0.031	−0.141	−0.093	−0.142	−0.161	0.128	—
运作模式	0.600	0.491	−0.040	−0.053	0.161	0.152	0.388	0.083	0.386	−0.079	−0.101

2. 估计结果

模型(1)仅仅包含控制变量，除了出口强度对开发区增长没有表现出显著性之外，开发区的就业规模、人均资产、成立年限和单位面积产出在 1%水平下对开发区增长都有显著积极作用。模型(3)是分别分析开发区技术邻近性、地理邻近性和系统中心性对开发区增长的影响；模型(4)是考虑每个开发区技术邻近的条件下，分析开发区地理邻近和系统中心性对开发区增长的影响。模型估计结果如表 6.6 所示。

表 6.6　　开发区增长估计结果

变量	开发区产值增长绩效					
	固定效应			Hausman-Tay 估计		
	模型(1)	模型(2)	模型(3)	模型(4)	模型(5)	模型(6)
开发区产值滞后项	0.230*** (0.054)	0.235*** (0.053)	0.308*** (0.049)	0.305*** (0.049)	0.293*** (0.049)	0.294*** (0.049)
开发区的技术邻近性		1.319*** (0.462)			1.433*** (0.443)	1.432*** (0.443)
开发区的技术邻近性平方		−1.283** (0.569)			−1.481*** (0.548)	−1.489*** (0.547)
开发区的地理邻近性			11.45** (4.682)		12.22*** (4.620)	
开发区的地理邻近性平方			−5.176*** (1.967)		−5.524*** (1.940)	
开发区的系统中心性				2.252*** (0.807)		2.399*** (0.794)
开发区的系统中心性平方				−0.170*** (0.061)		−0.181*** (0.060)
开发区出口强度	−0.0567 (0.305)	−0.0300 (0.302)	−0.0803 (0.294)	−0.0917 (0.293)	−0.0368 (0.282)	−0.0437 (0.282)
开发区就业规模	0.380*** (0.050)	0.354*** (0.050)	0.382*** (0.048)	0.380*** (0.048)	0.341*** (0.048)	0.341*** (0.048)
开发区从业人员人均资产	0.154*** (0.027)	0.139*** (0.028)	0.130*** (0.025)	0.129*** (0.025)	0.113*** (0.026)	0.112*** (0.026)
开发区成立年限	0.152*** (0.019)	0.149*** (0.028)	0.111*** (0.025)	0.111*** (0.025)	0.113*** (0.026)	0.112*** (0.026)
开发区单位面积产出	0.215*** (0.073)	0.257*** (0.072)	0.244*** (0.071)	0.244*** (0.071)	0.269*** (0.070)	0.267*** (0.070)
开发区运行模式	—	—	0.157 (0.704)	0.105 (0.782)	0.094 (0.673)	0.035 (0.745)
常数项	3.622*** (1.064)	3.273*** (1.045)	−3.066 (2.579)	−4.010 (2.529)	−3.240 (2.523)	−4.290* (2.479)
样本	150	150	150	150	150	150

续表

变量	开发区产值增长绩效					
	固定效应		Hausman-Tay 估计			
	模型(1)	模型(2)	模型(3)	模型(4)	模型(5)	模型(6)
R-squared	0.716	0.737	—	—	—	—
Wald chi^2	—	—	416.12***	311.46***	345.07***	342.50***

注：*** $p<0.01$，** $p<0.05$，* $p<0.1$；总样本为180，由于滞后一阶，样本变为150；模型(1)和(2)括号内为稳健标准差。模型(4)～(6)中不随时间变化的内生变量(Z_2)是开发区的地理邻近性和开发区的系统中心性；随时间变化的内生变量(X_2)是开发区的技术邻近性、出口强度和单位面积产出。其他变量为随时间变化的外生变量(X_1)和不随时间变化的外生变量(Z_1)。

模型(2)表明，开发区的技术邻近性对开发区产值增长有显著积极作用($b=1.319$，$p<0.001$)，技术邻近性平方项则有显著负面作用($b=-1.283$，$p<0.05$)。验证了假设H2，即开发区技术邻近性与开发区增长呈现倒U型关系，开发区增强与距离最近开发区的技术邻近，可以促进有利于创新活动展开的互惠效应产生，进而有利于开发区自身增长。目前上海市开发区在产业技术邻近性还有待增强，尚未完全实现开发区之间的互惠效应。

模型(3)表明，开发区的地理邻近性对开发区产值增长有显著积极作用($b=11.45$，$p<0.05$；$b=12.22$，$p<0.001$)，地理邻近性平方项则有显著负面作用($b=-5.176$，$p<0.001$；$b=-5.524$，$p<0.001$)。验证了假设H1，即开发区地理邻近性与开发区增长呈现倒U型关系。这表明开发区在地理上增加邻近可以通过促进开发区之间的相互学习而产生互惠效应，进而促进开发区增长。然而过于邻近则会由于争夺相似资源的竞争效应而有损于开发区增长。针对上海开发区来说，开发区之间的可达距离最佳在50千米左右。

模型(4)表明，开发区的系统中心性对开发区增长有显著积极作用($b=2.252$，$p<0.001$；$b=2.399$，$p<0.001$)，技术邻近性平方项则有显著负面作用($b=-0.170$，$p<0.001$；$b=-0.181$，$p<0.001$)。验证了假设H3，即开发区

系统中心性与开发区增长呈现倒 U 型关系。这表明开发区提升自身在开发区系统中的中心位置，通过便捷地与系统中的其他开发区建立内在联结，推进开发区在信息、资源、平台等方面的合作和共同建设，形成互惠效应，显著促进开发区增长。然而开发区之间，随着彼此的系统中心性增强，开发区则又会为了更进一步发展争夺有限的高级资源而产生的竞争效应而有损于开发区自身增长。

3. 稳健性分析

本模型中的三个重要解释变量中，地理邻近和系统中心性，是基于开发区的地理距离测算而不随时间变化的量，而技术邻近则是基于开发区各产业的产业集聚度来进行测算，为了确保该指标的可靠性，本研究对该指标进行了稳健性检验。具体方法如下：首先，依据开发区每个产业的产业集聚度，把产业集聚度小于 1 的产业的集聚度设置为 0，只保留产业集聚度大于等于 1 的那些产业，构建了 30 个开发区×28 个行业的主体×属性矩阵；其次，利用 Ucinet 对此 30×28 矩阵依照 Identity Coefficient 计算每个开发区在 28 个具有明显聚集优势产业之间的相似性，据此得到的开发区技术邻近性指标放入模型(2)进行固定效应估计，开发区技术邻近性系数为 1.074，稳健标准差为－0.510，开发区技术邻近性平方项系数为－1.560，稳健标准差为 0.849，其他变量系数未发生变化。

(六)研究结论与上海市开发区空间重构的思考

从生态系统视角，开发区与距离最近的开发区之间的邻近性，表现为地理邻近性、技术邻近性和系统中心性。它们分别是从空间布局、产业构成、系统三个维度考察开发区之间的相互关系；它们通过开发区之间的“互惠效应”和“竞争效应”，共同影响开发区增长。本报告以 2008—2013 年上海市级以上开发区为对象，构建邻近性对开发区增长的影响模型，使用固定效应、Hausman-Taylor 估计，通过稳健性检验后，结果发现：地理邻近性、技术邻近性和系统中心性与开发区增长存在倒 U 型关系。这意味着，开发区在地理、技术上的邻近和系统中心性，通过产生的互惠效应有利于开发区增长，通过产生的竞争效应有损于开发区增长。

在新一轮城市总体规划、开发区创新发展和城市功能转变三个契机之下，上海市开发区亟须从生态系统视角对开发区空间进行重构，重构的目的是形成促进创新发生的上海市开发区生态系统；从有利于开发区增长的角度，重构的内容可从三个维度展开：

第一，开发区空间布局。在空间布局上，目前一些开发区之间太遥远，一些开发区之间太近。建议对当前上海市开发区空间格局进行大胆的有决心的调整，调整的依据是开发区之间的可达地理距离保持在 47～50 千米之间。

第二，开发区产业结构。在产业构成上，目前开发区之间产业同质同构现象比较普遍，抑或是开发区内部产业完全不相关。建议邻近开发区之间在产业选择上、在主导产业上保持相近的产业，在开发区内部围绕主导产业选择具有产业联系的配套产业。

第三，开发区功能角色。目前在开发区功能角色方面，整体上竞争或盲从大于合作，开发区的功能角色不是太集中太雷同，而是太分散，没形成合力。建议邻近开发区之间，通过深度合作比如共建园区等，以强带弱，增强互惠效应；对于周边过于弱小的开发区，可由在品牌、管理等方面较强的开发区进行功能上的整合。虽然目前上海市开发区已形成市区合作、区区合作、区中园等多种合作类型，但仍然要重视合作之后的功能角色与邻近开发区的功能角色的互惠效应。

执笔：杨锐

2015 年 3 月

四、产业化与产业创新：实质、条件与上海应对

建立具有全球影响力的科技创新中心，一方面要关注和推进科技创新，其中包括基础科学研究创新和应用技术研究创新；另一方面还应该关注和推进科技创新成果的产业化，这是大家都知道的道理。然而这样的一个认识，却隐含着一个假设，如果没有科技成果创新何来产业化的结果，于是我们就把我们产业化结果的事实解释为产学研结合的问题，所有的政策设计与制度改革都朝着产学研结合的机制与方式上去。我们的研究认为，产业化固然与产学研结合有关联，但产业化的成功绝对不仅仅是产学研结合的机制与方式问题，因为产业化实质是一个复杂的创新过程。

（一）产业创新的实质是什么

所谓产业化，从本源的概念来说就是一个新技术新产品的诞生到形成市场需求获得商业成功的过程，这个过程实质上是一个过程性创新且是一个复杂的创新，完全不同于科学技术创新。这样的创新可以是从原来技术与产品迭代创新开始，也可以是从完全原创的新技术新产品创新开始，通过采用新的材料和部件，进行工艺流程创新，使之具有新的性能或功能并可以大规模生产，开创新的用途或市场需求，从而形成了一个新产业的过程，这样的过程创新我们称之为产业创新。

美国哈佛大学的阿伯纳西（N. Abernathy）和麻省理工学院的厄特拜克(Jame M. Utterback)通过对以产品创新为主的持续创新过程进行研究，发现产品创新、工艺创新及产业组织三者在时间上的动态发展影响着产业的演化，并建立了产业创新动态过程模型，即 Abernathy-Utterback 创新过程模型，简称 A-U 模型。A-U 模型描述了一个特定技术创新轨道上的产品创新和工艺创新的分布规律和一般过程，即在同一代产品技术生命周期中技术创新和产业发展

之间的关系。然而，产业的发展是一代接一代具有各自不同生命周期的产品演化过程的集合。一代产品技术生命周期的完结，并不表明一个产业的完结，而是由于根本性技术创新的出现使产业得到了质的提升，即产业由原来的技术轨道跃入到了一个新的技术轨道，新一代产品替代了老一代产品，如此产业就不断发展进步，这是一方面。

另一方面，他们的研究认为在根本性的产品创新出现之后，还会有一系列后继的渐进性创新并形成创新群，从而引起新产业的成长，这一过程称为持续创新过程。因此，仔细来看，我们希望的科技成果产业化过程实际上是持续创新的过程，是一个从技术创新到产品创新，再到工艺创新，然后再进行商业模式创新，进行市场创新的一个复合创新过程。这个过程还与该创新的主体状况、市场环境状况、制度政策状况等密切相关，是一个绝对不比科技成果创新简单的创新，是形成新业态、新模式、新产业的一个过程，一方面需要长期投入，另一方面需要精心组织。实践证明，根本性的科技创新固然具有重大的社会意义甚至有经济意义，然而后续的持续创新即产业创新往往具有更大的商业价值。

（二）产业创新成功的关键

我们的科技创新成果不少，专利技术不少，科学论文不少，数量上看已经位居全球第二，而真正的产业创新成果不多，新兴产业依然主要在美国、德国等发达国家产生并引导全球产业体系的动态发展。因为产业创新是一个复杂创新的过程，它的成功不光是技术创新的成功，还是生产组织创新的成功，更是商业模式市场开拓创新的成果，这样的创新成功更依赖于企业与市场的互动，依赖于政策环境的宽松。我们并没有看见美国政府去推动社会与企业去把美国的科技创新成果产业化，但是美国的产业创新成果是全球公认的，产业化导致新产业发展大多从美国开始，仔细分析，可以发现形成一个有效的竞争性市场、一个宽松的制度环境容忍企业大胆创新追求商业利益，加上良好的金融服务体系，是产业创新成功的关键。

理论上可以证明，产业创新是生产力飞跃的关键，通过新产品、新技术、新工艺，形成新业态、新模式、新产业，开拓了新市场就创造了巨大的商业价值，直接形成了新的生产力增长点。生产力发展离不开生产方式的适应性配合，当新生产力增长点成长时就需要相应的新生产方式配合，具体来说就是新的生产组织方式、新的商业模式、新的业态的创新配合。科技成果产业创新成功有一些必要条件：

1. 有支付能力的市场需求前景

有支付能力的市场需求前景是科技成果产业化形成新产业的关键条件，是新产业达到规模经济要求的关键，因为如果达不到规模经济要求的市场需求将导致该产业创新主体的长期亏损，也就是说新产品达不到量产的状况企业必然长期亏损。有支付需求前景的市场规模一方面是与创新主体市场开拓能力相关，也与产品本身是否符合消费者需求有关，但一定还与消费者目前与可预期的支付能力消费习惯有关。事实上许多科技成果无法产业化，一方面是本身可能不一定符合消费者需求，一方面也是消费者的支付能力尚未普遍达到价格条件。

2. 相关生产或组织技术的配合

新的某一科技成果创新成功，如果要量产成为一个新产业，还需要相关产业与技术的协同创新才有可能，如乔布斯的苹果智能手机成为一个产业，不光是苹果公司一家可以完成，实际上需要许多零部件厂商、材料厂商、软件厂商包括像富士康这样加工组装厂商的协同创新、组织配合才可能。所以，当我们还不是非常开放地对待全球所有的科技企业、科研机构等参与到我们的一个重要科技成果创新后的产业化，产业创新成功是非常困难的。苹果公司的科研供应商、生产供应商是全球化的。

3. 企业家创新的动力充沛

企业家一定是产业创新的关键主体，没有企业家的产业创新动力，产业创新成功是不可能的。当然我们指的企业家不光是现在的企业家还包括未来的企业家即今天的创业者或科技成果的持有人。许多科技成果持有人也想成为企业家成为科技成果产业创新的直接受益人，这是可以理解的，但许多人不明白产业创新是另一类创新，与科技创新不同，需要另外的专业知识和创新精神。这就是为什么需要企业家的原因了，企业家对市场的敏感性、风险把握、对资源的组织能力等都是科技工作者所缺乏的。如果不能把企业家创新的原动力即追求利润的原动力充分发挥出来，保护好，产业创新成功一定是寥寥无几。

4. 公平竞争的市场环境

一个国家的市场公平竞争状况不好，企业可以通过各种垄断或各种寻租获得丰厚的收益的话，谁还愿意投入艰辛付出去创新呢？公平竞争的市场环境导致创新才能更好获得消费者的欢迎，创新才能获得一定的高收益，创新才是企业在市场上获得差异化竞争优势的本源。公平竞争的市场环境并不是那只看不见的手可以完全控制的，市场也是有缺陷的，为此政府有责任也应该有能力通过反垄断保护竞争的法律、创新性幼稚产业的保护政策、相应的科技成果产业化推进政策如产业准入政策的宽松等来创造与维持一个开放、公平竞争的市场环境。

5. 金融体系与创新生态

产业创新成功的另外两个重要条件是：第一是一个良好的金融服务体系。产业创新需要大量的资本投入，光靠创新者自有资本是十分不够的，美国创新创业者成功的案例很多，这与美国良好的金融服务体系，特别是拥有众多的不同类型的投资基金、不同金融产品与服务分不开。我们的金融服务体系的改革与发展，我认为已经落后于经济与产业发展的要求，也落后于科技创新、科技成果产业化创新的要求。金融改革的核心应该是符合以上两个方面的需要，金融是一个服务性产业，千万不要成为单纯的自我服务。

第二是良好创新生态的维持。创新生态是一个具有宽泛内涵的概念，包括的含义很多。例如，有许多文献研究过市场规模大小对科技成果创新和产业化创新的影响，许多文献还研究过创新的社会文化氛围对创新、对产业创新的影响，等等。的确如此，这些研究的成果是有道理的，也说明了创新生态与文化氛围对科技成果、对产业创新成功的重要影响。良好的创新生态维持，关键是培育发展好提供产业创新服务的产业。当然这个产业的发展成熟与科技成果创新、产业创新的事项需求密切相关。

从产业创新成功的关键条件来看，我们可以知道产业创新的成功是市场导向的结果，也是市场需求转化的结果。它与科技创新不太一样，科技创新基本上是科学技术导向，有科技进步的路径依赖在里面，也与科技人员的专业知识和科研机构离市场距离有关。既然产业创新是市场导向的，是市场需求的内在要求，所以产业创新的主体一定不是政府可以替代的。

（三）上海在产业创新方面应该做什么

上海要发展成为全球具有影响力的科技创新中心，固然需要科技创新，需要更多的科技创新成果，无论是基础科学创新成果还是应用科技创新成果，但我以为必须鼓励更多的企业家投身于产业创新，因为我国目前已经到了消费升级的转折点，新技术进步也为此做好了准备。上海也可以大规模的产业创新来加快培育和发展知识密集度高、高新技术为核心、资源耗费量少、环境友好、综合效益明显且具有较强成长潜力的新型产业，形成新的经济增长点，实现产业结构的转型升级，提高人民生活质量和水平，促进资源节约型和环境友好型社会建设。

上海至今为止的科技成果创新量不少，诸多重大科研项目也在进行。在产业创新方面虽然不能说没有一点成绩，然而也相当的不尽如人意。仔细分析，上海产业创新不太成功主要有两个重要原因：

第一，上海缺乏产业创新的主体，或主体比较弱。上海经济与产业发展的主力是国有企业，但由于国有企业的体制机制改革缓慢，国有企业领导人的评价体系问题等，导致上海的国有企业不能成为产业创新的主体。上海的民营企业虽然有发展，但所处产业领域的相对低端，导致缺乏研发与产业创新的能力与资本实力。再加上目前两类企业的税负普遍比较大，企业产品服务附加价值比较低，收益状况不良，也没有财力和信心投入研发创新和产业创新。

第二，上海的政府管理能力很强，但有时替代市场机制的发挥。上海的政府很努力、很繁忙，在社会、文化、经济等方方面面管理了许多，取得很好的成绩，创造了上海良好的生活环境。但我们的政府甚至事无巨细什么都管，管到科研机构科技创新的具体项目、管到企业产业创新的具体落实等，由于大包大揽，直接替代了市场机制的发挥，直接替代了科学家们的选择、企业家的选择。在市场导向为主的产业创新方面，由于市场机制的缺乏，现行体制机制、政策状况不利于竞争与创新，不利于产业化创新的环境，于是政府无论如何进行产学研结合方式的调整和创新的尝试，实际效果都不佳也就可以理解了。

上海建设全球影响力的科技创新中心，进行产业创新的重要性不光是科技创新中心建设的组成部分，而且也是上海建设全球城市进行产业结构转型升级和经济焕然一新的内在需要。从微观上说，上海的企业不愿意或没有能力进行产业创新，企业本身就没有转型升级的可能；从宏观上说，没有上海产业创新也就没有产业的转型升级，也就没有产业结构的转型升级。上海目前正处在迈向全球城市，建设 5 个中心，新增长点增长比较乏力、产业结构面临重大调整的时期。因此，上海的企业是否能担当获得科技创新成果并有效开展产业创新而形成上海的新一代互联网＋高新技术产业与产品，显得非常重要。在这一过程中，上海应该做些什么呢？

一是大胆进行体制机制的深化改革，在国有企业混合所有制改革方面取得突破，强大产业创新主体的创新动力。为此需要深入研究上海科技创新成果产业创新及其应用的总体状况，进一步分析产业创新应用成功的领域及其不成功的关键问题。通过对上海高技术产业创新的主体即企业及其状况分析，希望研究分析这些主体在产业创新应用及所谓“产学研”合作中的困惑及背后的体制与机制难点，进行大胆的体制机制创新，我认为，上海国有企业混合所有制的改革必须深化，改革的关键是企业经营者的利益如何更加有效的与企业中长期成长与业绩相挂钩，而不是简单的允许创新犯错，因为如果不能够从经营者内在的利益机制设计以致他在经营企业时有内在的约束力，那么允许犯错就会成为下一轮寻租的一个方面。

二是建立与维持开放性的有效公平竞争性科技创新成果市场、知识产权市场是上海成为全球影响力的科技创新中心的重要条件，是要开展全球资源配置条件下的科技创新与产业创新的关键。产业创新成功既然是市场导向与市场需求成长的结果，那么在科技创新中心的建设发展过程中，如何使市场成为配置资源的主导力量，就需要有效公平竞争的市场，因为此时市场机制才比较有效。科技成果创新固然以科学技术导向为主，但只有存在良好的科技成果市场，科技成果未来的市场价值才能得到比较好的鉴定，企业购买科技成果不是简单就看科技专家的鉴定结论，而是需要判断该成果未来的市场价值。科技成果得不到市场的鉴别，所谓产学研合作就是空话，因为大家都看不到前景。更何况这样的开放性市场的存在，能够让全球的科技成果到上海来交易来鉴别，我以为这也是全球影响力科技创新中心的功能之一。开放才能使全球创新资源流入上海，知识产权保护才能使全球创新资源留在上海，公平竞争才能促进企业有动力有意愿开展创新。

三是上海金融体系建设与创新生态环境优化，是建设全球影响力科技创新中心的另外一个重要条件。上海建设国际金融中心这么多年，在金融机构数量、交易数量、资本流量等方面有了许多的进步，但在服务体系、金融产品的创新，尤其在产融结合方面、产业创新的服务方面尚需要检讨。而上海的创新生态环境的核心是我们在科技成果创新、产业创新推进的现行政策及其效果，是我们创新服务体系的集成与效果问题。上海已经建立许多研发中心、创新平台，政府投入也很大，其效果究竟如何恐怕要探讨其背后的设计逻辑、可能的问题、可能的影响要素。建设过程中忽视市场需求的因素，忽视企业产业化创新的要求，那么这些平台、中心对产业创新的支持就非常有限，仅仅对科研创新有帮助。上海要建设成全球具有影响力的科技创新中心，需要设计新一代上海科技成果创新、产业化创新的制度机制配套政策，但前提是尊重市场的选择，由市场来配置科技创新与产业创新资源。

执笔：芮明杰

2015 年 5 月

五、2015 年我国新兴产业发展动态及未来发展对策

新兴产业是指随着新的科研成果和新兴技术的发明、应用而新建立或重新形成的产业，以节能环保、新兴信息技术、生物医药、新能源、新能源汽车、高端装备制造、新材料等国家战略性新兴产业为主导的产业，其出现原因包括技术创新、相对成本结构的改变、新的消费需求的出现，或其他经济和社会变化将某个新产品或新服务提高到一种潜在可行的商业机会水平等。新兴产业的发展处于产业生命周期的成长期，且受国家产业发展政策的扶持，发展态势较好，呈现较好的创新驱动，但也面临技术、市场与行业垄断等诸多因素的制约。

（一）新兴产业的规模与效益双增长

通过 2015 年及 2014、2013 年甚至是整个“十二五”时期新兴产业产值规模扩张、效益增长及其在第二产业中贡献度等指标的分析，特别是与传统基础产业的比较分析，可看出新兴产业处于产业生命周期的成长阶段并呈现较好的规模与效益双增长态势。

2014 年，我国战略性新兴产业整体实现较快增长，增速快于经济总体，继续在稳定经济增长、促进转型升级方面发挥积极作用。[①]

① 张振翼. 2014 年战略性新兴产业发展形势与 2015 年展望，2015.

2015 年在经济下行压力加大的情况下，战略性新兴产业继续保持较快发展，成为经济发展的重要支撑力量。今年 1—5 月，27 个重点行业主营业务收入同比增长 10.8%；在传统工业利润下滑的情况下，战略性新兴产业的工业部分实现利润同比增长 19.8%。[①] 预计"十二五"期间，我国战略性新兴产业年均增速接近 20%；2015 年，战略性新兴产业增加值占国内生产总值的比重可望达到 8%，比 2010 年提高 1 倍以上。[②]

（二）新兴产业的创新驱动能力进一步形成

国家在高速铁路和特高压技术已经达到世界领先水平，并已经向部分发达国家进行技术与资本的输出。国家层面在重大技术攻关，如北斗导航、大型船舶、飞机发动机及航天技术领域取得重要进展。京津冀地区，北京在高端软件和信息技术服务的"高精尖"领域，天津在航空航天产业关键技术领域，石家庄在微生物制药和现代中药产业链方面；长江经济带，以上海为龙头，沿江城市群在集成电路、先进医疗器械、新型平板显示、先进轨道交通装备和生物医药等多个领域；珠三角地区，广州、深圳等地大力进行平板显示、智能终端、移动通信、基因测序、无人机、机器人等新兴产业领域的技术创新成果显著。

上述有关产业的技术创新能力进一步形成，其驱动力主要表现在如下几个方面：

一是大型国企与民营企业的创新驱动分头并进。国有资本在国家计划或产业政策主导下的创新驱动，民间资本主要在市场的引导下的创新驱动。

二是在国家创新体系中有关科研院所与大学的创新进一步凸显。

三是北京海淀、上海张江、深圳南山等高技术产业集群的创新活力已经形成一定的国际影响力。

---

① 战略性新兴产业发展特征与工作思路，http://www.360doc.com/content/15/0714/06/16788185_484767474.shtml。

② 中国经济导报，http://www.ceh.com.cn/jryw/2015/865853.shtml。

（三）预计 2016 年、2017 年新兴产业发展面临的挑战与困难

中国在新兴产业领域不仅在技术基础方面相对滞后，而且面对新一轮全球产业变革面临更加巨大的挑战。主要体现在如下方面：

1. 核心技术落后，部分关键环节缺失

我国部分核心技术依赖国外，部分核心生产环节缺失，仍制约部分新兴产业的发展，[①][②]如集成电路与芯片、计算机 DOS；智能装备及其内部控制系统；新能源汽车的重要系统部件，如电机驱动系统、电池系统技术成果显著。[③]

再如，8 代、8.5 代液晶面板生产线已顺利投产，但偏光片、超薄玻璃基板、液晶材料等关键材料自给率均不超过 10%；机器人制造领域，国内工业机器人核心零部件缺乏领先的自主创新技术及产品，市场主要被国外行业巨头所垄断。[④]

2. 市场环境尚需进一步规范和完善

一是市场准入与行业垄断制约了关联产业的发展。如风能、再生能源受制于电网；电信运营商对网络带宽的垄断、三网合一的问题进展缓慢，制约了云计算、大数据等相关企业的业务发展。[⑤]

二是技术创新机制问题突出。如技术创新公共服务平台的稀缺，国企面向市场缺乏创新活力、民企受到制约与歧视等。[⑥]

三是知识产权保护力度还有待进一步加大。如企业投入大量人力、物力、财力研发的新成果，上市不久便面临大量仿制品的冲击，严重挫伤企业的创新动力。

3. 市场开拓面临较大的阻力。新兴产业面临国际市场拓展举步维艰和国内市场高端失守的双重压力。一方面，全球经济复苏乏力，出口不振。首先是

---

① 赵红梅．关键技术突破对新兴产业发展的创造效应研究，2014.

② 金华. 我国战略性新兴产业发展中存在的问题及对策，2012.

③ http://auto.people.com.cn/n/2015/0628/c1005-27218771.html.

④ http://www.cinn.cn/xw/ztzl/xbngyjjfxyyc/343730.shtml.

⑤ http://www.ceh.com.cn/cjpd/2013/04/194442.shtml.

⑥ 吴延兵. 不同所有制企业技术创新能力考察，2014.

国家层面通过各类非关税壁垒阻挡我国新兴产业产品出口，如“双反”调查仍旧频频出现；其次国外媒体夸大宣传，引导消费者抵触中国产品。另一方面，国内市场开发不足，部分产品的国内市场占有率偏低。如，因汽车价位高、车型种类少、消费者认知不足等因素影响，新能源汽车在国内的市场份额依然较小；以AMOLED产品为例，虽然我国已经具备了5.5英寸AMOLED产品的生产能力，但目前看，在AMOLED显示市场上，三星独占着90%以上的市场份额。①

4. 资本市场不完善，新兴产业企业融资难

首先，新兴产业企业由于其轻资产、风险大等特点，长期存在融资难、融资贵的问题；其次，我国A股市场上市条件严苛，大批新兴产业企业难以满足资本市场现行上市规则；再次，商业银行反应滞后，存在对新兴产业不加区分收紧贷款的现象，影响健康产业的正常发展。

5. 人才缺失制约产业发展

我国战略性新兴产业持续快速发展，但高层次领军人才和创新型人才高度缺乏，高素质人才缺乏问题在部分行业表现得尤为突出。以核电为例，我国先进核能技术研发方面的人才还比较欠缺，在核电停滞的几年间，核电人才流失严重，随着核电项目的增多，核电人才短缺日益明显。人才资源缺乏的主要原因在于：国内教育体系不够完善，复合型人才培育机制与文化缺失；现有体制机制存在问题，使得人力资源的配置效率不高；我国还缺乏对创新型人才的有效激励机制。

（四）我国未来几年新兴产业发展的政策建议

1. 以市场需求为导向，切忌盲目扩大新兴产业投资

由于我国近年总体投资规模与速度大幅度下降，经济增长速度放缓，基础性产业如钢铁、煤炭、水泥等产业产能过剩严重，所以这部分产业新增投资很

① http://www.cinn.cn/xw/ztzl/xbngyjjfxyyc/343730.shtml.

少，大量的新增投资进入了新兴产业，特别是当我国开始启动制造业“2025 计划”，可以预计地方政府一定大力推动新兴产业的投资。在此过程中比较令人担心的是在新增新兴产业投资过程中，忽视市场需求的状况，进而导致下一轮新兴产业可能存在的产能过剩情况。为此政府是否可以组织对新兴产业现在与未来的市场状况的分析与判断，以起到引领企业在新兴产业方面的投资决策的作用。

2. 加大力量保护知识产权，维护新兴产业市场的公平竞争

新兴产业健康发展的关键是有一个公平竞争的良好的市场环境，让市场成为资源配置的绝对力量。我们建议，政府在维持市场公平竞争反垄断方面的努力不能局限于传统的产业，更应该在新兴产业市场上进行。另外，由于新兴产业是高技术密集型产业，创新要求比较高，因此如何进行更有效的知识产权保护，是新兴产业健康发展的另一个重要方面，也是政府需要认真作为的方面。这是一个长期性工作，需要长期的努力，不光是 2016 年需要进行此项工作。

3. 引导战略性新兴产业健康发展，培育新兴产业的舵手型企业

我国新兴产业这几年成长比较快，成为经济增长的新引擎。但其中一些产业如机器人产业发展依然是从加工组装入手，还是遵循过去制造业发展的老路即从价值链低端入手，没有重视研发与创新，更没有从价值链高端入手，培育具有价值链控制力的舵手型企业。我们认为新兴产业代表了中国产业结构调整的方向，是我国未来产业体系是否有国际竞争力的关键，如果我们今天的发展依然没有着眼未来竞争力，没有培养出新兴产业内具有价值链控制力的舵手型企业，那将是有问题的。建议选择有潜力的企业给予智力、资本与税收等方面的扶植政策，重点培养。

执笔：芮明杰

2015 年 11 月

六、"工业 4.0"背景下工业设计、互联网与传统制造业融合创新与转型升级研究

本土传统制造企业如何实现可持续发展是理论和实践急需解决的课题，在经历了改革开放 30 多年来的第一阶段的快速发展之后，传统制造企业已走到了"十"字路口。中国正经历重要转型升级的关键点，或者更准确地说是"拐点"，社会经济逐步告别短缺而走向丰裕，消费结构也出现变化。为此，转型升级已经上升到国家战略层面，升级压力和诉求也成为本土传统制造企业的一种常态。

与此同时，全球制造业格局正在重新洗牌。美国提出重振制造业，法国、西班牙等欧洲国家也开始力推"再工业化战略"，抢占高端制造领域。德国"工业 4.0"也为我们展现全新的工业蓝图，在一个"智能、网络化的世界"里，创造新价值的过程逐步发生改变，产业链分工将重组，传统的行业界限将消失，并会产生各种新的活动领域和合作形式。同时，伴随现代化大工业生产的发展，工业设计已经成为工业产品生产、加工、销售等环节中不可或缺的一个重要环节。设计在创新上作用的凸显（Creusen，2011；Janell & Montoya，2011）①②，尤其是大多数全球创新领先公司日趋重视基于设计的创新，将其作为主要的竞争战略，设计进入了人们的视野。

为此，我们要思考的一个关键问题是互联网迅猛发展大背景下，本土传统制造企业发展到一定阶段，进一步发展或升级遇到瓶颈时，如何突破束缚和制约，实现传统制造企业从低端向高端转型升级和未来可持续发展？为回答这些问题，本报告基于"工业 4.0"视角，提出工业设计、互联网与传统制造业"三业"

---

① Creusen MEH. Research Opportunities Related to Consumer Response to Product Design[J]. Journal of Product Innovation Management，2011，28(3)：405－408.

② Janell D T. Montoya M M，Calantone R J. Form and Function：A Matter of Perspective[J]. Journal of Product Innovation Management，2011，28(3)：374－377.

融合创新的概念，并阐述“三业”融合创新的必要性、内在机理和发展路径，从而为本土传统制造企业实施转型升级和“赶超”策略提供理论分析和实践指导。

（一）理论背景

经济全球化背景下，国际产业分工深化的同时，构筑起全球价值链和价值网，嵌入其中的是发展中国家传统产业内的企业。针对发展中国家的传统产业转型升级，国内外学者从不同视角进行了长期跟踪和研究，如从价值链（GVC）和价值网视角寻求升级突破（宗文，2011；周密，2013）[①][②]，以及产业升级（吴丰华和刘瑞明，2013）[③]、产业集群（赖红波和王建玲，2012）[④]、国际贸易与国际分工（刘维林，2012）[⑤]等相关理论。但我国传统制造企业升级压力依旧越来越大，无论是产品、技术，还是品牌升级行为，都难以突破全球价值链的锁定和实现“质”的飞跃（Lall，2005）[⑥]。

近几年，国内外学者对产学研和协同创新研究逐渐兴起，以产学研合作为核心的合作创新模式正逐渐成为企业突破自身资源和能力限制从而实现创新的重要途径（Hoang & Rothaermel，2005；Hiroyuki，2007）[⑦][⑧]。埃茨科威兹等（2009）[⑨]提出“三螺旋模型”，由大学、企业和政府三种类型的机构所构成的三螺

① 宗文. 全球价值网络与中国企业成长[J]. 中国工业经济，2011，(12)：46－56.

② 周密. 后发转型大国价值链的空间重组与提升路径研究[J]. 中国工业经济，2013，(8).

③ 吴丰华，刘瑞明. 产业升级与自主创新能力构建[J]. 中国工业经济，2013，(5)：57_69.

④ 赖红波，王建玲. 基于社会网和价值网互动视角的本土企业高端突破研究——以集群网络内企业为例[J]. 软科学，2012，26(5)：118－122.

⑤ 刘维林. 产品架构与功能架构的双重嵌入——本土制造业突破GVC低端锁定的攀升路径[J]. 中国工业经济，2012(1)：152－160.

⑥ Lall S，Eiss，J K Zhang. Regional and Country Sophistication Performance [R]. Asian Development Bank Institution Discussion Paper，2005.

⑦ Hoang H，Rothaermel F T. The effect of general and partner-specific alliance experience on joint R&D project performance[J]. Academy of Management Journal，2005，48(2)：332－345.

⑧ Hiroyuki Okamuro. Determinants of successful R&D co-operation in Japanese small businesses：the impact of organizational and contractual characteristics[J]. Research Policy，2007，36(10)：1529－1544.

⑨ 埃茨科威兹·亨利、王平聚. 创业型大学与创新的三螺旋模型[J]. 科学学研究，2009，(4).

旋结构成为区域、国家及跨国创新系统核心。

同时，国内外学者等，对协同创新模式也进行了讨论，Srivastava 和 Gnyawal(2011)①指出，企业要想实现技术能力优势，必须把技术与内部资源等创新要素协同起来，以此推动突破性创新。Tidd J. Bessant(2013)②对企业内外部因素对协同创新效应的内涵进行探索，解学梅和徐茂元(2014)③提出协同创新机制与协同创新氛围有关。

伴随苹果、三星、斯沃琪(Swatch)手表、星巴克(Starbucks)咖啡、特斯拉等一大批新兴公司成为行业最耀眼的创新企业，越来越多的学者认为在传统的技术推动和市场拉动促进转型升级之外，还存在设计驱动型升级的第三种创新模式(Verganti，2003)④。基于设计驱动创新概念的理论探索，把设计定义为处于主导地位的各种创新的单一整合，相关研究出现了一个高峰。⑤⑥ 使其成为和“研究”“开发”相类似的重要创新理论，目前，设计驱动型创新理论是最具代表性的创新理论之一，也是创新研究最前沿的成果。

综上所述，可以看出现有转型升级理论研究大量、丰富，呈现出步步递进的趋势。无论是从创新、创新网络、协同创新和产学研，还是设计驱动创新等方面，包括在实践方面都积累了好的探索和基础。当然，现有研究也存在不足：其一，无论是创新网络还是产学研研究，合作网络形式级别较低、合作机制不完

① Srivastava M K，Gnyawali D R. When do relation resources matter? Leveraging portfolio technological resources for breakthrough innovation[J]. Academy of Management Journal，2011，54(4)：797－810.

② Tidd J，Bessant J. Managing Innovation：Integrating Technological，Market and Organizational Change[M]. London：Wiley，2013.

③ 解学梅，徐茂元．协同创新机制、协同创新氛围与创新绩效——以协同网络为中介变量[J]. 科研管理，2014，35(12)：9－16.

④ Verganti R. Design as brokering of languages：innova-tion strategies in Italian firms [J]. Design Management Journal，2003，13(3)：34－42.

⑤ Christensen C. M. Bower J L. Customer power，strategic investment，and the failure of leading Firms[J]. Strategic Management Journal，1996，17(3)：197－218.

⑥ Borgianni，Yuri & Rotini，Federico. Innovation Trajectories within the Support of Decisions：Insights about S-Curve and Dominant Design Models[J]. International Journal of Innovation Science. Dec 2012，Vol. 4 Issue 4，p. 259－268.

善、成果转化率低等问题突出。各个创新系统零散和自成体系，像一个拥有众多“创新岛屿”的群岛，集成和融合创新涉足不多。其二，“工业 4.0”和大数据背景下，对设计、互联网等新兴创新驱动模式与传统制造业融合创新研究也不多，较孤立的分散在“设计＋制造”“互联网＋制造”等融合创新方面，没有跳出现有单一制造产业，到多产业融合更大层面去考虑集成创新，从而缺乏活力和持续创新的源泉。

（二）工业设计、互联网与制造业“三业”融合创新的可能

1. 工业设计、互联网与制造业“三业”融合创新概念

过去两年，“工业 4.0”无疑成为热门话题。“工业 4.0”又称为德国第四次工业革命，目标是建立一个高度灵活个性化和数字化的产品与服务生产模式，把个人客户和产品的独特性融入设计、配置、订购、计划、生产、运营和回收阶段，在新一轮工业革命中抢占先机，提高德国制造竞争力。与德国“工业 4.0”类似，2013 年我国工信部制定的《信息化和工业化深度融合专项行动计划（2013—2018）》（简称“两化”融合），是在中国第三次工业革命中的网络化与工业化深度融合阶段。使互联网与工业应用在采购、设计、生产、销售、客服等多环节融合，大力发展互联网，将互联网与传统产业融合，进一步提高生产效率，推动产业升级，提高我国服务水平及竞争力。

与此同时，工业设计在我国转变经济发展方式的大背景下被寄予厚望，中国的设计产业迎来了新的发展契机。2014 年《国务院关于推进文化创意和设计服务与相关产业融合发展若干意见》，指出“设计服务与相关产业的融合发展”是“支撑和引领经济结构优化升级”的重要抓手，实现由“中国制造”向“中国创造”转变，建设创新型国家的重大举措。具体“工业 4.0”与我国制造业、设计服务与互联网国家层面政策对比见表 6.7。

表 6.7　　“工业 4.0”与我国制造业、设计服务与互联网国家层面政策对比

<table>
<tr><th></th><th>“工业 4.0”</th><th>我国国家层面政策</th></tr>
<tr><td>制造业</td><td rowspan="3">德国称为第四次工业革命，建立一个高度灵活个性化和数字化的产品与服务生产模式，把个人客户和产品的独特性融入设计、配置、订购、计划、生产、运营和回收阶段；在新一轮工业革命中抢占先机，提高德国制造竞争力</td><td>2013 年工信部《信息化和工业化深度融合专项行动计划(2013—2018)》</td></tr>
<tr><td>互联网</td><td>2015 年 6 月，国务院《“互联网＋”行动指导意见》</td></tr>
<tr><td>设计服务</td><td>2014 年《国务院关于推进文化创意和设计服务与相关产业融合发展若干意见》</td></tr>
</table>

为此，在“设计＋制造”“互联网＋制造”等融合创新基础上，本报告首次提出工业设计、互联网与制造业“三业”融合创新概念。面对新一轮产业革命，转型升级的方向应该是以传统制造业为基础，与现代生产服务业互相融合的创新产业体系，如围绕工业设计和“互联网＋”为主的创意和大数据等相关产业，协同演化和创新助推“高端高效”。通过“三业”融合创新，抓住新一轮制造业发展机遇，在提升制造业核心竞争力上求得突破。

2.“三业”融合创新的必要性

为何提出“三业”融合创新的概念？无论是“两化”融合或“三业”融合，背后都是“工业 4.0”背景下，以大数据、云计算、移动、社交等技术为主要驱动手段的工业革命，本质都是颠覆传统转型升级模式的转变，这些转变的发生，归根结底是新时代消费者需求的变化。被信息技术武装到牙齿的消费者已经变得非常主动和特立独行，他们需要个性化地被对待，他们参与到战略、研发、生产、执行各个环节中。为此，“三业”融合创新目标是快速适应消费者的转变，从以产品为中心到以需求和体验为中心，帮助企业更好地满足消费者的需求。“三业”融合创新体现了设计或互联网等服务经济真正与制造企业实体经济融合发展的转型升级战略，而不仅仅是低附加值的加工制造环节攀升到高端环节。“三业”融合创新与转型升级的必要性如下：

(1)“三业”融合创新概念的核心是回归转型升级及培育“高端高效”的先进

制造业。中国传统制造现在还是以低端制造为主，直接从低端制造跃迁到德国、美国所追求的目标显然是有非常大的跨度的。我们要跳出现有的制造业模式，从“三业”融合创新视角，去思考传统制造企业转型升级和价值提升。

（2）工业设计、互联网与传统制造三者并不能割裂来看，它们之间只有协同作用并构建良好的创新生态，才能成就新型工业企业并输出价值。“三业”融合，能很好的推进产业创新生态，引导培育科技成果创新产业化，把产业创新与传统制造业转型升级密切联系起来。如果还是遵循传统的制造过程，而不是去发展创新生态，中国的制造可能永远赶超不了。

（3）当下，我们传统制造业正在经历蜕变式的转型升级，制造业的新形态正在形成，它们开始与工业设计、互联网等服务业携手合作，跨界与融合成为重要趋势，并由此构造出由消费者驱动并深度参与的“工业 4.0”时代。通过“三业”融合创新，一方面助推传统制造业在价值链高端位置迈进，另一方面，互动演化也可以解决设计和互联网等服务业的虚拟和与实体经济发展脱节的问题。

数字化浪潮正在席卷全球，国际国内的制造业企业都在力求转变突破，以制造业为代表的工业正面临严峻的挑战，并争先抢占新一轮产业革命的制高点。相比德国的“工业 4.0”，由于中国独特的工业和市场的基础，因此中国将走上一条与众不同、独具特色的“工业 4.0”发展道路。

（三）“三业”融合创新与转型升级内在机理

1.“三业”融合创新内在机理

美国的工业互联网、德国的“工业 4.0”和中国的“两化”深度融合，其目的、目标和要素，尽管表述有所不同，本质上都是强调产业升级。各不同国家情况不一样，美国、德国处于工业革命前沿，而中国工业化水平相对落后，为此，我们更应强调自身的产业升级和国际竞争力的提升。

与西方发达国家衔接有序发展模式不同，我们不能按照正常顺序走转型升级模式，不能等到工业化和转型升级完成之后，再发展互联网和工业设计产业，毕竟我们的工业设计、互联网等在起点、进程和水平上都落后于西方发达国家一大步。这就要求我们在转型升级和融合发展上走与发达国家不完全相同的发展衔接模式,“三业”融合创新,就是根据国内和国外、历史和现实的背景、环境、条件做出的选择。“三业”融合创新是集成叠加式创新,是“设计+互联网+制造业”在一个平台上构筑的创新生态,目标就是对传统制造业产业链重构及对高附加值环节再造的先进制造业培育,如图 6.7 所示。

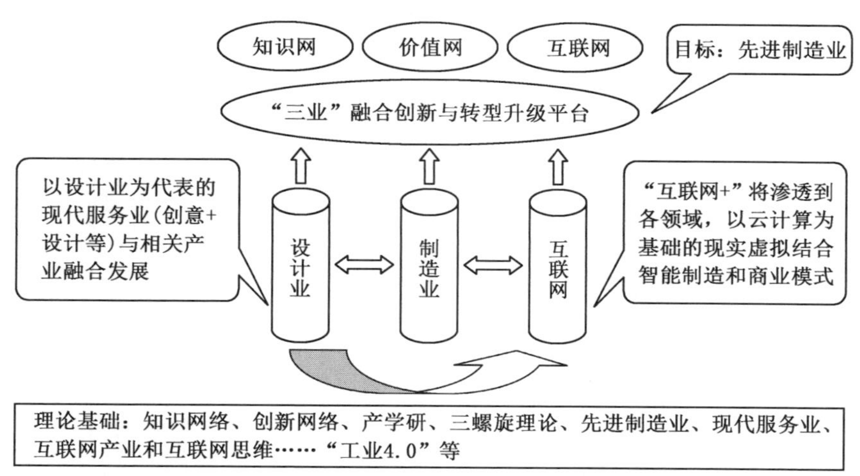

图 6.7 “三业”融合创新与传统制造企业转型升级

为了适应消费者的转变,传统制造企业需要借助大数据云计算、社交、移动等新技术推动企业转型,从而帮助企业更好地满足消费者的需求。“三业”融合创新,实质就是知识网(跨学科知识,跨学科学习)、价值网(设计和制造+用户)、互联网(大数据和精准营销等)的三网融合创新平台。由传统的技术层面的创新转型向商业模式和商业变革的深入,各产业各行业领域和企业融合以致全面集成创新演化。从而有利于当代中国经济发展方式的转变,有利于产业结构优化升级,及我国制造业国际竞争力的提升。

2.“三业”融合创新、微笑曲线与传统制造企业转型升级

“工业 4.0”时代,传统的设备控制和信息处理方式已经不能满足需要,制造

业面对的不仅仅是产品设计与生产的分离，或改变制造业工作环境的智能工厂，而是从研发前段到营销末端的全方位颠覆式改变，以及从4P、4C到品牌塑造方式的颠覆，这种新的创新模式，必将导致新的转型升级模式，以及商业模式的出现。

1992年宏碁集团创办人施振荣先生，提出著名的“微笑曲线”（Smiling Curve）理论，进而激发国内外学者相关理论和实践的探索，并推动传统产业向“微笑曲线”两端，即从制造转向研发或营销发展。一般来说，全球产业链可以分为产品研发、制造加工、流通三个环节，从过程产品到最终产品再到最终产品销售，产业链上各环节创造的价值随各种要素密集度的变化而变化。基于“工业4.0”背景下构思的“三业”融合，通过传统制造业与设计服务、互联网服务等融合演化构建集成创新模式，使得传统制造企业不再由于缺少核心技术，被“锁定”在制造加工环节生产，可以从研发端、营销端和生产端同时进行全方位颠覆式创新和集成叠加式创新，如图6.8所示。

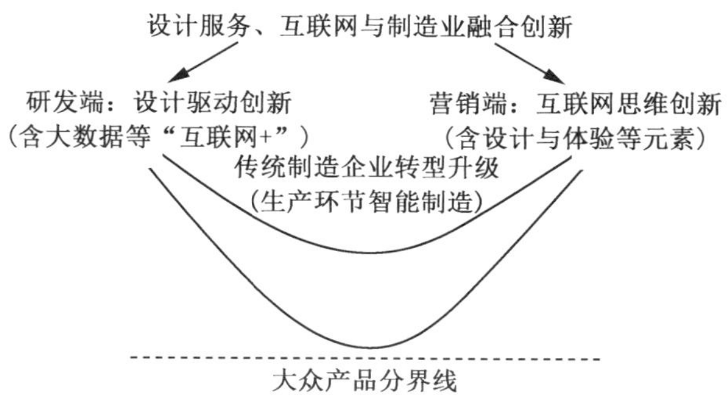

图6.8　“三业”融合创新与传统制造企业转型升级

一直以来，传统制造业在所有新创造的价值当中，60%差不多是研发设计这一端拿走的，制造业环节最低（最多不过是15%而已），下游的营销服务创造的价值也可以达到25%。从这个意义上来讲，转型实际上是中国制造今后非常明确的一个方向。为此，“三业”融合创新，就是通过工业设计、互联网等的服务产业融入到制造业当中,助力传统制造企业真正在价值链上获得一个高端的位置,推动制造业转型升级。

(四)“三业”融合创新与转型升级路径

转型升级的背后,实际上是转变我们发展模式和发展的思路。“十八大”提出要走新型的工业化道路。工业化不仅仅是绿色、节能、环保、有资源配置效率的工业化,深入理解更是一种新的发展模式,是在新的生活方式变革、消费升级背景下,实际上也是新的生产方式变革(芮明杰,2013)[①]。进入大数据驱动的商业和“工业 4.0”时代,推进“三业”融合创新与转型升级肯定有很大的挑战,但也并非无路可循,主要考虑展开的路径如下:

1. 在推动制造产品设计和开发的突破方面,可以尝试让用户的互动参与为研发带来价值,通过利用消费者的参与意愿带来更多的洞察和好处,利用外部创新的力量,避免企业文化的限制,将这些洞察及好处扩展到企业边界之外。当然,制造企业应该提供顾客参与共创价值的机会。

2. 互联网和大数据时代来临,意味着人人都是数据的提供和使用者,面对这种新形势,产品设计需做出相应的策略调整,企业充分利用顾客行为数据来强化管理,通过释放顾客的想象力与创造力来加值我们所提供的商品或服务,将成为企业的一项最高准则。任何一家企业都必须要有客户的数据,只有掌握360 度客户数据,不仅包括客户的职业等基础信息,还须包括偏好、行为、交易信息,才有可能帮助我们去真正获得客户洞察。

3. 产业与企业的结合统一。“三业”融合创新,推进“设计+制造”或“互联网+制造”等服务平台建设,需要具体的企业和单位来实施和落实,实现“三业”融合创新过程中制造业服务化和服务业产品化。因此,要特别重视大量中小制造企业在“三业”深度融合中的地位和作用。制造业转型升级的主体是企业,应

---

① 芮明杰.发达国家“再工业化”及其启示[J].时事报告,2013(6):44—45.

该围绕这个主体进行制度改革与政策设计，支持他们进行新制造模式的创新，争取全球制造业价值链的控制权。

4. 除了重视企业的重要作用，还要运用市场、政府、规划政策等手段和措施调动和发挥企业的主动性和积极性，市场配置与政府指导的结合统一，政府搭建公共服务平台，使企业投入"三业"深度融合的战略实践中。

总之，我们要时刻绷住传统制造业转型升级这根弦，始终坚持转型升级是第一要务来推进设计、互联网和制造业"三业"融合协同创新发展，促进服务业与实体经济深度融合，是培育区域经济新的增长点、提升传统制造企业转型升级软实力和产业竞争力的重大举措。

（五）结语

本报告在"两化"深度融合基础上，进一步提出工业设计、互联网与传统制造业"三业"融合创新的概念。"三业"融合创新是"设计＋制造""互联网＋制造"等产业融合的具体推进和发展，是我国传统制造业转型升级走新型工业化和加速制造业服务化转型道路的重要途径和必然选择。"三业"融合为我国传统制造业转型升级提供了迎接新工业革命阶段的重要平台，可使我国传统制造业在"工业 4.0"背景下的关键发展阶段不至于在起点和起步上就落后于发达国家。通过工业设计、互联网和传统制造业的深度融合，促进新兴产业技术与传统制造业跨界融合和广泛应用，催化制造业变革，创新制造业格局。

"三业"融合是个系统工程，从目前看，推进"三业"融合创新行动面临着几方面突出问题：其一，是认识不足的问题。无论是设计驱动创新、设计思维还是智能制造、互联网思维等，停留在时髦概念上，或停留在简单的商业模式层面。其二，一些传统制造企业受经营方式、经营理念、思维惯性等因素的影响，对工业设计认识偏颇，或对互联网仍然有怀疑心态，主观上还不能够积极主动的去拥抱设计服务和拥抱互联网等。其三，互联网企业或设计企业对传统行业传统制造企业的认知、了解还不够深。与传统制造企业融合的主观意愿也不够。此外，还有跨界服务型人才匮乏、用户数据资源开放不足等，这些问题都是推动“三业”融合创新行动的制约因素。

转型升级是一个多元的问题，有技术、制度和战略等问题，这一问题的战略规划事关中国制造业升级和中华民族的伟大复兴大局。当前，我国正处在工业化的中后期，无法从“中国制造”直接跨越到“中国创造”。而推进工业设计、互联网与传统制造业“三业”融合协同演化创新，并藉由三者协调互动，为工业设计、互联网产业提供良好的发展基础，并进而提升制造业升级，将是一条可选择的路径。

执笔：赖红波　芮明杰

2015 年 12 月

第七章 供给侧改革、产业政策与上海科创企业成长

2016 年是“十三五”规划开局之年，也是上海建设世界级科创中心的重要时期，更是上海国际大都市建设、新型产业体系进入新发展阶段的节点。一方面，科创中心建设的主体除了科研机构、大学之外，科技创新型企业更是重要的主力军，上海需要这么一支主力军尤其是世界级的主力军；另一方面，上海的新型产业体系的建设则需要有一定的产业政策支持，实现供给侧改革成效。为此围绕上述两个方面，工作室研究人员撰写了 6 篇研究成果专报，内容涉及协同创新提升上海跨境电商和自贸试验区竞争力；“世界级”创新型企业成长的驱动因素、路径及其启示；对上海供给侧结构改革的关键探索；产业政策设计与评价的三个关键方面；以及上海科技型企业成长为世界级科技创新企业的策略探讨等。

一、协同创新，提升上海跨境电商和自贸试验区竞争力

上海在发展跨境电商方面不具有低成本优势，需要尽快脱离“价格战”泥潭，转变为价值创新的竞争。跨境电商的业务模式与一般的国际贸易有着很大不同，上海需要通过政策创新，引领这一新业态的发展，形成自贸试验区和跨境

电商相互促进的格局，对于上海巩固和提升国际贸易中心地位有着非常重要的意义。

（一）“互联网+”背景下，国际贸易中心的竞争在电商层面上展开

在中国推进“互联网+”行动的大背景下，电子商务承担了促进创新、创业，促进产业转型升级的重要功能。随着全国更多自贸试验区、跨境电商综合试验区的建立，上海如何引导跨境电商的发展，已经不是单一产业的问题，而是关系到上海自贸试验区的竞争力和上海国际贸易中心地位的大问题。根据海关总署和中国电商研究中心统计的数据，2014 年海淘人群 1 800 万，成交规模 1 400 亿元，从百亿级市场步入千亿级。[①] 商务部预测显示，2016 年中国跨境电商进出口贸易额将达 6.5 万亿元，未来几年跨境电商占中国进出口贸易比例将会提高到 20%。[②] 随着传统的贸易更多地转移到线上，上海如果不在这一轮竞争中争取胜出，国际贸易中心就有被互联网边缘化的危险。

1. 各地跨境电子商务“蜂拥而上”

借助自贸试验区的政策优势，2014 年起各自贸区在与众多跨境电商平台建立合作关系的基础上，也逐步建立起自己的进口跨境电子商务平台。上海、杭州、广州、宁波、郑州、重庆、深圳等城市都依托保税区、自贸试验区建立了跨境电商贸易平台。根据 2016 年 1 月 6 日国务院常务会议，即将部署新设一批跨境电子商务综合试验区，跨境电商的竞争将会更趋激烈。

不可否认，目前跨境电商热，特别是进口跨境电商的迅速发展，很大程度上源于对跨境电商的关税优惠政策。相比于实体店或者一般贸易形式，跨境电商（B2C）价格可以优惠 30%左右。跨境电商很容易从与传统商业相比的价格差中获得生存空间，这使得传统商业为了保持自己进口商品的竞争力，也不得不被动卷入这一浪潮。上海在面临多地自贸试验区竞争、多地电子商务综合试验

① 数据来源：行业研究（http://36kr.com/p/5035335.html）。

② 数据来源：中国证券网（http://news.cnstock.com/news/sns_yw/201508/3546449.htm）。

区竞争的情况下，如果不直面这一竞争并尽力提升竞争力，传统商业的客户将会被分流到各个试验区的跨境电商平台上，物流也会转走其他口岸，上海国际贸易中心的地位面临威胁。

2. 跨境电商同质竞争导致“价格战”

由于跨境电商优势主要源于政策优惠，这既导致了跨境电商的过度进入，也因为同质竞争产生了激烈的“价格战”。各个跨境平台电商不约而同地举起低价格来吸引顾客。价格战的深层原因是跨境电商缺乏通过高品质服务为客户创造价值的能力，价格成为吸引顾客的唯一手段。超低的价格不仅使得跨境平台纷纷陷入赔钱赚吆喝的境地，而且使得跨境电商平台没有资源来提升自己的能力。

3. 跨境电商平台竞争的结果是“剩者为王”

跨境电子商务平台和传统的单边市场不同，它是一个双边市场。消费者的消费对其他消费者，对于产品生产商，都会产生网络外部性，这使得当平台集聚了相当的用户以后，会吸引更多的消费者和供应商集聚，形成正反馈。这使得市场的竞争会非常激烈，整个市场可能只能容纳少数几家综合跨境电商，而细分品类只能容纳一两家垂直电商，这就是所谓的“赢者通吃”或者“剩者为王”。

同时，对跨境电商的税收优惠不会长期存在，人民币的贬值也会让电商的价格战雪上加霜。跨境电商平台急需发展新的能力，才能在即将到来的竞争淘汰中幸存下来。

（二）上海跨境电子商务平台的竞争态势分析

1. 国际购买力的转移带来跨境电商的发展机遇

为了将国人强大的国际购买力吸引到国内，以及发展新兴产业带动传统产业升级，政府正采取一系列手段鼓励跨境电子商务，特别是进口跨境电子商务的发展。随着中国市场的逐渐扩大，中产阶级的不断崛起，很多较好品牌的商品也想用更好的途径销往中国。尤其是一些共同爱好的群体，比如俱乐部球迷、红酒爱好者等等，它们对商品有特殊的需求，这些群体的出现和壮大产生了商机。此外，近几年大数据、云计算、移动互联网的出现也为跨境进口电子商务平台提供了更多的实现方式。

2. 同质竞争给上海跨境电商平台带来威胁

很多地区都依托自贸试验区或者保税区发展自己的跨境电子商务平台，以求分享跨境电商优惠政策的红利，这些平台相较上海的跨境电子商务平台，在政策上没有弱势，在物流上有更低的成本，产品也是同质的。不仅威胁到上海自贸区自建的平台跨境通，同时也在分流上海自贸试验区的贸易份额。

3. 上海具有发展跨境电商的先发优势

上海较早推动了跨境电子商务平台的发展，跨境通成立时间早，凭借着上海自由贸易区，成为跨境进口电子商务平台的先行者。前期的积累，包括供应商和顾客上的积累和运营的经验，都是其他电商平台所没有的。上海的基础设施比较完善，作为地处长三角的中心城市，上海无论是物流系统还是信息服务都比其他城市相对更加发达，辐射到的人群也比较密集。

4. 物流成本较高是上海跨境电子商务平台的劣势

上海的商业用地较其他城市而言更加贵，跨境电子商务的物流成本也比其他城市的平台更加高。目前上海保税区仓库的平均租金已达到 1.5 元/平方米/天，高于绝大多数城市的水平，这意味着商品如果从上海自贸区流通，并且在保税仓储存过一段时间，其成本要比从其他城市流通高一些。在目前各个平台都在打价格战的时候，昂贵的物流成本是上海发展跨境电子商务的一大劣势。而目前跨境通的商品类型还不够多，主要还是美妆个护、母婴用品等，产品类型单一，这样使平台不够有吸引力。

基于以上分析，我们可以利用 SWOT 矩阵探讨上海发展跨境电子商务的策略。

表 7.1　　　　上海发展跨境电商的 SWOT 矩阵分析

	内部环境		
外部环境		优势(S) 起步较早,有先发优势 自贸试验区的政策优惠 上海比较完善的产业链和基础设施支撑	劣势(W) 上海较高的商务成本、仓储物流成本 跨境通的产品品种仍较单一
	机会(O) 电商政策支持 中国消费者的国际购买力 细分品类的消费需求 大数据、云计算等技术发展	SO 战略 1. 根据政策优势进一步扩大平台规模,将传统流通渠道中的商品纳入供应商中来;扩大分销半径; 2. 政府应当引导一些平台成为垂直电商平台,在某些领域能够提供专业的服务	WO 战略 1. 积极开拓供应商资源,丰富商品类型; 2. 运用大数据等手段加强国际供应链管理,降低库存天数
	威胁(T) 不同区域的大量同质化平台 激烈的价格战 国际电商巨头的入驻	ST 战略 1. 加速自身品牌建设,扩大影响力; 2. 增强供应商管理能力,提升服务能力,形成特色定位,促进差异化竞争	WT 战略 尽量抑制土地成本,特别是仓储成本过快上涨 建立适应电商特点的海关监管模式和通关业务流程

(三)上海跨境电子商务平台竞争力提升的思路

基于上海的资源禀赋特点,上海发展跨境电子商务平台需要尽快走出价格战阶段,进行能力的提升,实现基于价值创新的竞争,培育跨境电商品牌。上海发展跨境电子商务平台的战略思路是:

以上海自贸试验区为切入点,进行系统的政策创新,建立接轨国际,充分保护跨境网购消费者权益的法律和政策体系,构建消费者对上海自贸区跨境电商的信任基础,确立自贸区跨境电商的信誉优势;建立公平竞争的市场秩序,形成奖优罚劣的营商环境,引导跨境电商平台进行能力提升,基于自身优势进行特色定位,通过价值创新的竞争,逐步建立跨境电商品牌。

这主要包括两个方面:

1. 提升上海跨境电商产业生态环境竞争力

由于跨境电商业务涉及多个产业，多类型主体间形成复杂的相互作用，构成一个产业生态系统。只有法律、政策、相关产业支持，物流、通讯等基础设施完善，不同产业间紧密协作，才可能诞生一批具有国际竞争力的跨境电商。跨境电商产业生态环境的竞争力提升包括四个方面：市场效率、支付效率、通讯效率和物流效率。

2. 提升跨境电商平台关键能力

跨境电子商务平台的关键能力包括信息服务能力、支付安全管理能力、客户关系管理能力、供应商管理能力、国际供应链管理能力五个方面。跨境电商如果想要脱离价格战，走差异化竞争的道路，必须以能力为基础。跨境电商只有具备五个关键的能力，才能较好地利用环境所提供的资源，依靠价值的创造赢得消费者。跨境电商如果在某一方面或者几方面具备能力上的优势，可以进一步通过价值创新，为消费者提供独特的服务，形成差异化优势。

（四）上海提升跨境电商平台竞争力的系统性措施

上海跨境电商发展不能只依赖于政策优惠所带来的价格优势，跨境电商平台需要把握机遇，建立完善的服务体系，加强消费者的信任，培育价值创新和价值链优化的能力，才能有效的避开价格战的泥潭，获得可持续的竞争优势。

1. 利用上海自贸试验区创新优势，探索适合电商的海关监管模式和仓储物流体系

(1)建立统一高效的信息化通关平台，优化通关流程。传统的外贸通关特点是少品种、大批量。而电商模式则是多品种、小批量。需要建立统一高效的信息化通关平台，接口能够方便对接海关内部系统、跨境电商、物流、支付企业等，可以便捷地实行三单核对(电商企业提供的报关单、支付企业提供的支付清单、物流企业提供的物流运单)，加快通关速度。建立便捷通关作业流程，对于符合条件的电商企业给予便捷化的通关措施，让更多跨境电商能够获得便捷化

通关，建立规范的、公平的电商评估监督制度非常必要。

(2)规范跨境电商境外仓储操作系统，在保税区内建立标准化的境内仓库。跨境电商物流供应链中，仓储扮演了“中转地”的角色，打包、发货，任一环节的脱轨都会影响到整个供应链，导致囤货积压。跨境电商仓储与传统仓储相比，多了海外仓储和海关监管两个环节。为提高境内仓储效率，政府应组织在保税区仓库中建立符合标准的仓库体系。满足跨境电商对仓库快进快出、自动化的货物锁定等要求。

2. 上海可通过地方立法或行政规章，率先规范跨境电商制度环境，建立消费者信任的制度基础

(1)针对跨境电商制定严格打击假冒和欺诈的规定，并严格监控。消费者网购一直面临着遭遇假冒、欺诈、糟糕的售后服务等风险。当这些商品的供应商来自境外，维权的难度将大大提高。国家的《消费者权益保护法》，上海的《上海市消费者权益保护条例》更适合境内的直接销售情况，对于跨境电商平台这种复杂的情况，消费者应如何维护自己的权益，平台需要承担何种责任，还需要更明确的规定。

上海可以率先在电商打假和惩罚方面制定更严格的规定，并通过多频次的监控、科学抽样对跨境电商平台进行监督，增强消费者对跨境电商平台这个群体的信任。针对跨境电商特点，对于消费者的退换货等制订可操作的办法。

(2)立法保护消费者网络隐私、界定网络数据权属。在知识经济社会，数字信息已经成为非常重要的资产。上海可以针对电商和网络经济飞速发展的现实，率先立法保护消费者网络隐私、界定网络数据权属。网站收集到的消费者信息可能被用于改善消费者的体验，也可能用做他途。在何种条件下允许电商分享这些信息，消费者的隐私如何保护，不同企业之间分享消费者的信息是否合法，网络数据权属应如何界定，信息分享所产生的价值应该如何分配？目前在这个领域，很多方面存在空白，这造成了两个后果：一是消费者的网络隐私得不到保护；二是电商企业、网络公司无法合法地利用这些数字资产创造更大的

价值。因为法无规范，难以展开，失去创造经济增长的机会。

(3)建立健全网络支付安全保障体制和监管。随着全球一体化的加速，消费者网上跨境购物、跨境电商交易日趋频繁，而支付行业也随着电子商务蓬勃发展起来，并逐渐使其交易方式多样化。目前我国跨境外汇电子支付管理制度的不健全，一些不法分子利用这些漏洞对跨境电子支付安全造成一定的风险。需要加快建立国际跨境电子商务管理体系，监督跨境电商交易，降低非法交易的进行。

3. 上海需要率先建立规范的跨境电商市场竞争秩序，培育跨境电商企业群，引导跨境电商差异化竞争

(1)建立公平竞争的市场政策，引导跨境电商提升服务能力。首先，将跨境电商的优惠政策让传统商业也能够享受到，鼓励传统商业利用现有的跨境电商平台，也允许传统商业建立自己的跨境电商窗口。采用公平竞争的市场政策，将电商关税优惠政策、通关便利、自贸区的跨境通电商平台开放给所有企业，鼓励竞争和自发的合作，这样才能将企业的注意力引导到竞争力的提高，而不是争夺税收优惠。

其次，避免在政策上对大的跨境电商企业的过度倾斜优惠，注意扶持中小跨境电商企业。大的电商企业在成本结构上，相比小的电商企业具有明显的优势，而且更可能在通关便利等方面获得特殊的待遇。我国跨境电商经营主体的规模大小不一，质量参差不齐，要根据电商主体的不同规模和税负能力实行差别征税。如果一味对大企业实行税收优惠将限制中小电商的发展，不利于形成一个健康的产业群。

(2)引导自贸试验区跨境电商差异化定位，鼓励垂直电商的发展。当跨境电商的发展日趋成熟，跨境电商平台间的竞争最终会形成优胜劣汰的局面，市场份额将最终被少数几家跨境综合电商瓜分，另外是一些细分品类或者地域的垂直电商，通过特色专业服务生存。跨境垂直电商相比于综合电商而言，平台成本更高。另外，这类垂直电商在某些特别资源上有较为苛刻的需求，以生鲜

进口电商为例，由于涉及食品保鲜和耗损率的问题，它对于码头资源，仓储资源的需求远高于其他类商品，在供应链上也对物流、检验检疫等有特殊的需求。政府需要对垂直电商一些特殊的需求给予响应，才能使得垂直电商获得一定的生存空间。

(3)促进第三方的评价机制的建立，激励跨境电商良性竞争。上海需要积极引入第三方评价机制，通过社会的监督，促使跨境电商平台加强对供应商的管理，提高服务质量。建立对电商平台服务质量和信誉的独立的第三方评价体系，有利于激励跨境电商平台间的良性竞争，让优质优价、服务水平高的跨境电商得到更多消费者的关注。

（五）结语

对于上海市而言，面对跨境电商这股发展热潮，政府需要冷思考和积极应对，要通过政策的率先布局规划，将跨境电商竞争力的提升与自贸试验区竞争力的提升、上海国际贸易中心地位建设协同起来。政府政策的实施重点在于通过系统性的制度安排营造一个公平竞争的环境：在这种环境中，通过不正当途径获利的跨境电商无法生存，服务卓越的平台能够脱颖而出；激励跨境电商将经营重点转移到如何更好地为消费者服务上来，引导跨境电商的差异化竞争，形成有国际竞争力的跨境电商企业群。在“互联网＋”时代，上海培育有国际竞争力的跨境电商企业群，为自贸试验区提供了一个重要的新兴业态支撑，两者的互相支持和协同创新会大大加强彼此的竞争力，加强上海国际贸易中心的地位。

执笔：刘明宇　芮明杰　叶源强　张洺

2016 年 3 月

二、“世界级”创新型企业成长的驱动因素、路径及其启示

创新在经济和社会的快速发展中起着至关重要的作用，是驱动经济快速增长的根本力量，是改善人民生活水平的强劲动力，是衡量一个国家综合竞争力的关键因素。创新型企业作为创新的重要主体，已逐渐成为国家经济增长和区域经济发展的重要基础，其在国际竞争中的重要作用也日益凸显。我国在探索具有中国特色的自主创新道路、加快建设创新型国家的过程中，必须培育一批创新型企业作为支撑，尤其是重视对具有全球影响力的“世界级”创新型企业的培育。

（一）“世界级”创新型企业成长的驱动因素

“世界级”创新型企业一直处于一种开放式的成长环境之中，其成长必然受到企业内外部多种因素的影响，主要表现为企业层面、产业层面和国际层面三种驱动因素，如图 7.1 所示。

1. 企业层面的驱动因素

（1）企业家创新精神

企业家创新精神作为“世界级”创新型企业成长的重要内在驱动力，其作用机理是：首先，企业家创新精神通过增强企业组织的整体创新意识，推动企业的成长。其次，企业家创新精神通过培育创新型企业文化，推动企业的成长。最后，企业家创新精神通过驱动企业持续创新，推动企业成长。

（2）创新型企业文化

创新型企业文化驱动“世界级”创新型企业成长的机理是：它通过作用于高层管理者和企业员工，有力地推动企业不断进行创新，凝聚企业的创新资源，增强企业的创新活力，进而促进企业的成长。在创新型企业文化的影响下，企业鼓励创新，对创新失败具有更大的宽容性，从事技术创新的科研人员能够消除或减弱对创新失败的顾虑，从而能更加积极主动地从事技术创新，并且竭力挖

掘内在的创新潜能。

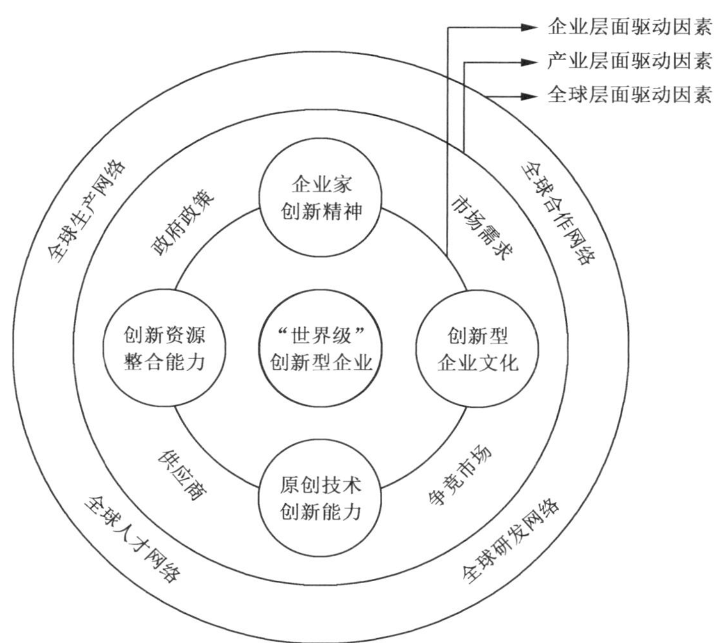

图 7.1　“世界级”创新型企业成长的驱动因素模型

(3)原创技术创新能力

原创技术创新能力驱动“世界级”创新型企业成长的机理是:首先,强大的原创技术创新能力通过提高企业的核心竞争力,实现企业的高速成长。其次,强大的原创技术创新能力通过保障创新活动的顺利开展,驱动企业的创新发展。最后,强大的原创技术创新能力有利于企业开发出独具特色的创新性产品,推动企业快速发展。

(4)创新资源整合能力

创新资源整合能力驱动“世界级”创新型企业成长的机理有两点:一是强大的创新资源整合能力能够提高企业的创新绩效,从而推动企业成长。二是强大的创新资源整合能力有助于突显企业的核心竞争力,从而实现企业在激烈竞争中的成长。

2. 产业层面的驱动因素

(1)政府政策

第一,政府通过对科技创新型企业提供优惠的税收政策,把政府的部分利益让渡给企业,让企业能够把更多的资金投入于技术创新,有效地降低企业的运营风险,促进创新型企业的发展。第二,"世界级"创新型企业在前期发展过程中,融资问题一直是企业成长的一大难题,而政府的金融政策能够为有潜力的创新型企业的融资提供保障。第三,宽松和完善的人才政策能够为创新型企业吸引和培育高科技型人才提供有力的保证,扩充企业的科技人才队伍,从而推动企业的可持续发展。第四,完善的专利保护政策为创新型企业的技术创新提供了动力,推动了企业技术创新活动的开展。第五,政府的服务政策支持主要是通过设立科技信息服务机构等科技服务平台,为创新型企业在发展过程中存在的问题提供专业化的服务,从而推动企业不断成长。

(2)市场需求

首先,现有的、稳定的市场需求能够为"世界级"创新型企业的创新活动指明方向,引导着企业根据市场的真实需求,不断完善企业自身的技术水平,为顾客提供令人满意的产品,同时依据市场的产品反馈信息,不断改进产品的性能,从而占据市场的领先地位;其次,潜在的市场需求能够为"世界级"创新型企业未来的创新活动明确创新目标,而此时的企业往往面临的竞争压力较小,企业可以依靠自身强大的创新能力和雄厚的创新资源在最短的时间内实现技术突破,创造出满足潜在市场需求的创新性产品,迅速抢占消费市场,为企业带来超常化的收益;最后,"世界级"创新型企业还能够积极创造市场需求,通过高度的自主创新,利用自有的核心资源,生产出能够满足消费者多样化需求的产品,引领时代的潮流,推动企业成长。

(3)市场竞争

一方面,激烈的市场竞争给"世界级"创新型企业以创新压力,迫使其积极创新，创新又推动企业在竞争中生存和发展，努力通过技术创新生产出高科技的产品，实现产品的差异化，从而更快地抢占市场，推动企业的快速成长。另一方面，由于市场竞争激烈，技术的生命周期大幅度缩减，"世界级"创新型企业为了能够在短时间内实现技术突破，企业通过与高等院校、科研院所等开展技术合作，加大产学研合作的投入，利用合作创新比竞争对手更快、更好地开展技术创新活动，突破技术瓶颈，从而实现创新产品的差异化，最终使得企业的创新性产品在激烈的市场竞争中脱颖而出，为企业带来高额的利润，推动企业持续、健康地成长。

(4)供应商

供应商作为"世界级"创新型企业外部环境中重要的成长驱动因素，其作用机理是：首先，"世界级"创新型企业与供应商之间的合作能够保证企业的原材料供应以及成本和风险的降低，这在很大程度上有利于企业的稳步发展；其次，与供应商的合作有助于企业更快、更早地向市场推出创新性产品，从而快速地占据市场；最后，与供应商的合作有利于企业利用自有的核心技术专注于技术创新活动的开展，从而在提高企业资本利用率的同时能够推动企业的成长。

3. 国际层面的驱动因素

(1)全球生产网络

在全球生产网络模式下，"世界级"创新型企业不再单纯依赖于本国的资源优势以及企业自身资源的配置和能力的提升，而是将目光聚焦于全球，在全球范围内建立生产体系，并将企业外部的资源、技术等融入到自身发展中，利用全球的创新资源来增强企业的创新活力，以推动企业发展。

(2)全球合作网络

一方面，"世界级"创新型企业通过与其他企业合作，能够充分利用合作各方的优势资源，取长补短，有利于缩短技术突破的周期，实现企业的跨越式发展。另一方面，在产学研合作领域，通过实现"世界级"创新型企业与高等院校、科研院所等研究型机构的优势叠加，有利于企业突破关键核心技术，提高企业的创新效率,从而推动企业快速成长。

(3)全球研发网络

对于"世界级"创新型企业而言,全球研发网络驱动其成长的机理有两点:一是全球研发网络为企业的持续创新提供强大的技术支持,实现企业的稳步发展。二是全球研发网络通过增强企业对当地市场的技术敏感性,提升企业的技术领先优势,推动企业的技术创新发展。

(4)全球人才网络

对于"世界级"创新型企业而言,全球人才网络驱动其成长的机理是:全球人才网络为"世界级"创新型企业引进高端创新型人才提供了契机,从而有助于企业利用高端创新型人才建立企业的核心竞争力,提升企业的创新活力,最终实现企业的成长。"世界级"创新型企业在全球人才网络这一背景下吸引来自全球各地的高端创新人才,为企业的发展献言献策,加大了企业创新活动的开展力度,大幅度提升了企业的技术创新能力,推动着企业持续发展。

(二)"世界级"创新型企业成长的路径研究

1. 成长路径型式一:自主创新

自主创新型成长路径是指企业充分利用自有核心技术和外部优势资源而逐步发展壮大,这是西方发达国家"世界级"创新型企业的主要成长路径。西方发达国家为企业的发展提供了得天独厚的外部环境,企业能够轻易获得自身快速发展所需的创新资源。这类企业往往在某一产业领域具备了某种竞争优势,处于产业的领先位置,通过企业核心竞争力与领先优势,迅速扩大经营规模,从而逐渐成长为世界级企业。

2. 成长路径型式二:模仿创新→自主创新

从模仿创新到自主创新的成长路径是指企业由于自身条件限制而引进其他领先企业的先进技术,通过模仿来缩短进入某一领域的时间,并且在模仿过程中不断进行创新,逐步摆脱对其他企业的技术依赖,形成具有竞争力的自有核心技术，待到企业积累了强大的创新能力和雄厚的创新资源，企业逐步踏入自主创新之路，最终完成从技术的“模仿者”到“领先者”的华丽转变。

3. 成长路径型式三：模仿创新＋合作创新→自主创新

从模仿创新和合作创新到自主创新的成长路径是指企业在前期发展过程中，通过技术引进、消化和吸收，同时通过与高等院校、企业、科研院所等研究型机构合作，利用企业自身技术上的优势联合进行技术创新，随着企业规模的扩大以及研发能力的提升，最终选择自主创新，依靠自身的创新能力推动创新活动的进行，获取巨额的商业利润，实现企业的快速成长。

4. 成长路径型式四：模仿创新→合作创新→自主创新

从模仿创新到合作创新再到自主创新的成长路径是指企业在初创期由于人才、资金等创新资源的缺乏，此时往往向行业领先企业模仿和学习，积累足够的创新资源以后，模仿创新不能满足市场的需求，企业此时会由模仿创新转向合作创新。然而，“世界级”创新型企业最终必然是需要通过自主创新来实现技术突破，掌握具有竞争力的核心技术，此时企业会由合作创新转向自主创新。

（三）对上海科技型企业成长的启示

当前上海正致力于建设具有全球影响力的科技创新中心，而对比其他国际城市，世界级科技创新中心无不都拥有代表性的科技创新型企业，尤其是培育具有全球广泛影响力的“世界级”创新型企业。作为创新主体中最具创新活力的上海本土的科技型企业，其持续创新和蓬勃发展是上海建设具有全球影响力的科技创新中心的动力源泉，而“世界级”创新型企业的驱动因素和路径研究对上海的科技型企业的成长具有诸多借鉴和启示意义。

1. 政府层面的对策建议

从政府的层面来看，主要可以为科技型企业的成长提供以下四个方面的支持：

第一，为科技型企业的成长提供有利的政策支持，优化成长环境。在科技型企业不同的生命周期中，政府可以为其提供不同的政策支持。在科技型企业成长的初期，此时企业的规模较小，政府在政策上主要是起扶持和引导的作用，对企业进行培育，为企业的创立和发展营造良好的环境，如建立科技型企业成长信息服务平台、提供种子资金扶持创业等；在科技型企业成长的中后期，政府在政策上主要是起服务和规范的作用，为科技型企业的发展提供力所能及的服务，并且在企业发展过程中规范其经营行为，使其朝着健康、稳定的方向持续发展壮大，如采取多种减免税收政策、扩大企业经营自主权等。

第二，为科技型企业的成长提供有利的金融信贷支持，拓宽融资渠道。融资问题一直是困扰科技型企业的一大难题，是阻碍其健康成长的绊脚石，尤其在企业成立初期，融资不足对企业的影响更是尤为突出。针对科技型企业融资困难这一问题，政府既要对企业给予直接支持，又要采取多种途径对企业发展进行间接支持。从直接支持方面来看，政府可以在企业的种子期和初创期对其进行资助，这样有助于企业加大研发力度，更快地推出新产品。从采取多种途径进行间接支持来看，“银行贷款难”是企业在融资过程中普遍存在的问题，而这一问题的根源是企业缺乏足够的担保，因而政府可以为有发展前景的科技型企业提供科技风险基金和科技担保基金，有效地解决企业的银行贷款问题。

第三，强化产学研合作，奠定夯实的技术基础。政府应大力推动科技型企业与高校、科研院所产学研合作，弥补科技型企业技术落后的弊端。鼓励高校和科研院所等研究型机构，紧紧围绕科技型企业的基本需求，共建紧密型产业技术创新战略联盟，突破一批引领产业升级的关键技术，合作培养企业急需的创新人才，建立联合攻关长效机制，通过产学研对接，寻找和发现高校和企业需要共同研发的问题，联合组织科研创新团队进行技术攻关，实现产业链与创新链的高度融合，加速实现科技成果转化和产业化。

第四，建立有效的吸引创新人才的机制，壮大科技人才队伍。上海市科技人才短缺现象具体表现为以下几个方面：缺乏高层次科技人才、科技人才流失现象严重、培养科技人才的机制不完善。基于以上存在的种种问题，政府应该在以下几个方面加大实施力度:(1)实施柔性的引才引智计划,大力支持科技型企业开展高端的引才引智项目,鼓励科技型企业引进国内外的高层次科技人才,增强企业的创新活力。(2)通过政策杠杆,吸引行业高端人才和科技创新型团队来沪与科技型企业实现对接合作,并通过一系列激励措施来留住人才,提高高科技人才对企业的归属感和向心力,避免高科技人才的流失。(3)完善科技人才的培养机制,精心构筑人才科技综合开发平台,努力为科技型企业培育一批具有竞争力的创新人才队伍。

2. 企业层面的对策建议

从企业的层面来看,主要可以从以下四个方面来改善科技型企业的成长环境,促使其快速成长。

第一,强化企业的整体创新意识,提高企业的创新能力。首先,在提高企业创新能力方面,可以将自主创新与借力创新进行有效的结合,既要在核心技术上进行自主创新,又要与高校、科研院所、企业通力合作,借助它们的研究成果为己所用。其次,在自主创新方面,企业可以加大对技术研发的投资力度,把技术攻关放在企业发展的战略高度,并在实践过程中有效利用研发资金,提高其使用效率,使有限的资金用在实处,为企业创造无限的价值。最后,在借力创新方面,企业应该与高校、科研院所、企业等研究性机构合作,以缩短技术攻关的时间,并充分利用研究成果,将其应用于实际产品的研究开发当中,从而能够迅速地掌握先进的、前沿的技术,推动企业快速成长。

第二,善于利用企业内外部资源,为企业的发展注入新的活力。科技型企业在发展过程中应该建立完善的从企业外部获取信息、技术等资源的企业网络,将企业外部环境中的供应商、零售商、合作伙伴、竞争对手和科研机构等外部资源与企业内部资源有效地整合,为科技型企业的持续创新提供源源不断的动力,以突破企业在核心技术研发中遇到的“瓶颈”,为企业的发展注入新的活力,最终推动科技型企业稳步发展。

第三,注重企业的人才储备,形成一套完善的引才、用才、育才、留才机制。

企业应把高科技人才储备置于企业发展的重要战略地位，大力引进高层次的科技型人才，以多种激励形式让其为企业的发展献言献策。首先，企业应该建立完善的高科技人才招聘机制，以战略的眼光从全球市场上选拔具有核心竞争力的高科技人才，扩充企业的人才队伍，为企业的发展注入新的活力；其次，企业应该为人才的发展提供机会，赋予他们充足的科研资金和适当的权利，让他们能够充分发挥自己的创新才能，在实现自身价值的同时能够为企业带来根本性的利益；再次，企业应该建立完善的人才培养机制，根据不同岗位的人才需求，实施相应的培养制度，提高员工各方面的能力，让他们在为企业创造创新性成果的同时能够提升自身的创新能力；最后，建立完善的人才激励机制，人才流动性大、忠诚度不高一直是阻碍科技型企业成长的绊脚石，通过多种激励形式让人才能够对企业产生强烈的归属感，如采取切实可行的措施提高人才的福利待遇，为他们提供良好的工作和生活环境等。

第四，关注客户的切身利益，建立良好的客户关系。对于科技型企业来说，客户与企业的未来发展息息相关，企业应该要做到三点：一是依据客户的消费需求生产出相应的科技产品；二是以最大限度地满足客户的需求为己任；三是为客户提供高质量的售后服务。其中，为客户提供优质的售后服务一直被企业在成长过程中所忽略，提高售后服务质量，不仅能够帮助科技型企业留住客户，同时还有助于树立科技型企业在客户心目中的良好品牌形象。企业可以通过建立网络售后服务体系，及时解决客户在产品使用过程中所遇到的问题。同时，企业还可以扩大售后服务网络的范围，各个售后服务站配备专门的技术人员，为客户提供便捷、优质、高效的服务。只有在企业真正关注客户的切身利益后，并与其建立良好的客户关系，才能让客户成为企业成长过程中的强大后盾，进而推动企业持续成长。

执笔：程贵孙

2016 年 3 月

三、上海供给侧结构改革的关键是产业创新成功

上海供给侧结构改革除了要对上海原有的产业体系、产业结构进行转型升级外，还需要通过产品创新、业态创新、技术创新等形成面对消费需求变化、面对未来市场和上海全球城市定位的一批战略性新兴产业，进而改变现有的产业体系与供给结构。

（一）供给侧结构改革与产业创新

1. 供给侧结构改革要求创新。上海的供给侧结构改革的任务艰巨，因为改革的目标是要建立适应未来需求变化的新型供给体系，而这一体系在我们来看就是要建立面对未来全球产业分工具有国际影响力的符合上海全球城市定位的新型产业体系与产业结构。建立这样的体系当然与上海具有全球影响力的科技创新中心分不开，与创新分不开。上海一方面要关注和推进科技创新，其中包括基础科学研究创新和应用技术研究创新；另一方面还应该积极关注和推进科技创新成果的产业化，这是大家都知道的道理。然而这样的一个认识，却隐含着一个假设，如果没有科技成果创新何来产业化的结果，于是许多人把我们产业化结果不尽如人意的事实主要解释为产学研结合方面有问题，于是所有的政策设计与制度改革都朝着产学研结合的机制与方式靠上去。我们的研究认为，产业化是形成新兴产业的重要方式，它固然与产学研结合有关联，但产业化的成功绝不仅仅是产学研结合的机制与方式问题，因为产业化实质是一个复杂的连续创新过程。

2. 产业创新的连续性。哈佛大学的 Abernathy 和麻省理工的 Utterback (1978)教授著名的“A-U 模型”指出新兴产业形成与发展是一个动态过程，包括产品创新、工艺创新在时间上动态发展，从而影响产业的发展演化。由该理论

可知，一个新产业的产生，由新产品的初始创新开始。新产品的创新和发展是一个动态过程，包含产品创新、工艺创新和产业组织等方面，并总是由产品创新主导开始、工艺创新紧随其后，新一代产品则是新的一轮动态创新过程。根本性技术创新是产品更新换代的主要原因，技术创新必然导致产品创新，然而并不是所有技术创新都能产业创新成功。我们把从一个根本性的技术与产品创新开始，通过采用新的材料和原件，具有新的性能或功能，提供了新的用途或市场需求，从而形成了一个新的产业的过程称之为产业创新，我们认为这个过程本质上是一系列连续的创新，而且完成的主体是市场上的具有强大创新能力的企业。

3. 创新需要市场竞争有效。从 A-U 模型来看，产业创新是主要由产品创新、工艺创新两个主要部分组成，显然这两个部分是产业创新十分重要的部分。但我们认为产业创新成功还有赖于另外两个重要环节，这就是组织创新与市场创新环节。只有这两个环节成功，新产品才能在市场上成功，当其显示出市场需求潜力时，就会吸引大量其他企业进入尚处在幼稚阶段的新兴产业，结果是竞争加速了新兴产业的成长，扩大了产品市场，进而推动下一轮产品的创新与工艺的创新。而当消费需求发生巨大变化，或者新的创新导致替代性产品产生，原来的新兴产业就可能走向衰退。如苹果推出的第一代智能手机以及生产此手机背后的工艺创新，它的生产协作网络、以及所谓“饥饿营销”的成功，之后第二代智能手机及其工艺上的进一步创新等，加上三星等其他企业的进入与发起的市场竞争，等等，如此进展才形成了今天的智能手机产业。

（二）产业创新成功的四个关键环节

产业创新成功需要有产品创新、工艺创新、组织创新和市场创新四个关键环节，这四个环节本质上是什么样的创新，对产业创新成功有什么样的影响，是非常值得研究的。

1. 产品创新。关于产品创新的研究文献汗牛充栋，新兴产业之所以形成与成长自然离不开原创性的产品，如智能手机产业离不开苹果的 iPhone 的原创创新，也正是如此我们对乔布斯的创新才能非常佩服。但在这个巨大光环下，很少有人看到那些能够把 iPhone 天才创新设计付诸于生产成形，成为消费者欢迎的高品质新产品。没有产品原创以及对原创产品之后的不断改进式创新，也就不会有新产业的成长与发展，产品创新是产业创新的源头，这是毋庸置疑的。产品创新的背后是重大的技术创新，例如人工智能技术的发展，可能导致一系列智能产品包括智慧机器人产品的问世。产品创新的重要性我们不去更多地讨论，从产业创新的链条和创新的全过程来看，下面三个环节常常被我们所忽视，其实它们同样十分重要。

2. 工艺创新。能否实现产品创新到工艺创新的完美过渡，也就是说产品创新成功不见得就能够生产出来，因为生产工艺不能够因新产品要求进行再创新的话，新产品只能留在实验室。所以工艺创新十分重要，仔细研究工艺创新的话，可以发现工艺创新是一种再创新，它是在对新产品的功能构造、生产技术要求、设备与材料、加工方式等全面评估后在生产工艺上的再创新，使之把新产品高品质低成本精益生产加工出来。尽管产品创新是产业创新的源头，但如果工艺创新能力不强，那么一定是有新产品创新而没有新产业形成，例如如果我们的模具设计加工不行，不能设计加工出新产品要求的模具，那么工艺创新中的第一环就失败了。富士康虽然被定义为代工企业，似乎没有什么技术含量，是劳动密集型企业，但它却有极为先进的模具设计加工的子公司，再创新能力极强，曾经夸下海口：只要你产品设计出来我就一定可以高品质制造出来。可见，工艺创新在产业创新过程中的重要性，这一重要性的关键是工艺创新本质上是再创新。再创新虽然是别人创新的基础上再开展，但一点不比产品创新简单。

3. 组织创新。新产品、新工艺的创新成功，并不能够保证新产品能够呈现在消费者面前，因为在社会分工的条件下，新产品的制造成功还有赖于其他合作产业、合作企业，这样的合作总是基于现有产业链、价值链，并在其基础上进行改进创新。这就是组织创新。产业创新链上的组织创新是指完成新产品创新与工艺创新后的生产协作组织的创新。这个创新内容包括产品创新、工艺创新对合作厂商的相应要求与传递，由此导致产业链、价值链更新和产业链价值链组织治理的创新；因为首先新产品、新工艺、新技术的实施对原有各产业链、价值链环节厂商提出了新要求，如果现有厂商创新能力能够胜任新产品新分工要求，则可能在新产品成功中获取更多价值，如果原厂商创新能力不能胜任新要求，则可能面临技术改进要求及价值链进入壁垒，降低获得的价值甚至被淘汰。其次，新产品、新工艺、新技术诞生可能促使新厂商进入价值链，以及现有厂商向相关价值链延伸和转移。第三，新产品需求的新价值链形成还面临对原来价值链、合作网络调整、压缩、分拆、增加等环节。最后形成的新产业技术标准将对现行产业价值分配带来不同影响。当新产业产生时，其产业链、价值链、协作网络也面临创新、组织变革等过程。这个环节的创新，仔细来看本质上也是再创新，即围绕着新产品、新工艺创新的新要求进行延展性的再创新。

4. 市场创新。新产品创新成功，工艺创新成功，产品生产出来了，是否产业化创新就成功了呢？我们的答案是否定的，因为产业创新成功离不开新产品在市场上的成功。所谓市场上的成功不光是该产品被消费者关注甚至认可，还需要该产品被广大消费者看作是十分喜爱并愿意为之买单的产品，而这离不开市场创新。所谓市场创新是指根据产品特性、消费者偏好对产品的品牌设计、分销方式、渠道构建、定价、售后服务设计等的一揽子创新，其目的可以多样性，但核心是把市场做大实现市场上的领先与利润获得。市场创新弱，可能导致好产品缺需求不旺的状况，如此产业化创新就不能算成功。我们观察苹果 iPhone 的成功实际上离不开苹果公司的“饥饿营销”的创造，以及通过“果粉”培养导致大量客户被黏住。这里的市场创新显然与创新的新产品有关，因此也可以将其看作是再创新。

（三）产业创新是供给侧结构改革的重要手段

通过以上分析，可以得到如下重要结论与建议：

第一，必须在产业创新四个环节均衡用力。产业创新有四个主要的环节：产品创新、工艺创新、组织创新和市场创新，这四个环节环环相扣，缺一不可。尽管新产品创新是产业创新的源头，是最重要的创新，值得重视与投入，但其他三个环节的创新及其成功对新产业成长与发展也十分重要，忽视这三个环节，往往导致产业创新失败。更为重要的是，产品创新和工艺创新又会通过原来的或改革的协作网络、产业链价值链压迫相关合作厂商进行相关的再创新，成就创新的波及效果，这就是我们指出的主导产品创新与工艺创新的企业微观上是获得创新租金的动力，宏观上就表现为产业结构的自动转型升级。这就是供给侧结构改革真正希望达到的目标。

第二，原创固然重要，再创新不可忽视。一方面，产业创新是过程性创新，产业创新的成功需要以上四个创新环节交替发力，动态演进，最终形成伟大的新兴产业，甚至改变人类的生活方式。从另外一方面看，除了产品创新是产业化创新的源头创新外，其他三个环节本质上帮助新产品实现市场成功的再创新。所谓再创新是指在前一次创新的基础上进行更进一步的创新，完善或帮助实现原创新的创新。今天，我们可能更要关注和支持企业开展在重大技术创新基础上的再创新。

第三，学会真正的市场创新。市场创新的成功打开了新兴产业的市场需求空间，培养了巨大的市场潜力，也正是如此，才会导致其他产业中的企业有巨大兴趣进入此产业，并以低成本或差异化的方式攻占这个市场，而要做到产品低成本或差异化其背后也需要再创新，也正是如此的竞争，直接推动了该新兴产业的发展与演化。在这个意义上三星公司的存在、华为公司的进入、小米公司的低成本智能手机的发展，挑战了苹果公司给它以巨大的压力，迫使产业内所有的企业必须创新、必须重新审视消费者需求的变化，重新审视技术进步与人类社会发展的变化趋势，这样的竞争压力必然导致新的原创性新产品或现有产品和工艺甚至市场上的再创新。

第四，维护良好的市场竞争机制。产业创新成功离不开市场竞争机制的存在，新兴产业的健康发展也离不开市场竞争机制的存在，竞争迫使企业需要在上述四个环节上同时创新才可能脱颖而出。可见，良好的市场竞争机制形成与维护对我国与上海而言是深化开放改革的重要任务之一，应该除去政府对国有企业的特别关爱，让上海的国有企业在市场竞争压力下成为产业创新的主力之一，同时积极推动民营企业的创新发展，这应该也是创新驱动发展、新兴产业成长壮大、供给侧结构改革成功的关键。

执笔：芮明杰

2016 年 7 月

四、产业政策设计与评价的三个关键方面

今年上半年，我国国民经济增长速度持续放缓，全年国民生产总值同比增长速度可能下滑至 6.7%，为 25 年来最低。经济会不会进入中等收入陷阱？如果是进入了中等收入陷阱那么如何从这个陷阱中走出来？现行的供给侧结构改革是不是解决这两个问题的一个方案？显然这些问题非常重要，是需要冷静地深入研究与思考的问题。

（一）供给侧改革与产业政策设计

目前的供给侧结构改革被简单地理解为就是“三去一降一补”，去产能去库存去杠杆、降成本、补短板等措施是直接对着目前我国产业体系与产业结构中存在的严重问题去的。毫无疑问，产业是宏观经济的中观构成，产业发展与经济增长有十分密切的联系：产业发展实为经济发展的核心，产业体系实为供给体系，产能过剩实为供给过剩。产业体系出了问题，也就是供给方面出了问题，产业结构出了问题当然也是供给结构出了问题。现行产业体系与结构有了问

题尤其出了可能导致经济社会发展的严重问题时，当市场开始或已经失灵时，政府制定政策采取措施是有必要的，关键是政策与措施的效果是否符合预期，这与我们对那些问题出现的原因的正确把握以及应对的正确及时与否有关。

不过我认为，供给侧结构改革，还同时面临着另外一重要含义：因为我们恰恰又遇到了全球新经济下的产业革命或叫做新技术革命导致的新产业革命，其代表就是智能制造和互联网、工业互联网和大数据等方面重大的技术与产业的发展变化。因此我们在进行供给侧结构改革的时候，不是简单地理解为把现有的产业体系当中产能过剩的低端产品淘汰掉一点，高端的产品发展一点就可以了，而是我们现有的整个产业体系，必须跟上全球新兴产业革命发展的要求、全球技术和未来产业分工趋势的转变。现行的供给侧结构改革还要酝酿着跟上新一轮产业革命和技术进步，我们要培育所谓的新型产业经济和培育新的动力机制出来。这方面我们的政府又应该采取什么样的政策措施呢？需不需要制定产业政策来引导、培育和发展未来新型的新兴产业与形成新的供给结构呢？

在产业经济学国内外学术界，一个国家或地区政府该不该设计与推行产业政策，其实意见分歧非常大，很多人认为产业政策没有效果，所以不需要搞产业政策，但是也有很多人认为产业政策有效果，应该设计产业政策推进产业政策的实施。我个人认为无论是针对传统产业转型升级还是针对新兴产业健康快速发展都是需要一些产业政策来规范市场的公平竞争，规范产业的准入与有序发展。

其实发达国家也有产业政策，比如说美国，通过干预市场来导致产业的发展早就有之，最早设立反垄断法案的就是美国。换句话说，美国的产业政策主要是从反垄断角度考虑的，维持市场的公平竞争，希望通过市场竞争来引导企业创新，推动产业的升级转换。而早在 20 世纪 60 年代开始，日本政府就制定许多产业政策，如钢铁工业振兴法、机械工业振兴法等，我以为作为在一个战败国家，当时的日本政府是希望要集中资源，然后把百废待兴的产业发展起来，使之带动国民经济快速发展。所以日本的产业政策是直接干预产业发展本身的。

这是美日两国产业政策设计与实施的差异方面。但效果究竟如何？经济学家各人各见，客观地说应该是有一定效果的。但世界上许多国家也都制定与实施过他们自己的产业政策，今天看来有效果的实在不多，否则陷入中等收入陷阱就不会是一个严重的问题。产业经济学的理论与实证研究表明产业政策获得好的符合预期的效果是需要许多条件的，除去政府本身的因素外，产业政策的设计与评价十分重要。

（二）产业政策设计目标与作用点

我认为：产业政策评价主要有三个关键点：第一看设计政策的理论依据和出发点是什么。第二看产业政策实施的作用点到底在哪儿，它的对象是谁，作用机制是什么。第三就是看它的效果，是否促进产业的发展、结构的调整，以及我们能不能有效改变我们的比较优势基础，从而能够从中等收入国家进入高收入国家。

1. 产业政策设计有两个主要出发点

产业政策制订的出发点有两个方面，一个是从市场维护或修复的角度，一个是直接干预产业的角度。我国现有的产业政策，大部分是对产业本身直接去的，传统产业的去产能、技术改造政策、出口补贴政策；新产业的规划与促进补贴政策如新能源汽车、光伏发电等，而对市场公平竞争的保护政策比较少、过度竞争的状况、过度垄断的状况一直没有得到好的改善。另外对市场准入的限制过多，许多领域并不对民营资本开放。

一个缺乏充分竞争的市场和一个存在许多限制的市场，是难以培育在全球竞争中具有竞争实力的产业的。近年来，在一些政府管制较少的新兴产业中，我国已经有部分企业在国际竞争中具备了与跨国公司竞争的能力。例如电子商务产业。我国的电子商务产业起步仅仅十年，但充分的市场竞争赋予了企业竞争的活力。电子商务的龙头企业全部是特性鲜明的民营企业。京东商城在国内的市场份额远超亚马逊，并在与传统企业如国美、苏宁的竞争中逐渐取得优势。淘宝网上市后市值远超 ebay,甚至超过 facebook,成为美国市场第七大市值的上市公司。这些电子商务企业同时进行上下游的整合,带动了生产、物流、仓储等一系列产业的发展。在我国,充分竞争的产业更容易涌现出具有产业链整合能力的大企业。因此,政府应在如何建立健全市场机制,如何保护市场的充分竞争,如何规范市场并营造公平的市场竞争环境上下功夫。

2. 产业政策设计与实施的目标应该是建立公平竞争的市场体系与产业生态系统

经济与产业发展的主体是企业,企业成长壮大的土壤与环境包括两个方面:一是成熟公平有效竞争的市场;二是良好的产业生态系统。改革开放 30 多年来我们一直致力于社会主义特色市场体系的建设,应该说取得了比较大的成就,就是在这个过程中,我国的国有企业进行了改革深化,我们的民营企业不断发展壮大。但总体上看,我们的市场体系还不成熟,西方国家还不承认我国是市场经济国家的地位,十八届三中全会还在强调要让市场成为我国资源配置的绝对主体。事实上我们的市场体系不成熟,不该垄断的垄断,应该竞争的过度竞争,地区市场保护,政府行政干预市场状况的事项经常发生,以至于企业的成长壮大不是靠在市场上的公平竞争,而是主要靠与政府关系的深浅。

在产业生态系统方面,一是产业的自然生态环境,二是产业的组织生态环境。这些年以来,我国企业与产业发展的自然生态系统遭到了过度破坏,环境污染、空气恶化、资源过度开采,使得可持续发展几乎不可能进行。而企业与产业的配合体系、服务体系不完善、不协调,物流不到位、服务不到位,有时企业一个投资项目要获得批准,需要上百个政府部门的公章,需要等上一年半载,甚至根本就没可能,使企业与企业间合作效率大打折扣,影响了企业的生产效率和经济效益。在这样的生态环境下,企业成长壮大十分困难。

林毅夫教授的理论是从要素禀赋的现实出发,从提高比较优势入手,设计产业政策,推动我国从中等收入国家走向高收入国家,我觉得这是一个理论思路,也是一个设计产业政策的出发点。但是高收入国家跟我国现在的要素禀赋是不一样的，我国从中等收入国家向高收入国家转换过程当中，我们的资源禀赋怎么转化是不是也是一个重要的问题？是不是在顺应产业的转型升级的同时，我们的要素禀赋也要动态升级。

3. 补贴性产业政策的作用点主要应该在消费者身上。产业政策的作用点在什么地方？究竟作用在企业还是在消费者？这个是有差异的。现有的产业政策大部分直接干预产业，主要作用在企业身上。有人认为这是对的，因为企业是经济发展的主体，也是我们结构性转换，包括产业发展的主体，产业政策的作用点，当然要作用在企业身上。问题是政策实施如何作用在企业身上，效果会怎么样？举个例子，我们最近做一个实证研究，因为国家最近推出了很多产业政策，包括“制造业 2025”，包括 7 大战略性新兴产业规划，等等。我们试图实证这些政策出台后对现有上市公司的经营行为有没有产生正向或者负向的结果。我们发现：如果这些企业原来就处在高新技术产业里面，因为有这些产业政策，为了享受到国家政策支持，一般都会扩大生产，扩大规模，增加投资。但是原来不在这个产业政策范围内的企业，一听到战略性新兴产业发展，国家有这么多补贴、优惠，也会做出跨行业发展的承诺，或者开始投资。而实际上我们发现这些公司并不是真正要在新兴产业领域发展，而是为了炒概念，为了公司市值的变化，甚至是为了土地价格优惠，为了可以获得政府的财政补贴，为的是土地增殖以后给它退出该产业的一种保护，为的是获得额外的收入。研究发现政府的许多补贴政策措施作用在企业身上，一般会导致企业行为变异，由此就导致产业政策效果大打折扣，减少了它的正面效果。

我个人比较主张产业政策中政府补贴措施作用在消费者身上，因为消费者的购买行为比较容易观察，一旦购买就享有补贴，补贴消费者购买的话会扩大市场规模，让企业可以在扩大市场当中增加它的份额和回报，使得更多的企业进入这个产业，那么这个产业就发展起来了。但是，如果我们补贴企业的话，刚才我讲了企业的很多行为，表面上看是要去进入，实际上并没有完全想把这个产业做好，为什么呢？因为它有土地有补贴和退出机制。正是如此，甚至导致企业在投资时不考虑市场需求状况，最后的结果就是产能过剩，光伏产业的发展就是如此政策下的典型案例。我们现在的政策主要是偏向于企业方面，而对消费者的政策不太多，所以我觉得是不是未来可以做一个改善。

4. 产业政策好的实施效果取决于多个重要条件

我们很多的政策之间是不配套、不协调的，是使一项看上去不错的产业政策最终效果不佳的重要原因。我举个例子，比如说我们现在的劳动人事政策中，规定企业每年要给员工加工资，因为员工的收入每年要有增长，员工的短期合同一次之后就必须变成长期合同，等等，这些都阻碍了劳动力流动和劳动力工资水平不断上涨，使劳动密集型产业，甚至资本密集型产业、技术密集型产业的企业都难以承受、苦不堪言。再举个例子，最近我们调研了我国的制糖业，目前我国整个国家的糖年需求量是 1 500 万吨，国内的产出在 1 000 万吨左右。于是需要进口，而进口糖关税政策是出于商务部和海关，它们遵循国际贸易准则当然是对的，由于国际上糖价这些年不断下降，进口糖加上关税价格依然大幅度低于国内制糖成本，于是前两年糖业陷入全行业亏损，种植甘蔗的农民收入减少，种植面积下降，导致糖产量大幅度下降。可以这么说，现行关于糖的关税并没有保护我国制糖产业发展，反而冲击了我国制糖产业的发展，甚至影响了种植甘蔗的农民的生产积极性。

我国许多产业政策与其他辅助政策之间是不协调的，导致我们很多产业政策的正效果互相抵消，最后发现产业政策并没有什么大的正面效果。我个人觉得我国产业政策应该配套设计，必须考虑它的实施点与作用机制，必须与产业政策实施条件一起考虑，才能获得更好的正效应。

执笔：芮明杰

2016 年 9 月

五、上海科技型企业成长为世界级科技创新企业的五大策略

上海正致力于建设全球城市以及具有全球影响力的科技创新中心，而对比其他全球城市，世界级科技创新中心无不都拥有代表性的世界级科技创新型企业，因为这些“世界级”创新型企业有全球广泛影响力的，代表了科技发展与新产业发展的未来。上海在科技创新方面相比于纽约、伦敦、东京等国际化大都市仍存在不足之处，其中培育“世界级”科技创新型企业是上海在科创中心建设、全球城市发展过程中必须要攻克的困难。作为创新主体中最具创新活力的上海本土的科技型企业，如何成长为“世界级”科技创新型企业，上海又应该如何助力这些企业快速成长壮大，成为上海新经济新业态新模式发展的领军企业，是十分重要的命题。

（一）上海科技创新企业成长壮大的五大策略

上海科技创新企业不少，总体看缺乏类似华为这样的具有创新领导者的世界级科技创新企业，原因很多，但首要的问题一定是企业本身的问题。针对这些问题，未来我们认为应该从以下五个方面入手推动自身的成长壮大。

1. 推进产业创新以及基于产品创新的再创新

创新成果产业化水平偏低、新兴产业发展缓慢等问题是上海加快供给侧结构性改革需要着力补齐的短板。而在此过程中，上海的科创企业需要强化产业创新能力建设，尤其是要强化科技型企业基于产品创新的再创新和市场创新。一方面，要强化基于产品创新的再创新，包括工艺、产业组织等方面的创新，尤其是要更加关注和支持企业基于在重大技术创新开展的再创新，促进原始技术创新和产品创新得以实现，最终取得产业化成功。

另一方面，要强化以市场为导向的市场创新。创新需要市场竞争的有效性，针对新产品生产或新产品市场培育，企业要进一步强化需求引导创新的意

识，通过市场引导机制的创新，来激发新产品市场消费潜力，并建立新产品消费反馈机制，使科技型企业便捷获取市场反馈信息，以及为企业分析市场信息提供公共服务支撑。此外，政府要维护良好的市场竞争机制，形成促进各类创新主体能健康发展、自由竞争的良好环境。

2. 强化企业的整体创新激励，提高企业的创新能力

对于科技型企业来说，其成长中必不可少的就是要具有创新元素，可以说创新是科技型企业成长与发展的动力源泉。企业可以在整个组织中宣传创新思想，鼓励员工大胆进行创新，树立员工的整体创新意识，培育一种创新型企业文化，形成良好的创新激励机制。首先，在提高企业创新能力方面，可以将自主创新与借力创新进行有效的结合，既要在核心技术上进行自主创新，又要与高校、科研院所、企业通力合作，借助它们的研究成果为己所用。其次，在自主创新方面，企业可以加大对技术研发的投资力度，把技术攻关放在企业发展的战略高度，并在实践中有效利用研发资金，提高其使用效率，把有限的资金用在实处，为企业创造无限的价值。最后，在借力创新方面，企业应该与高校、科研院所等研究性机构合作，以缩短技术攻关的时间，并充分利用研究成果，分享利益，将其应用于实际产品的研究开发当中，从而能够迅速地掌握先进的、前沿的技术，推动企业快速成长。

3. 善于利用全球资源，为企业的发展注入新的活力

资源是企业发展过程中必不可少的物质基础，而资源的有效利用对于企业的成败发挥着重要作用。在科技型企业的发展过程中，企业内外部资源的有效利用是推动其成长的决定性因素。其中，内部资源直接影响着科技型企业的创新活力和创新活动的实施；外部资源是科技型企业提高创新能力和实现企业成长的重要来源。随着创新资源的需求日益增长，单纯依靠企业内部资源已难以满足企业对创新资源的需求，外部资源的获取和利用在企业发展中的重要性日益凸显。科技型企业在发展过程中应该建立完善的从全球获取信息、技术等资源的企业创新合作网络，将企业外部环境中的供应商、零售商、合作伙伴、竞争

对手和科研机构等外部资源与企业内部资源有效地整合，为科技型企业的持续创新提供源源不断的动力，以突破企业在核心技术研发中遇到的“瓶颈”，为企业的发展注入新的活力，最终推动科技型企业稳步发展。

4. 着重未来新技术创新与应用的需求，形成一套完善的人才培养机制

对于科技型企业来说，人才是企业创新的中坚力量，是促使技术研究转变为实用成果的中介力量，人才在其成长过程中发挥着举足轻重的作用。企业应瞄准未来新技术新产业发展的需求，把高科技人才储备置于企业发展的重要战略地位，大力引进高层次的科技型人才，以多种激励形式让其为企业的发展献言献策。首先，企业应该建立完善的高科技人才招聘机制，以战略的眼光从全球市场上选拔具有核心竞争力的高科技人才，扩充企业的人才队伍，为企业的发展注入新的活力；其次，企业应该为人才的发展提供机会，赋予他们充足的科研资金和适当的权利，让他们能够充分发挥自己的创新才能，在实现自身价值的同时能够为企业带来根本性的利益；再次，企业应该建立完善的人才培养机制，根据不同岗位的人才需求，实施相应的培养制度，提高员工各方面的能力，让他们在为企业创造创新性成果的同时能够提升自身的创新能力；最后，建立完善的人才激励机制。人才流动性大、忠诚度不高一直是阻碍科技型企业成长的绊脚石，通过多种激励形式让人才能够对企业产生强烈的归属感，如采取切实可行的措施提高人才的福利待遇，为他们提供良好的工作和生活环境等。

5. 关注消费者消费需求的变化，建立良好的客户关系

客户是企业赖以生存的基础，也是企业持续发展的动力。在企业的成长过程中，客户对企业的信任和支持将是企业发展的不竭动力，能够促使企业持续成长。对于科技型企业来说，客户与企业的未来发展息息相关，企业应该要做到三点：一是依据客户的消费需求生产出相应的科技产品；二是以最大限度地满足客户的需求为己任；三是为客户提供高质量的售后服务。其中，为客户提供优质的售后服务一直被企业在成长过程中所忽略，提高售后服务质量，不仅能够帮助科技型企业留住客户，同时还有助于树立科技型企业在客户心目中的

良好品牌形象。企业可以通过建立网络售后服务体系，及时解决客户在产品使用过程中所遇到的问题。同时，企业还可以扩大售后服务网络的范围，各个售后服务站配备专门的技术人员，为客户提供便捷、优质、高效的服务。只有在企业真正关注客户的切身利益后，并与其建立良好的客户关系，才能让客户成为企业成长过程中的强大后盾，进而推动企业持续成长。

（二）政府助力上海科创企业发展壮大的创新举措

上海缺乏世界级科创企业自然也有成长环境方面的问题，市场问题、制度问题、激励问题、创新服务问题等都是阻碍科创企业快速成长的问题，为此我们认为政府应该转变思路，大胆进行制度创新，在政策导向、创新服务等方面增加有效供给，助力科创企业发展壮大。

1. 为科技型企业的成长提供有利的政策支持，优化市场环境

科技型企业的生命周期大体包括种子期、初创期、成长期、成熟期和衰退期。政府的支持行为是影响科技型企业健康成长的重要因素之一，因而在科技型企业不同的生命周期中，政府可以为其提供不同的政策支持。在科技型企业成长的初期，此时企业的规模较小，政府在政策上主要是起扶持和引导的作用，对企业进行培育，为企业的创立和发展营造良好的环境，如建立科技型企业成长信息服务平台、提供种子资金扶持创业等；在科技型企业成长的中后期，政府在政策上主要是起服务和规范的作用，为科技型企业的发展提供力所能及的服务，并且在企业发展过程中规范其经营行为，使其朝着健康、稳定的方向持续发展壮大，如采取多种减免税收政策、扩大企业经营自主权等。

2. 为科技型企业的成长提供有利的金融信贷支持，拓宽融资渠道

对科技型企业而言，创办之初，巨大的研发资金投入使得它们对资金需求比一般企业更为强烈。融资问题一直是困扰科技型企业的一大难题，是阻碍其健康成长的绊脚石，尤其在企业成立初期，融资不足对企业的影响更是尤为突出。针对科技型企业融资困难这一问题，政府既要对企业给予直接支持，又要

采取多种途径对企业发展进行间接支持。从直接支持方面来看，政府可以在企业的种子期和初创期对其进行资助，这样有助于企业加大研发力度，更快地推出新产品。从采取多种途径进行间接支持来看，“银行贷款难”是企业在融资过程中普遍存在的问题，而这一问题的根源是企业缺乏足够的担保，因而政府可以为有发展前景的科技型企业提供科技风险基金和科技担保基金，有效地解决企业的银行贷款问题。

3. 强化创新合作网络建设，奠定夯实的技术创新协同

目前，高校、科研院所和企业从产学研合作中获取的回报有限，更多的是一种被动的参与，产学研合作模式不成熟。虽然政府一再鼓励产学研合作，也产生了一些研究成果，但是其中很多研究仅限于理论上的意义，并不能应用于实践，其价值并没有得到充分的发挥。因此，政府应大力推动科技型企业与高校、科研院所产学研合作，建设良好的创新合作网络，弥补科技型企业技术提升不快的弊端。鼓励高校和科研院所等研究型机构，紧紧围绕科技型企业的基本需求，共建紧密型产业技术创新战略联盟，突破一批引领产业升级的关键技术，合作培养企业急需的创新人才，建立联合攻关长效机制，通过产学研对接，寻找和发现高校和企业需要共同研发的问题，联合组织科研创新团队进行技术攻关，实现产业链与创新链的高度融合，加速实现科技成果转化和产业化。

4. 建立有效的吸引创新人才的机制，壮大科技人才队伍

科技型企业人才匮乏仍然是制约科技型企业持续快速发展的“瓶颈”因素和薄弱环节，技术人才的缺乏，尤其是具有高新技术研究开发能力的创新型人才的缺乏，严重影响科技型企业的创新活力。上海市科技人才短缺现象具体表现为以下几个方面：缺乏高层次科技人才、科技人才流失现象严重、培养科技人才的机制不完善。基于以上存在的种种问题，政府应该在以下几个方面加大实施力度：①实施柔性的引才引智计划，大力支持科技型企业开展高端的引才引智项目，鼓励科技型企业引进国内外的高层次科技人才，增强企业的创新活力。②通过政策杠杆，吸引行业高端人才和科技创新型团队来沪与科技型企业实现

对接合作，并通过一系列激励措施来留住人才，提高高科技人才对企业的归属感和向心力，避免高科技人才的流失。③完善科技人才的培养机制，鼓励高校为科技型企业培养定制型人才，精心构筑人才科技综合开发平台，努力为科技型企业培育一批具有竞争力的创新人才队伍。

执笔：芮明杰　程贵孙　洪海涛

2016 年 10 月

第八章　促进流通业业态创新升级，实现消费需求增长

产能过剩需求不足近年来一直困扰着中国经济，同样也困扰着上海经济增长与产业的发展，供给侧改革正在进行中，取得了一些成绩也暴露了不少问题，需要进一步思考对策予以引导解决。2017 年工作室研究人员在完成上海市政府其他重要研究任务之余，也对上述问题进行了研究，其成果形成 3 篇研究专报。主要内容涉及激发消费需求的研究成果“上海促进流通业业态创新升级的对策建议”；涉及供给侧改革的创新研究成果“美日德政府产业创新政策比较”；以及对工业设计与制造业联动方面的研究。

一、上海促进流通业业态创新升级的对策建议

上海市传统流通行业正面临着严峻的转型压力：一是内需增长放缓。上海社会消费品零售总额增速自 2010 年以来持续下降，低于全国水平，市场空间增长缓慢。二是在线零售在便利性和商品丰富性上的巨大优势，使得消费者的消费习惯正在迅速地转变。三是传统零售业人力成本和房租的快速上升使得实

体零售门店盈利空间越来越小，迫使传统流通业必须通过业态创新求生存。

（一）在线零售业对传统流通业造成巨大的冲击

随着中国在线零售行业自 2008 年来以每年超过 130%的复合增长率增长，上海市传统流通行业正面临越来越大的冲击和挑战，上海传统业态进入大重组大变革的时代。一方面，2010 年上海世博会后，传统流通业发展达到一个高点，但随着近年内需不足，上海社会消费品零售额增速自 2010 年的 18.67%以来逐年下降至 2014 年的 8.72%。另一方面，在线零售在便利性、商品的丰富性和搜索成本上的巨大优势，使得消费者的消费习惯正在迅速转变。传统门店不再是消费者购买商品或服务的唯一选择，顾客的消费越来越多地转移至线上，这是近年来传统零售门店关门潮的一个重要原因。

在线零售对传统流通业的冲击具体表现在以下两个方面：

1. 传统零售各个业态利润率下降，部分业态迎来关门潮

一方面，大量消费转移至线上、人力成本和房租的快速上升使得实体零售门店盈利空间越来越小。另一方面，上海的许多超市在 20 世纪八九十年代国家有优惠政策时签订 20 年、30 年的租赁协议，近年这些廉价协议集中到期。两方面因素的影响下，大量店铺退出市场。其中大型百货和超市两个业态受冲击最大。上海市农工商超市集团旗下的门店数量从 2008 年的 4 800 家下降至 2016 年的 2 500 家。而购物中心也在经历过一段时间的开发热后，存在一定过度开发的现象，经营效率下降。

2. 传统零售业态进入大重组大变革时代

在线零售在便利性、商品的丰富性和搜索成本上的巨大优势，为传统零售商带来了巨大压力，使其不得不寻求新的商机。业态转型、重组和创新成为传统零售业的一个趋势，也是零售商生存的必要手段。

(二)流通产业的发展趋势

1. 购物中心化、体验化

对消费者的研究显示,消费者越来越重视商圈的娱乐和休闲服务,将在商圈的购物行为视作一次娱乐体验和社交体验。据上海市商务委员会,截至2016年,上海市零售业服务型消费总量已达到8 000亿元人民币,占到总消费的60%。在未来,提高消费品种、转型体验式经济是大型百货和购物中心的趋势,由此为中心进行商圈的建设,以体验式的服务集聚人气。因此,经济百货和购物中心应当在保证商品质量的同时更加重视娱乐和休闲服务的提供,提高自身竞争力。

2. 社区化、便利化

上海店铺租房价和人力成本上涨迅速,导致经营成本上升。位于市中心或黄金地带的购物中心、大型百货和大型超市将面临更加严峻的经营状况。另外,消费者对于购物场所的便利性要求越来越高,人们会更多地选择在社区附近的购物场所,避开购物高峰,采购即时需要的商品。许多大型百货和大型超市正在缩小店铺面积,离开商圈,进入社区,转型社区超市或便利店。许多便利的便民服务功能也由此转移至社区附近的便利店和社区超市,包括手机充值、交通卡充值、代缴水电煤费、电话服务、代办邮寄包裹、信用卡还款、票务预订等,成为它们吸引顾客的重要方式。

3. 与电子商务深度融合

一方面,实体门店利用线上平台打开入口,增加流量,对消费者进行引导;另一方面,线上企业对线下零散的物流、仓储、服务网点进行整合,提高利用率和服务水平。目前,很多传统的超市、大卖场已经建立了自己的线上渠道。线下门店如便利店、社区超市虽然规模较小,但一般配套设备比较齐全,如物流、仓储、冷藏、保温等设施,是在线零售商理想的提供商品分发、用户取货退货和客户服务的网点。上海市庞大的便利店门店网络形成独特的线下服务体系,越来越多的在线零售商和连锁店发现联手的巨大机会，共同发掘线上到线下商业模式的潜力，拓展渗透率。基于购物中心化、社区化和电商化的现状，智慧商圈和智慧社区的打造将是未来趋势。

（三）上海传统流通企业的转型难点

1. 缺少有效的总量控制

从 2008 年到 2014 年，大型百货零售业人均商品销售额和单位面积销售额都连年下降，说明商业开发商高估了经济发展带来的市场增速。由于缺乏进入门槛和各个区县的招商竞争，实体商业容易陷入同质化、低水平竞争陷阱，无法凸显不同区位商圈的特色。

2. 智慧商圈和智慧社区的建设缺少牵头单位

智慧商圈的打造和智慧社区的建设需要集成的平台为进驻商户进行统一的采购、物流、交通、信息发布、用户分析，这些基础设施需要由特定单位牵头建设。目前，我国的商业自律组织、管委会等很少能起到类似的作用，一定程度上妨碍了智慧商圈和智慧社区的建设。

3. 人员结构老化，人才流失现象严重

20 世纪八九十年代，政府大力扶持超市业、大型百货综合零售业发展，大量知识人才进入传统流通业。但近年业内利润率下降，传统流通业面临创新人才不足、人员结构老化严重的难题。在电商冲击下，缺少高端人才的传统流通企业难以进行组织管理水平提升、消费者研究、信息系统搭建、数字化基础配套设施的应用等，在转型的道路上举步维艰。

（四）上海促进流通业业态创新升级的对策

政府需要通过规划引导，促进流通业业态创新、布局优化和产业升级；通过搭建智慧商圈、智慧社区平台，促进传统流通业的业态创新，引导不同业态差异化定位和错位竞争；这有助于覆盖不同消费者群体在不同场景下的服务需求，提高流通企业的盈利能力；最终，全方位提升消费者体验，打造现代流通业，提高上海作为国际消费城市的竞争力。

1. 制定协调商圈改造、配套设施建设与人口导入的一体化规划

上海市目前商业网点布局、交通设施、人口导入等均是单独规划，相互之间脱节。例如，大型居住区的商业基础设施配套开发与动迁人口的导入在时间上不匹配，造成居民与商业企业都不愿意进入，形成恶性循环。这带来了商业地产过度开发与相关供应性保障不足之间的矛盾，造成了资源的浪费。

上海城市改造与商业网点布局、交通设施改造等紧密相关，这一阶段也正是上海市传统商业转型升级的关键时期。建议由上海市商委牵头，上海市规划和国土资源管理局、上海市交通委参与，制定上海商业发展的一体化规划，将新城建设、旧区改造、商圈的升级结合在一起考虑。保持商业生活配套、交通基础设施、人口导入规划之间三位一体，根据人口导入来合理地确定商业整体的规模，采取分阶段的方式，进行人口导入、商业配套、交通基础设施方面的建设，从而保证三者之间的协调性。

2. 设定不同业态的进入门槛，促进有序开发

政府需要对大型购物中心和商业街进行统一规划，充分考虑多业态、多种服务的引入，提高消费者体验性，形成人气集聚、促进多样化的消费实现。在总量调控方面，特别注意大型购物中心的建设，注意辐射半径与人口体量的匹配，避免过度开发。

加强对具体商圈不同业态的定位及进入门槛的确定。在市商委整体规划引导下，区县商委、商圈管委会负责结合本地商圈的定位，在招商引资过程中，设定不同业态的进入门槛，维护商圈整体的品牌、声誉。防止商业企业出于短期利益，造成整个商圈的定位模糊和品牌形象下降。

3. 提供与业态创新配套的基础设施和空间形态规划服务

政府需要提供空间规划调整和业态调整审批的支持。对于传统的零售企业，特别是坐落于城市繁华地段的一些老百货企业，其建筑格局基本已经确定，

业态创新往往需要改变规划用途,面临新的审批,例如环评等。业态的调整和创新需要政府的支持才可能实现,特别是在商圈、商业街的规划和建设上,需要政府系统的规划和指导。另外,也需要政府提供与商业功能提升相协调的基础设施配套,例如停车设施的布局和智能化水平。

4. 利用基金扶持牵头企业进行智慧商圈的平台建设

政府应鼓励拥有大型商业综合体的企业、平台服务型的电商、商圈管委会等,成为智慧商圈平台建设的组织单位。如果商圈本身缺乏投资主体,对智慧商圈的软硬件设施配套就会缺乏必要的投入。如果单纯依托商业类的公司可能在改造过程中主要考虑公司自身的商业利益,缺乏开放性。政府可以选择牵头的企业或者组织,推动智慧商圈改造,给予一定的奖励或者补贴。同时,要求一些基础设施(如移动支付网络)具有开放性,能够共享给商圈的其他商户(客户)。

建议政府在推进上海市智慧城市建设行动中,将智慧城市与智慧商圈和智慧社区结合起来,通过基金的形式,支持相关企业和组织进行牵头改造,推动商圈的改造、升级。

5. 推动国有商业企业进行业态创新

推进混合所有制改革、解决大型国有商业企业的机制问题是业态创新的重要前提。国有商业企业处在竞争性行业,原来行政导向的管理机制存在着领导层安排的不确定性和企业发展方向的不确定性,进而出现经营行为的短期化,不愿意为业态的转型升级进行长期投资。需要发展混合所有制,建立现代企业制度,加强对领导班子的长期激励,提高其在业态转型升级过程中的积极性。

传统大型国有流通企业,存在人员结构的老化问题。在缺乏创新人才的情形下,传统大型流通企业对转型升级往往力不从心。需要促进国有零售企业的业态创新与机制改革,逐步消化人员老龄化问题,同时也吸引更多的创新人才加入。

6. 建设智慧社区,鼓励中小零售企业创新发展

商业零售业态除了向购物中心的综合化、大型化、体验化方向发展以外,就是社区化、便利化、服务化,中小零售企业在这个领域可以有很大的发展空间。随着上海智慧社区建设的推进,家居生活智能化、公共服务信息化方面的改造,中小零售企业可以有更多深耕社区的市场机会。例如,提供社区便民服务、即食食品特色服务,与物流企业相结合发展网订店取服务、代寄包裹服务等,通过与服务结合,使得盈利渠道多元化。

政府可以推动智慧社区的基础设施建设,提供统一的信息互动平台与移动支付体系,完善便民措施与网上平台,整合相关的便民服务。向中小零售企业开放网络平台的入口,促进企业间的联合和基础设施的共享,鼓励中小型零售企业提供特色的服务,强化与社区的结合。

执笔:刘明宇　芮明杰　罗融　袁诗钧

2017 年 1 月

二、设计驱动创新与制造业转型升级机制与案例研究

随着大多数全球创新领先公司日趋重视基于设计的创新,将其作为主要的竞争战略,设计进入了人们的视野。如苹果、三星、斯沃琪(Swatch)手表、星巴克(Starbucks)咖啡、特斯拉等一大批新兴公司成为行业最耀眼的设计创新企业。从苹果开始,硅谷的企业明白了创新分为两种,基于技术的创新又分为纯突破性技术和应用型技术的创新。其中,基于设计的创新,称为“Design Driven Innovation(设计驱动创新)”。尤其对于创业企业而言,应用型的、产品型的和设计型的创新会显得更加有效。相对创新而言,有的是基于突破性技术的创新,有的是基于产品的创新。当一个突破性技术刚出来之时,是需要基于技术

的创新。一旦这个技术成熟之后，便可以选择另外一种创新途径，而这条途径也是基于技术创新的另外一个反向思维方式，这才是颠覆性创新的真正意义所在。可以看出，从技术驱动创新，到市场拉动，以及设计驱动创新的演变，如图8.1所示。

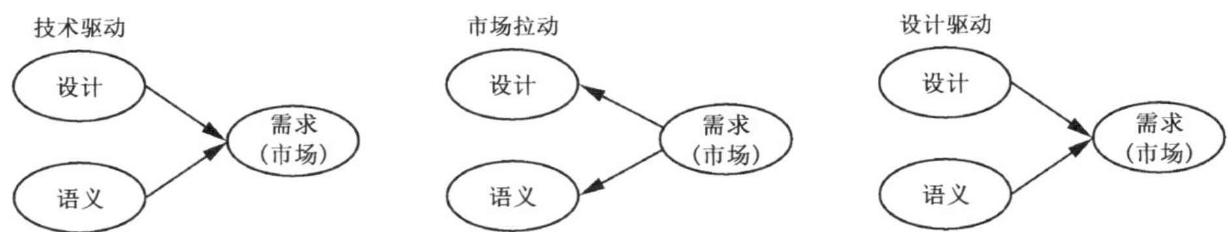

图8.1　从技术、市场到设计驱动的演变

我国本土制造企业所面临的竞争压力越来越大，产品同质化严重，创新严重缺乏使竞争演变成了低端价格战，无法从根本上摆脱低水平发展状态。当前中国本土企业到了非转型不可的地步，如何以创新驱动转型升级是企业首要考虑的问题。当然，我国大多数传统制造企业，更多是采用市场拉动型创新战略模式和技术驱动型创新战略模式，很少有设计驱动创新战略模式。也就是说，目前现有产业的核心影响因素是"技术"和"需求"，为此可以预见未来设计引领创新模式，以及促进产业结构转型升级会有巨大的机遇和发展空间。

（一）研究的理论背景

1. 设计驱动创新理论回顾

20世纪90年代开始，陆续有学者将设计引入到创新研究中（Verganti，2003；Christensen，1996）[①]。2000年之后，针对设计创新的研究出现了一个高峰。意大利学者Verganti（2003）[②]深入调研意大利以及美国一些成功的设计密

① Verganti，Roberto. Design as brokering of languages：Innovation strategies in Italian firms[J]. Design Management Journal，2003，14(3)：34—42.

② Christensen，Jens FrØslev. Innovative assets and inter-asset linkages—A resource-based approach to innovation[J]. Economics of Innovation and New Technology，1996，4(3)：193—210.

集型企业，从产品语义角度把设计因素引入到创新领域，提出设计驱动创新的概念，并定义为"产品传达的信息与设计语言的新颖性超过功能与技术新颖性创新"。在此基础上，Ziamou 和 Ratneshwar (2003)①将产品功能创新定义成"为消费者提供一套新颖的利益，但是提供这种创新的不一定是新产品"。Utterback 等(2006)②提出"设计激发式创新"的概念，指出设计可以理解为一种创新整合的过程，其整合对象包括技术、市场需求和产品语意三方面。伴随设计驱动型创新模式包含需求、技术机会和产品语义三个重要信息源。Bruce 等(2007)③认为，产品设计必须考虑消费者习俗和审美的问题。陈圻等(2013)④将产品功能创新定义为动态市场需求和市场创新导向下的产品功能配置。Verganti(2008)⑤认为通过传统的市场调研和用户研究所得到的市场需求知识，只能带来产品性能和产品形态的渐进性改进，而不能带来全新突破性的创新。

目前，学术界对于设计的研究很多，设计作为技术和市场之外的第三种创新驱动力已开始得到越来越多的研究重视(Hargadon 和 Douglas，2001；薛捷，2016)⑥。Ravasi 等(2005)⑦认为实施设计驱动式创新战略，企业需要对产品开发过程和组织进行革新，从产品开发过程阶段和创意的评价选择发挥设计师的作用，并更加强调产品的社会文化价值，强调产品和社会文化之间的匹配。

---

① Ziamou，Paschalina and Srinivasan Ratneshwar. Innovations in product functionality：when and why are explicit comparisons effective? [J]. Journal of Marketing，2003，67(2)：49－61.

② Utterback，James M. ，et al. Design-inspired innovation[M]. World Scientific，2006.

③ Bruce，Margaret，Lucy Daly，and Kenneth B. Kahn. Delineating design factors that influence the global product launch process[J]. Journal of Product Innovation Management，2007，24(5)：456－470.

④ 陈圻，陈国栋，郑兵云，吴讯. 中国设计产业与工业的互动关系研究——基于独立设计机构专利数据的相关前沿理论验证[J]. 管理科学，2013，26(03)：77－85.

⑤ Verganti，Roberto. Design，meanings，and radical innovation：A metamodel and a research agenda [J]. Journal of Product Innovation Management，2008，25(5)：436－456.

⑥ Hargadon，Andrew B. and Yellowlees Douglas. When innovations meet institutions：Edison and the design of the electric light[J]. Administrative Science Quarterly，2001，46(3)：476－501.
薛捷. 顾客感知视角下设计驱动力对创新的影响研究[J]. 科学学研究，2016，34(7)：1111－1120.

⑦ Ravasi，Davide，and Carlo Turati. Exploring entrepreneurial learning：A comparative study of technology development projects[J]. Journal of Business Venturing，2005，20(1)：137－164.

Verganti(2008,2009)①认为企业通过设计网络和外部社会文化和技术主体进行对话，从而实现对社会文化和技术趋势都能充分了解，由此创造出新产品，并通过设计网络将产品意义传递给消费者。Gemser 和 Leenders(2011)②研究发现，对于新采纳设计战略的企业，设计强度对绩效正影响更明显。赖红波等(2016)③对设计驱动产品创新与转型升级对顾客感知和购买意向进行实证研究。Gruber 等(2015)④将设计创新的本质归纳为“通过技术中介进行的创新”。

2. 设计驱动创新与制造业转型升级

当前，设计已从以前的自娱自乐，通过与科技的结合，逐步渗透进制造业等相关产业中，成为带动产业转型、提升产业能级的抓手，如图 8.2 所示。可以说，设计服务业已成为拉动上海经济发展和创新驱动的重要推手。尤其是在消费品工业等传统制造领域。为此，如何壮大设计服务业平台，促进设计与制造业的深度融合是未来上海乃至长三角产业结构转型升级的关键。

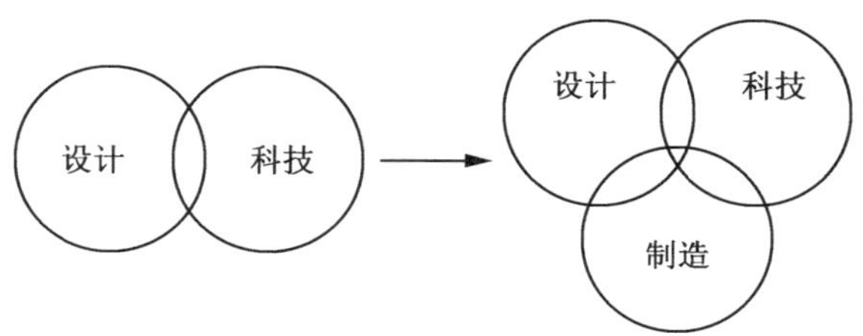

图 8.2　设计、科技和制造融合

无论是设计服务业，还是文化创意产业，都归属现代服务业中一部分，也是

① Verganti Roberto. Design driven innovation: changing the rules of competition by radically innovating what things mean[M]. Harvard Business Press, 2009.

② Gemser Gerda and Mark A A M Leenders. How integrating industrial design in the product development process impacts on company performance[J]. Journal of Product Innovation Management: an International Publication of the Product Development & Management Association, 2001, 18(1): 28—38.

③ 赖红波，芮明杰，梁磊. 设计驱动的产品创新对顾客感知和购买意向影响实证研究[J]. 研究与发展管理，2016，28(4)：22—30.

④ Gruber, Marc, et al. Managing by design[J]. Academy of Management Journal, 2015, 58(1): 1—7.

一种重要的经济产业形态。2014 年,国务院印发《关于推进文化创意和设计服务与相关产业融合发展的若干意见》,这是我国第一次明确强调文化创意和设计服务与相关产业融合发展。同时,设计服务业又是其中很核心的一部分。从"现代服务业→文创产业→设计服务",并逐步聚焦到设计驱动创新系统构建,助推产业结构转型升级。如图 8.3 所示。

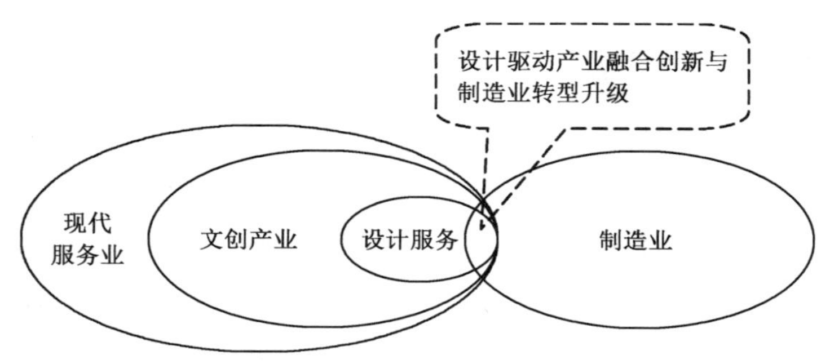

图 8.3 设计驱动产业融合创新与制造业转型升级

(二)设计驱动创新与制造业转型升级:微观视角

设计如何引领创新?创新本质都是从细节开始,并最终带来服务创新、体验创新、传播创新,以及从产品硬件到内容,以及商业模式和系统创新。也就是说,设计引领创新的基础,必须以小服务大,微观服务宏观,战略转为战术,尤其是从微观细节品味工匠精神,从而加速传统制造业的转型升级。也就是说,设计驱动创新的第一步就是微创新,微创新不同于革命性的创新发明,微创新能充分利用公司已有的资源和能力,针对某一两项用户使用中的痛点做具体的快速迭代和改进。而这样的改进,不像创新发明,不需要再教育市场,又能够迅速得到推进,从而为企业带来爆发式的增长。设计也是对生活或环境的一种洞察,并把产品、人(情感)、事、环境融合起来。通过对用户分类和观察潮流变化,以及对他们生活形态的观察,更好地与顾客沟通。一方面,设计驱动创新能实现宏观层面向外部输出“企业品牌的生活风格”。另一方面，微观视角就是落地，设计会通过观察消费潮流的变化来进行沟通设计，微观从细节中入手，从观念上入手，从而更好关注，和近距离打动消费者，实现与顾客情感沟通。进一步抓住消费者内在需求，实现从产品沟通，深入到情感层面和体验层面的沟通。微观驱动，带来的微驱动或渐进创新。如图 8.4 所示。

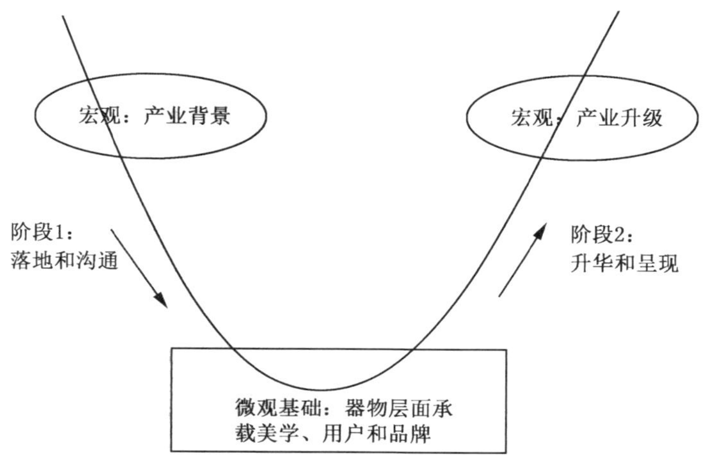

图 8.4　设计驱动创新与制造业转型微观基础

落实制造业转型升级，背后必须是关注到消费升级的大趋势，把消费理念和生活方式升级，通过器物层面的传递呈现，实现升华。如流行的北欧极简设计，把全球各地与众不同的日常设计带进了更多消费品层面来体现，背后就是设计的引领。同时，产品也进一步成为沟通和承载文化的符号。为此，微观的设计要回到初心，回到原点，注重人的需求，从潜藏在暗处的产品“细节”上来控制世界。

设计引领创新的战略选择，就是一点点将优势集中到一个个不易为人所觉察的细节领域，通过向用户提供精美的产品，实现微观经济领域的活力和创新力。

(三)设计驱动创新与制造业转型升级:宏观视角

制造业升级,不仅是微观层面的产品或硬件的升级,还涉及服务升级,以及生态和创新系统的构建。设计驱动创新的背后,也是设计价值的完整体现。设计价值的创造存在于从产品概念到用户体验的所有环节中,这意味着设计师需要考虑更多,更完整,并利用设计的优势,达到情感、美学、特性方面的高标准,与用户之间形成强需求关系,如图 8.5 所示。为此,设计驱动创新,要求在微观"细节"基础上更进一步,通过设计逐渐完成商业模式创新。带动从产品到服务、体验,从内容和细节到市场和品牌一个完整产品系统。

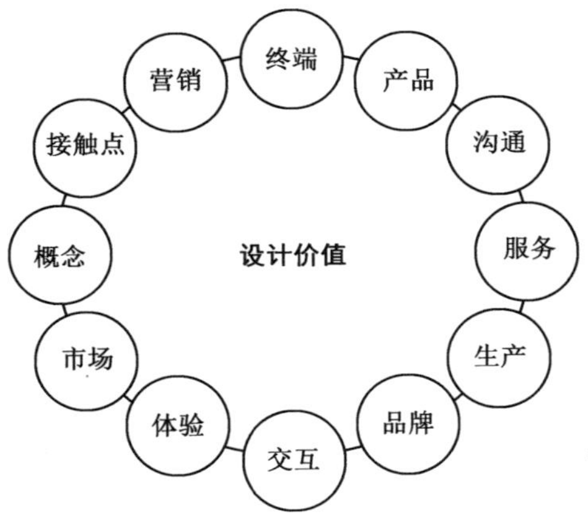

图 8.5 所有环节的设计

同时,"工业 4.0"背景下,互联网与信息技术的高速发展正迅速影响着整个世界,信息物联网和服务互联网与制造业的融合创新,必须把智能技术和网络投入到传统制造产业的转型升级应用中。为此,设计驱动创新不仅仅是从内容上和硬件上引领,还进一步围绕设计、新商业技术(互联网和物联网)和制造业的融合,才能真正形成设计驱动的创新系统构建。当前,在传统产业技术创新能力不足的情况下,通过设计引领"制造、设计和智能商业"融合,来完成产业转型升级和产业创新。从而用全新的思维,将传统制造业品牌打造成一家集合跨界生活美学和智能硬件一体的创新生态链产品、工业设计产业链，从价值链的角度围绕“设计—制造—商业”的闭环，形成创新生态系统，充分整合产生巨大的创新价值，如图 8.6 所示。当今是设计的时代，也是大数据的时代，以“互联网、云计算、大数据、物联网和人工智能”为代表的新一代技术，在“设计、制造和商业”环境中的融合应用，形成了新时代工业设计和制造融合创新系统推动产业结构转型升级。

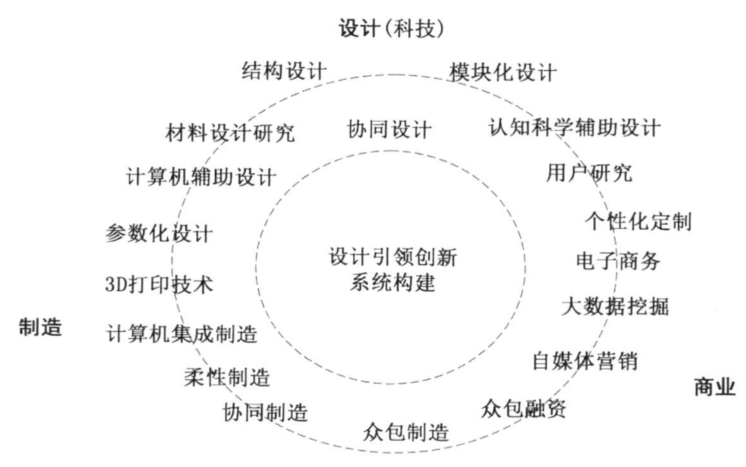

图 8.6　设计引领创新系统构建

在“工业 4.0”和消费升级时代背景下，设计环节作为实现产品高附加值和消费者体验的重要一环，价值会越发凸显，同时对于制造业转型升级的推动作用也会愈发明显。为此，工业设计更多的是思考整个产品的生命体系，并通过跨界合作，带来价值共创的引领能力，持续激发其利益相关方来共同创造价值，从而改变和引领产业未来。不过，产业创新系统的打造不是一朝一夕，也不是几家企业就能完成的，最终还是需要整合各类资源，依靠业务和数据平台合力新型的产业链各个主体之间形成一个循环共生的“生态圈”。

（四）设计驱动创新与制造业转型升级案例研究

1. 方太水槽洗碗机案例

设计师在深谙用户心理的基础上，可以决定产品的用户界面，以及背后的信息架构，进而可以反向推断出整个产品的结构甚至功能。能够很好地充当“首席体验官”的角色。因此，设计师应以产品经理的身份参与“设计驱动”。以瑞德设计与方太合作的水槽洗碗机为例。2010 年，方太与瑞德设计共同组建了一支由社会学家、心理学家、工业设计师及研发工程师构成的跨领域厨房生活研究专案小组。历经 5 年，深入 1 000 户家庭调研，150 余张设计草案，255 次全面原型机测试，25 位资深用户的全程体验跟踪，瑞德设计研发的方太水槽洗碗机于 2015 年 3 月 24 日正式上市。上市后短短几个月，市场份额迅速飙升至 12.8％，并引领洗碗机整体市场实现 68％以上的增速。

设计思维是高度关注用户体验，深入到他们的体验场景中，感其所感，闻其所闻，去寻找用户的真实痛点，围绕痛点去生发产品的设计方案。与此同时，产品的研发过程越来越和用户反馈结合在一起。比如在硅谷就很讲究在创作一个“最小可用产品”并投放市场后，需要持续动态获得用户反馈，并不断地对产品进行迭代更新。尤其在听取用户意见并进行改进过程中，最直观的就是反馈在用户界面和用户体验上。用户意见能更直接的作用于设计过程，从而满足用户对增长的预期，并尽量超出这一预期。

2. 太火鸟智能硬件产品创意平台案例

“太火鸟”于 2014 年创立，是中国一条龙服务式智能硬件孵化平台。太火鸟致力于解决目前原创设计产品品牌中缺乏成熟的营销体系和孵化平台这一痛点，通过打造开放式创新平台，重构产品研发创新流程，努力帮助设计师和创意者实现商业价值。“孵化＋投资＋开放平台”，是太火鸟核心的商业模式实现手段。太火鸟旨在打造一个创意生态系统。在这个系统中，人文、商业、政策等因素构成了创意经济环境，设计师、艺术家作为生产者，制造企业作为消费者，而用户市场则是分解者。创意经过产生、转化为产品、被消费，再到激发新一代的创意，形成循环而相互作用的统一整体。在这个以设计作为驱动的模型中，不仅设计师的个人价值得到体现，设计的商业价值和社会创新也将得到实现。

“太火鸟”，从用户思维，进入到产品生态圈思维。其核心就是设计协同，通过互联网，由不同的设计者参与共同开发，前端互联网（移动）开发工具，终端设计沟通工具，后端是设计成果的发布以及定价、交易等环节。以太火鸟“铟立方未来商店”为例，该产品整合了国内外 200 多个火爆智能硬件品牌和 500 多个 SKU 科技美学产品，在 2016 年国庆前试营业，每天几千的客流，VR 体验区永远排长队，销售超级火爆。当前，爆款产品成为智能硬件创新发展的新常态，根据临界点理论测算，智能硬件产品成为爆款产品的概率在 6.3%左右。

目前，智能硬件发展的整体趋势从单一产品创新转向整体服务系统创新和设计。太火鸟正是在这样的背景下进入市场，太火鸟基于消费者及设计师的大数据，进一步整合创新产品社区与电子商务服务，依托众包和众筹的互联网优势，使社区用户参与产品开发销售的整个过程。目前，太火鸟已经孵化了上百款创新的电子产品，并于去年获得了 7 800 万美元的 D 轮投资，其目标是建设中国顶尖的创新产品众包设计开放平台。

（五）结语

1. 机遇与挑战

一直以来，国内企业重视产品研发（R&D）轻设计的观念还存在，以为设计就是外形，就是美观。其实设计也是核心竞争力，是驱动创新和制造业转型升级的核心之一。当前，制造业升级不仅是微观层面的产品或硬件升级，还涉及服务、品牌和创新系统的升级。尤其是“智能、网络化”世界，创新方式出现重大变化，必须寻找新的模式和路径来思考创新与制造业转型升级研究。同时，设计驱动创新的背后实质也是跨产业和跨学科的融合创新，尤其需要最大化发挥设计创新类服务企业在产业转型升级中的创新润滑剂和促进剂的“巧”作用，从而促进传统产业转向,新技术、新模式、新业态、新模式,最终形成新经济。

知名风投机构 KPCB 在《科技中的设计》报告指出,全球对设计公司的收购仍在继续,尤其是硅谷巨头们新动向在疯抢设计公司。Facebook 和 Google, Airbnb 和 Oculus 这样的独角兽也迅速意识到了设计公司的重要意义。同时,由设计师主导的创业公司更容易获得风投,设计师主导的企业品牌往往会有更好的成长。创业加速器当中也能见到诸多设计师的身影。

通过"十三五"时期的努力,提升"上海设计服务"品牌影响力,让设计服务业对经济的支撑作用更加突出,重点领域能级不断提升,创新水平再上新台阶,空间布局更加优化,服务业企业主体更具竞争力,都是未来"十三五"时期必须着力解决的问题。"十三五"期间的突破口将在创新型服务业,包括设计服务业以及与上海"四新"经济相关的服务业等方面。未来上海设计服务业,也会和制造业一样进入创新驱动深度转型关键期。

2. 政策建议

(1)用设计提升产业竞争力,是未来制造业转型升级的路径之一。当前,我们正在推进供给侧结构性改革,很重要的一个切入口就是提高设计服务业的引领"牛鼻子"。上海先进制造业和设计服务业的发展,都离不开制度和政策的供给。在制度新供给方面,要通过深化重点领域改革,矫正资源配置扭曲,释放微观主体活力。

(2)打造"上海设计服务"品牌,是当前供给侧结构性改革的重点之一,尤其在上海推进供给侧改革中,要把增强高端供给优势放在突出位置,构建符合全球产业趋势、占据价值链高端的新型设计服务产业,提升设计服务供给质量和品质,使供给结构更好地适应需求变化。设计服务业的品质升级,不仅需要从业者付出艰辛的努力,在这个过程中,也需要政府出台相应的政策措施加以推动。

(3)当前"工业 4.0"背景下,"智能、网络化"世界带来的创新模式发生重大变化,迫切需要加快创新步伐和寻找新模式来适应新的发展趋势。无论是制造业转型升级还是设计驱动创新都需要进一步变化，尤其是如何打造“制造＋设计＋智能商业”三业融合产业创新系统都是未来很关键的举措。

（4）创新是看不见摸不着的。设计驱动创新，不是短期内能看见，也不是设计产业自身能带来回报的，是长期的过程，也是细微之处，点点滴滴的积累。设计强调的也是工匠精神，我们要从“土壤”氛围上改变目前设计服务创新不足的局面，真正从机制和内容上做实事。

执笔：赖红波　芮明杰

2017 年 3 月

三、美日德政府产业创新政策比较

美国、日本、德国政府十分强调创新，这些发达国家已经把创新作为国家经济与产业发展的基石之一，早就赋予创新更广阔的意义。他们的创新目标是紧紧围绕市场价值或应用前景，以推动经济与产业发展。他们所谓的创新是集市场化、产业化、过程化的一个完整创新链条，包括技术、设备、产品设计、生产工艺、市场、管理、组织等多个方面，其实就是我们所说的产业创新。其中，技术转化和技术开发紧密联系，成为产业创新的连接纽带。产业创新的主体正呈现多元化的趋势，不仅有实验室，还包括企业、产业联盟等。为了推动创新取得产业化效果，发展新兴产业占领新兴产业至高点，这些国家政府出台许多产业创新方面的政策。比较这三国产业创新政策的异同，希望给我们以启示。

（一）美国产业创新政策变化、特点和趋势

1. 美国的产业创新政策变化

自 20 世纪 80 年代以来，美国制定和颁布了 20 多部科学技术创新法律，最

新的有2014年美国创新法案(Innovation Act);2011年美国创新战略:确保经济增长与繁荣、美国发明法案;2010年小企业就业法案;2009年美国创新战略:推动可持续增长和高品质就业等。典型的有1976年的《国家科学技术政策、组织和重点领域法案》、1980年的《史蒂文森-怀德勒技术创新法案》和《拜耶-杜尔专利商标法案》、1982年的《小企业创新法案》、1984年的《国家合作研究法案》、1986年的《联邦技术转移法案》、1988年的《综合贸易与竞争力法案》、1989年的《国家竞争力技术转移法案》、1992年的《小企业研发强化法案》、1993年的《国家合作研究与生产法》、1996年的《国家技术转让与促进法案》、2000年的《技术转让商业化法案》等,不断激励技术创新,促进技术转移。里根时期的立法扶持中小企业创新,克林顿时期的科技政策文件大力宣传科技创新对国家繁荣和经济增长的意义,小布什时期强调反恐与保护国家安全的以军带民、以民促军科技创新战略取向,奥巴马执政时期金融危机冲击影响下以科技创新为动力推动美国经济复苏,美国各届政府均十分重视以技术创新和产业创新为主导的产业政策,保障并激励美国产业界的创新热情,从创造一个动态效率发挥的外围环境入手,营造充满活力和动态的产业发展基础,从而增进经济效率,创造新的经济增长点。

2. 美国的产业创新政策特点

美国产业政策与法案分工和侧重点不同,其中大多数法案支持技术的商业化,例如《国家技术转让与促进法》《联邦技术转让商业化法》《技术转让商业法》《拜耶-杜尔专利商标法案》等;其次,有专门侧重中小企业的,例如《小企业创新法案》《小企业研发强化法案》《小企业就业法案》等;此外,还有创新促进、创新方向和宏观创新政策等相关的创新法案,例如《国家科学技术政策、组织和重点领域法案》《综合贸易与竞争力法案》《国家合作研究法案》《国家合作研究与生产法》《投资收益税降低法案》《经济复苏税法》等。从实施效果来看,美国产业创新政策取得的效果是显著的,克服技术障碍研发出突破性的技术和科学发现,培养了一批优秀企业(例如苹果、英特尔、微软、戴尔、特斯拉等),开发了新的产业和产品,创造了就业,促进了经济,改善了人们的生活水平和方式。

总体而言,美国创新法案主要支持科技成果的商业化,从国家宏观架构、法律、具体措施等高度推出具体可行的方案推动创新发展。近年来,美国创新法案侧重于重点领域、重大需求的突破,同时重新开始重视制造业的发展。

(二)德国产业创新政策变化、特点和趋势

1. 德国产业创新政策变化

德国政府与企业希望通过新技术的创新和推广收获技术革命的成果,在生产方式和商业模式创新上走在世界前列。德国没有专门的科技创新法律,但其许多法律中都涉及促进科学进步、研发创新的相关规定,并及时修订以提升技术创新竞争力。例如 1957 年的《雇员发明法》,对职务发明以及企业和员工在技术创新、知识产权等方面的责任及义务进行界定;20 世纪 70 年代德国各州出台的《中小企业促进法》《中小企业增加就业法》促进和鼓励中小企业研发,提高技术创新能力;2007 年的《科研时间合同法》保障科研人员合法权益,增加对优秀科研人才的吸引能力;2012 年的《科学自由法》提高大学以外研究机构财政预算框架的灵活性,促进科研机构与市场的快速嫁接。

2. 德国产业创新政策特点

从 20 世纪 70 年代起,德国发布众多研究与科技政策,为私营部门的研发活动创造条件和基础设施,加速科研成果的产业化,促进产业创新。大致可分为三大类:第一类是国家层面面向全体经济领域的产业指导框架,最具代表性的是"高技术战略"系列政策;第二类是面向特定产业或行业领域的创新政策,例如"信息与通信技术战略:2015 数字化德国""国家电动汽车发展计划"等;第三类则是扶持产业主体,特别是中小型企业开展研发创新活动、深化创新合作的支持政策,包括德国"中小企业创新核心计划""ERP 创新计划"等。加速科研成果产业化,促进产业创新。

3. 德国产业创新政策趋势

产业创新政策主要侧重于在制度层面不断加强产业化能力，保证公平竞争和信息分享的安全，同时在工艺创新的环节寻求整体性的升级，例如数字德国所提及的信息化战略，利用大数据、物联网等新兴技术，将信息化水平与生产的每个环节相融合，提高生产水平。就像“工业 4.0”描绘的，实现大规模个性化定制生产。

（三）日本产业创新政策变化、特点和趋势

1. 日本产业创新政策变化

20 世纪 90 年代以后，日本政府出台了一系列法律和政策，旨在促进日本大学和国立研究机构的技术成果向企业转移，加强大学及研究机构的创新活力，为中小企业提供技术支撑。1995 年，日本颁布了《科学技术基本法》，它是支撑日本科学技术体系的基本法律。该法规定了日本发展科学技术的基本国策和大政方针，要求增强官产学研合作，推进基础研究、应用研究和开发研究的协调发展。在研究成果转化方面，2000 年开始日本政府颁布的《大学技术转移法》《产业竞争力强化法》从法律上做出规定。2008 年 6 月出台《研发力强化法》，2008 年、2012 年两次修订《国家研究开发评估大纲指针》。2004 年日本颁布《知识产权基本法》。政府层面则有《创新研发推进计划》。其中，对中小企业较为典型的是 1988 年出台的《中小企业创新研究制度》（Small Business Innovation Research，简称 SBIR），美国也曾出台类似政策。从可行性研究阶段、研究开发阶段、事业化阶段等创新过程中进行支持。

2. 日本产业创新政策特点

由于大企业占据主要资源获得国外的先进技术和设备，而中小企业则缺乏资助和政策优惠，面临较困难的生存环境，日本政府为此出台一系列税收等优惠政策。此外，日本出台了一系列促进创业的举措，例如开办创业学校、税收和

金融优惠等。[①] 日本产业创新政策在不同的发展阶段做出相应调整，从而满足不同阶段创新的需要，使日本在近年来取得了跨越式发展，成为创新型国家和技术大国。

3. 日本产业创新政策趋势

日本《开放式创新白皮书》总结了开放式创新的三大发展趋势。第一，从研究开发到创造新业态的开放式创新。第二，开放式创新方法的成熟。第三，从“开放式创新 1.0”到“开放式创新 2.0”（薛亮，2015）[②]。加强风险投资在产业创新中的作用。日本将创新培育为社会文化，举办科技文化节。此外将知识产权标准和体制与国际接轨，鼓励国际合作。创新的社会效益与经济效益相协调，尤其是环境保护、绿色能源、医疗保健，还有国家安全、产业竞争力等问题。

（四）美德日政府产业创新政策的比较

从表 8.1 的归纳与分析中，我们发现从产业创新导向看，主要发达国家存在定位差异。美国主要以突破型创新为主导，德国以渐进式创新为主导，而日本由于特殊的国际地位和发展阶段，选择“追赶式”的渐进创新。在此基础上从上文可以发现，他们的产业创新政策设计与颁布各有异同。

1. 各国产业创新模式各具特点，与产业创新导向对应和协同

美国的硅谷模式、创新城区是以围绕原创产品为目标展开的，虽然成功率低，但经济效益显著，产业创新政策也围绕中小企业等，创新主体既可以是大企业，也可以是具有企业家精神的小企业。德国的产业创新模式是自上而下的，主体是政府扶持下的企业进行产品和工艺创新。产业创新政策侧重产业化过程，例如提高数字化水平、提高生产工艺的技术水平等。日本利用开放式创新

---

① 资料来源：http://www.istis.sh.cn/list/list.aspx? id=10149.

② 薛亮.加强制度创新和改革 以产业政策提升竞争力——日本《关于强化产业竞争力的执行计划》解读[J].华东科技，2015(9)：68－71.

方式，充分挖掘创新资源。

2. 美德日的产业创新政策可以划分为直接与间接的政策两大类

直接的产业创新政策是指政府设计与颁布的各项科技发展政策、推进科技成果产业化政策，包括研发资金直接支持、税收减免、贷款担保和优惠、政府采购、示范项目资助等。对于各国而言，政府研发资助仍然是创新推动政策的重要方式，在发达国家研发投入平均占到GDP总量的2%左右。[①] 间接的产业创新政策是指各类科技发展规划、研发资助、知识产权保护等。这些政策都是以企业作为产业创新的主要力量，政府仅仅起到重要的指导和支持作用。

3. 加强高校基础研究与市场的联系，加快技术成果市场化速率是三国政府产业创新政策的核心

虽然政策侧重点在大企业主导的研发和规模化生产，但产业政策也较为关注中小企业。政策注意了产业创新趋势方面，推动创新主体的开展开放式创新并沿着产业价值链、产业链创新逐步扩展。先是从产品的开放式创新再到工艺、组织和市场的开放式创新。

4. 在政策导向方面各有不同，趋势是鼓励开放式创新、原创产品创新与新技术标准创新

美国选择原创型创新需承担失败风险，但成功后经济收益和社会收益都较高，社会影响重大；日本、德国注重渐进式创新在帮助最大程度获得商业化价值，保证市场稳定、员工就业和福利等，提升了产品质量有效果，然而却会导致产业原创性创新不足，使产业在面临突破性创新技术时，难以接受、适应和转换。但从近些年来看，三国政府的产业创新政策导向都开始向原创技术与产品，在新技术标准创新与确立方面转变。

---

① 2012年英国的科技投入总量占GDP的1.7%，美国为2.8%，经济合作与发展组织成员国为2.4%，欧盟国家为2%，中国为1.8%。资料来源：http://1000plan.org/qrjh/article/61724.

表 8.1　　美、德、日等国家产业创新模式、政策变化的比较

比较维度	国家		
	美国	德国	日本
产业创新导向	原创型创新	渐进式创新	“追赶式”渐进创新
产业创新模式	先进制造计划、硅谷模式、创新城区	高技术战略 2020、工业 4.0	开放式创新
产业创新政策支持	中小企业、军民融合、科技创新、风险投资	中小企业、数字化	中小企业
创新主体	大公司、中小企业	政府、大企业、跨国公司	大公司
优缺点	专利政策“发明者优先”，收益丰厚。风险较高、成本高（投资成功率低）	产品质量、突破式创新少、产业固化	侧重专利改进
趋势	创新城区、突破性产品	创新政策体系、数字化、工艺创新	开放式创新 1.0、2.0、创新创业

执笔：芮明杰　刘媤

2017 年 3 月

第九章　推动“上海制造”走向全球产业价值链高端

2018 年是上海着力构筑上海发展的战略优势，全力打响上海服务、上海制造、上海购物、上海文化四大品牌的起始之年，其目的是更好地服务全国、带动区域发展，为人民群众创造更有品质的生活。四大品牌的背后其实是靠上海高质量新型产业体系与文化建设为支撑的，需要全市人民共同努力振奋精神改革创新。为此本工作室研究人员也积极参与此努力，研究成果形成 7 篇成果专报，从不同角度为之出谋划策。主要内容涉及“如何提升上海制造品牌影响力”“上海工业设计与制造业融合的问题与对策”“产业创新推动‘上海制造’高质量发展”“推动上海制造走向全球产业价值链高端”“基于先进制造业发展的‘上海服务’发展思路”“上海制造业智能化发展思路与对策研究”以及“太湖圈产业、生态、社会一体化发展的建议”等。

一、如何提升上海制造品牌影响力之我见

我国正处在一个消费者追求美好生活即消费需求与消费习惯已经或正在发生巨大的变化同时以智能化、大数据、互联网为代表的新技术革命正在爆发的新时代，新技术革命与消费变化将促进形成新型产业体系即基于新一代互联

网的智能生产服务体系，这一体系的核心是为了实现智能化大规模个性化定制生产与服务，满足消费者全新的个性化需求，这一体系的核心是新一代先进制造业。目前美国、德国等制造业强国已经从自身的优势领域中切入到此新工业革命中，他们在积极引导智能技术智能制造等方面的进步，引导生产方法与模式的创新，进而谋求在未来全球产业体系与产业分工体系中成为有竞争力的领导者。在这样的全球经济与产业发展的背景下，上海作为曾经是我国重要的工业中心，应该承担起在本轮我国从制造业大国到制造业强国华丽转身中的历史责任，因此重提“上海制造”显得十分重要。

（一）上海制造的概念与历史传承

1. 对“上海制造”的理解

我理解的“上海制造”应该是上海制造业优秀声誉的综合，是上海制造业整体水平的一个标志、一个响当当的品牌。作为一个品牌，“上海制造”其实是上海制造业整体实力的反映，表现了当时上海制造业尤其是上海的轻纺工业生产技术与工艺水平的全国领先，以及在工业设计的领先、产品质量的领先。

理论上说产品品牌首先是消费者脑海中的一种记忆，其次是一种排位（直觉性）。我们说这个产品是名牌是说这个产品给我们十分深刻的记忆，并在购买选择以及推荐给他人时首先就会考虑这个产品，这就是心目中的同类产品排名。而这种消费者心目中的记忆与排位本质上在于产品本身的款式、功能、品质、技术、使用的可靠性以及声誉等一系列质量特征方面。

由于轻纺工业与消费者生活密切相关，消费者因为需要日常购买使用所以对轻工业产品的品质感知度高，相反重化工业是生产生产资料为主的制造业，他们的产品主要提供给其他制造行业，不与消费者发生直接的关联，因此消费者对重化工业的产品感知度就低，虽然重化工业产品品质可能很好，但只是在专业领域有影响力。对一般消费者而言，因为无直接相关性，所以可能不清楚。

上海制造作为一个品牌，首先，它的工业产品与服务应该可以为全国乃至全球消费者或使用者所很好感知；其次，它的工业品与服务应该是独到的具有上海文化烙印的高质量高品质高技术含量的消费者追捧的工业产品；再次，它反映了上海制造业的整体技术与工艺、研发与创新、制造与服务的强大实力与市场竞争力，今天而言自然应该是领先的先进制造业体系。

2. 上海制造的辉煌

上海曾经是我国的制造业中心，上海制造业生产的工业品曾经在全国消费者心目中享有盛誉，被称之为“上海制造”，尤其是工业消费品特点是款式新、质量好、好使用，且“洋气”，即带有上海海派文化的烙印，比较时尚，如上海的永久自行车、凤凰自行车、上海牌手表、红灯牌收音机，如上海的服装、布料，上海的扇牌肥皂，上海的美加净牙膏等均是当时消费者追捧的很难购买的名牌产品。进入 20 世纪 80 年代，上海制造业顺应全球消费变化与技术进步，在全国率先生产出金星、飞跃牌等家用电视机，申花、水仙牌洗衣机，双鹿、上菱牌电冰箱，还有家用空调等一系列新工业消费品，受到消费者热烈追捧，当时是一票难求(当时要凭购物票才能买到)。

进入 20 世纪 90 年代，上海制造业开始了一个重大的转型，从轻纺工业为主的制造业结构向重化工业为主的制造业转型，当时的重化工业是伴随合资、合作、生产资料生产为主的阶段，此时上海制造业的有影响力的品牌大多是外资企业的品牌。当时上海的钢铁、造船、石油化工、汽车制造、电子制造等发展迅速，宝钢、上汽、上海贝尔等行业名气也很大，这些行业逐步成为上海制造业中产值贡献最大的行业。在这个过程中由于当时国有企业生产的那些轻纺消费品受到了国内其他省市工业消费品生产的强大竞争，许多轻纺工业企业困难重重，那些曾经辉煌的轻纺工业品牌逐步退出市场，最典型的就是当时 40 万纺织工人下岗分流。虽然上海的重化工业在全国依然很有地位，技术与产品依然领先，但已经多为中外合资企业的品牌，因为产品放在全国消费者中没有直接的影响，“上海制造”这个品牌已经到了十分微弱的状态。

进入 21 世纪后，上海电子信息产品制造业、汽车制造业、石油化工及精细化工制造业、精品钢材制造业、成套设备制造业、生物医药制造业六大行业成为上海的支柱行业。近年来，这些行业在上海工业制造业中占了主导地位。在六大支柱产业的带动下，高技术产业与战略性新兴产业大力发展，制造业进一步向高端化、高附加值发展。形成了信息化学品制造、医药制造业、航空航天器制造、电子及通信设备制造业、电子计算机及办公设备制造业、医疗设备及仪器仪表制造业六大高技术产业。

也正是在这个过程中，与消费者日常消费相关的新一代消费品，例如计算机、移动手机、白色家电、黑色家电、房地产产品、现代服装、高级食品等并没有很好地发展起来，上海市场上充斥着外地品牌产品与外国品牌产品，以至于大家过去心目中的上海制造似乎不复存在。

3. 上海制造的路径变迁

改革开放后，上海制造业发展的路径基本为：第一是“由轻入重”，即由轻工业为主转化为以重工业为主的发展路径，使得上海的经济总量有了巨大的增长，工业化水平也有了巨大的提升，上海制造业的整体实力也有了巨大的提高。大城市发展重工业确实可以创造高的经济产值，但由于节能环保技术不过硬，会带来环境污染等负面效应，给城市未来发展造成障碍，同时在这个过程中，上海的轻纺工业没有得到很好的转型升级，许多当年象征上海制造的著名品牌慢慢地消亡了。

第二是“由低向高”，从低技术向高技术方面发展。总体来看，上海制造业发展延续着技术进步技术创新转型升级的正确方向，高技术产业不断引进发展，投资不断增长。以至于到了现在，上海高技术制造业产业的产值规模已经很大，但近年来高技术制造业利润率却在逐步下降。仔细分析，这些表面上的高技术产业，实际上主要集中在加工组装环节，附加价值比较低。随着上海土地成本上升、商务成本上升、劳动力上升，行业利润率就下降了，竞争力也在下降。

第三是“国企改革”，推动国有企业改革增强市场竞争力。上海制造业的“主力军”仍然为国有企业或国有控股的合资企业，虽然改革取得了不少的成果,效益也有了许多的增长。但整体看,国有企业的创新能力、积极进取的精神不足,生产效率还是有问题,发展速度市场意识还是比不上更为灵活的民营企业。上海制造业中有实力的民营企业并没有发展起来,上海制造的声誉没有在企业发展中很好地延续下来。

(二)重塑“上海制造”的基本思路

1. 上海制造业未来发展的定位

上海未来的发展方向是卓越的全球城市,是四个中心建设与世界有影响力科创中心的建设,按照全球城市发展的规律来看,第三产业占城市经济总量的比重是很大的,至少达到70%。在这样的状况下,上海未来制造业发展的定位是什么,怎么发展,就成为重塑“上海制造”的关键。

上海制造业发展的约束性因素很多,关键有四个方面:一是上海是个特大型城市,人口众多;二是上海的生态环境质量的要求高;三是上海的资源基础条件;四是原有制造业技术与制造基础。这些约束性因素决定了上海制造业未来发展的一些方面,上海制造业发展定位当然还要看“中国制造2025”战略的整体考虑,上海城市发展的定位以及上海对未来新技术革命、消费者美好生活需求的把握。

个人认为未来上海制造业发展的定位应该充分考虑目前到未来四大技术的变化。

(1)人工智能、互联网与物联网信息技术

传统的认识中,互联网信息技术仅仅是人与人沟通的工具。随着人工智能技术的快速发展,互联、数字、智能化的融合,智能工厂智能产品将孕育而出,成为新工业革命的发展方向,而其核心正是互联网信息技术。互联网信息技术下的物联网、Wi-Fi技术、云计算技术打破了人指挥机器的传统模式,让机器学会学习,学会交流,学会自主变化,人只要提要求,机器就能自己完成制造。

(2)信息、大数据分析技术及其影响

工业生产产生大数据成为工业大数据。它是由一个产品制造流程或者一个工业体系带出的数据。工业大数据使得产品带来更高的价值,每一个出产的产品最后都能回馈信息至生产者手中,从而反过来影响之后的生产者决策与行为,也能提前为生产者应对突发情况做出提示,使得生产过程中不再存在不确定的信息。工业大数据的分析系统对制造设备的要求越来越高,逐步成为新一代智能制造装备或工厂。

(3)新能源技术及其影响

我们目前的经济与社会发展模式、人们的生产方式与生活消费方式基本依赖于化石能源的生产与使用,然而目前化石能源已经逐步进入枯竭期。以太阳能、风能技术、海洋能技术、核能技术为代表的新能源技术正逐渐发挥作用,替代原有的产业结构与产品。新能源除发电之外,还可以在新能源汽车、新能源住房等领域都带来新的应用,且正成为主流的消费品。

(4)新材料技术及其影响

新一代的产品材料将选用诸如碳纳米管、陶瓷基纳米复合材料和新型碳纤维等新材料,而其生产方式将会是添加式的,一次定型。这样的添加式生产方式的实现关键就是新型材料技术。新型材料会使未来的产品比现有制成品更硬、更轻、更节能、更耐用。如分子材料与制造技术将可以在原子精确度的条件下操控分子。物质可以轻易被准确地操作,进而连接起来,由此带来成本的大幅度降低与利润的上升。

2. 重塑上海制造的思路分析

重塑上海制造这一上海的名片,当然首先是要对上海的制造业状况进行分析,发现问题解决问题,其次是对上海制造业进行转型升级,提高上海制造业的整体实力与影响力,这十分重要。

一是目前有一种重塑上海制造的思路与做法,就是重新大规模投资,试图恢复做大做好过去曾经有影响力的品牌,如自行车品牌永久与凤凰,上海牌手表，恢复各种上海的老名牌产品与服务，等等。这种思路我称之为继承过去，发扬光大传统品牌以此拓展未来，重塑上海制造昔日辉煌的思路。这种思路与做法不能说错，但切忌要分清：

一些上海制造产品与品牌的衰落是因为消费需求的变化，如汽车替代自行车，地铁替代了公共汽车，智能手机替代了随身听、固定电话，美容美发替代了简单的剃头，等等。显然这一类产品要去恢复生产是可能的，但要恢复大规模的市场需求则是不大可能的。

另外一些上海制造产品与品牌的衰落是因为在国际、国内市场上竞争不过其他地区与国家的产品和品牌，自身竞争力弱化导致的。今天要重新恢复竞争力，去夺回失去的市场，不是不可能，只是要更多的投入，有时是十分困难的。

还有一些上海制造产品与品牌的衰落是没有研发投入，没有创新开发，产品多年不变，最后被别人的更好更新的产品与服务所替代。这些方面，如果能够加大创新，推出更加好的产品与服务去替代现有市场上的产品与服务，应该也是有可能恢复品牌声誉的。

所以，我以为这一思路理论上没错，现实中有难度，因此我不十分看好。因为多年消失的老品牌在消费者群体中究竟还有多少影响力，需要判断。我认为虽然老品牌在老年消费者心目中是有美好记忆的，但他们也不会去买当年的品牌产品。更重要的是今天的消费主力已经是80后、90后、00后，他们是伴随着互联网成长的新一代，他们的消费需求观念已经变化了，他们更关注的是科技产品与时尚新品。

二是我认为需要新的重塑上海制造声誉的思路，这就是通过关注消费新变化，发展若干智能化、大数据与互联网融合的先进制造业集群，发展现代与未来的高科技时尚新品牌，重塑上海制造品牌影响力。

具体可以建立四到五个先进制造业集群：第一个应该是新一代消费品先进制造集群，它以人工智能技术为突破口，建立智能制造实现智能消费品生产与服务体系，通过创新与研发，开发全新产品重塑上海制造在消费者心目中的品牌形象。新一代智能消费品主要有：智能新能源汽车、移动终端、家用机器人生产制造与服务、时尚智能家居产品等。上海在这些制造业方面是有基础的，同时这些又是美好生活需要的重点产品。

第二个应该是航空航天制造业集群，上海在民用飞机制造以及可以看到的航天产业民用化趋势所拥有的基础上来看，应该是可能建立这样的制造业集群的。这个集群是制造业上的皇冠，是制造业强国的关键，也是今天至未来“上海制造”品牌声誉的核心实力，非常重要。

第三个是智能装备产业集群。智能装备制造业是决定我国未来制造业在国际上竞争力的关键，也是我国能否成为制造业强国的关键。上海在智能设备、智能海洋装备、智能工程装备等方面应该加大投入与创新，与工业互联网发展协同，形成新型制造＋服务、线上＋线下新模式。

第四个是领先的健康产业集群。这个集群主要包括上海已经有基础的生物医药制造业，还应该包括领先的智能医疗设备制造业，尤其在养老支持的智能机器人制造领域。这个制造业集群既是关系消费者消费新需求，也是上海制造整体实力的表现，我个人以为非常重要。

（三）重塑“上海制造”的战略对策

1. 明确制造业在上海未来发展中的地位，推动上海制造业转型升级，特别鼓励新制造模式创新

上海曾经有过制造业发展的争论与犹豫，对上海制造业在上海经济未来发展的位置有过动摇。虽然从产业发展的规律来看，服务业现在与未来是上海城市经济发展的主导，但上海作为卓越的全球城市发展未必一定要向纽约与伦敦看齐，相反可以学习一下东京的制造业发展，从而形成上海自己的城市特色。

上海现有制造业需要转型升级，需要发展新型智能制造业，才能形成面向未来的全球制造业新发展的新体系，成为上海制造的实质。所以，未来形成上

海制造新声誉的应该是发展未来在价值链上有控制力，占据附加价值高端的制造业即先进制造业。上海应该抓住新一轮工业革命的历史机遇，从现在开始主要依赖于发达国家产业体系，进行创新变革，使上海在选定的制造业具体行业发展成为该产业价值链上的领导者，成为该制造业行业的领先者。

因此，今天应该围绕这个目标进行制度改革与政策设计，要支持上海制造企业去争取价值链的控制权。比如一个企业从前没有品牌，现在开始打造品牌，有点起色，那么我们可以考虑帮助他，让它逐步超越国外品牌。政府优惠政策导向应该是引导制造企业大胆创新，引导企业围绕智能化大规模定制化生产方式展开，开展新制造模式创新，进行商业模式创新。

2. 明确上海制造业跨越式发展的新模式

面对全球制造业发展的新变化，面对新一轮技术革命，上海制造业有跨越与赶超的勇气与动力，以先进制造业集群发展为载体，也就是通过自主创新直接把握世界先进制造业的价值链高端，发展附加价值高收益大的环节，形成自己的核心竞争力从而成为该产业价值链的控制者，同时能够引领其他相关产业转型升级的创新模式，这个新模式我称之为“三高”模式。新模式的内涵为：

“产业高新”首先指上海的先进制造业集群发展以当代高新技术为基础，代表着未来产业革命的发展方向。具体应该有三个方面的特性：第一，所发展的世界先进制造业群在核心技术、关键工艺环节上是高新的，属知识密集、技术密集；第二，产业具有技术与知识自主创新的能力和国际领先的创造力；第三，所发展的这样的产业具有强大的战略引领性，能够引领其他相关产业技术进步，产业调整升级，产品创新。

“产业高端”是指上海的先进制造业集群具有高级要素禀赋支持下的内生比较优势，因此处于有利的产业价值链竞争位置。产业高端的内涵可以从三个方面理解：①高级要素禀赋，指要素禀赋从传统的资源禀赋到知识禀赋，而知识禀赋在企业多体现为在核心技术和关键工艺环节有高的技术密集度。如目前ICT 产业中的云计算、物联网等。②高的价值链位势，如制造业价值链形如“微笑曲线”，高的价值链位势就是在“微笑曲线”两端，而动态维持高价值链位势需要具有高的自主创新能力。③高的价值链控制力，从在价值链上所处的环节位置判断，实质就是对价值链关键环节——核心技术专利研发或营销渠道、知名品牌等的控制力，高价值链控制力对于产业也具有高战略引领性。

“产业高效”是指上海的先进制造业集群资源配置效率高，具有良好的经济效益和社会效益。产业高效的内涵也有三方面的内容：①高的产出效率，如单位面积土地产出效率、人均产出效率等。②高的附加价值，如利润率高、工业增加值率高、税收贡献大等。③高的正向外部性。指产业与环境和谐友好，生产过程产生污染少，符合低碳经济要求，还有就是对就业的促进和产业链上其他企业的带动作用等。

3. 重塑上海制造的企业主体实力

上海制造的主体也是上海先进制造业发展的主体，它应该是该制造业中的企业。可以肯定地说，政府的政策或制度会影响企业的战略决策和经营行为。在今天企业的市场竞争日益以产业链竞争为主要形式的背景下，企业之间的经济活动组织或产业组织形式对地区产业，乃至地区的收入都有重要的影响，所以政府的政策应该有利于企业的成长与竞争力的提高。

上海应该在制造业中有计划、有步骤地从政策上引导和培育优势企业尤其是世界级的先进制造企业，成为上海制造的中坚力量。特别在创新与研发的支持、人才的引进与使用、企业家的激励、企业新品开发、品牌建设等方面给与重点支持。推动企业成为所在制造业产业链与价值链上的领导者，开展精品战略，提高附加价值创造。

上海制造的基础是上海的制造业本身，但也是上海制造业产品与服务品牌的总和，所以上海可以考虑建立市一级的上海产品与服务的品牌发展平台，其主要功能就是推进建设上海产品与服务品牌，建设名牌，重塑上海制造的品牌影响力，凝聚全国乃至全球消费者，引导精品生产与消费，引导美好生活需求。

4. 长三角制造业联动，形成上海制造的协同力

长三角地区经济发达，制造业体系相对完整，整体实力较强。长三角地区应该在我国制造业转型成为制造业强国的过程中担当重要的责任。更何况今天的先进制造业发展与空间载体、产业关联、协同配套共同创新有着更大的要求与变化。因此上海制造的重塑与周边地区与长三角地区制造业的联动、协同发展密切相关。

今天的上海制造，我认为已经不是过去意义上的完全是上海制造业生产制造的含义，而是在全球全国制造业新型分工的基础中大家合作生产的结果，产品与服务已经是你中有我，我中有你。因此上海如何进一步开放，进一步与长三角地区的制造业进行分工合作，是上海制造业发展，也是上海制造声誉的重要前提之一。

上海的先进制造业集群就是一个空间的概念，虽然在上海，但又是长三角制造业合作的载体。首先，我们需要考虑先进制造业空间治理的政策与制度建设，提高单位空间创造的制造业附加价值也就是提高空间的经济使用效率。其次，我们还务必要清楚空间聚集的先进制造业的生命周期，因为先进是有时间特性的，今天先进明天就可能不先进，制造业集群是需要不断创新迭代的。

执笔：芮明杰

2018 年 3 月

二、上海工业设计与制造业融合的问题与对策

制造业是城市产业的核心和引领者，制造业升级与整体经济转型紧密联系。近年来，由于外部需求存在不确定性及上海制造业发展中自身存在的结构

性问题，制造业增长仍较为缓慢。为此，上海制造业如何升级也是当前遭遇的一大难题。数据显示，2016 年上海制造业增加值占 GDP 比重为 26%，已趋近 25%的“十三五”规划目标底线。

近来设计在创新上的作用凸显，尤其是大多数全球创新领先公司日趋重视基于设计的创新，将其作为主要的竞争战略。如苹果、三星、斯沃琪手表、星巴克咖啡、特斯拉等一大批新兴公司成为行业最耀眼的创新企业。成功源于这些企业在设计创新方面付出的巨大努力和对设计过程的高度重视，卓越的设计创新能力使产品带给消费者一次次的惊喜，实现创造性突破的同时引领经济社会未来发展趋势。

（一）上海工业设计与制造业融合的历史与当下意义

1. 上海工业设计与制造业融合的历史

上海工业设计工作起步早发展快，上海利用其独特的地位，国际大都市的形象，在与国际先进国家的设计交流中加快了步伐。上海是长江三角洲龙头城市，良好的区位优势为上海工业设计产业发展以及设计与制造业的融合奠定了坚实的基础。

近几年，上海设计产业发展逐步壮大，设计师和设计企业都希望能在为企业提供设计服务的同时，打造自主设计品牌。但在打造过程中发现困难重重，过去的设计服务是嫁接在非常成熟的生产和销售体系中的，企业和设计师都是依附于大企业，与大量中小制造企业的融合根本不够。同时，设计与制造的融合还停留在初级阶段的融合，比如产品和外观层面设计等，且融合形式也是以市场自发为主的层面，融合深度不够，效果不明显。尤其是设计和制造双方都不愿意承担设计风险，更多的是“短平快”的模仿设计为主。这种初级阶段融合模式会使“好的设计”越来越少，且各种弊端也凸显出来。如设计之间抄袭、模仿的现象十分普遍，真正的原创设计劳动又往往得不到有效保护，从而打击企业“自主创新”的积极性。

2. 上海工业设计与制造业融合的现实意义

随着互联网、云计算、大数据、人工智能等新兴技术发展，当今世界正在发生着巨大而深刻的变革。新兴技术与制造业的融合带来新的产业革命，并成为带动制造业迈向先进制造业发展的新引擎、新支柱。

先进制造业发展的核心就是关注现在与未来消费的新变化，设计业与制造业融合本质上就是带来基于设计视角的一种创新思维来思考这种新变化，包括整合来自技术、市场和用户需求、产品语义的知识嵌入和融合。从传统制造到先进制造的转变，恰恰给予设计与制造融合新的契机，如图 9.1 所示。

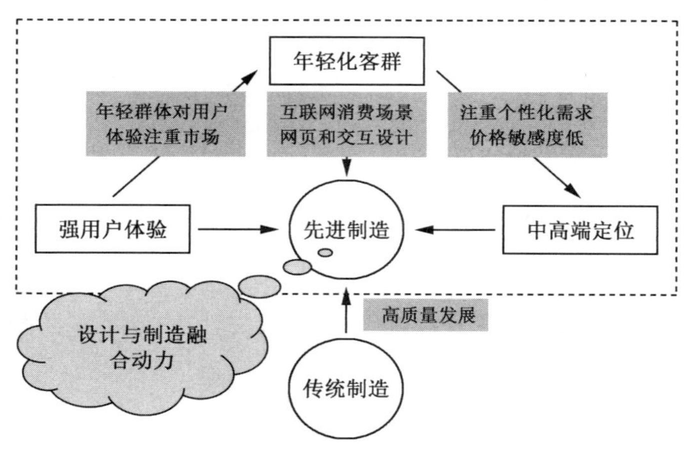

图 9.1　工业设计与制造业融合(高级阶段)逻辑图

可以看出，在智能化、大数据、互联网以及制造业相互融合的当下，重塑上海制造品牌影响力的核心抓手就是推进上海工业设计与制造业的融合，共同打造科技和时尚结合的上海制造品牌。并以此找到上海制造业未来可持续发展新模式和新动力，对助力上海积极主动与“中国制造 2025”战略对接，具有很好的价值。

（二）上海工业设计与制造业融合的作用与问题

1. 上海工业设计与制造业融合的作用

上海产业经济进入发展新阶段，面临着制造业、服务业，以及工业化和信息化等融合发展的关键节点，需要寻找产业创新转型发展的新路径。同时，以上海工业设计业为典型代表的现代服务业也面临着发展的重要机遇。为此，必须促进上海工业设计和制造业的融合，从而进一步助推上海先进制造产业的形成，以及创新机制的完善，从单一制造业创新转向“新技术、新产业、新业态、新模式”的集成创新，助推上海制造业转型升级走上快车道。进一步分析，可以看出当前上海工业设计与制造业融合发展带来的作用主要有：

第一，工业设计是整个价值链中的一环，设计已经从节点价值变成系统价值。可以看出，设计不仅是一项专业技能（单项的提案和图纸），更是一种思维方式，以及直接面对现实问题的系统性策略。设计的角色和作用，越来越像一个导演，预制产业发展的整体路径，并且带领相关产业取得突破。

第二，产业结构转型升级，不再是制造企业单一面对的，而是不同分工、不同环节，注重系统合作的创新生态。抓住工业设计就是抓住了当下智能制造的牛鼻子，将彻底改变过去低端粗放发展模式，是“四新”企业发展的关键一招。如，工业设计能综合运用科技成果和工学、美学、心理学、经济学等知识，对产品的功能、结构、形态及包装等进行整合优化创新，并进一步延伸到以跨界融合、系统集成为特点的“集成创新设计”，顺应当前都市型产业发展需求的“智慧生活＋制造设计”。

第三，推动上海设计与制造业深度融合，助推以市场需求为中心，及时跟踪终端消费市场，并给个性化和柔性化生产的制造业产业带来更多的发展机会。同时，工业设计与制造业融合，也能加快建设制造强国，发展先进制造业，尤其在中高端消费、创新引领等领域培育新增长点，形成新动能。

相比国外发达国家的工业设计，上海的设计业起步相对较晚，随着大数据时代的到来，上海工业设计近二十年来得到了快速发展。单从上海工业设计业的 GDP 贡献体量来说，是非常小的，但工业设计发展带来的创新系统构建和思维理念，能极大推进上海制造品牌升级和提升无形价值。

2. 上海工业设计与制造业融合存在的问题

上海制造业尤其是传统制造业的转型迫在眉睫，工业设计可以说是共性技术，相当于公共产品，推进上海工业设计与制造业"融合"与制造业转型升级是一次很好的抓手和思路。通过前期先后调研和走访近 10 家设计园区和近百家制造企业，其中有营业额上亿元的大制造企业，也有营业额 1 000 万元左右的中小制造企业，我们发现上海工业设计与制造业"融合"发展还存在很大的问题。具体表现如下：

第一，现有上海的各种工业设计与制造业"融合"的活动多，但还是不够，主要是制造企业的主体和企业基层都没有动起来。离真正的设计与制造业"融合"还有很大距离，尤其是中小企业感受不到温度，形成"一头热"。同时，上海大多数中小制造业，来自政府的活动和关怀，较多还是停留在申报各种项目资助上，或参与各种"融合"的论坛和交流等，基本上是"不痛不痒"帮助居多，对实实在在的工业设计与制造业"融合"推进少。

第二，单一协会（部门）推进多、"跨部门"推进"融合"少。目前，单一工业设计协会或相关设计研究院或部委，对推进上海设计与制造业"融合"活动很多，但整体或系统统筹规划层面，又没有声音。主要还是上海工业设计与制造业的"融合"需要跨界，需要打破条块分割，各个行业和不同协会跨界沟通和联合推进，才能让工业设计的共性技术和思维理念发挥效能，也才能让设计推动上海制造更美好。

第三，当前设计与制造的产品层面融合还是很丰富的，如市场机制下的各种类型的合作，但真正"造血"机制和创新土壤还没有形成。导致"融合"力量没有进一步迸发出来，几乎还是停留在粗浅层面的融合。即，未来上海工业设计与制造业的融合发展的核心，应该是培育创新的土壤和创新的机制，这也是融合发展面临的最大挑战。

可以看出，上海工业设计与制造业“融合”发展亟待进一步突破，一方面，现有的“融合”政策创新不够，都是常规的套路。相关“融合”措施，随着时间的推移，做法和手段越来越普遍和同质化。另一方面，“融合”创新氛围不够，效果不佳，广大中小制造企业感知不够，实实在在推进上海工业设计与制造业“融合”道路还任重而道远。

（三）上海工业设计与制造业融合发展的思路与对策

通过工业设计的融入来推动制造业转型升级为主线，针对上海工业设计与制造业融合发展存在的不足和问题，提出促进融合发展的如下思路与对策。

1.“融合”应有“错位发展”的战略布局

目前，上海制造产业结构主要由国企、民企、央企、外企“四分天下”，来自四个不同层面，相对来说民企是大量中小制造企业的代表，也是工业设计与制造业融合的主战场。同时，尽管上海是金融城市，但受各种制度制约，上海的金融层面对中小制造企业的支持和帮助是不够的，而上海工业设计和制造业的融合恰好就可以弥补，发挥融合发展的优势。重点扶持中小制造企业，形成“错位发展”的战略布局。

2.“融合”应先易后难，局部突破，做出示范性工程

工业设计与制造业融合，不是万能的，不能解决所有的产业问题。为此，可以先易后难，从局部突破，做出示范性工程。比如，可以选择从新一代消费品先进制造业切入。积累经验之后，再逐步推广到智能制造或健康医疗先进制造等。总之，不能一概而论，也找不到包打天下的“金钥匙”，还是要有所侧重，有所为有所不为，才是对设计与制造融合的最佳认识。

3.“融合”应该拓展到长三角更大层面

融合要有所突破，必须在制造空间上进一步突破。当前，上海制造的立足点是郊区和园区，后续可以抓住长三角合作发展的机遇，进一步拓展上海制造

的空间。比如,通过上海设计与长三角制造"融合"形成互补,并进一步推动上海设计与制造业融合。同时,长三角融合发展战略实施,必须通过某些具体的项目行动来进行实实在在的联合。上海工业设计与制造业融合发展,对上海和长三角区域产业来说都是很好的机遇。可以结合长三角各城市群的自身比较优势,寻找到专精领域、行业,做出专业和特色。

上海工业在全市国民经济中占有重要地位,是长江三角洲区域的中心。同时,众多的海内外工业设计机构和人士抢滩上海周边地区完善的软件业、制造业和服装、家电、日用品、家具、建材等专业市场为工业设计的前端创意表现、工业设计成果的后端生产和产业化提供了强大的后援保证。

4."融合"应从政策和系统层面推进,构建跨界融合体系

上海工业设计与制造业的跨界"融合",涉及不同产业、不同协会(部委)、不同学科、不同研究领域,形成合力共同推进。与以前的设计角色不一样,设计给出的不仅仅是一个提案,更可以介入解决策略的执行,从融资、生产、管理、服务到推广等创新链和产业链的全过程一并考虑。因此在这个过程中,必须把各种不同知识背景的人引进来,一起解决融合过程中复杂和综合的问题。

总之,提出上海工业设计与制造业融合发展的理念,借由两者互动演化构筑上海制造业未来可持续发展协同创新生态,从而超越传统产业边界,实现各个主体之间的资源共享,知识和技术扩散及创新产生。

执笔:赖红波

2018 年 5 月

三、产业创新推动"上海制造"高质量发展

"上海制造"应该是上海制造业优秀声誉的综合,是上海制造业整体水平的

一个标志、一个响当当的品牌。作为一个品牌，“上海制造”其实是上海制造业整体实力的反映，曾经表现了当时上海制造业尤其是上海的轻纺工业生产技术与工艺水平的全国领先，以及在工业设计的领先、产品质量的领先。因此今天“上海制造”的再出发，关键是重塑上海制造业在全球产业新一轮分工、新技术革命、美好生活需求背景下的新辉煌，使之成为我国先进制造业的重镇，其次才是“上海制造”品牌美誉重塑与有效传播。

（一）深刻认识当下产业创新的重要性

我国正处在一个消费者追求美好生活即消费需求与消费习惯已经或正在发生巨大的变化同时以智能化、大数据、互联网为代表的新技术革命正在爆发的新时代，新技术革命与消费变化将促进形成新型经济体系即基于新一代互联网的智能生产服务体系，这一体系的核心是为了实现智能化大规模个性化定制生产与服务，满足消费者全新的个性化需求，这一体系的核心是新一代先进制造业。

目前，美国、德国等制造业强国已经从自身的优势领域中切入到此轮新工业革命中，他们在积极引导智能技术、智能制造等方面的进步，引导生产方法与模式的创新，进而谋求在未来全球产业体系与产业分工体系中成为有竞争力的领导者。所以当下中美贸易摩擦的原因表面上看是两国贸易不平衡的问题，实质上是两国在新兴产业、先进制造业未来发展与竞争上的考量。应该说我国近年来在创新驱动发展战略指引下，先进制造业和新兴产业发展速度快有成效，但目前在国民经济中的比重较小，而且有些产业核心技术与发达国家有相当大的差距，部分高端产品价值链核心环节都掌握在发达国家企业手中。在这样的全球经济与产业发展的背景下，上海作为曾经是我国重要的工业中心，应该承担起在本轮我国从制造业大国到制造业强国华丽转身中的历史责任，因此重提“上海制造”显得十分重要。

解决我国先进制造业与新兴产业长期发展提高竞争力的关键是技术创新

与产业创新。其中产业创新特别重要，是实现产业体系领先的根本途径，而企业则是产业创新的主体，只有通过产业创新，才能摆脱产业与企业发展的停滞和危机，才能打破僵局和困境，变被动为主动，化压力为动力，重建竞争优势。上海制造再出发，应该在技术创新尤其在产业创新方面下功夫，在国家先进制造业的关键技术与产业链整合方面急国家所急，想国家所想。上海在国家先进制造业发展中应该有这样的责任担当，这也是上海建设世界有影响力的科创中心，建设现代产业体系谋求经济高质量发展内生性要求。

（二）产业创新可以推动上海制造始终领先

产业创新是先进制造业不断迭代不断保持先进性的根本。产业创新不同于科技创新，它包含产品创新、工艺创新、组织创新和市场创新四个关键环节，这四个环节的本质上是什么样的创新，对上海制造再辉煌有什么样的影响，是非常值得研究的。

1. 产品创新

关于产品创新的研究文献汗牛充栋，新兴产业之所以形成与成长自然离不开原创性的产品，如智能手机产业离不开苹果的 iPhone 的原创创新，也正是如此，我们对乔布斯的创新才能非常佩服。但在这个巨大光环下，很少有人看到那些能够把 iPhone 天才创新设计付诸于生产成形，成为消费者欢迎的高品质新产品。没有产品原创以及对原创产品之后的不断改进式创新，也就不会有新产业的成长与发展，产品创新是产业化创新的源头，这是毋庸置疑的。产品创新的背后是重大的技术创新，例如人工智能技术的发展，可能导致一系列智能产品包括智慧机器人产品的问世。产品创新的重要性我们不去更多的讨论，从产业创新的链条和创新的全过程来看，下面三个环节常常被我们所忽视，其实它们同样十分重要。

2. 工艺创新

能否实现产品创新到工艺创新的完美过渡，也就是说产品创新成功不见得就能够生产出来，因为生产工艺不能够因新产品要求进行再创新的话，新产品只能留在实验室。所以工艺创新十分重要，仔细研究工艺创新的话，可以发现工艺创新是一种再创新，它是在对新产品的功能构造、生产技术要求、设备与材料、加工方式可能等全面评估后，在生产工艺上再创新，使之把新产品高品质低成本精益生产加工出来。尽管产品创新是产业创新的源头，但如果工艺创新能力不强，那么一定是有新产品创新而没有新产业形成。例如，如果我们的模具设计加工不行，不能设计加工出新产品要求的模具，那么工艺创新中的第一环就失败了。富士康虽然被定义为代工企业，似乎没有什么技术含量，是劳动密集型企业，但它却有极为先进的模具设计加工的子公司，再创新能力极强，曾经夸下海口：只要你产品设计出来我就一定可以高品质制造出来。可见，工艺创新在产业创新过程中的重要性，这一重要性的关键是工艺创新本质上是再创新。再创新虽然是别人创新的基础上再开展，但一点不比产品创新简单。

3. 组织创新

新产品、新工艺的创新成功，并不能够保证新产品能够呈现在消费者面前，因为在社会分工的条件下，新产品的制造成功还有赖于其他合作产业、合作企业，这样的合作总是基于现有产业链、价值链，并在其基础上进行改进创新。这就是组织创新。产业创新链上的组织创新是指完成新产品创新与工艺创新后的生产协作组织的创新。这个创新内容包括产品创新、工艺创新对合作厂商的相应要求与传递，由此导致产业链、价值链更新和产业链、价值链组织治理的创新。

因为，首先，新产品、新工艺、新技术的实施对原有各产业链、价值链环节厂商提出了新要求，如果现有厂商创新能力能够胜任新产品新分工要求，则可能在新产品成功中获取更多价值，如果原厂商创新能力不能胜任新要求，则可能面临技术改进要求及价值链进入壁垒，降低获得的价值甚至被淘汰。

其次，新产品、新工艺、新技术诞生可能促使新厂商进入价值链，以及现有厂商向相关价值链延伸和转移。

再次，新产品需求的新价值链形成还面临对原来价值链、合作网络调整、压缩、分拆、增加等环节。

最后，形成的新产业技术标准将对现行产业价值分配带来不同影响。当新产业产生时，其产业链、价值链、协作网络也面临创新、组织变革等过程。这个环节的创新，仔细来看本质上也是再创新，即围绕着新产品、新工艺创新的新要求进行延展性的再创新。

4. 市场创新

新产品创新成功，工艺创新成功产品生产出来了，是否产业创新就成功了呢？我们的答案是否定的，因为产业创新成功离不开新产品在市场上的成功。所谓市场上的成功不光是该产品被消费者关注甚至认可，还需要该产品被广大消费者看作是十分喜爱并愿意为之买单的产品，而这离不开市场创新。所谓市场创新是指根据产品特性、消费者偏好对产品的品牌设计、分销方式、渠道构建、定价、售后服务设计等的一揽子创新，其目的可以多样性，但核心是把市场做大，实现市场上的领先与利润获得。市场创新弱，可能导致好产品稀缺，需求不旺的状况，如此产业创新就不能算成功。观察苹果 iPhone 的成功实际上离不开苹果公司的“饥饿营销”的创造，以及通过“果粉”培养导致大量客户被黏住。这里的市场创新显然与创新的新产品有关，因此也可以将其看作是再创新。

通过以上分析，可以到如下重要结论：

产业领先是上海制造再辉煌的本质，产业领先就必须进行产业创新，产业创新是非常有难度的创新，它包含四个主要环节，产品创新、工艺创新、组织创新和市场创新，这四个环节环环相扣，缺一不可。

尽管新产品创新是产业创新的源头，是最重要的创新，值得重视与投入，但其他三个环节的创新及其成功对新产业成长与发展也十分重要，上海制造再辉煌不能忽视这三个环节，一旦忽视往往导致产业化创新失败。

更为重要的是，产品创新和工艺创新又会通过原来的或改革的协作网络、产业链价值链压迫相关合作厂商进行相关的再创新，成就创新的波及效果，这就是我们指出的上海需要主导产品创新与工艺创新的科技型大企业主导重大创新，通过它来带动中小科技型企业再创新、合作创新。

（三）上海制造高质量发展需要新模式

上海未来的发展方向是卓越的全球城市，是建设四个中心与世界有影响力的科创中心。按照全球城市发展的规律来看，第三产业在城市经济总量的比重是很大的，至少达到70%。在这样的状况下，上海先进制造业发展的定位是什么，怎么发展，就成为重塑“上海制造”的关键。

重塑上海制造业新辉煌，就需要有跨越与赶超的勇气与动力，以先进制造业集群发展为载体，通过产业创新直接把握世界先进制造业的价值链高端，发展附加价值高收益大的环节，形成自己的核心竞争力，从而成为该产业价值链的控制者，同时能够引领其他相关产业转型升级的发展新模式，我称之为“高质量发展”新模式。其内涵为：

“产业高新”首先指上海的先进制造业集群发展以当代高新技术为基础，代表着未来产业革命的发展方向。具体应该有三个方面的特性：第一，所发展的世界先进制造业群在核心技术、关键工艺环节上是高新的，属知识密集、技术密集型；第二，产业具有技术与知识自主创新的能力和国际领先的创造力；第三，所发展的这样的产业具有强大的战略引领性，能够引领其他相关产业技术进步，产业调整升级，产品创新。

“产业高端”是指上海的先进制造业集群具有高级要素禀赋支持下的内生比较优势，因此处于有利的产业价值链竞争位置。产业高端的内涵可以从三个方面理解：①高级要素禀赋，指要素禀赋从传统的资源禀赋到知识禀赋，而知识禀赋在企业多体现为在核心技术和关键工艺环节有高的技术密集度。如目前ICT产业中的云计算、物联网等。②高的价值链位势，如制造业价值链形如“微笑曲线”，高的价值链位势就是在“微笑曲线”两端，而动态维持高价值链位势需要具有高的产业创新能力。③高的价值链控制力，从在价值链上所处的环节位置判断，实质就是对价值链关键环节——核心技术专利研发或营销渠道、知名品牌等的控制力，高价值链控制力对于产业也具有高战略引领性。

"产业高效"是指上海的先进制造业集群资源配置效率高，具有良好的经济效益和社会效益。产业高效的内涵也有三方面的内容：①高的产出效率。如单位面积土地产出效率、人均产出效率等。②高的附加价值。如利润率高、工业增加值率高、税收贡献大等。③高的正向外部性。指产业与环境和谐友好，生产过程产生污染少，符合低碳经济要求，还有就是对就业的促进和产业链上对其他企业的带动作用等。

执笔：芮明杰

2018 年 5 月

四、推动"上海制造"走向全球产业价值链高端

"上海制造"应该是上海制造业优秀声誉的综合，是上海制造业整体水平的一个标志、一个响当当的品牌。作为一个品牌，"上海制造"其实是上海制造业整体实力的反映，体现了当时上海制造业生产技术与工艺水平的全国领先，以及在工业设计的领先、产品质量的领先。因此，提升"上海制造"的品牌影响力，关键是重塑上海制造业的辉煌，推动"上海制造"成为全球价值链上的领军者。

（一）全球价值链正在面临调整与重组

21 世纪的最初十年，全球制造业价值链已经形成了某种基本的均衡性。谁占据高端、谁处在低端，各国大多找到了自己的位置。以制造业为例，德国、美国、日本是高端，主要是研发与分销，包括制造业中的核心技术与关键设备零部

件，附加值高收益大；中国是中低端，主要从事中低端制造加工，附加值低收益也低，所以彼此分工合作，基本上相安无事（见图 9.2）。但近年来，我国的制造业在完成了一定程度的积累之后，加大了科技与研发投入，技术在不断进步，制造业慢慢向价值链的高端那头发展，这对原有的全球制造业价值链均衡是一个冲击。在发达国家眼中，就是威胁，就是侵犯。

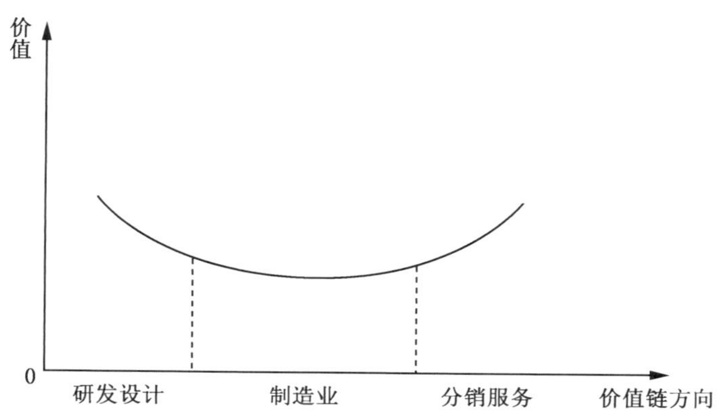

图 9.2 价值链分工的“微笑曲线”

所以，目前中美贸易摩擦，表面上看是两国贸易不平衡的问题，但本质上是两国在新兴产业、先进制造业未来发展与竞争上的“角力”。这也是我一直强调的：全球竞争的背后，实际上就是核心技术的竞争、产业的竞争，也是创新的竞争。我国近年来在创新驱动发展战略指引下，先进制造业和新兴产业发展速度很快，成效显著。但与此同时，先进制造业和新兴产业目前在国民经济中的比重还比较小，而且有些产业核心技术与发达国家有相当大的差距，部分高端产品价值链核心环节都掌握在发达国家企业手中。

因此，要解决我国先进制造业与新兴产业健康快速发展，改变我国在全球价值链上目前尚处低端的位置，“中国制造 2025”是一个重要的战略，这个战略的出台是基于以下两个重要的判断：

一是我国正处在一个消费者追求美好生活，即消费需求与消费习惯已经或正在发生巨大变化的时期。与此同时，以智能化、大数据、互联网为代表的新技术革命爆发，新技术革命与消费变化将促进形成新型产业体系，即基于新一代互联网的智能生产服务体系，这一体系的核心，是为了实现智能化、大规模个性化定制生产与服务这一目标，从而满足消费者全新的个性化需求。这一体系的核心，正是新一代先进制造业。

二是目前美国、德国等制造业传统强国，已经从自身的优势领域中切入到新一轮的工业革命中，在“工业 4.0”、智能制造、大数据、人工智能、新一代互联网信息技术等方面大力投入迅速发展，积极引导智能技术、智能制造、工业互联网、人工智能等方面的进步，引导生产方法与模式的创新，进而谋求在未来全球产业体系与全球价值链分工体系中继续成为有竞争力的领导者。

（二）上海制造应该成为全球价值链的领军者

在这样的全球经济与产业发展的背景下，上海作为中国曾经最重要的工业中心，应该承担起在本轮我国从制造业大国到制造业强国华丽转身中的历史责任。从这一时代大背景来看，重提“上海制造”，就显得高屋建瓴，十分重要。

面对全球制造业发展的新变化，面对新一轮技术革命，上海制造业要有跨越与赶超的勇气与动力，以先进制造业集群发展为载体，也就是通过自主创新，直接把握世界先进制造业的价值链高端，发展附加价值高收益大的环节，形成自己的核心竞争力，从而成为该产业价值链的控制者，形成能够引领其他相关产业转型升级的创新模式，这个我认为是最重要，也是最具有难度的突破。因为目前价值链的控制者是发达国家，我们要走向高端，等于是取代了他们的位置，危及了他们的利益。

上海制造要成为制造业全球价值链中的领军者，需要有：

1. 高战略引领性

高战略引领性意味着具有产业发展的前瞻性，能够带动产业与价值链的升级和转型；具有较高的价值链控制力，具有一定的价值链治理权；能够发挥知识溢出效果、产业关联带动作用，以及有助于形成低碳、循环经济、环境友好的产业生态系统。

2. 高价值链控制力

高价值链控制力是产业高端即全球价值链领军者的表现特征。高价值链控制力带来的高战略引领性意味着具有产业发展的前瞻性，能够带动产业集聚发展和产业的升级，对价值链的控制意味着对产业的关联带动作用，以及形成和谐的产业生态系统和产业发展环境，也就是产业发展的正向外部性影响，这些也是产业高效的内在要求。

3. 高国际竞争力

高国际竞争力的关键是不断进行技术创新与产业创新。其中产业创新特别重要，是实现产业领先的根本途径，而企业则是产业创新的主体，只有通过产业创新，才能摆脱产业与企业发展的停滞和危机，才能打破僵局和困境，变被动为主动，化压力为动力，重建竞争优势。“上海制造”再出发，清楚地表达了上海在国家先进制造业发展中的责任担当，也表现了上海现代产业体系建设、产业结构转变以及上海未来经济发展的谋篇布局。

4. 价值链治理能力

产品、新工艺的创新成功，并不能够保证新产品能够呈现在消费者面前，因为在社会分工的条件下，新产品的制造成功还有赖于其他合作产业、合作企业，这样的合作总是基于现有产业链、价值链，并在其基础上进行改进创新。这就是需要有产业链、价值链更新和价值链组织治理的能力。因为：

(1)新产品、新工艺、新技术的实施对原有各产业链、价值链环节厂商提出了新要求，如果现有厂商创新能力能够胜任新产品新分工要求，则可能在新产品成功中获取更多价值，如果原厂商创新能力不能胜任新要求，则可能面临技术改进要求及价值链进入壁垒，降低获得的价值甚至被淘汰。

(2)新产品、新工艺、新技术诞生可能促使新厂商进入价值链，以及现有厂商向相关价值链延伸和转移。

(3)新产品需求的新价值链形成还面临对原来价值链、合作网络调整、压缩、分拆、增加等环节。最后形成的新产业技术标准将对现行产业价值分配带来不同影响。这就需要对全球价值链的治理能力。

(三)上海制造的再辉煌需要深入开展价值链合作

今天我们谈"上海制造"这个话题,已经不是过去意义上的完全由"上海企业生产制造"的含义,而是在全球、全国制造业价值链新型分工的基础上通力合作生产的结果。"再出发"的"上海制造",产品与服务应该、而且已经是"你中有我,我中有你"。因为今天各国产业与企业的竞争实际上是产业链、价值链的竞争,作为一个制造业价值链的领军者固然十分重要,但如果没有价值链上高质量有能力的合作者,价值链整体的竞争力就要弱化。因此上海如何进一步开放,如何进一步与全球、全国、长江经济带地区的制造业实现价值链新分工合作,是上海制造业发展、也是"上海制造"重建声誉的重要前提之一。

长江经济带地区经济发达,制造业体系相对完整、整体实力较强。长江经济带地区应该在我国制造业转型成为制造业强国的历史过程中,担当重要的历史责任,更何况今天的先进制造业发展对空间载体、产业关联、价值链协同配套、共同创新有着更大的关联度和更高的要求。因此"上海制造"的重塑应与周边地区、与长江经济带地区制造业联动、协同发展,最终形成一个个先进制造业集群,密切相关。

需要指出的是,价值链合作在空间上的一种状况就是产业集群。上海的先进制造业集群就是一个空间的概念,它虽然在上海,但又是长江经济带先进制造业合作的载体。需要考虑先进制造业空间治理的政策与制度建设,提高单位空间创造的制造业附加价值,也就是提高空间的经济使用效率。需要提醒的是,在此过程中,务必要清醒认识到,空间聚集的先进制造业是有自己生命周期的,因为所谓"先进"本身就带有时间特性,今天是先进制造业,明天就可能是落后产能,所以,在规划先进制造业产业集群时,需要为今后的技术创新迭代留足空白。

可以肯定的说，政府的政策或制度会影响企业的战略决策和经营行为。上海应该在制造业中有计划、有步骤地从政策上引导和培育优势企业尤其是世界级的价值链领军者，成为“上海制造”的中坚力量。特别在创新与研发的支持、人才的引进与使用，企业家的激励、企业新品开放、品牌建设等方面给予重点支持。推动企业成为所在制造业产业链与价值链上的领导者，开展精品战略，提高附加价值创造。

从微观上看，“上海制造”这块“金字招牌”的基础是上海的制造业本身，也是先进制造业价值链上的关键环节之一，当然它同时也是上海制造业产品与服务品牌的总和，所以，上海可以考虑建立市一级的上海产品与服务的品牌发展平台，其主要功能就是推进建设上海制造企业的产品与服务品牌，建设名牌，重塑上海制造的品牌影响力，重塑价值链，凝聚全国乃至全球消费者，引导精品生产与消费，引导美好生活需求。

执笔：芮明杰

2018 年 5 月

五、基于先进制造业发展的“上海服务”发展思路

现代产业体系中的服务业包括两个重要方面：一是为消费者服务的服务业，即为来自国内外所有消费者提供优质满意的性价比高的各类服务；一是为生产者服务的服务业，即为一二三产业内的生产者尤其是制造业企业提供优质满意及时的服务，这类服务通常称之为生产性服务。上海现行产业体系中服务业比重占 GDP 的 70%，其中最主要的是生产性服务业的贡献。因此，建设“上海服务”品牌，应该是在上海的消费服务产业与生产服务产业两个方面上下功

夫，唯有这两大产业在上海不断发展进步，“上海服务”品牌的知名度、美誉度、忠诚度才会广泛传播和不断提高。然而比较这两类产业目前在上海的发展状况，可以发现生产服务业的发展尽管取得很大进步，但与先进制造业发展对生产服务业的要求来看，依然有很多不足之处。

（一）制造业生产与服务分工与集成的同步变化趋势

随着科学技术进步和价值链分工深化，现代制造业价值链日趋由线性价值链向价值网络演变（李海舰，2010）[①]，其最显著的特征就是现代制造业生产过程与生产性服务的分工与集成同步并行。具体有三个方面：一是基于管理服务链的各类辅助服务环节从原制造业价值链的母体上分离出来并独立运作，如战略决策、人力资源、会计审计、咨询等；二是基于制造业企业投入产出价值链，抽离出系列与生产过程直接关联的服务环节，如信息服务、产品设计、检测服务、融资租赁等；三是围绕“制造”环节，衍生出系列服务环节，如供应链服务、信息管理服务、供应链金融、仓储物流服务、制造维修及节能与环保等。

根据基于知识联结的生产性服务网络的理论生成机制，现代生产性服务可分为结构嵌入型和关系嵌入型生产性服务，有助于从本质上刻画生产性服务与制造业协同演进的内在机制（刘明宇、芮明杰和姚凯，2010）[②]，见图9.3。

结构嵌入型生产性服务是指那些在功能上直接嵌入生产过程但又脱离于生产过程而独立市场化经营的服务模块。这些服务是直接作为制造业企业生产过程中的中间投入或作为商品交换过程的一部分的流通和金融服务。结构嵌入型生产性服务是最终产品得以形成必不缺少的环节，例如信息服务、科研技术服务、物流服务、非银行金融服务、制造维修服务、采购外包服务等。

---

① 李海舰.《中国高增长行业的转型与发展》评介[J].中国工业经济，2010(10)：159.

② 刘明宇，芮明杰，姚凯.生产性服务价值链嵌入与制造业升级的协同演进关系研究[J].中国工业经济，2010(8)：66—75.

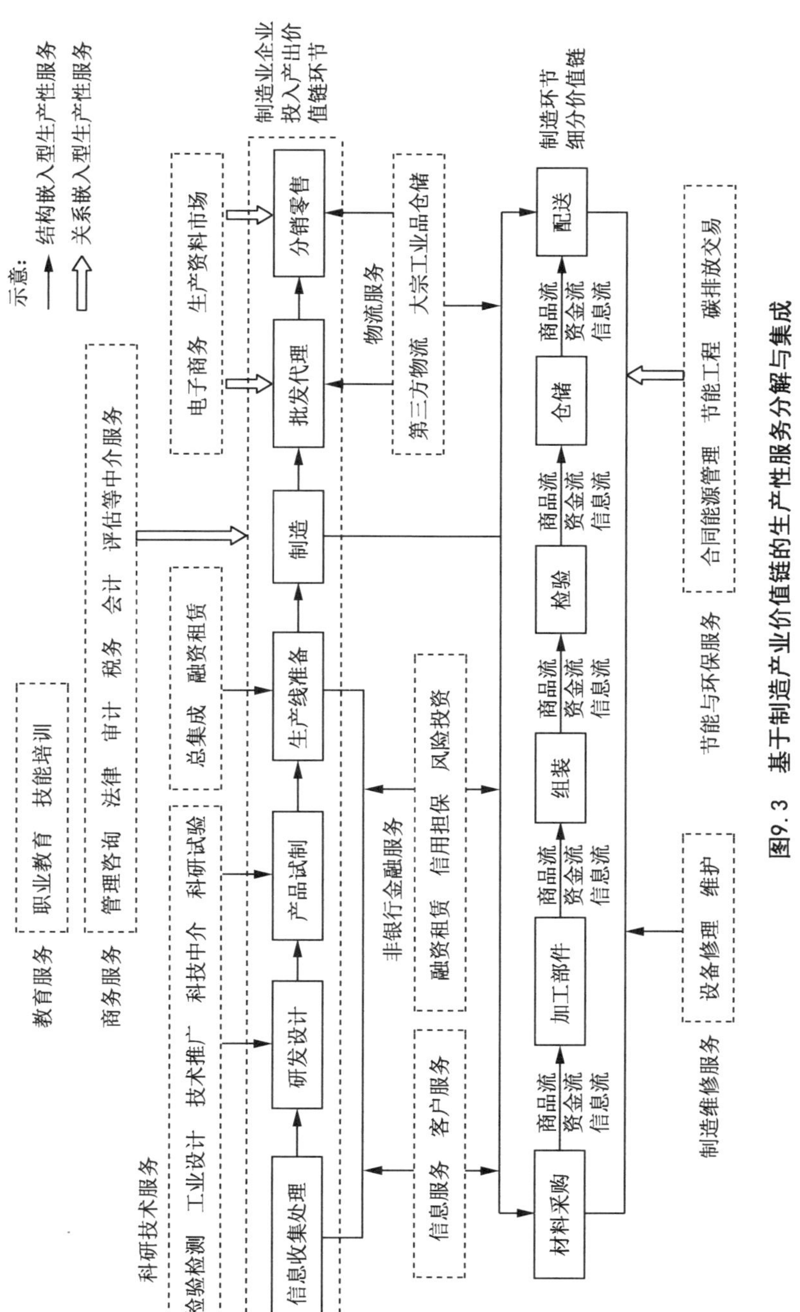

图9.3　基于制造产业价值链的生产性服务分解与集成

关系嵌入型生产性服务是指那些与商品形成全过程有一定的外部相关性且独立市场化经营的服务模块。这些服务包括与新生产结构相适应的人力资本的形成所需要的服务，以及对生产性服务业和制造业形成的整个生产体系进行空间上协调和规制所需要的服务，如教育服务、商务服务、节能与环保服务、电子商务、生产资料市场等。对商品形成全过程来说，它们起到辅助、润滑和降低交易成本的作用。关系嵌入型生产性服务的种类和服务水平对结构嵌入型生产性服务的分离和功能发挥，以及现代制造业生产率的提高都有很重要的影响。

（二）与“上海制造”协同的生产性服务业发展策略

“上海制造”是上海制造业优秀声誉的综合，是上海制造业整体水平的一个标志、一个响当当的品牌。作为一个品牌“上海制造”其实是上海制造业整体实力的反映，其代表的是一批面向未来的先进制造业发展壮大和其在全球的领先性。然而“上海制造”的成功实际上离不开“上海服务”的发展，尤其是上海现代生产性服务业的发展壮大。

产业经济理论早已经证明，由于生产性服务业通过向先进制造业提供研究开发、信息技术及网络平台、财务结算和数据分析、检测维修、供应链服务，以及其他辅助工作等专业化服务，可以大大降低先进制造业企业的生产经营成本。实践中的国际经验也表明，制造企业服务外包可使企业平均节省成本9%。同时，制造业企业竞争力的提高也有赖于把更多的非核心业务外包。将自己不擅长的服务外包给专门的生产性服务企业，有利于制造业企业集中自己的人、财、物力于主业，是增强先进制造业企业核心能力的有效选择。据测算，生产性服务的外包可使制造业企业的能力和质量提升15%。因此可以预计，未来通过上海服务产业的发展，一定可以协同上海先进制造业更好的发展。

如何根据上海先进制造业发展的要求以及长江经济带产业的整体协同发展的要求，发展现代生产性服务业是“上海服务”品牌建设的一个重要问题。解决这个问题，上海当前应该至少有以下几个重要策略：

第一，有一定竞争优势的本土生产服务业企业，重点开展高嵌入型生产性服务业包括：科研技术服务、非银行金融服务（融资租赁、信用担保、风险投资）、制造维修服务（设备修理、维护）、供应链服务（第三方物流、大宗工业品仓储）等；低嵌入型生产性服务包括教育服务（职业教育、技能培训）、商务服务（管理咨询、法律、审计、税务、会计、评估等）、电子商务、生产资料市场、节能与环保服务（合同能源管理、节能工程、碳排放交易）等，与上海及长江经济带先进制造业互动协同发展。

第二，鼓励生产性服务企业争创服务品牌，支持这些企业不断进行管理创新、服务创新、产品创新，增强企业核心竞争力和专业服务水平，培育上海本土生产性服务业龙头企业和高端服务品牌，使之发展成为“上海服务”品牌中的重要组成部分。通过市场竞争、自主创新、项目扶持等多种方式，培育上海的一批生产性服务业的本土旗舰企业，促进其规模化、品牌化经营，形成一批拥有自主知识产权和知名品牌，具有较强竞争力的大型生产性服务企业集团。

第三，拓宽生产性服务业投融资渠道，推动其健康快速发展。应该鼓励符合条件的上海生产性服务业企业进入境内外资本市场融资，积极拓宽筹资渠道。鼓励上海生产性服务企业以商标、专利等知识产权为纽带，通过知识产权质押融资，进行跨地区、跨行业兼并和重组。引导和鼓励金融机构对符合国家产业政策的生产性服务企业与上海先进制造业协同发展予以投融资等方面支持，提高服务水平和服务质量。

执笔：芮明杰

2018 年 7 月

六、上海制造业智能化发展思路与对策研究

随着新一代信息技术与制造业深度融合，引发了制造模式、生产组织方式和产业形态的深刻变革，数字化、网络化、智能化、服务化与绿色化成为制造业发展新趋势，目前各工业大国相继推出了各自的工业转型战略。智能制造是“中国制造2025”的关键内容，也是“上海制造”再辉煌，发展成为“领先的制造业”的重要手段。智能制造有利于促进生产制造自动化、流程管理数字化、企业信息网络化和智能制造云端化。上海作为地处改革开放前沿、市场经济先行、区域创新活力强的经济中心城市，以制高点战略带动上海制造业转型升级的战略方向，在支撑国家战略实施的同时，应该谋求智能化时代的上海制造业发展的新思路。然而，现阶段上海制造业生产要素价格攀升、土地供应趋紧成本上升、劳动力供应短缺，生产成本优势相对减弱，在资源节约成本、环境保护成本和生态建设成本不断上升的情况下，如何帮助传统制造企业实现转型升级是亟待解决的问题，研究和探索如何推动上海制造业再辉煌，实现智能化时代的转型升级，具有重要意义。

（一）智能化时代上海制造业发展现状、目标与挑战

上海素有“近代中国工业中心”之称，经过三十多年的改革开放和全球经济一体化的洗礼，上海的现代工业开始呈现出良好的态势。上海根据发展阶段转换和国家战略目标导向，先后在资本技术密集型重化工业、融入国际产业分工的外向型产业和战略性新兴产业发展中，率先创新突破，转型升级，确立了上海制造业的发展优势。2008年国际金融危机以来，随着劳动力、土地等资源要素成本快速上升，上海经历了从高新技术产业化，到发展战略性新兴产业，再到加快培育新产业、新技术、新业态和新模式的发展历程。现阶段上海正全力推进制造业智能化转型，最紧要的是抓牢关键核心技术、高端产业集群、过硬质量品

质这三个环节，叫响“四名六创”。要以“四名”（名品打造、名企培育、名家汇聚、名园塑造）为引领，带动上海制造优势更优、特色更特、强项更强；以“六创”（技术创新、品牌创响、质量创优、融合创智、集群创建、绿色创先六个专项行动）为支撑，推动经济发展的质量、效率和动力变革。从优势来看，上海的经济金融实力、科技资源、制度供给能力、资源集聚力、经济辐射范围都是推动制造业转型升级的有利因素，但同时上海也面临着制造业整体增速下滑，工业占 GDP 比重降低，劳动力总量下降，工业用地规模急缺，投资吸引力持续下降等方面的巨大挑战。

（二）智能化时代基于 CPS 的制造业价值链重构趋势

供给侧改革背景下，我国工业生产正面临产能过剩、供需矛盾、成本上升等诸多问题，传统的研发设计、生产制造、应用服务、经营管理等方式已经不能满足广大用户新的消费需求、使用需求，这一切都迫使制造业转型升级，提高对资源配置利用的效率，制造业企业亟需新的技术应用使得自身生产系统向柔性化、个性化、定制化方向发展。得益于工业信息化和通讯技术的不断发展深入，传统意义上的价值创造和利润分配模式已悄然发生改变。利用工业互联网平台，企业、客户及相关利益主体纷纷参与到生产制造、营销服务等价值创造、传递及实现的各个环节。

发源于美国的智能制造的信息物理系统（CPS）是支撑智能化时代制造业价值网络的一套综合技术体系，这套综合技术体系包含硬件、软件、网络、工业云等一系列信息通信和自动控制技术，通过感知、计算、通信、控制等信息技术与设计、工艺、生产、装备等工业技术融合，构建起一个能够将实体和环境精准映射到信息空间并进行实时反馈的智能系统，作用于生产制造全过程、全产业链、产品全生命周期，两化融合在企业中的应用从营销、服务端向设计、制造端深度扩散，逐步实现市场的个性化定制、供应链的网络化协同、生产的智能化流程、设备的服务化延伸（见图 9.4），重构制造业的产业形态和价值链分布，最终实现制造业的智能化转型。从这一意义而言，只有大力推进智能制造产业共性关键技术的自主研发与产业化，才能真正提高制造企业在价值链关键环节的掌控力；只有不断加速两化融合应用，推动互联网与实体经济深度融合，将各种资源和要素优化串联起来，制造业的发展才能真正实现效率驱动和整个产业的智能化升级。

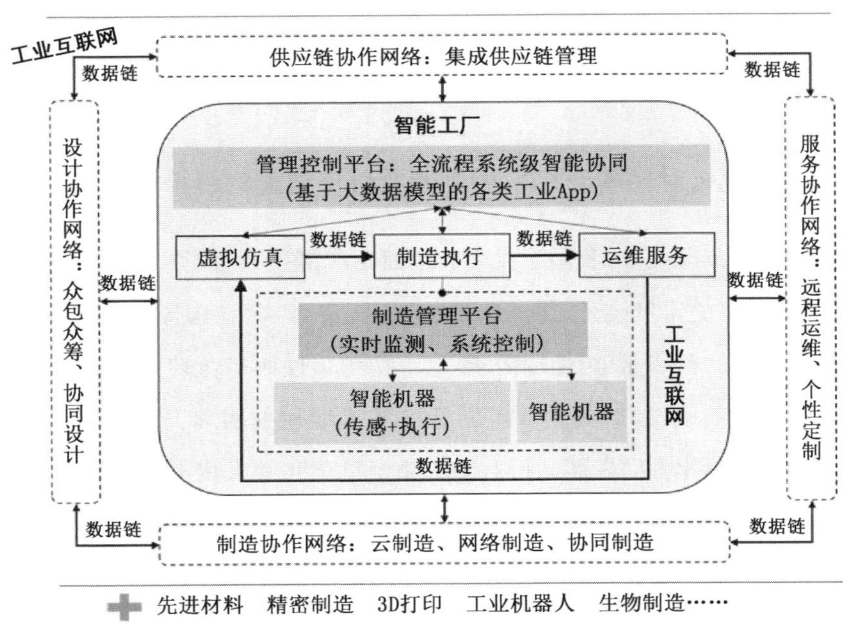

图 9.4　制造业智能化价值链重构

新的制造业价值网络是由客户、政府、高校及科研机构、供应商、制造业核心企业、第三方物流和营销商等构成的多价值主体、系统化的价值创造体系，制造业价值网内的所有价值主体都是为了创造优越的顾客价值而结合起来的。①客户价值网络是以顾客价值为核心目标的价值创造体系，因此客户也作为网络中的价值创造主体被纳入系统中，客户作为价值流动的始端，其要求决定着制造企业产品的生产及价值的最终实现。②研发价值网络是一个能够持续不断、自我维护更新的研发价值网络，研发资源的接入方式多种多样，包括智能终端 App、互联网网站、专家资源的身份认证和授权直连、机构的协作网络等。③供应价值网络是以新一代信息技术为依托，以构建在供应商和生产商之间的紧密连接 CPS 网络为基础，能够对客户需求自动响应、自动预测分析、自动优化、自治控制风险的高度智慧化网络。④生产价值网络可以理解为在信息技术支撑下，一种动态配置的、自治、精确控制及分布式协作、以客户为中心的网络化生产系统。它的任务是实现个性化定制产品的生产制造。⑤物流价值网络提供从生产端到客户端的集成。这种集成包括物流的整个垂直体系(物流的骨干网络、分支网络、交付网络)。⑥服务价值网络以新一代信息技术为基础，通过服务连接企业、产品、客户，并积极加速实现制造服务化转变的网络化系统。从上可知，国际先进制造业发展趋势已经十分明显，上海制造的再辉煌必须建立在国际制造业智能化、信息化、网络化新一代技术趋势基础之上。

(三)智能化时代上海制造业再出发的思路与对策

正在迈向全球卓越城市的上海，不仅要传承过去产业发展的优秀基因，更要按照改革开放再出发、构筑全球卓越城市战略优势的新要求，为上海制造增加新内涵、注入新活力。

1. 智能化发展总体思路

上海的制造业智能化转型思路主要有三方面的考虑：一是要着力增强使命担当，服从服务国家战略；二是要着力强化创新引领，加快培育新兴动能；三是要着力深化改革开放，提振制造品牌形象。基于此，上海制造业再出发的重点是掌握产业链、价值链核心环节的高端制造，满足市场多元化需求的品质制造，融合人工智能和互联网因子的智能制造，体现资源高效集约利用的绿色制造。

2. 智能化发展的路径

在智能化转型的实施路径上，上海制造业须在原有基础上，结合内外部环境判断，从产业链整合、价值再配置、供应链协同发展等方面，迎接新工业革命的挑战，推进制造业的跨越式发展。制造业转型路径如下：

一是要迎接智能化转型的挑战，变革经济发展模式，具体包括四方面的内容：生产方式由标准化生产向定制化生产转型，制造模式由削减式向叠加式转型，生产组织方式由集中生产向分散生产转型，生活方式向反城市方向变革。

二是要整合产业链，形成高效合作网络，具体包括三方面的内容：通过产业链纵向整合获取互补性资源和要素，通过产业链横向整合提升产业竞争力，通过产业集群组织形式形成产业链成员之间良性竞合机制。

三是要对价值链环节重新进行配置，加强产业链的控制力，具体包括三方面的内容：大力提升研发环节自主研发能力，生产环节向规模化、高级化发展，销售环节坚持市场需求导向。

3. 智能化转型的对策

上海制造业智能化转型的主要对策：第一，政府要重新审视目前行业行政管理体制，聚焦顶层设计，打破多头管理、行业分割的局面，既使政府从市场微观环节解放出来，承担起事中事后的监管职能，又要减少政府对微观经济事务的管理，降低制度性交易成本，为制造企业松绑减负，发挥国企、民企和外资企业在制造业智能化发展中的作用，使其成为上海制造业转型升级的主体。

第二，由创新型企业来整合创新要素，全面提升制造业创新的投入、创新的产出效率、创新的速度，促进政府、高校、科研院所、合作企业等各种创新资源的整合、创新主体的联动，发挥“1＋1＋1＋1＞4”的效率，在资源共享、资源整合、产学研以及社会创新氛围形成“政产学研”一体机制，推动智能化技术在新兴产业的发展与对传统制造业的改造提升，提升制造业发展的全要素生产率，增强上海制造业整体的国际竞争力。

第三，克服土地与劳动力两大瓶颈，借鉴国内外经验，利用新技术、新模式，提高工业用土地利用率和单位产出效率，大力推进产业园区二次开发，同时要进一步完善产业人才机制，结合上海制造业创新发展的重点领域的需求和全球产业技术发展的趋势，着力培养和引进一批具有国际视野、具有高度专业知识的智能化创新创业领军人才、技术研发领军人才。

执笔：芮明杰

2018 年 8 月

七、环太湖圈产业、生态、社会一体化发展的建议

长三角历来都是中国经济最发达的地区，对国家的贡献很大，经济总量占全国经济总量近 1/4。长三角区域理应成为改革开放的先行示范区，成为面对未来的中国经济增长的新动能发生地。而环太湖圈位于长三角经济圈的腹地，鱼米之乡，享有“太湖熟天下足”的美誉，处于三省一市的交汇处，东临长三角经济圈的核心城市上海，北临以南京为核心的长江城市带，南部则与以杭州为核心的杭州湾城市群相连，环太湖圈正好处于长三角的这三大核心城市经济圈的节点处，地理位置关键。

环太湖圈是长三角城市群的重要组成部分，本身及周边城市发达。环太湖圈包括了苏州、无锡、常州、嘉兴、湖州五大核心城市，周边与上海、南京、镇江、杭州、宁波等重要城市具有密切联系。安徽与太湖最接近的城市是宣城市。

苏州、嘉兴与上海直接陆地接壤，南京、杭州这两个城市及其周边的城市群要形成有效的经济合作和交流互动，也离不开环太湖城市群。因此，长三角一体化的集聚作用能否得到充分发挥，与环太湖经济与产业、城市群协同发展的作用密切相关。推动环太湖圈经济产业、生态、社会综合发展既是长三角一体化战略的突破口，也是长江经济带一体化发展的重点，意义十分重大。

(一)环太湖区域发展目前存在的主要问题

1. 环太湖发展涉及三省一市,协同困难

环太湖发展涉及上海、江苏、浙江、安徽三省一市,涉及的省份较多,协调具有难度。环太湖圈是一个相对大型的经济圈,城市众多,但是又存在不同城市分属于不同省份的情况,而这种情况在国内其他地方并不多见。这种行政区划的分割,容易导致环太湖城市圈协同困难,难以形成整体竞争力。此外,环太湖圈也缺乏一个中心城市,制约了整体协调的发展。在环太湖圈中,既没有省会城市,也没有计划单列市,没有一座城市具有强大号召力。另外,在这一地区,各市县区发展均衡,中心城区并没有表现出强大的中心度。这也造成了环太湖圈的发展需要大量依赖上海的辐射带动。

2. 经济社会发展北强南弱

环太湖圈当前经济社会发展存在"北强南弱"的现象,从经济社会发展的各项指标看,整体上表现为苏州、无锡较强,常州次之,湖州、嘉兴较弱。而由于行政区划的隔离作用和经济发展的历史因素,经济圈内经济实力较强的北部城市对于经济实力较弱的南部城市的辐射作用难以发挥,也难以形成经济圈内的经济"增长极"的作用。在新时期经济发展的大背景下,太湖南北在发展观念和发展方式转变、制度和机制创新等方面存在差异,如果南北城市之间的观念转变快慢不能统一,或者是制度创新的多少不同及工作力度大小不同,又会造成该区域经济社会发展差异进一步扩大。

3. 技术含量高的产业主要在苏州、无锡

从产业分布看,环太湖圈的城市产业分布与经济情况类似,表现为北强南弱,主要的高技术产业集中在苏州、无锡。苏州、无锡,在环太湖城市圈中不仅经济较为发达,而且在科研能力、整体的产业结构上都具有明显优势,产业技术含量以及发展潜力较高。其他城市由于多种原因,在产业技术分布上还比较传统,处在由传统产业向新兴产业转变时期,产业总体技术含量有待提升。

4. 产业结构雷同,资源配置效率有待提高

产业结构同构,传统制造业比重大。环太湖圈的五大城市处于“二三一”产业向“三二一”产业转型的时期,产业体系与周边地区同构化大。长期以来,由于对环太湖圈一体化发展难以协调,各地产业自行发展,容易造成产业重复建设,资源配置效率不高。此外,环太湖圈的五大城市教育发展程度也处于长三角城市的中间位置,学校以应用型为主,科研能力有限,与临近的上海、南京、杭州等城市有较大差距,适应新环境下经济社会发展的后备力量不足,制约转型升级。

5. 太湖污染治理未能取得突破性成就

当前,太湖流域的污染治理仍然没有取得突破性成就。太湖作为中国五大淡水湖之一,湖泊面积大,涉及省份多,在污染治理方面仍然存在问题。例如,从 2007 年太湖蓝藻事件爆发至今,江苏省为治理太湖水质投入资金超过 1 000 亿元。但是,十年来,每年夏天仍然会有蓝藻发生,据媒体报道的 2017 年 4—5 月太湖共发生蓝藻水质就有二十多次,藻密度、聚集面积较去年同期均有所增加,个别时段的部分湖区蓝藻聚集情况较为严重。

(二)环太湖圈综合发展战略思考

1. 目标定位

(1)长三角一体化的突破口

“环太湖圈”北临长江、南至嘉湖、东邻上海、西联镇江,区位优越,交通便捷,人杰地灵。作为特定的经济地理空间,是长三角的核心腹地。经过多年的发展,该地区综合实力雄厚,已成为长三角经济社会比较发达的地区,在全国地位也举足轻重。

然而,目前太湖地区各市政府合作的广度、深度和力度弱于区域经济社会发展的内生要求,对环太湖一体化的关注弱于对长三角一体化的关注。

在长三角区域一体化的大背景中再次提出“环太湖圈”,是区域经济发展及

其体制机制转轨变革的客观要求，应该以此为长三角一体化的突破口，构建中国经济高质量发展示范区，在未来创造出一个欣欣向荣、蓬勃发展的“环太湖圈”，使其成为中国经济社会生态一体化发展的高地。

(2)科技创新、产业转型升级、生态和谐综合区

多年来，环太湖圈区域经济发展的主导产业已经历了传统农业、制造业主导，直至最近的产业结构转型、新兴产业开始发展等重要阶段，其产业结构水平明显优于全国平均水平。通过现代产业体系与创新体系的一体化建设来切实提高环太湖各市的自主创新能力、集成创新能力和引进消化吸收再创新能力，形成我国经济增长新增长极，发展产业结构转型升级新动能，面对未来发展建设长三角一体化中科技创新、产业转型升级、生态和谐三位一体的核心综合区。

2. 战略思路

(1)箭在弦上，成就中国经济新高地

“环太湖圈”由于地缘上的优势，接受上海辐射，其经济发展日益突出，已经成为长三角地区的“核心腹地”；更由于处在我国对外开放格局，即由南到北，从东到西的十字交叉点上，随着上海浦东的开发、开放，“环太湖圈”在我国对外开放格局中的地位也日显重要。

太湖是吴越人民的母亲湖，它孕育了吴越大地的子民，太湖水系也是华东特别是苏浙皖沪文化文明发展的发祥地。长三角正处于沿长江经济带和沿海经济带的黄金交汇点，经济繁荣，文化昌盛，历史上是中国民族工业兴起和资本主义萌芽的摇篮，现实中是中国对外开放的窗口和经济增长的热土。就长三角而言，长江是其新陈代谢、吐故纳新、贯通内外的大动脉，形状如箭，而太湖则是为长三角永葆发展活力提供强大动力的心脏，形状似弓。箭在弦上，不能离开了太湖奢谈长三角，面向长三角就必须立足环太湖。只有环太湖与长江沿江协同，方能成就中国经济新高地。

(2)实施改革开放新格局，各方协同创新共享机制

借鉴公共管理基本理论，确定统一的开放型经济发展整体规划，打破各自

为政的区域概念，全方位创新政府合作的理念、形式、机制和体制，充分发挥政府合作在区域一体化进程中的率先、带动、融合、提升等功能。

第一，创新政府合作理念。强调竞合、双赢、率先等意识，革新区划经济意识和狭隘的本位意识。

第二，创新组织架构。强调政府是合作的主体，更是合作创新的主体。健全以政府为主导的多层次合作组织，组织架构不仅要与经济社会发展相适应相促进，而且还要便于合作，易于推动合作、监督合作。

第三，创新机制、制度。建议环太湖区域各政府一起尝试并进行以市场化为导向的制度创新。特别是尝试运用各类市场工具以及谈判、协商等富有现代公共管理色彩的种种机制，立足区域公共问题，联合制定区域公共政策并加以坚决执行，以此作为合作的突破口和有效路径，为区域内社会经济资源的优化配置提供一个一体化的制度平台。

第四，创新政策体系。区域政策和制度建设的一体化是都市经济社会生态圈协调联动发展的前提。共同建设面向全球市场的一体化经济产业生态发展区，充分发挥本区开放的区域文化和密集化升值的产业取向的特点，在招商引资、土地批租、外贸出口、人才流动等方面要创造性地制定适应于本地发展的统一政策。

（三）战略实施对策

基于长三角一体化战略的发展新要求，环太湖地区各市政府应将以下方面作为着重加强交流与合作并需继续拓展的领域，包括：加强科技合作，联动提升区域自主创新能力；加强产业分工与协作，联动推进结构调整；加强环境政策、法规、技术等方面的交流与合作，联动建设资源节约型、环境友好型社会；加强区域市场布局研究，联动推进区域协调开放发展等。

1. 推进现代产业体系发展

建设现代产业体系的核心是抓好环太湖区域主导产业更替，培育智能制造、半导体芯片、环保产业、新材料四大崭新产业。战略性新兴产业是工业化和城市化的基础和源动力,能推动区域内产业高度化,增强城市综合服务功能。具体来看,要整体协作开发高新技术领域,建设环太湖地区高新技术产业群,并形成区域性分工与协作格局,改变目前区内高新技术低水平重复建设的不合理现象。

2. 对传统产业进行"技术置换"

将产业转移与优化结构相结合,在争取发展高端产业的同时,加快对现有传统制造业的改造升级。既要把转移项目、设备、扩散产品和转移技术、人才结合起来,引导生产要素合理流动,使产业转移得到人才和技术多方面的支撑;又要把转移传统产业与发展新兴产业经常化起来,通过对若干传统产业进行"技术置换"而形成新的经济增长点,通过发展新兴产业而增强经济发展的后劲,还要把第一、二、三产业转移与升级结合起来,促进城乡产业结构的不断调整和优化。

3. 生态环境治理与生态旅游综合开发

加强生态环境治理和保护,走可持续发展的道路。通过客观剖析环太湖区域生态发展中的问题,形成环太湖地区生态体系发展的总体原则,同时结合各地实际状况,探索出适合水生态大系统的生态子系统,共同推进太湖水生态建设。良好的生态环境让生态经济成为环太湖地区的支柱经济,一方面发展生态工业、生态农业,注重人与自然和谐发展,保护自然资源及环境,打造一个绿色的环太湖圈,另一方面将旅游业作为环太湖地区经济发展的支柱产业,构造"环太湖旅游圈"。

4. 优化公平竞争开放的市场体系

打破市场分割、地区封锁的格局,实现区域经济联动发展。通过构建统一开放的商品市场、劳动力市场、生产资料市场、资金市场、技术市场、信息市场,建立和完善市场网络体系。以市场一体化促进区域内乃至区域外之间商品、资金、劳动力、技术和信息的相互交流,带动交通、能源、电信、环保、绿化、风景名胜与旅游设施工程建设管理一体化，实现生产要素的优化配置和功能互补。太湖地区各市政府需要在政策制定、制度安排等方面深度对接，共同打造共生共赢的市场管理生态和公共管理生态。

5. 上海制造与上海服务的领军作用

由于上海的科技创新、先进制造与服务业发展较为发达，在环太湖一体化发展过程中，可以发挥重要的协同作用，使环太湖产业体系与创新体系向“科技＋制造＋服务”方向发展。在提升上海在产业链价值链上的位置的同时，带动长三角地区的协同发展，具体来看：

第一，对于上海来讲，要通过自主创新形成核心竞争力。基于上海自身的传统制造业基础，以及人才、技术、金融、环境等优势，通过自主创新，发挥科创中心作用，培育先进制造业集群，逐步发展附加值高、收益大的环节，向“科技＋制造＋服务”转型，形成自身的核心竞争力，从而成为该产业价值链的控制者，形成能够引领环太湖区域与长三角地区相关产业转型升级的领军者。

第二，对于环太湖圈一体化协同来说，最重要的就是在各区域在产业链与价值链上的通力合作，才能实现产业价值链的整体提升，提高产业的国际竞争力。因此，上海如何进一步开放，如何进一步与全球、全国、长江经济带、环太湖地区的产业发展实现产业链价值链新的分工合作，是上海制造业、现代服务业发展，也是“上海制造”“上海服务”重建声誉的重要前提之一。

推动环太湖圈经济产业、生态、社会综合发展，既是长三角一体化战略的突破口，也是长江经济带一体化发展的重点，是我国经济产业发展增强国际竞争力的重要策略。

执笔：芮明杰

2018 年 12 月

第十章　上海现代产业体系建设与“十四五”产业政策设计

2019 年是“十三五”规划实施的最后一年，也是政府制定“十四五”规划的一年。面对中美贸易摩擦不断升级，全球产业链、供应链面临分裂，全球经济、贸易、金融发展不确定性大大增强的局面，我国以及作为国际大都市的上海如何应对，未来的经济与产业发展方向与策略又该如何，需要认真研究分析。本工作室研究人员为此投入力量，积极思考认真研究，出了许多研究成果，写成 5 篇专报，供政府决策参考。主要内容包括：全球竞争背景下上海现代产业体系建设的目标、思路与路径；上海市“十四五”产业政策设计思路与要点；上海市“十四五”新基础产业发展政策思路与要点；上海市“十四五”高端生产性服务业发展政策思路与要点；以及以“卡脖子”技术为抓手，打造上海创新城市之核。

一、全球竞争背景下上海现代产业体系建设的目标、思路与路径

全球贸易摩擦的背后是产业体系、产业链与产业的竞争，也是科学技术与创新的竞争，上海作为长三角区域一体化中的龙头，作为正在向卓越全球城市

发展，全球科创中心建设的承担者，如何实现自身产业体系的转型升级，建设起引领全国并在全球有竞争力的现代产业体系是上海自身发展的需要，也是国家赋予上海的历史责任，意义十分重大。

（一）现代产业体系决定未来产业竞争力

1. 现代产业体系的特征

所谓现代产业体系应该是以美好生活需求为主导的、开放的、再生性能源支撑的、智能与互联网信息技术融合的、技术进步产业创新能力强大、投入产出效率高的新型产业体系。其具体有五大特征：

(1)现代产业体系是低碳、环保、智能化、互联网化的投入产出体系，是互联网、大数据、信息技术与实体产业的融合，并以互联网为基础的大规模智能化定制生产方式为主导的体系。现代产业体系是与环境友好的、城市发展相互依赖的，是以低碳、环保为特征的体系；同时，随着全球化与信息化的快速发展，互联网、人工智能等已成为现代产业体系的基础性产业，渗透到各个产业，同时生产方式需要及时的信息交流、处理与沟通，包括人与人、人与机器、机器与机器之间的信息交流与沟通，从而支持大规模定制化的生产模式。

(2)现代产业体系是实现全球资源有效配置的体系。现代产业体系是高度开放的产业体系，产业体系能够进行全球资源配置，这个资源包括了资本、服务、创新、信息、文化等方面。现代产业体系中的部分核心产业在全球分工条件下，具有产业链、价值链的控制力，创新能力强，附加价值高；具备关键环节的核心竞争力，能够作为“链主”掌握产业链，成为全球产业领先标识。

(3)现代产业体系是新型的产业跨界融合的体系，是智能制造与智慧服务融为一体为主的体系，形成不同于现行产业体系的结构。现代产业体系的结构是服务业制造化、制造业服务化融合结构，是各类纵向产业链或价值链与各类横向产业链或价值链交织而成的网络状结构，其中心节点是各类平台尤其是互联网平台。

(4)现代产业体系的产业组织体系是形成以各类平台为基础的产业生态圈、大企业主导的生产服务协作网络,以及中小企业组织群等有序有效组织体系,是现代产业体系的微观基础。根据现代产业协同发展、企业合作竞争的发展趋势,现代产业体系的微观基础是核心产业组成的产业生态圈。围绕这些产业大企业形成了一系列中小企业协作网络,在空间集聚的集群体系,使得分工合作方式变化,投入产出效率高,实现高的社会资源配置效率。

(5)现代产业体系是动态演进的产业体系,动态演进的核心是强大的技术进步与产业创新能力,动态演进的结果就是产业体系在不断自我更新,不断进行技术进步与新兴产业的诞生与发展,具备现代最领先的各类产业制作、工艺、集成、服务技术与组织。因此,现代产业体系应该是全球创新与高技术产业发展高地,技术进步、产业创新与时俱进,能力强大,同时有完整的、高效率技术进步与产业创新的服务体系。

上海的现代产业体系建设是我国现代产业体系建设与发展的一部分,虽然体系未必与全国体系完全一致,应该有上海的特色,但总体上看还是应该具有上述五大特征的现代产业体系。

2. 现代产业体系的核心是决定未来产业竞争力的新兴产业

广义的新兴产业概念,即新兴产业主要包括现代农业、先进制造业和新兴服务业。其中,现代农业主要是指应用现代科学技术、现代工业提供的生产资料和科学管理方法的社会化农业,是最新技术发展阶段的农业。

先进制造业主要是指以当前与未来领先技术为核心的制造业,主要包括战略性新兴产业以及高新技术产业,如节能环保、新一代信息技术、生物、高端智能装备制造、新能源、新材料、新能源汽车等产业,以及光机电一体化、航空航天、核应用及地球、空间、海洋工程等技术领域新兴产业。

新兴服务业是伴随着社会分工的细化和消费需求升级而新形成的服务行业,以及用现代新技术、新业态和新的服务方式改造提升传统服务业而产生的服务业,主要指互联网、科技服务、现代金融、电子商务、文化创意、现代物流、创新服务、信息服务等消费与生产服务业领域的新兴服务业。

狭义的新兴产业是指技术进步与产业革命中产生的过去没有的全新产业，这样的产业也包括新农业、新工业与新服务业，如互联网产业、平台产业、机器人产业等，其中最核心的就是与现代服务业融合在一起的高技术先进制造业，尤其是涉及国家竞争力的大国重器如半导体产业、软件产业、5G通讯产业等。

（二）上海现代产业体系的目标模式与总体思路

上海现行的产业体系及其结构依然存在着诸多问题，制约着上海向全球城市过渡与转型。为了迎接全球产业与技术发展所带来的机遇与挑战，上海应当积极谋求产业结构的转型和升级，建立与卓越全球城市发展相匹配的现代产业体系，以求在新技术发展变革浪潮、全球产业链重组与竞争中占得先机，快速实现现代产业体系建设的长远目标。

然而，卓越的全球城市的建设并非一蹴而就。在此过程中，明确的发展思路和目标模式是城市发展和产业转型、现代产业体系建设重要的方向指引，清晰的路径设计是顺利实施的良好保障。

1. 上海现代产业体系的目标模式设计

建立以“集成生产服务、模块化分工、互联互通”的新型网络状产业体系是上海现代产业体系建设的目标模式，这也是上海建设卓越全球城市的必然要求（见图10.1）。

建立新型网络状产业体系必须要打破对现行产业体系和产业结构的传统认识。传统的产业划分以价值链的纵向视角为前提，按照产业特性将产业划分为第一产业、第二产业和第三产业。然而，随着产业的发展，三次产业间的边界越来越模糊，跨产业边界的经济活动越来越广泛。如果继续使用三次产业的划分方法，不免有失恰当，而且也不能准确地反映城市发展对产业发展的新要求。因此，我们建议以价值链和价值网络的横向视角，对产业体系进行重新梳理，从

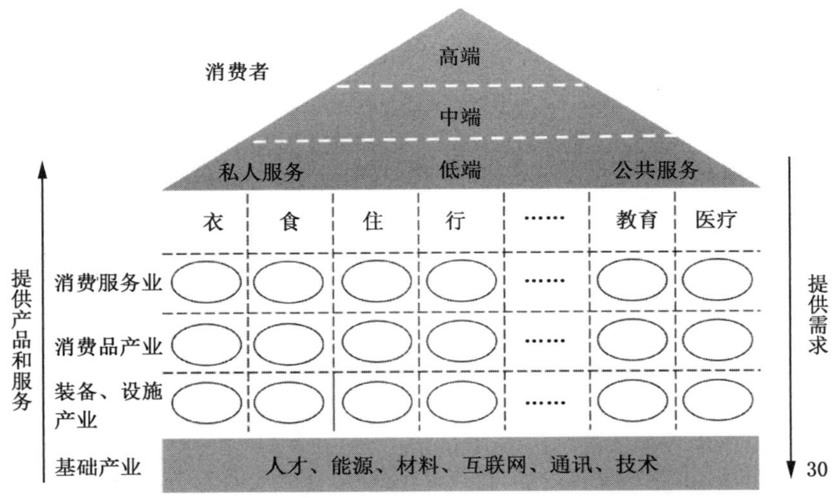

图 10.1　现代产业体系的目标模式

而准确描述上海未来产业体系的目标模式。

网络状新型产业体系以满足消费者的综合性需求为根本目的，对消费需求进行模块化划分，按照衣、食、住、行、教育、文化、医疗等功能性和价值性需求，通过消费服务业、消费品产业、装备设施产业、基础产业的模块化分工和互联互通，实现综合性、个性化生产和服务。

网络状新型产业体系的"集成生产服务"体现在通过生产和服务的集成满足消费者的综合性、个性化需求。消费者既有衣、食、住、行等私人服务的需求，也有教育、医疗、文化等公共服务的需求；既有低端需求，也有中、高端需求。网络状产业体系存在就是为了满足消费者的各类需求，同时根据消费者的意愿实现个性化服务。

网络状新型产业体系的"模块化分工"体现在针对消费者的不同需求，有一系列分工合作的功能模块来最终实现。基础性产业模块为其他产业模块提供基本的能源、材料和技术；装备、设施产业模块为生产服务提供设备和场地；消费品产业模块利用材料和设备，生产相应的消费产品；消费服务模块基于其他产业模块，为消费者提供服务，满足其最终需求。

网络状新型产业体系的“互联互通”体现在产业网络中功能模块的融合互动。基础产业、制造业和生产性服务业是互联互通的重要基础。基础性产业中主要以互联网、物联网、智能电网等为主要代表，为其他功能模块提供了融合互动的信息和技术基础，是模块互联互通的桥梁。而生产性服务业为其他模块提供了融合互动的基础服务，是模块互联互通的黏合剂。

2. 上海现代产业体系的基本组成

对于以建设卓越全球城市为己任的上海来说，建设网络状新型产业体系既要满足消费者的综合需求，同时也要重点满足消费者的高端需求。具体来说，在消费服务业和消费品产业领域，上海应重点发展现代高端服务业和高端消费品；在装备设施产业领域，上海应重点发展智能化、数字化制造；在基础产业领域，上海应着力发展新通信、新材料等“硬基础”，大数据、云计算等“软基础”，以及智能互联网、物联网、智能电网等“互联性基础产业”。

(1)建设五大平台

围绕建设互联互通、网络状新型产业体系的目标，上海应当积极打造五大功能平台，分别是全球资本交易与流通配置平台、全球货品和服务交易与流动配置平台、全球科技创新与服务平台、全球信息数字技术交换与服务平台、全球文化娱乐创意及服务平台。

(2)三大类功能性产业

五大平台的建设由三大类功能性集成产业来支撑。

第一，生活服务功能性集成产业。主要包括大健康产业，如养生、健康、医药、医疗等相关产业；大娱乐产业，如影视、游戏、动漫、旅游等产业；大文化生产与服务业，如文学、艺术、美术、思想、哲学、教育等产业。

第二，装备生产与服务功能性集成产业。这类功能性集成产业主要包括高端消费品生产装备制造与服务业，涵盖衣、食、住、行各个领域；智能生产设施与工具以及相关服务产业，如机器人生产与服务、3D 打印设备与服务网络等；智能系统、软件生产与服务产业。

第三，基础性、大功能性集成产业。该类功能性集成产业主要包括互联网、物联网(工业)以及相关服务业；泛能源、环保、回收生产与服务产业；新材料生产与服务产业，如新型碳材料、纳米材料、高分子材料、生物材料等；信息、知识、技术创新及服务集成性产业。

(3)六大战略性新兴产业

瞄准未来产业发展的世界领先地位，上海必须在六大新兴产业方面提前布局，加大投资形成规模与体系。

第一是新基础设施产业，过去的基础设施指的是马路、港口、铁路等，而决定未来产业发展的则是新基础设施，“云”包括云计算、大数据，“网”包括新型互联网、新型物联网，“端”，即终端和 App，端主要为移动终端，App 是操控入口。

在“云＋网＋端”的背后，5G 通讯技术决定了新基础设施的状态和未来的领先性，因此如何把 5G 继续推进和做好，并且在中国快速地形成领先或者广泛地使用，这对中国现行与未来经济产业发展具有重大的意义。

新的基础设施、新的“云＋网＋端”产生之后可能会推动将来一系列的变化。以企业边界来举例，将来企业变得不再重要，更关键的是团队的合作，而劳动的雇佣关系也将发生变化，自我雇佣的时间可能会比别人雇佣你的时间更多一些，等等，这些变化与新的生产组织——大规模协作网络的产生分不开。

第二是平台产业。平台分为两个方面：一个是线下，一个是线上。我们现有产业的划分是按照一二三次产业划分，但在未来，当平台经济逐渐成为主流的情况下，这样的划分可能并不太适合用来分析经济和产业了，平台服务的触角会不断地延伸、扩展，实际上是融合的，产业的边界将越来越淡化，直至消失，而生产服务和消费可能实现自由联动，消费者就是生产者，生产者就是消费者。

第三是人工智能(AI)产业。尽管现在市面上依然充斥着很多低智商的机器，但是一定会慢慢演化到智慧型机器，然后超级机器人将诞生，人工智能会衍生到各个产业层面，会改变产业的形态、发展和产品，所以 AI 产业的发展相当关键。

第四是数字产业。数据也可以看作是一个生产要素，它和资本、劳动、土地一样，我们对生产要素加以组合和开发就能产生价值，对数据加以组合和开发也会产生价值。所谓的大数据分析，首先当然是要把数据记录下来，但更重要的是分析和研究让它产生价值。

第五是基因经济与产业。基因涉及生命与健康，它的经济价值是极大的，尽管目前基因产业发展受到道德伦理的约束，但基因检测、基因修复、基因应用等这方面依然会是一个重要的经济与产业的发展方向。

第六是新型服务产业。在当下的贸易结构当中，服务贸易正在不断地发展，服务贸易比重开始追上或已经超过商品贸易的比重。这是因为新型服务产业发展起来了。新型服务产业提供新型的生产与消费服务，其中包括个性化的服务，即按照消费者自身的消费偏好来提供各式各样的产品和服务，如今个性化服务正在各式各样的领域展开。与此同时，智能化服务、集成化服务、全方位服务等也会成为未来发展的方向。

五大平台、三大功能性集成产业和六大战略性新兴产业的发展形成离不开城市地理空间要素的支持。为了实现网络状产业体系的升级目标，上海应当确立合理的产业空间布局和人才空间布局，以产业和人才的空间集聚带动产业功能集成，促进产业平台形成，从而最大程度发挥网络状产业体系的竞争优势，促进上海建设卓越全球城市的长期目标的最终实现。

（三）上海现代产业体系建设的总体思路与路径

1. 总体思路

围绕建设卓越全球城市的长远目标，在长三角区域一体化过程中以打造具有全球影响力的要素配置中心、科技创新中心为基本途径，以发展战略性新兴产业为重要手段，充分发挥市场的主导作用，建立与上海城市地位相匹配的、具有综合性平台功能的新型现代产业体系。

第一,上海现代产业体系应当与卓越全球城市的发展目标相一致。卓越全球城市的首要特征就是具有全球领导力,而产业实力是城市领导力的基础。未来上海的现代产业体系也应当与城市地位相匹配,具有全球领导力和影响力。产业的领导力主要体现在占据全球产业体系的核心地位,具有引领产业发展方向、配置资源要素的能力。新型产业发展是经济进步的基础,而经济进步又是文化繁荣的根本保证。因此,建设具有全球领导力和影响力的产业体系是建设具有经济硬实力和文化软实力的卓越全球城市的必然要求。

第二,以打造具有全球影响力的要素配置中心和科技创新中心为基本途径,不断提升上海现代产业体系的竞争力和领导力。在当今社会,生产要素不仅包括资本、劳动力,信息、技术、人才也成为了不可或缺的资源要素。目前上海城市发展的方向是打造经济中心、金融中心、航运中心和贸易中心四个中心,产业发展目标在于提升上海在先进制造业、现代服务业尤其在货币资本和国际商品贸易中的影响力和竞争力。然而,随着新一轮工业革命和"工业 4.0"的进一步发展,资本和贸易在产业发展中的地位和作用逐渐下降,信息、数据作为未来产业发展不可或缺的生产要素,越来越发挥着基础性和引领性作用。因此,未来上海产业发展重点应从资本、商品的中心逐渐向信息、数据、人才中心过渡,掌控未来经济和产业发展的基础性要素,即新型基础产业,从而提升上海产业在全球产业体系的影响力和领导力。同时,科技创新能力是长期保持要素配置能力的决定性因素。打造科技创新中心,与要素配置中心协同发展,以信息、人才配置支持科技创新,以科技创新带动技术要素进一步集聚,共同形成上海未来产业体系的核心竞争力。

第三,以发展战略性新兴产业为重要手段,带动上海要素配置中心和科技创新中心的建设。战略性主要表现在两个方面:一是涉及国家产业体系中薄弱的核心产业、关键产业的发展上;二是涉及全球未来产业制高点、竞争力的关键战略性产业的发展上,为此上海必须建设好国际要素配置中心和科技创新中心。而国际要素配置中心和科技创新中心的建设最主要的是对信息数据资源、技术资源、基础能源和基础材料的控制，而信息、技术、能源、材料的控制离不开战略性新兴产业的支持。发展以智能信息物联网为代表的新一代信息产业，尤其是5G通讯产业的发展为信息资源的获取和交流奠定产业基础；发展智能大数据技术和云计算技术，为信息的处理和知识的交流搭建良好的平台；发展新能源产业和新材料产业，为整个产业体系的建立奠定能源和材料基础。以此，通过战略性新兴产业的发展，带动相关产业的协同发展，从而吸引和集聚信息数据资源和科技资源，带动要素配置中心和科技创新中心的建设。

第四，充分发挥市场的主导作用和政府的引导作用。要充分发挥现代产业体系建设过程中市场的主导作用，让市场筛选有竞争力的技术和产业价值链环节。相关研究证明，财政支出占GDP比重越高，能源效率越低，经济效率更差，说明限制政府在资源配置中的作用，更大程度发挥市场作用，对提高整个经济的运行效率具有重要意义。因此，上海需要通过提升市场效率，引领产业结构转型升级，实现现代产业体系的建设。

政府的重点是规范与监管，促进市场建立起规范的秩序，结合自身实际和城市发展阶段制定统一的产业结构与空间布局的城市发展规划，做到产业体系与城市格局的协调、有序、可持续发展，从而实现产业发展与城市发展的协同。

2. 三条路径

上海建立新型产业体系必须遵循科学的发展路径，必须在禀赋升级、价值链升级和空间结构优化三个方面取得协调，才可能实现由上海的现行产业体系到现代产业体系的转化。

战略路径包括三个方面(见图10.2)。

3. 升级要素禀赋，改变比较优势的基础

现代产业体系建设的基础是比较优势的动态变化，因此，从现在到未来，上海如何建立一个能充分发挥比较优势的产业分工体系，同时又不陷入“比较优势陷阱”，关键是加大教育与创新投入，提高人力资本的内在品质，实现知识与

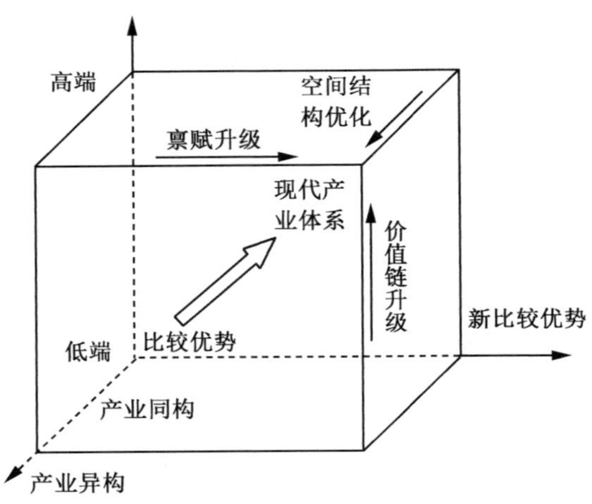

图 10.2 建立现代产业体系与结构战略路径

创新的积累，提升创新能力和创新制度建设，抓住新一轮产业革命的契机。加大智力资本投入，提升创新能力与效率，积极开展重大技术创新、产业创新是发展现代产业体系与结构的关键之一。

4. 产业链、价值链升级，在全球价值链中获得价值链的"治理权"

在开放格局下，上海很多产业是与发达国家产业链、价值链配合的产业，在产业链、价值链上处的位置低端边缘，根本没有产业链、价值链的治理权。发达国家的跨国公司充当了产业链、价值链的"系统的整合者"，甚至通过产业链、价值链的区域分割和等级制安排，限制发展中国家的产业沿产业链、价值链学习和产业升级。因此，如何通过知识积累和创新能力培育，使我国更多的大企业获得更多产业链、价值链主导升级的"话语权"是转型的关键之二。

5. 通过长三角区域市场一体化，构建形成现代产业体系的统一市场基础

目前长三角区域间市场分割市场保护，导致了产业同构产能过剩的现象，由此进一步导致了资源分散和落后企业的保护，难以形成良好的市场竞争格局，创新者也难以获得创新成果市场认可后的创新租金，如此创新就难以展开，产业体系转型升级自然十分困难。上海应该在推动长三角经济、产业区域一体

化过程中，通过要素流动和市场的统一，为上海现代产业体系建设提供一个良好的资源配置支持和市场机制支持，这是关键之三。

执笔：芮明杰

2019 年 5 月

二、上海市“十四五”产业政策设计思路与要点

“十四五”期间，上海市产业发展面临新的机遇与挑战：人工智能、大数据分析、区块链、工业互联网等新兴技术将部分替代劳动力、资本等传统生产要素，而产业或技术标准、专利、版权等在内的知识与无形资产的重要性进一步提升；数字信息化进入以 5G 为标志的新技术突破期，全球竞争更趋激烈，主要发达国家瞄准以 5G 通信为基础并延展至一些重要的新兴产业，加快研发并争夺标准制定话语权；中美贸易摩擦与“逆全球化”既带来了短期的风险与困境，也为我国产业创新和技术替代提供了契机。

尽管“十三五”期间上海产业发展成绩巨大，面对新的挑战与机遇，如何克服现行的产业发展的困难，在“十四五”期间上海能否闯出传统产业转型升级、重大先进制造业突破创新、生产性服务业高端化发展之路，在产业发展的国家痛点、产业体系发展的瓶颈方面取得突破，在长三角区域产业发展一体化方面、自贸区新片区产业推进等方面取得成绩，进而推动上海经济持续稳定增长，需要研究探索上海未来新一轮产业政策的制定与推进措施。

产业政策可以分为两大类：一类是选择性产业政策，即向全社会表明现在至未来政府支持发展什么产业或不支持发展什么产业或限制发展什么产业的政策；一类是功能性产业政策，主要是指营造公平竞争市场、营商环境、鼓励创新、扶植新兴弱小产业等的政策。上海的产业体系、产业发展至今取得的巨大

成绩与新形势下的不足都与过去的产业政策有很大的相关性，基本的问题是选择性产业政策为主，功能性产业政策不足。因此在上海“十四五”经济社会发展规划制定之际，研究与探讨上海“十四五”期间应该制定什么样的产业政策以推动上海未来产业高质量发展就十分必要。

（一）上海现行产业发展与产业政策问题

1. 上海经济增长速度逐步放缓

近年来，上海市经济发展增速放缓趋势明显。2019 年上半年，上海市 GDP 增长 5.9%，在全国经济前 20 强的城市中，排名倒数第二，仅高于天津的 4.6%。在一线城市中，深圳、广州、北京经济增速分别为 7.4%、7.1%、6.3%，均高于上海。预计“十四五”期间，上海经济增速有可能进一步放缓。分析制约经济增长的因素和问题，并找到经济发展的新增长点和动能，是上海市“十四五”产业发展政策的中心任务。

2. 民营高科技企业发展滞后

近十几年来，上海市国有经济一直占据着一半比重，外资和民营经济各占四分之一左右。国有经济占主导，这与上海市在国家产业发展中的重要战略地位密切相关。上海市承担了国家重大战略产业的研发和生产，如造船、商用飞机等，上海的大型金融机构和服务业企业也多为国有企业。但国有企业稳健有余而活力、创新力不足，且占用大量社会资源，这是上海在互联网新经济等方面落后于杭州、深圳等民营经济占主导的城市，没有出现阿里巴巴、腾讯、华为这样的大型民营科技创新企业的重要原因。“十四五”期间，上海国有经济增速有可能继续下降，同时在逆全球化与中美贸易摩擦的大背景下，外资进入上海可能减缓甚至流出。发展民营经济，使之在 GDP 占比有显著上升是“十四五”期间上海面临的重大课题。

3. 制造业转型压力比较大

近年来上海市 GDP 构成中，农业占比不到 1%，工业比重下降为 30%，服务业比重接近70%。当前上海经济发展中，制造业发展失速，“去工业化”趋势依旧。考虑到发达经济体“再工业化”的经验和教训，伦敦、纽约等国际金融中心在全球金融危机遭受的打击，以及生产性服务业的服务对象主要是制造业，“十四五”期间上海工业（制造业）比例不宜再降，稳定在30%左右是合适的。同时上海主干制造业多为传统制造业，即使是信息技术、生物制药等高新技术产业，上海市从事的也多是位于产业链低端的组装和加工等环节，核心技术和专利，以及设计和营销等高附加值环节均没有掌握在手中。在占经济主导地位的服务业中，生产性服务业比重较低。而在生产性服务业中，高端生产服务业比重更低。如何在“十四五”期间，把上海打造成先进制造业和高端生产性服务业中心，是我们重点研究的内容。

4. 上海未来产业发展面临严重资源约束，特别是土地资源和人力资源约束

首先，上海建设用地供应面临“天花板”，市区土地开发强度已近极限，且旧城改造成本奇高。未来市区主要聚焦于高附加值的现代服务业，郊区主要发展制造业，建成若干先进制造业基地和产业集群。特别是依托奉贤、金山、松江打造沿海工业走廊，同时将浙江省临近区域纳入，形成“松（江）奉（贤）金（山）嘉（兴）工业走廊”；依托与江苏临近郊区可以打造“宝（山）嘉（定）青（浦）苏（州）产业地带”，一方面推动长三角产业一体化，同时缓解建设用地不足的压力。

同时上海市人口老龄化加速，城市发展活力减弱，上海将提前进入老龄化社会。2020年全市老年人口占比预计超过30%，户籍人口抚养比将突破60%，将导致上海养老金出现巨大缺口，影响城市创新能力。更为重要的是，上海市人力资本结构性匮乏，人才储备情况与上海转型发展的战略需求相差较大，高端人才比重偏低，人力资源竞争力不足，与东京、伦敦、纽约等世界级城市的差距较大，难以适应金融、贸易、航运、商务和高技术产业、新兴产业发展需要。

5. 现有产业政策的效果与不足

近年来上海市出台了一系列产业政策文件，涵盖规划、指导意见、管理办法、调控措施、行业准入、金融扶持等方方面面。这些政策取得了明显成效，也

存在不足之处。主要的问题是：①产业政策过度偏向选择性，"去工业化"趋势依旧，制造业发展失速。②各级政府都制定了选择性产业政策，即应该发展什么产业不应该或不鼓励发展什么产业，重复率大产业集中度低，竞争力薄弱。③功能性产业政策有但功能不全，产业发展促进手段单一，以专项资金申报和财政补贴为主，偏重于行政手段实施产业政策。④产业政策偏向国资和外资，民营中小企业发展空间和机会受到挤压，没有形成国资、外资、民资公平竞争的商业友好环境。

（二）"十四五"上海产业政策设计思路和要点

1."十四五"期间上海面临着巨大的技术创新和发展机遇

一方面是在经济调整转型期，我国宏观经济下行趋势明显，"逆全球化"和中美贸易摩擦加大了中国经济面临的挑战。中美贸易摩擦对上海造成了不利影响，也带来了机遇。例如，我国在集成电路等领域仍存在大量的进口，上海作为中国集成电路和半导体行业的领头羊，在"十四五"期间需要积极探索"技术替代战略"，通过减税政策、产业基金投入鼓励该领域的发展。中美贸易摩擦的警示意义在于，在全球分工体系中，可以但不能过分依赖美国技术和市场。

一方面，上海现代产业的发展必须关注新技术的出现和动态发展。新技术主要包括人工智能、大数据分析、新能源技术和新材料技术等。这些技术可以广泛运用于大多数产业中，构成了现代产业体系的装备、技术、工艺和产品基础。同时，全球新一轮产业竞争为上海提供了产业升级的新思路。围绕5G等新技术展开的全球新一轮产业竞争，是新兴产业标准、产业链治理权、创新制度以及人力资本的竞争。这些新的竞争维度，为上海市产业发展带来了新机遇。

另一方面，"十四五"也是长三角一体化发展战略推进的关键时期，上海市应积极引领周边省份投入先进制造业和现代服务业建设，构建长三角地区在全球范围内的产业优势。在空间区位上，市区聚焦于现代服务业，郊区着力发展先进制造业，大力发展自贸区，力争嵌入全球价值链高端环节，为提升长三角城市群竞争力，在更高层次引领国内经济和参与国际经济提供支撑。

2. 上海产业政策总体设计思路

“十四五”期间上海的产业体系发展应努力形成“以现代服务业为主体，战略性新兴产业为领引，先进制造业为支撑的现代产业体系”这一目标。达成这一目标，上海产业发展政策总体设计思路为：实施混合型产业政策，以功能型产业政策为主导，兼顾选择型产业政策。功能型产业主要是指上海要建立和完善市场制度，促进市场公平竞争，优化市场环境，加强人力资本培养与引进，施行开放与推动自由贸易政策等。选择型政策主要是上海要制定新型基础产业、先进制造业某些重大领域，以及发展高端生产服务业发展的政策，投入资源，重点发展，进行技术替代。其中某些战略性新兴产业具有很强的正外部性和中长期经济和社会效益，但风险大、见效慢、初始投资大，需要政府协调市场对企业进行辅助和引导。

3. 选择型产业政策设计思路

(1)打造“新基础产业”

新基础产业即“云＋网＋端”的新型现代基础产业，包括5G、人工智能和大数据。

5G技术决定了新基础设施的集群状态和未来领先性。5G的发展，既要在核心技术层面加大核心器件的研发，也要在基础设施层面继续加快推进5G基站建设，同时在应用层面将5G与金融、贸易、工业互联等智能应用场景深度融合。人工智能的发展，应重视AI与制造、金融、商贸、交通等领域的深度融合，打破传统企业与AI企业的合作壁垒，并规范数据安全。

大数据产业包括大数据技术产品研发、行业大数据、大数据安全保障、大数据应用等内容。未来几乎各行业领域都需要大数据的分析结果。对于大数据产业的发展，需要特别重视数据安全和数据联通问题，严格加强数据安全防护，明确数据使用边界，增加违规成本。同时，需要重视数据孤岛问题，制定统一的数据结构标准，建立更为完善的数据库。

(2)优先发展先进制造业的若干重要领域

上海选择优先发展的制造业须具备战略性、技术领先、处于产业链高端、集群式发展等特征，并有一定的发展基础和比较优势。上海应重点发展符合这些特点的智能制造装备、新能源汽车、电子信息等领域。

推动智能制造装备业中的工业机器人产业的发展：①加强核心技术研发，在减速器、伺服系统、控制器等核心零部件研发方面，促进产学研合作；②鼓励和推广工业机器人的大规模运用；③鼓励投资并购，鼓励上海市本土企业并购一些技术领先的外资企业；④加快工业机器人行业人才体系建设，吸纳引进人才与自主培养人才并行；⑤拓宽机器人企业投融资渠道；⑥搭建机器人行业开放式资源共享平台。

大力发展新能源汽车：①加强核心零部件的研发，在动力电池、驱动电机及电控方面增加研发投入；②加强配套基础设施供给，包括充电设施、换电设施等；③鼓励新能源整车企业开发和推出更多优质的车型，参与全球市场竞争。

推动电子信息领域的芯片产业的发展：①加强基础研发与鼓励海外并购并行；②吸纳引进人才与自主培养人才并行；③提高芯片研发能力，重点突破高附加值的芯片设计领域；④拓宽芯片企业投融资渠道。

（3）大力发展生产性服务业，尤其是高端生产性服务业

高端生产性服务业是指知识密集度高，依靠新兴技术与专业知识，服务于生产过程，具有高附加值性的服务业。“十四五”期间上海生产性服务业的发展应聚焦工业互联网、供应链金融、研发服务业等重点领域。

在工业互联网方面：①做好5G基站建设，完善工业互联网基础设施；②推进标准制定，助力一批代表性工业互联网平台企业做大做强；③防范数据泄露，确保工业数据在法律法规允许的范围内得到合理使用，明确数据所有权的归属问题；④建立开放共赢产业生态，完善公平、公正、透明的市场竞争规则；⑤降低准入门槛，吸引一批工业互联网初创企业来沪入驻；⑥加强交流合作。一方面，保持与德国等先进制造国家的合作关系，借鉴国外工业互联网发展经验；另一方面，与工信部、中国信息通信研究院以及阿里、华为等代表性企业通力合作。

在供应链金融方面：①建立供应链金融行业标准规范，制定统一、快捷的业务操作流程；建立评级制度和定价制度；②鼓励商业银行与物流供应链企业合作，成立产业联盟，分散风险，互利共赢；③鼓励建立线上供应链金融服务平台，实现“互联网＋供应链金融”的深度融合，提升智能风控水平。

在研发服务业方面：①深化科研成果产权制度改革，在明确研发成果产权的基础上，发展多层次的技术产权交易市场体系。②深化现代科研院所制度改革，为本市科研机构清晰定位，给予独立、完整的法人资格。引导高校院所形成市场导向的科研体系，支持建立“成果形成—发明公开—专利获取—交易撮合—技术许可或转让”为核心链条的完善的技术转移体系。③深化科技投融资体制改革，加强对基础研究的投入力度；优化财政科技投入机制；探索投贷联动、知识产权质押、股权众筹等资本市场运作方式；稳步推进金融科技与科技金融的联动发展；加大研发服务市场对外开放力度，瞄准世界级科创资本市场。

4. 在功能型产业政策设计方面

功能性产业政策战略层面的要点包括：

第一，“出口导向”战略转向“技术替代”战略。我国人口众多，居民收入和消费水平已大幅提高，市场容量完全可以支持新兴产业的发展。可以通过替代进口促进新兴产业的发展，但更应该追求这些新兴产业的体系性形成、集群式发展以及技术的突破性创新，形成未来若干领先优势产业群。

第二，实施和推进“长三角一体化协同发展”战略。促进长三角一体化发展，需要建立合理协调的分工体系，打破制度的约束和隔阂，推动区域内基础设施建设，推动商品市场和生产要素市场的流动。

第三，形成生产要素配置中心，加强人才培养与引进。上海作为中国乃至世界重要的金融中心之一，对资本的配置起到巨大作用。上海还要建立其他战略资源市场，如知识产权交易市场和高端人才市场。通过影响资源配置，为产业发展提供助力。

功能型产业政策在具体实施层面有如下要点：

第一,营造良好的产业和民营经济发展的市场环境,放宽市场准入制度。目前上海不少产业准入门槛高、管制多、市场化程度低,需要进一步打破国有垄断,放宽民营企业准入,建立公开、公平、公正的行业准入制度。应加快鼓励民营资本进入重点领域,执行"负面清单制度"。制定公平的用地政策,降低用地成本,实现用地价格并轨。

第二,加强知识产权保护,形成鼓励创新的制度环境。除了严格执行国家有关法律法规之外,还可通过地方立法以完善法律框架。加大对知识产权法庭的财政投入,增加对专业人员的培训,提高企业高层管理人员的知识产权保护意识。通过财政支持,提供法律援助,降低中小企业维权成本。清晰界定科技人员对研发成果的所有权,建立和完善知识产权交易市场,推动知识转化为专利,专利转化为股份,股份转化为收益,以打通专利产品化、产业化的渠道。

第三,提高对外开放水平。制定更加开放的产业准入规则,重点鼓励引进国外现代化理念,先进管理经验,技术手段和现代市场运作方式。鼓励引进国内外知名企业和跨国公司来沪设立地区总部、服务中心、研发中心等,经认定后实行审批、办证全程代办绿色通道制度。在自贸区真正实现"投资自由、贸易自由、资金自由、运输自由和人员自由"。

第四,引资和引智相结合。通过简化办理外地人员居留许可的手续及认定,对长期在沪工作的办理永久居留证,以求吸引人才来沪工作。对高层次人才引进时,可以从税收减免、补贴,以及科研人才的专项基金等方面给予激励,以及对引进人才的机构和企业进行相应税费减免。在人才引进后,对其福利保障、职业发展平台和子女就学方面,要给予重视。引才和育才相结合,完善激励机制和用人体系。改变目前高端人才短缺的现状,大力培养复合型、国际型人才,联合企业培养适应社会需求的高端人才。

执笔:芮明杰　姚志勇

2019 年 11 月

三、上海市“十四五”新基础产业发展政策思路与要点

“十四五”期间上海经济增长与产业发展有两个重要的出发点：一是能否在自身基础上通过努力发展起我国产业体系中薄弱的核心产业，同时实现上海传统产业转型升级高质量发展；二是能否在科技创新中心、金融中心、自由贸易中心等发展的基础上努力发展面对未来有全球产业竞争力的领先的新兴产业。而这两个出发点又与上海的新基础产业在“十四五”期间发展的状况密切相关，因为全球产业新一轮竞争首先是在新基础产业领域展开，即在5G通讯、人工智能、大数据产业等方面争夺领先地位、产业标准以及相关产业链控制权。作为国家重要的经济与产业发展重镇之一的上海，作为长三角区域经济一体化发展的龙头，上海在“十四五”期间，如何发展新基础产业就十分重要，涉及上海产业体系未来高质量发展与强大的国际竞争力。

（一）“十四五”期间上海的新基础产业发展方向

新基础产业，即支持未来新型产业发展的新型现代基础产业，有人将此表达为“云＋网＋端”。其中，“云”指的是云计算、大数据等信息交互和使用模式；“网”指的是互联网、物联网等，通过信息传感器，将网络接入；“端”指的是终端、智能应用程序等，负责用户信息的输入和输出。这样的表达有一定道理，但未能完全涵盖新基础产业的内涵。我们认为新基础产业可以从“硬、软、联”三个方面来说明，一是以5G通讯、新材料、新能源、新交通等为代表的所有产业发展的“硬基础”；二是以大数据、人工智能、IT软件等为代表的产业发展的“软基础”；三是以工业互联网、智能物联网、智慧电网等为代表的“互联性基础产业”。可以证明，所有这些新基础产业已经成为决定全球未来产业竞争力的基础，因为这些产业的发展与应用将广泛影响几乎所有的现行产业与未来新兴产业。

在新基础产业上的资源投入与创新发展，一方面是上海现行经济增长的驱动力，另一方面又是未来上海产业创新的方向与重要的支撑。从长远发展着眼，上海在"十四五"期间必须大力推动新基础产业的建设，使之成为传统产业转型升级的助力，成为新兴产业发展的主力。具体可以考虑从以下三个重点方面入手：

1. 5G 通讯

"云＋网＋端"的背后，5G 技术决定了新基础设施的集群状态和未来领先性。5G 的发展，既要在核心技术层面，加大核心器件的研发，也要在基础设施层面，继续加快推进 5G 基站建设，同时在应用层面，将 5G 与金融、贸易、工业互联等智能应用场景深度融合。

2. 人工智能

人工智能，即让机器能够解决人脑所能解决的问题。人工智能会衍生到各个产业层面，形成产业集群，它的发展至关重要。人工智能的发展，应重视 AI 与制造、金融、商贸、交通等领域的深度融合，建设更加成熟完善、智能化的国际经济中心、国际金融中心、国际贸易中心和国际航运中心，打破传统企业与 AI 企业的合作壁垒，并规范数据安全。

3. 大数据

大数据产业包括大数据技术产品研发、工业大数据、行业大数据、大数据产业主体、大数据安全保障、大数据应用等内容。可以预计，未来几乎各行业领域都需要大数据的分析结果。对于大数据产业的发展，需要特别重视数据安全和数据联通问题，严格加强数据安全防护，明确数据使用边界，增加违规成本。同时，需要重视数据孤岛问题，制定统一的数据结构标准，建立更为完善的数据库。

新基础产业中，大数据能够提供海量数据资源，为生产服务决策提供信息内容；5G 技术能够提升信息传递速度，为数据传输提供技术支撑；人工智能是信息处理技术，为数据的分析处理提供了更为成熟、科学的决策方案。5G 技术、人工智能和大数据共同构成了新基础产业的生态结构，赋能数字经济时代的高质量发展。见图 10.3 与图 10.4。

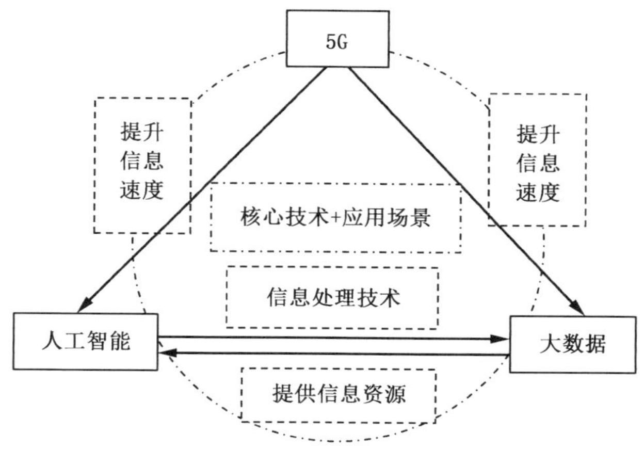

图 10.3　新基础产业的生态相关

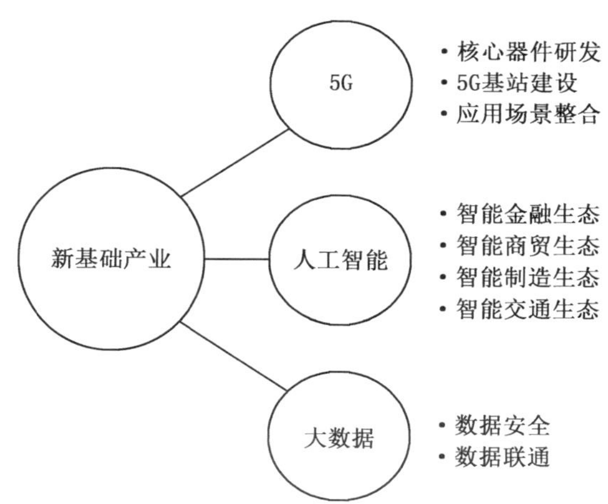

图 10.4　新基础产业发展方向要点

（二）"十四五"期间上海发展新基础产业政策思路要点

1. 5G 通讯发展政策思路与要点

"5G"指的是第五代无线网络和技术，具有大带宽、低延时、高可靠等特性，将极大地拓展数字化技术的应用场景，从而开启万物互联的新时代。

5G 通讯技术决定了新基础设施集群的状态和未来的领先性，针对 5G 的网络建设和技术创新（见图 10.5），我们研究认为上海在"十四五"期间应该有以下发展政策思路要点：

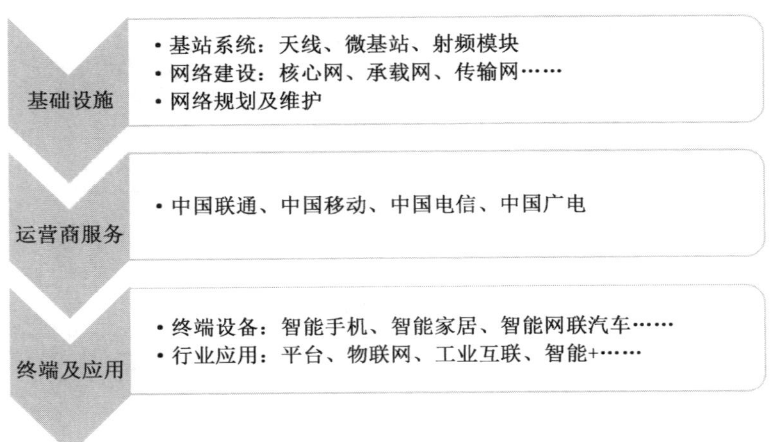

图 10.5　5G 产业链

（1）加强核心器件研发，打造国际科技创新中心

5G 核心器件的技术创新，是新基础产业科技创新的关键。上海应充分发挥高校人才优势，实现"产学研"的深度融合，加快推进应用处理器和基带芯片等核心器件的研发和产业化。

（2）推进 5G 基站建设，打造全球 5G 标杆城市

5G 网络是新基础产业发展的技术支撑，上海应加速推进 5G 基站建设，尽快实现 5G 网络在全市范围内深度覆盖，打造全球领先的 5G 标杆城市。

（3）发挥服务制造优势，实现智能场景深度融合

应充分发挥上海在制造业和服务业的领先优势，将 5G 网络技术应用于城市管理、智慧医疗、智慧教育等服务场景，并开展 5G 智能工厂的建设试点，尝试定制化生产以及产业链的创新融合。

2. 人工智能发展政策思路要点

人工智能(Artificial Intelligence,AI),即让机器能够解决人脑所能解决的问题。[①] 人工智能可以衍生到各个产业层面,是新基础产业的关键部分(见图 10.6)。

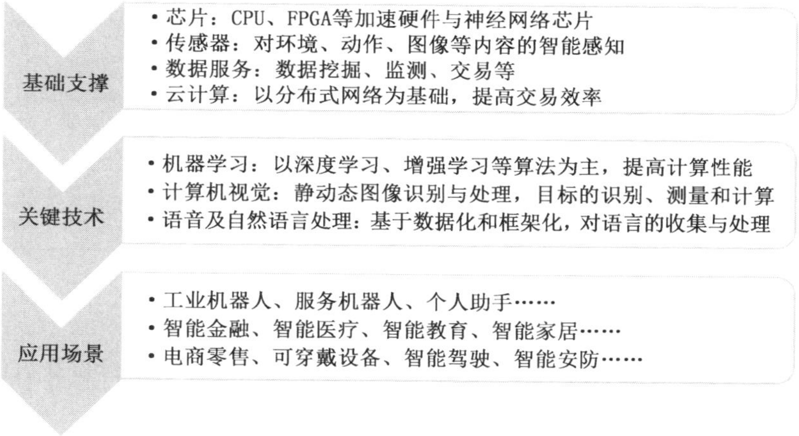

基础支撑
- 芯片：CPU、FPGA等加速硬件与神经网络芯片
- 传感器：对环境、动作、图像等内容的智能感知
- 数据服务：数据挖掘、监测、交易等
- 云计算：以分布式网络为基础，提高交易效率

关键技术
- 机器学习：以深度学习、增强学习等算法为主，提高计算性能
- 计算机视觉：静动态图像识别与处理，目标的识别、测量和计算
- 语音及自然语言处理：基于数据化和框架化，对语言的收集与处理

应用场景
- 工业机器人、服务机器人、个人助手……
- 智能金融、智能医疗、智能教育、智能家居……
- 电商零售、可穿戴设备、智能驾驶、智能安防……

图 10.6　人工智能的产业链

人工智能代表未来的发展趋势,上海应牢牢把握机遇,推动人工智能与实体经济深度融合,共同打造人工智能发展的“上海高地”。

(1)构建智能金融生态,打造智能化国际金融中心

金融业的数字化是未来趋势。将人工智能与传统金融业深度融合,构建智能金融生态,对上海建设国际金融中心至关重要。运用 AI 技术,金融业可以在风控、投研、投顾、理赔、催收以及人证比对等方面实现应用场景的智能化[②],见表 10.1。

---

① 清华大学中国科技政策中心,《中国人工智能发展报告 2018》。

② 艾瑞咨询,《中国智能产业研究报告》,2019 年。

表 10.1 **“智能+金融”的应用场景**

投资融资	智能投研 上市公司研报关键信息分析 智能财务模型搭建与优化 投资策略规划报告自动生成	智能风控 信贷审批,额度授信 信用反欺诈、骗保反欺诈 异常交易行为侦测 风险定价、客户关联分析	智能投顾 理财产品策略咨询 股票、基金、债券配置
营销客服	智能营销 线上社交信息分析 线下活动透视分析 销售报表自动生成	智能客服 7×24 小时机器人客服 网点机构引导服务机器人	人证比对 人脸抓取,智能比对
售后服务	智能理赔 智能辅助拍摄,精准定损; 理赔材料智能审核、 智能赔付	智能催收 客户画像、评分模型 智能互动工具	

(2)构建智能商贸生态,打造智能化国际贸易中心

商业贸易的发展,伴随着物流、仓储、交易集散以及供应链的优化升级。构建智能商贸生态,是上海建设国际贸易中心的重要内容,见表 10.2。

表 10.2 **“智能+商贸”的应用场景**

货物管理	商品识别 机器人技术提高包装和库存检查效率 计算机视觉(CV)技术,围绕“货”的 商品识别、物损检测	供应链优化 打通数据关联性、产业上下游 预测需求,改善准时生产和交货 打造仓储、运输和门店的柔性供应
交易流程	机器翻译 更完善的机器翻译系统, 促进国际贸易增长	贸易谈判 人工智能分析谈判伙伴, 预测对手的反应,提供谈判策略
营销管理	精准营销 抓取客户的行为、交易特征数据, 通过机器学习实现个性化推荐	智能门店管理 人脸识别 围绕“人”购买行为的价值挖掘
消费场景	无人销售 开放式货架、无人货柜、无人便利店 AI 实现“场”的拓展和无人化	智能支付 刷脸支付和身份识别 自主结算和结算保护

(3)构建智能制造生态,打造智能化国际经济中心

上海的国际经济中心建设,需要将AI技术与制造业深度融合,实现由“中国制造”到“中国智造”的转型升级,见表10.3。

表10.3　“智能+制造”的应用场景

智能研发设计	智能质检	预测性维护
集成机器学习模块,掌握造型、结构、材料等性能参数,理解设计师需求并自主设计出成百上千种可选方案	逐一检测在制品及成品,准确判别金属、人工树脂、塑胶等多种材质产品的各类缺陷	通过对设备进行数据收集和状态监测,在故障发生之前就预测可能出现的故障隐患

(4)构建智能交通生态,打造智能化国际航运中心

智能交通,包括交通管控、交通运输、出行服务、自动驾驶等方面的交通设施服务智能化。AI技术将助力上海建设更为完善、成熟的智能化国际航运中心。

航空港口方面,AI技术能够完善空港物流作业功能,可建立智能化“通关+物流”跟踪查询应用。陆路交通方面,AI技术能够帮助治理交通拥堵问题,优化陆路运输网络。

3. 大数据

(1)大数据产业的概念和产业链

大数据产业是以数据采集、交易、存储、加工、分析、服务为主的各类经济活动,包括数据资源建设、大数据软硬件产品的开发、销售和租赁活动,以及相关信息技术服务,见图10.7。

(2)大数据产业发展政策思路要点

大数据产业是数字经济的发展基础,是新基础产业的重要组成部分。对于大数据产业发展,上海“十四五”期间发展政策的思路要点有:①树立数据意识,严格加强数据安全防护。完善大数据产业的制度保障,一方面,明确数据使用的规则和边界。可以依据中国网络安全方面的法律法规,参考欧盟《通用数据保护条例》,制定更加详细的数据规则。另一方面,加大数据违规的惩罚力度。

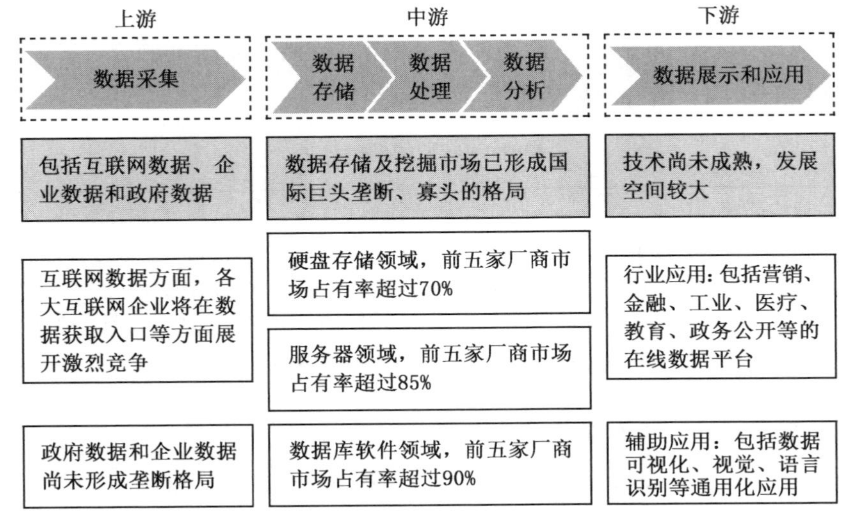

图 10.7　大数据产业链及竞争格局

惩罚标准的制定，要考虑违规者的违规利益，增加违规成本，形成强有力的约束。②打破数据孤岛，着力解决数据联通痛点。应进一步完善数据公开和数据联通，打破“数据孤岛”。一方面，加强数据整理，统一数据结构标准。另一方面，打破利益阻碍，完善征信数据库。应加强公共设施、社会保险等政务数据的信息共享，打破金融企业“商业机密”的利益阻碍，简化信息开放流程，为数据共享建立有效的激励机制。

（三）“十四五”期间上海发展新基础产业政策的实施要点

新基础产业的发展，需要关注以下三个方面的对策举措：一是顺应发展范式变革，构建产业互联的新型生态；二是加大科技体制改革，完善“产学研”机制设计；三是产业安全标准的规则制定。

1. 构建产业互联的新型生态

新型基础设施建设，需要模式和思路上的转变，重视产业融合的新型生态构建，形成“从核心技术到应用场景”“从技术研发到商业模式”的良性循环发展。

(1)培育创新创业,形成企业“森林生态”

需要转变传统的“土地融资—园区建设—招商引资”的发展模式,聚焦未来产业机遇,形成新基础产业的良性生态系统。灵活运用基金和闲置土地,降低创新创业企业和小微企业的融资成本和土地成本,见图 10.8。

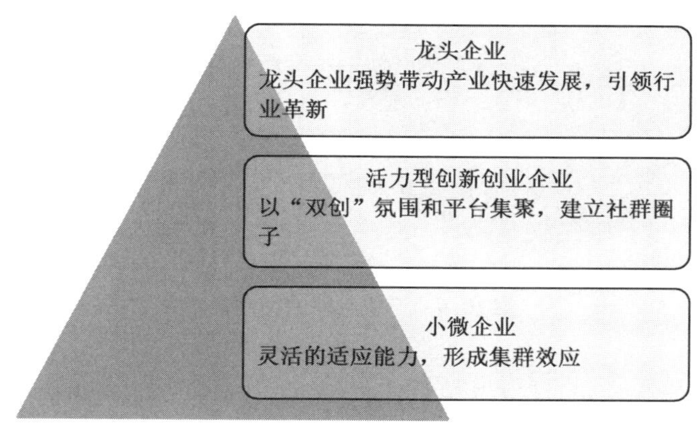

图 10.8　新基础设施企业的“森林生态”

(2)抢占网络区位,实现互联升级新引擎

新基础产业的发展,将实现产业链各个环节的互联互通。一方面,应基于大数据和 AI 技术,实现产业的数据化。另一方面,应打破产业上下游的信息壁垒,为企业提供更为灵活的融资渠道,见图 10.9。

2.“产学研”合作的利益机制设计

建设国际科技创新中心,必须在核心技术层面拥有领先优势。如何进行科技体制改革,实现利益共享,促进产学研有效合作,是核心技术研发的关键。

(1)明确利益分配,完善技术转化机制。美国斯坦福大学和硅谷的合作是产学研经典案例。上海可参考斯坦福大学的产学研模式,成立技术授权办公室和工业合同办公室,负责对技术转化的全过程管理,明确科研收益在科研人员、学校和院系的分配比例。

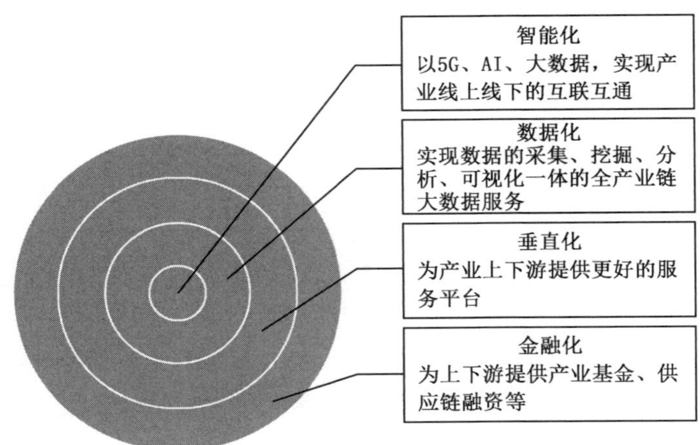

图 10.9　产业互联的创新升级

(2)制定准入清单,建立共生合作机制

对于科研人员除了是否能在企业任职或自主创业、收益如何分配、科研机构如何参与企业的经营投资,还需制定更为清晰的“准入清单”或“负面清单”,明确权责。研究成果的商业化仅仅是其中的一部分,还应建立合作研究、委托研究、人才合作培养、企业咨询、数据共享、设备租赁等多形式、多主体的协作机制,见图10.10。

3. 产业安全标准的规则制定

新基础产业发展中可能存在诸多安全问题,亟须制定更加完善清晰的标准。

(1)严格把控数据控制者的使用权力

需要严格界定数据控制者的数据权限,对数据过度获取、使用的行为进行有效约束和严厉惩罚。

(2)加强构建智能技术的安全评估

AI 技术可能存在算法失误、算法黑箱等问题,信息传播也更为隐蔽。因此,必须加强监管,进行更为具体、完善的安全评估。对于自动驾驶等智能技术应用,建立统一的安全评测标准体系;对于信息精准传播和 AI 合成技术,深化

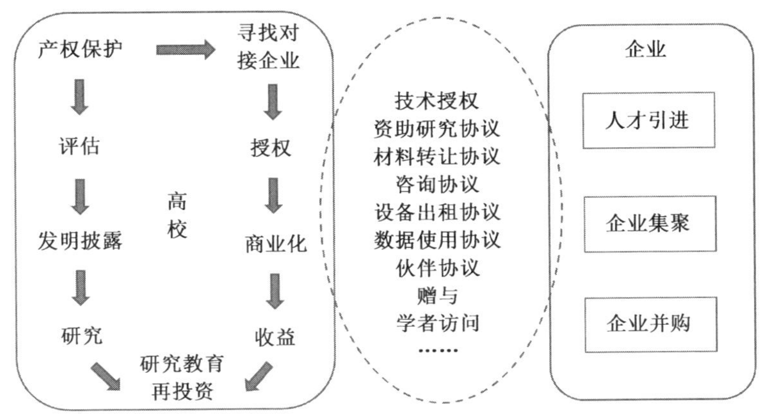

图 10.10 高校与企业的产学研共生合作机制

人工智能安全防控技术研究，构建安全防护技术体系。同时，考虑建立第三方评测认证机构，为市场准入和运行监管提供技术支撑。

执笔：芮明杰　姚志勇　李玲芳

2019 年 11 月

四、上海市“十四五”高端生产性服务业发展政策思路与要点

高端生产性服务业是指知识密集度高，依靠新兴技术与专业知识，服务于生产过程，具有高附加值性的服务业，主要包括金融业、信息与通信服务业、科学研究与技术服务业、商务服务业等。高端生产性服务业具有如下特征：①较强的产业关联性；②人力资本和知识资本密集；③高度依赖新技术和创新；④需求主要来自知识密集型制造业和生产性服务业自身，并且呈现国际化的趋势；⑤高收益性或高附加值性。

上海市 2018 年度服务业占 GDP 比重达到 69.9%，生产性服务业占服务业

比重达到 60.01%,基本接近发达国家“两个 70%”指标。但上海生产性服务业的结构仍有待完善。金融业占绝对地位,而具有高技术含量、直接嵌入生产过程中的服务,如信息技术服务、科技研发服务、商务服务等占比相对较小。与国际大都市相比,上海的高端生产服务业仍有很大的追赶空间。比如,2018 年上海 GDP 排名全球大都市第六,服务业产值只有第一名纽约的一半左右。而纽约在其生产性服务业中,除金融保险业保持传统优势地位外,商业服务业表现尤其突出,吸引了来自法律、会计、咨询等领域的全球高精尖人才。

(一)上海高端生产性服务业发展政策设计的出发点

1. 高端生产性服务业正成为上海经济发展的重要力量

无论从产值、从业人员还是进出口贸易的情况来看,生产性服务业均呈现向高端化集聚发展的整体趋势。

同时,功能区成为高端生产性服务业发展的重要载体。2018 年,上海市发布了《生产性服务业功能区建设指引》,提出“科学布局,集聚发展”“创新引领,产业高端”等主要原则,聚焦重点项目,推动生产性服务业功能区内产业智能化、高端化、融合化、平台化、绿色化发展,打造“上海服务”品牌。

与此相呼应,上海的总部经济呈现出良好发展势头。至 2017 年末,在上海落户的跨国公司地区总部达到 625 家,投资性公司 345 家,外资研发中心 426 家,为上海高端生产性服务业的发展提供了更多技术、管理上的先进经验。

2. 制造业转型升级和战略性新兴产业发展带来对高端生产性服务业的巨大需求

我国正处于由制造大国迈入制造强国的关键时期,对制造业提出了转型升级要求。一方面,传统制造业向创新驱动的现代制造业转变,必须辅以高端生产性服务的支持。另一方面,战略性新兴产业是新兴科技与传统产业、新兴产业的深度融合,代表着科技创新的方向,也代表着产业发展的方向。战略性新兴产业及相应高端生产性服务业的融合发展是加快发展高端制造产业的有效途径。

3.“十四五”期间上海高端生产性服务业发展目标

(1)提升高端生产性服务业对上海经济增长的贡献与作用。上海服务业总体发展应该达到国际上发达国家的“两个70%”标准。力争到2025年实现上海市高端生产性服务业总产值占本市GDP比重达到40%,占服务业、生产性服务业比重分别达到50%、70%,年均增长率保持在15%左右。

(2)高端生产性服务业重点领域稳中有进,创新能力大幅提升

“十四五”时期,金融业保持11%的年均增长率,占本市GDP比重达到20%;信息服务业继续保持13%的高速增长,到2025年总产值占GDP比重达到10%,确保赶上下一波信息技术浪潮;推动高端商务服务业稳步发展,力争在“十四五”时期产值占GDP比重突破6%;最后应加大科技研发服务业的扶持力度,到2025年实现其总产值占GDP的5%。

(3)高端生产性服务业空间布局更加优化

到2025年,各类集聚区能级进一步提升;着力打造产业特色鲜明、高端要素集聚、品牌效应明显、配套功能完善的高端生产性服务业创新发展示范区;中心城区与郊区协同发展,高端生产性服务业集聚水平持续提高的同时,促进两者差距进一步缩小。

(4)提升本土高端生产性服务业企业的国际竞争力

培育与吸引一大批本土高端生产性服务业企业在沪或来沪发展,培育其核心竞争力,提升国际竞争优势。同时,继续保持引进跨国高端生产性服务业企业地区总部、研发中心、投资中心的力度,合作共赢。

4.“十四五”期间上海高端生产性服务业发展政策的设计思路

“十四五”期间上海高端生产性服务业发展的目标是该产业政策设计的出发点,因此上海“十四五”期间高端生产性服务业发展政策设计的思路是:应该充分发挥上海的人才优势和技术优势,面向上海先进制造业发展,获取全球竞争优势的重大需求,坚持自主创新、国际合作、重点突破、集聚发展、市场主导、

政府推动的原则,"十四五"期间的服务经济发展要从基本生产性服务业向高端生产性服务业转型:①以高质量发展服务经济为主导,使高端生产性服务业在制造业转型发展中扮演重要角色。②结合上海城市功能的转型与先进制造业的发展,进行高端生产性服务业空间布局规划。③以全球化开放的视野规划上海高端生产性服务业的发展,坚持引进来和走出去相结合的发展方针。④建议重点发展工业互联网、供应链科技金融、科技创新服务和高端商务服务,形成国际竞争力。

(二)"十四五"期间上海高端生产性服务业发展重点领域与政策要点

1. 工业互联网

工业互联网平台是新一代信息技术与制造业深度融合的产物,是基于云计算的开放式、可扩展的工业操作系统,对我国制造业数字化转型升级具有战略意义。

(1)发展现状分析

上海市政府对工业互联网的发展给予了密切关注。2018 年 7 月,市政府发布《工业互联网产业创新工程实施方案》:到 2020 年,基本建成新型工业互联网网络基础设施体系,培育一批具有国际竞争力、在行业内有影响力的工业互联网平台,带动制造业转型发展。

从企业数量、行业协会、科研组织等来看,上海工业互联网产业规模已初具形态,产业链不断完整,但是离成熟的产业生态还有一定距离。在核心技术层面,与国外相比存在很大差距,且有进一步拉大的风险。技术研究零星分散,没能形成规模。

同时与国际上拥有先进制造业的国家、城市相比,上海工业互联网产业仍处在初级阶段。"工业互联网"的概念最早由通用电气于 2012 年提出,随后美国五家行业龙头企业联手组建了工业互联网联盟。德国也早在 2013 年推出"工业 4.0"战略。其中一个关键点是数据标准的制定,德国正致力成为这个标准的制定者和推广者。中国的工业互联网探索之路始于2015年。2017年，国务院正式提出发展工业互联网的指导意见。目前我国工业互联网平台尚处在从概念探讨走向产业实践的初级阶段。

因此，上海应理性看待在工业互联网领域取得的成绩，更重要的是正视现存问题以及与国外的差距，建设本市工业互联网产业体系。

(2)发展政策要点

围绕网络、平台、安全三个工业互联网核心体系建设，采取切实有效措施，响应市场主体的现实需求。

①网络方面，做好5G基站建设，完善工业互联网基础设施。

②平台方面，推进标准制定，助力一批代表性工业互联网平台企业做大做强，体现规模效应。发挥上海作为标识解析试点城市的示范作用，与本土工业互联网平台企业、产业联盟一同参与工业互联网标准制定。

③安全方面，防范数据泄露，确保工业数据在法律法规允许的范围内得到合理使用，明确数据所有权的归属问题。

④主体需求方面，完善市场竞争规则，建立开放共赢产业生态。尽快完善公平、公正、透明的市场竞争规则，扮演好政府第三方仲裁者的角色。

⑤降低准入门槛，吸引一批工业互联网初创企业来沪入驻，提升本市工业互联网创新活力。

⑥加强交流合作。一方面，保持与德国等先进制造国家的合作关系，借鉴国外工业互联网发展经验。另一方面，借助国家力量，与工信部、中国信息通信研究院以及阿里、华为等代表性企业通力合作。

⑦发挥上海技术引领作用，推动长三角区域一体化协同发展。形成上海领军工业互联网技术研发，长三角城市群率先应用，相辅相成的局面。

2. 供应链科技金融

供应链金融是金融机构围绕核心企业在对整条供应链进行信用评估及商业交易监管的基础上，面向供应链核心企业和节点企业之间的资金管理进行的一整套财务融资解决方案。大力发展供应链科技金融，是为高技术制造业提供充足资金支持，助力其转型升级的必要举措。

(1)发展现状分析

上海作为金融中心，积极发挥领头示范作用，支持本市供应链金融与供应链科技金融发展。《关于本市积极推进供应链创新与应用的实施意见》(沪府办发〔2018〕26 号)中指出，要规范稳妥发展供应链金融，重点是推动供应链金融服务实体经济，有效防范供应链金融风险。同时以商业银行为代表的上海本土企业在供应链金融服务上持续发力。2018 年，上海银行实现供应链金融信贷投放 500 亿元，并且计划到 2020 年提高至 1 000 亿元。2019 年 4 月，上海银行正式成立供应链金融部，全面管理供应链金融产品，推进业务发展，在这一普惠金融领域持续加大人力、科技、信贷等方面的资源投入。

但是，上海供应链金融行业目前仍存在诸多问题：①供应链金融业务缺乏相应的制度规范。②商业银行和其他机构之间的合作仍须深化。③业务服务水平还须提高。④信息化管理有待加强。⑤服务范围有待拓展，例如科技企业方面的服务。⑥风险控制水平还须提高。

(2)发展政策要点

①建立有效的制度支持平台，重点是标准制定。协同代表性金融机构、产业联盟，建立供应链科技金融行业标准规范，制定相对统一、快捷的业务操作流程；督促商业银行建立债项评级制度和科学的定价制度。

②加强商业银行与物流企业的合作关系。鼓励商业银行与具备一定规模、客户关系网络健全的物流供应链企业合作，成立产业联盟，分散风险的同时实现互利共赢。

③建立行业间的信息平台。加大对信息交流传递的硬件投入，完善公共数据信息平台，鼓励企业上云。进一步推广中征动产融资统一登记公示系统在供应链科技金融领域的运用。

④加强供应链金融与科技结合。鼓励建立线上供应链科技金融服务平台，

实现“互联网＋供应链科技金融”的深度融合。将物联网、区块链等新技术嵌入交易环节，提升智能风控水平。

3. 研发服务业

研发服务业是指以自然、工程、社会及人文科学等专门性知识或技能，提供研究发展服务的产业。

（1）发展现状分析

上海在研发服务业发展上走在全国前列。2018 年，上海全社会研发投入占 GDP 比例达 4%，比 5 年前提升 0.35 个百分点。每万人口发明专利拥有量达到 47.5 件，比 5 年前翻了一倍。综合科技进步水平指数始终处在全国前两位，科技对经济发展的贡献稳步提升。

在制度供给方面，国务院 2016 年授权上海先行先试的 10 项改革举措已基本落地。为推进科技体制地方配套改革，上海 5 年来发布超过 70 个地方配套政策，涉及 170 多项改革举措。2019 年 2 月，上海发布《关于进一步深化科技体制机制改革 增强科技创新中心策源能力的意见》（简称上海科改“25 条”），主要从 3 个方面对研发服务业的发展提出政策要求：打通科技创新和经济社会发展之间的通道；处理好政府和市场的关系；充分激发和调动“人”的创造活力和动力。

但是与美国相比，我国的研发服务业相对落后，尤其体现在科研成果转移转化的制度安排上。上海虽已颁布一系列政策来引导、支持本市研发服务业的发展，但并未涉及最为关键的研发成果的产权问题，没有理顺研发的激励机制。美国 1980 年的《拜杜法案》，以立法形式确认了高校对政府资助研究成果的经营权，从而为政府、科研机构、产业界三方合作，共同致力于政府资助研发成果的商业应用提供了有效的制度激励。之后，美国持续颁布并适时修订一系列促进技术转移的法律和计划，如“史蒂文森怀德勒法案”“联邦技术转移法案”“技术转移商业化法案”“小企业技术创新计划（SBIR）”“小企业技术转移计划（STTR）”“有效实施合作研究与发展协议（CRADA）”等。

而目前上海市的相关政策文件中，并未具体讨论科研成果的产权问题。虽然从薪酬、经费方面减少了对科研人员的限制，但高校教师承接政府、学校资助的科研项目，完全没有对研发成果的所有权。如果私自对研发成果进行产业转化，还会受到法律严惩。在这种情况下，高校科研人员很难有参与面向市场的应用型研发的热情。

同时，上海研发服务业也面临着创新资源配置市场化程度不高，对知识产权保护的力度不够，缺乏知识产权和研发成果交易与转让平台的问题。

(2)发展政策要点

①深化科研成果产权制度改革，形成世界一流的技术成果转移转化和创新创业机制环境。探索形成充分肯定科研人员个人努力，兼顾国家和机构利益的科技产权制度。在明确研发成果产权的基础上，发展多层次的技术产权交易市场体系，支持技术交易机构探索基于互联网的在线技术交易模式，推动技术交易市场做大做强。

②深化现代科研院所制度改革，打造世界一流的战略科技力量体系。为本市科研机构确立清晰定位，给予独立、完整的法人资格。引导高校院所形成市场导向的科研体系，支持建立以“成果形成—发明公开—专利获取—交易撮合—技术许可或转让”为核心链条的完善的技术转移体系。

③深化产学研用协作机制改革，促进开放协同创新。引导自由探索与问题导向研究相结合，鼓励和支持大企业协同高校、院所、中小企业和服务组织等实施应用交付导向的协同创新。

④深化科技投融资体制改革，形成具有全球影响力的科技金融体系。加强对基础研究的投入力度；优化财政科技投入机制；探索投贷联动、知识产权质押、股权众筹等资本市场运作方式；稳步推进金融科技与科技金融的联动发展，将区块链等前沿技术在科技金融领域率先应用；加大研发服务市场对外开放力度，瞄准世界级科创资本市场。

（三）推动生产性服务业和先进制造业互动融合发展的建议

1. 推进制造、服务企业专业化分工与创新合作模式

实现生产性服务业和先进制造业的互动发展的前提是两者实现真正的专业化分工，打破制造企业大而全的一体化格局，鼓励生产性服务业从制造业中分离，实现专业化、规模化发展。发展一批专业化程度高、技术含量高的高端生产性服务业企业，同时推动制造业企业专注制造技术进步、生产协同发展、转型升级，在此基础上进行制造与服务的融合发展，形成强大竞争力。

2. 促进本土服务业企业融入全球价值链，获得知识溢出

需要鼓励外资生产性服务业融入本土制造业价值链，鼓励高端生产性服务业融入外资企业的价值链，以及鼓励外资生产性服务企业与中资生产性服务企业或制造企业成立联合研发中心，鼓励中资企业借力实现产业转型。鼓励本土生产性服务业做大做强，向高端化方向发展。鼓励有一定竞争优势的本土企业，通过兼并、联合、重组、上市等方式进行资本运作，做大做强。鼓励本土企业争创服务品牌，培育本土龙头企业和高端服务品牌，通过财政补贴、政府奖励等多种方式，培育一批生产性服务业的本土旗舰企业。

3. 建设产业公共服务平台，提高制造业和生产性服务业协同水平

通过建立各类产业公共服务平台，支持技术信息、交易信息、物流信息、支付信息、认证信息交换与集成，支持电子商务、现代物流服务及相关业务系统与信息资源的综合集成与业务协同，为电子商务交易、现代物流过程优化及综合服务平台的建立提供支持。

执笔：芮明杰　姚志勇　伏啸

2019 年 11 月

五、以“卡脖子”技术为抓手，打造上海创新城市之核

（一）“卡脖子”技术现状分析

当前，我国在很多高新技术领域，仍然存在受制于人的短板和“卡脖子”的地方，“卡脖子”技术问题的解决已经是迫在眉睫。具体分析如下：

我国制造业的“四基”不强问题突出，集中表现在“卡脖子”技术等受制于人，包括关键零部件、元器件和关键材料的自给率低（不到30%），并直接导致最终制造成品只能在低端混战，很多行业的高端几乎是完全失守。如低压电器领域、轴承领域、机床以及半导体、炼化设备等，很多时候都处于高技术缺乏的状态。

【调研发现】以机床为例，我国机床工业的总产出始终占世界总产出的四分之一左右，但国内传统机床企业盈利能力不强，难以进入高端市场。

进一步从产业链视角追溯，会发现“卡脖子”技术源头是来源材料或工业软件，形成“材料（工业软件）—零部件—成品”的一步步制约，从上游、中游传递到下游，形成连环“卡脖子”，并一步步反噬到工业成品中。

【调研发现】目前光刻工艺是IC制造中最关键也是最复杂步骤的工艺。但半导体LCD用光刻胶几乎全部依赖进口，核心技术至今被TOK、JSR、住友化学、信越化学等日本企业所垄断。同样，工业软件也是如此，如CAD、CAM、CAE、PLM、ERP等全球市场基本都被几个巨头公司垄断，越来越多的中小公司消失了。

“卡脖子”技术有通用性的一面，但也有战略性的一面。如果简单地靠市场机制或靠兼并来解决，绝不是“卡脖子”技术的突破之路，包括完全依赖社会资金来解决也不现实。目前工业软件和材料等源头的“卡脖子”技术存在“马太效应”，造成“强者愈强、弱者消亡、赢者通吃”的局面，并导致我们的集中力量办大事的体制优势发挥不出来，我们创新不足，短板反而一览无余。

（二）“卡脖子”突破几点建议

“卡脖子”技术涉及创新更多是从0至1的创新，而不是从1到100的应用和产业化扩张。当前，我们两手都要抓，前期我们关注太多的从1到100的应用型创新，建议上海后续更多关注从0到1的内源性“卡脖子”技术布局，甚至把战略眼光布局在5年或10年之后，如同当年合肥1999年布局科大讯飞，1999年深圳支持大疆的舵机和传感器研究一样。建议上海以布局“卡脖子”技术为抓手，打造上海科创城市的内核。

【调研发现】以色列今日的成功，就是源于对内源型的创新的布局，从一个850万人口的国家，取得高科技创新领域的成就。在2018年全球创业生态系统的排名中，以色列位于硅谷之后的第二名。

针对“卡脖子”技术，可以分两步走，先从重要而急迫的“卡脖子”技术进行突破。比如，当时当下，重要而急迫的“卡脖子”技术，就是围绕人工智能、5G和区块链而展开。这三者都是能够改变时代的颠覆性技术。目前，5G网络标准已经完成，上海的5G产业处在商用冲刺阶段；人工智能是第四次工业革命的重要推动技术。

建议发挥上海独特的体制和机制优势，上海有国企、外企和民企，三分天下。完全可以很好地让“三股”力量形成合力，共同在不同角色中，汇聚力量攻克“卡脖子”技术难关。可以借助外企（尤其是在华跨国集团研发总部）的信息优势和相关资源等。同时，进一步推进在国企上游布局的优势，开放民企在市场应用端优势，分击合进，彼此成就。

加强协会或行业联盟的作用，推进国产工业软件和“卡脖子”技术突破的居间协调和资源整合，培育行业领军企业，实现工业、软件技术与产品的突破，改变被“卡脖子”的被动局面。

【调研发现】当下，一方面，国外EDA三大巨头公司Cadence、Synopsys及Mentor，占据了全球该行业每年总收入的70%，几乎形成垄断。另一方面，我国从事CAD研究与开发方面曾经达到鼎盛时期300家机构，目前估计也就剩下5～6家以CAD为主业在运营的企业，可以说CAD软件行业的淘汰率大约是98%，非常高。

突破“卡脖子”关键技术领域，完善创新生态系统是关键。建议围绕“卡脖子”技术，从上游和下游同时发力，无论是工业软件还是材料等“卡脖子”技术，还是相关行业的零部件，涉及“卡脖子”技术攻克，都只是第一步，后续还需要全产业链的协同，从研发、设计、制造等工业知识的融合与沉淀，包括“卡脖子”技术领域的用户等需要产业上下游的合力来共同打造。

（三）结语

很多时候，我们一直在追求千亿级产业的发展，确没有关注到千亿级和万亿级产业就在我们身边，如材料就是万亿级规模，据前瞻产业研究院发布的统计数据显示，2010年我国新材料产业总产值仅仅为0.6万亿元，截至2017年我国新材料产业总产值增长至2.6万亿元。我以为“卡脖子”技术中的工业软件和新材料等行业，很多是当下或未来将要形成的千亿级规模的产业。

为此，我们需要坚定信念，瞄准实现“卡脖子”技术突破的目标，立足于激活和更好协调各方面的创新力量和创新要素，构建和完善新形势下的面向可持续发展的创新生态系统，促进目标导向的创新资源优化组织。

执笔：赖红波

2019年12月

第十一章　抗击新冠疫情，稳定上海经济增长与产业发展

2019年末爆发了新冠疫情，这是一场突如其来的全球人类社会未知的传染性疾病，我国与全球其他国家一样立即投入极大的人力、物力、医疗资源进行大规模的防治。为了预防新冠疫情的扩散，不得不开始采取暂停生产交通进行人员隔离防范，如此必然严重影响全年的经济与产业增长，为此如何在抗击疫情保障生命安全条件下，尽量减少经济损失尽量恢复民生就成为政府的首要大事。本工作室研究人员也立刻投入这个重大事件之中，积极分析研究建言献策，为上海抗击疫情恢复经济增长，为上海减少损失发展高端产业贡献自己的聪明才智。2020年度一共撰写了6篇专报，主要内容为：刺激消费需求，上海经济增长才可靠；高端服务与先进制造融合发展，推动上海经济新增长；提升上海智能机器人产业能级，打造上海制造名片；高端产业如何发挥产业创新发展的引领功能；培育高端产业的产业创新发展引领功能载体是当务之急；上海数字基础产业发展的新思路新策略。

一、刺激消费需求，上海经济增长才可靠

全国与上海的新冠疫情防治至今已经1月有余，疫情有了极大好转，可以

说胜利在望，于是如何在积极防控的同时复工复产，恢复上海经济就成为时下最为重要的工作。复工复产一方面就是为了恢复产出、恢复经济、维持就业；另一方面也是为了维持全球产业链的正常运行。然而，生产是为了消费，没有需求的供给不是有效的供给，特别当中国经济增长的模式已经成为消费拉动增长的模式时，本次疫情导致上海居民大量消费需求的减少，如对消费品汽车、家用电器、手机、衣物、日用品等的减少；对消费服务品旅游、交通、宾馆、餐饮、购物、娱乐、健身、车辆服务、政府公共服务等的减少，已经对上海经济造成了很大的伤害。为此，时下如何促进消费增加使企业复工复产实现收入，缓解资金周转压力，进入良性循环才是上海经济好转的关键。

（一）稳增长还应该从消费激励入手

到目前为止，从中央到地方，各级政府与部门都出台了一系列抗击疫情稳定经济的政策，其中，最为主要的是扶持中小企业的应急政策，因为疫情及其发展首先是影响中小微企业的生存与发展，进而影响经济大局。如央行、商务部、国税总局等部门的应急政策，北京的抗击疫情扶植企业的“若干措施”。上海于2月8日发布了支持服务业的“28条”；广东的“十项措施”，福建出台了稳定经济支持企业的“十二大举措”；苏州在疫情开始就出台政策给予中小企业一定的支撑性帮助；等等。中央与地方各级政府出台的应对经济增长扶植企业的各项政策时效之快，力度之大，前所未有。

通过对这些政策梳理归纳起来看，目前的政策主要有以下几个方面：①金融支持：如银行贷款的展期和延期，新增急需的银行贷款，贷款利率下浮。②税收减免：如小规模纳税人增值税减免，生活服务业增值税免征，所得税减免；特别对企业慈善捐赠可全部在税前列支。对企业今年形成亏损的消化年限，可从5年拉长到8年；减免职工社会保险金。③财政补贴：小微企业贷款的财政贴息，国有资产租金的减免，对其他投资者参照国有资产减免客户租金的，房产租赁税参照减免，降低电价、气价。④对个体工商户的扶持措施等。总体来看这些政策基本上都是为企业解决资金困难，降低经营负担，稳定企业生存的政策，从金融、财政、税收等多个方面出击，形成组合拳。应该说这些政策出台，受到了广大中小微企业的欢迎，尤其增进了企业战胜困难的实力和信心，为这些企业自救提供了良好的政策和未来向好的预期。

但这些政策主要针对中小微企业，目的是短期稳住中小微企业和稳定一些就业人口。然而这些针对企业的扶持政策实际上针对的是生产与供给，而不是针对消费需求。现实的情况是目前真正缺乏的是居民消费，缺乏耐用消费品与服务产品的购买。理论上说，没有疫情的尽快结束，尽快恢复人们工作生活，尽快恢复产品与服务需求的话，中小微企业尽快恢复正常营运是不可能的。更何况市场主体主要是民营中小微企业和个体户，量大、面广且分散，是否都能及时获得政府政策的支持，这又与政策的执行、各级政府服务广大企业的能力有关。更重要的是，这些政策的执行是否还能够使企业在 2020 年其他的时间里恢复正常营运，甚至还可以有一个质量与速度比较高的增长，以此弥补经济前期的损失等问题，还需要认真研究和应对。

从稳定经济增长出发，政府设计出台应急政策中应该包括中长期刺激居民消费增长的政策。虽然消费增长关键是疫情的结束，但时下疫情已经有了较大缓解，已经具备刺激居民消费购买的政策出台。因为居民消费的减少对于消费品产业、从事消费品产业的企业而言，影响是根本的。因为居民消费的大规模减少就意味着消费需求大幅度下降，意味着许多从事消费服务业、消费制造业的企业与员工没有订单，难以开工或开工不足，进而导致企业入不敷出，资金链断裂等难以挽回的危机。更何况党的十八大以来，我国经济增长模式已经有了较大的改变，从过去投资拉动经济增长的模式，已经转变至消费驱动经济增长的模式，国家统计局最新公布的数据表明："2019 年全年最终消费支出对国内生产总值增长的贡献率为 57.8%，资本形成总额的贡献率为 31.2%，货物和服务净出口的贡献率为 11.0%。"可以说居民消费已经是我国与上海经济增长与发展的主要力量，稳经济增长不仅是要复工复产，还要恢复消费,促进消费增长。

(二)促进消费稳定生产的三个战略对策

如果说上海已经出台的政策希望有助于企业克服危机、战胜疫情进行正常生产经营,那么企业目前的生产是否是有需求的供给就有待市场需求的恢复,为此政府可能还要出台激励居民消费的政策以促进消费,具体可以考虑包括且不限于如下对策:

1. 从刺激大宗耐用消费品消费入手,联动产业链

本次疫情对消费品产业以及服务业的影响,根本上是由于居民居家隔离不能随意外出导致消费需求大量减少,有些行业的消费需求甚至为零。目前疫情得到缓解,企事业单位开始复工,但还需要非常小心防控,以免大意失荆州,所以人们服务需求量还不是很大,存在结构性的变化,例如自带饭,吃盒饭;旅游、酒店基本免了;耐用消费品以后考虑;等等。因此,目前在鼓励企业复工复产的同时,必须出台激励消费的一些政策,以便企业的生产是有需求的生产。由于汽车、住宅、家用电器等大宗工业消费品产业是经济增长的重要支柱产业,目前因为需求不足产品销售困难,企业已经非常困难。为此,近期可以先出台一些刺激大宗工业消费品消费的政策来恢复消费品制造业生产经营,如恢复新能源汽车的购车补贴,下调减免房产购置税,下调消费信贷利率,家用电器下乡以旧换新,等等,这些耐用消费品购买通常主要是一次性进行,也容易进行人员隔离。此类大宗居民消费起来后,这些制造业生产能力的恢复就得到保障。制造业有需求的复工复产十分重要:一方面,可以带动生产服务业的恢复,并逐步带动消费服务业的增长;另一方面,可以尽快重新加入全球分工体系确证我国制造业在全球产业链上的位置,因为我国制造业过去已经是全球产业价值链上的关键一环,如果由于疫情问题,制造业生产长期不恢复,那么产业链上其他国家相关产业与企业肯定不能长期停工待产,如此可能会重构自己的产业链。

2. 对服务业生态圈和产业价值链进行维护性恢复

上海的服务业对上海 GDP 的贡献已经达到 70%，上海服务业的状况对上海经济影响极大。一般而言，服务业基本属于最终消费领域，处在全产业链的下游，是居民消费需求实现的重要产业。但服务业的状况其实与服务业各个细分行业的协同生态圈以及服务业的上游相关产业如各类制造业密切相关。例如旅游观光业的状况实际上不仅仅是景点的状况，而是还与介入旅游生态圈的餐饮、住宿、娱乐、纪念品、交通、通信信息、导游、票务、购物等服务行业的整体状况有关，因此不能说疫情后期景点开放了，旅游业就恢复了。因此，支持旅行社、景区的政策固然很重要，但没有对旅游服务业的整个生态圈进行整体性扶持与消费激励的话，要恢复甚至发展旅游业，可能费时很长。上海的旅游业如此，其他诸如餐饮业、酒店业、车辆出行服务、航空服务等都是如此。因此，对服务业尤其是消费服务业扶持，如何促进居民恢复服务消费，特别是正常的全方位消费，必须有一揽子政策。此外，服务业的恢复与发展还有赖于其产业链的上游产业状况，如制造业恢复的状况，例如上海的生产服务业是与制造业密切相关的产业，长三角区域制造业因为疫情导致停产或开工不足，上海生产服务业就有问题。因此时下还要从服务业以及细分行业的生态圈以及服务业全产业链角度考虑设计消费激励政策。

3. 进行临时失业救济，稳定失业人口基本生活需求

服务业吸纳了大量的就业人口，服务业又是以中小微企业为主，通常会雇佣许多临时工或钟点工，例如上海的家政服务业就非常典型，2020 年 2 月疫情发展时，家政人员几乎都失业没有任何收入，如果今后疫情还在持续，家政服务人员的生活就成为问题。家政行业如此，上海的其他许多服务业行业如旅游、餐饮、美容美发、车辆出行服务等都是如此，因此可否出台临时失业救济政策，按照这些服务业从业人员过去交过社会保险的记录，给予一到二个月的生活救济，具体发放数量则可以参考当地最低月工资收入标准。对许多服务业的从业人员实际上的临时失业进行救助，一方面可以稳定他们的生活进而安定团结，另一方面也是帮助

这些中小微企业减低固定成本，同时也可以增加一些消费需求。

执笔：芮明杰

2020 年 3 月

二、高端服务与先进制造融合发展，推动上海经济新增长

本次全国疫情防控至 2020 年初一月有余，取得了比较好的成绩，但疫情对经济与产业的影响还是很大，其中受影响最大的就是服务业。对上海来说更是如此，因为第三产业即服务业对上海 GDP 的贡献 2019 年已经高达 72.7%，其中生产性服务业增加值占服务业总的增加值比重则超过了 60%，制造业增加值对 GDP 的贡献已经不到 28%。因此，如何克服疫情对上海经济增长贡献最大的服务业的影响，同时在全球经济变化、技术革命和产业变革的背景下，抓住制造业发展新机遇重振雄风就是当务之急。

一方面，上海作为曾经是我国重要的工业中心，应该承担起在本轮我国从制造业大国到制造业强国华丽转身中的历史责任，因此重提“上海制造”显得十分重要。另一方面，作为未来希望成为卓越的全球城市的上海，其现代高端服务业必然成为经济社会发展的最主要产业，因此“上海服务”也是上海发展的重要名片。在现今制造业服务化趋势下，上海现代服务业在自身发展的同时如何促进制造业转型升级协同发展，突破上海经济增长的现实瓶颈，值得认真思考与应对。

（一）疫情下上海制造与上海服务融合协同发展的新思路

1. 疫情对服务业的影响会关联至制造业，制造业也会影响服务业

服务业产品有两个特性：一是生产的过程同时也是消费的过程，即同一性；

二是不可储存性，即服务品一旦生产就必须消费，所以它是不能够储存的。服务品的生产不像制造业的工业产品的生产，是不可能先生产储存服务品然后等待疫情过后再分销给消费者消费的。因此，今天社会对服务品需求的下降就是服务业生产能力的放空，就是服务业生产的下降。这样来看，本次疫情的特点就决定了上海服务业内多数行业生存与发展将受到极大的影响，并通过这些行业波及到相关的服务行业和相关的制造业，甚至农业的部分行业。可以这么说，疫情持续时间越长对服务业及相关行业影响的深度与广度就越大，因为服务业与制造业是密切相关的产业，而且两者越来越融合为一体。

2. 先进制造业与现代服务业融合发展是历史趋势

我国正处在一个人们追求美好生活即消费需求与消费习惯已经或正在发生巨大的变化，以智能化、大数据、互联网为代表的新技术革命正在全球爆发的新时代。长期来看，全球新技术革命与消费变化将促进形成新型经济体系即基于新一代互联网的智能生产服务体系，这一体系的核心是为了实现智能化大规模个性化定制生产与服务，满足消费者全新的个性化需求，这一体系的核心是新一代智能制造与智慧生产服务的融合协同、制造服务一体化。从美国、德国、日本正在大力推进发展的如“工业 4.0”、工业互联网、智慧供应链、大数据通信等都是与智能制造、先进制造融为一体，形成新型产业业态与运行新模式，挑战传统制造业与服务业相对分离的事实。可以说，先进制造业与现代服务业的融合协同发展已经是新型经济体系中最重要的趋势。

3. 现代服务业与先进制造业融合协同开拓发展新空间

随着上海经济与社会的发展，上海从国际大都市逐步成为卓越的全球城市，上海的产业体系与结构也在发生巨大的变化，服务业对上海经济的贡献 2019 年已经超过 70%，制造业则不到 30%。占上海服务业增加值 60%的生产性服务业，虽然比重已经不小，接近发达国家服务业增加值两个“70%”的比例状况，但其结构仍有待完善，目前上海金融业占生产性服务业的绝对领先地位，而具有高技术含量、直接嵌入生产过程中的服务，如信息技术服务、科技研发服务、高端商务服务等占比相对较小，层次也比较低端，与先进制造业的需求相比，上海的这些高端生产服务业仍有很大的市场发展空间。

上海一直有过服务业与制造业发展的争论与犹豫，这种争论的隐含前提就是以为制造业与服务业是相互分离的，是此消彼长的，甚至曾经对上海制造业在上海经济未来发展的位置有过动摇。从产业发展的规律来看，现代服务业尤其是现代生产性服务业从一开始就与制造业发展密不可分，现代服务业尤其是高端生产性服务业现在与未来一定是上海经济发展的新增长极。不过，上海在发展高端服务业与先进制造业时，未必一定要向纽约与伦敦看齐，相反可以学习一下东京的先进制造业与现代服务业融合发展方式，从而形成上海自己的城市经济与产业发展特色。

4."上海服务"与"上海制造"融合协同发展战略新思路

服务业有两个方面组成，消费服务业与生产性服务业。消费服务业涉及居民物质生活与精神生活的质量与品质，涉及上海城市的品质与质量，而生产性服务业恰恰是需要与先进制造业融合协同的产业，而且其服务的范围完全可以以上海为中心扩散，首先可以服务长三角区域的先进制造业，然后是全国与全球。本次疫情首先是对居民消费服务业产生重大影响，其次由于制造业停工待产关联至对生产性服务业产生重大影响，因此当下通过服务业与制造业的协同融合才能比较好地恢复上海经济的增长。从长期来看，高端生产性服务业才是上海经济的增长点，更是"上海服务"的关键。

战胜疫情恢复经济，上海要通过关注消费新变化、技术新进步，发展若干现代消费服务业如文化娱乐、观光旅游、知识信息、教育培训产业并关联文创、都市制作、时尚制造等制造业，重点发展现代生产性服务业如工业互联网、智慧供应链、科技金融、科技创新服务和高端商务服务，尤其是智慧型嵌入式生产服务业与智能化、大数据与互联网融合的先进制造尤其是智能制造协同发展。从融合协同中发展高科技时尚新产业、新业态、新技术、新工艺、新产品、新品牌，进而重塑上海产业体系，重塑上海服务上海制造品牌的国际影响力。

（二）“上海制造”与“上海服务”融合协同发展的“三高”模式

战胜疫情简单地说是复工复产恢复正常，长期看是要在经济与产业的恢复中把握未来，从现在到未来相当长的时间里，形成“上海服务”与“上海制造”融合协同发展的新模式，这就是所谓的“三高”模式，未来的上海产业体系就应该有这“三高”：

“产业高新”首先指上海的高端服务业与先进制造业形成集群发展以当代高新技术为基础，代表着未来产业革命的发展方向。其具体应该有三个方面的特性：第一，所发展的高端服务业与先进制造业群在核心技术、关键工艺环节上是高新的，属于知识密集、技术密集；第二，通过发展这样的产业具有技术与知识自主创新的能力，而且是国际领先的创造力；第三，所发展的这样的产业具有强大的战略引领性，能够引领其他相关产业技术进步，产业转型升级，产品创新。

“产业高端”是指上海的高端服务业与先进制造业集群具有高级要素禀赋支持下的内生比较优势，因此处于有利的产业价值链竞争位置。产业高端的内涵可以从三个方面理解：①高级要素禀赋，指要素禀赋从传统的资源禀赋到知识禀赋，而知识禀赋在企业多体现为在核心技术和关键工艺环节有高的技术密集度。如目前ICT产业中的云计算、工业互联网等。②高的价值链位势，如制造业价值链形如“微笑曲线”，高的价值链位势就是在“微笑曲线”两端，而动态维持高价值链位势需要具有高的自主创新能力。③高的价值链控制力，从在价值链上所处的环节位置判断，实质就是对价值链关键环节——核心技术专利研发或营销渠道、知名品牌等的控制力，高价值链控制力对于产业也具有高战略引领性。

“产业高效”是指上海的高端服务业与先进制造业集群资源配置效率高，具有良好的经济效益和社会效益。产业高效的内涵也有三方面的内容：①高的产出效率，如单位面积土地产出效率、人均产出效率等。②高的附加价值，如利润率高、产业增加值率高、税收贡献大等。③高的正向外部性。指产业与环境和谐友好，生产过程产生污染少，符合低碳经济要求，还有就是对就业的促进和产业链上其他企业的带动作用等。

（三）实现“三高”发展需要“三大”策略

疫情给上海带来了短暂的困难，也形成了上海经济增长的瓶颈。突破上海经济增长的天花板需要“上海服务”与“上海制造”融合协同发展，特别是可以从高端生产性服务业发展入手与正在发展的战略性新兴制造业融合协同，具体可以采取以下三个战略性对策。

1. 建立高端生产服务业与战略性新兴制造业融合协同平台，形成专业化分工与创新合作新机制

首先，针对目前制造业的复工复产，联动生产性服务业，实现生产性服务业和先进制造业的融合协同发展。其次，推动建立高端服务业与先进制造业融合协同产业平台，具体可以以工业互联网为基础进行搭建，并取得领先性突破。工业互联网本来就是嵌入先进制造业中服务生产制造过程的平台，问题是如何在这样的平台上对众多服务商、制造商、顾客、中介公司等开放互动与融合。长期看，要在制造业与生产服务业专业化分工的基础上，打破目前制造企业大而全的一体化格局，鼓励生产性服务业从制造业中分离，实现专业化、规模化发展，同时又无缝衔接融合创新，实现新业态新产品方面技术与产品创新，占领市场促进经济增长。为此，上海从现在开始就要下决心推动发展一批专业化程度高、技术含量高的高端生产服务业企业，特别是从培养产业融合协同平台提供商出发，协同先进制造业企业技术进步、转型升级，创新发展，形成强大竞争力。

2. 以扩大开放来促进本土服务业融入全球产业价值链，提高竞争力

疫情之后上海需要进一步改革开放，要引进来走出去，对外资高端消费服务业和高端生产性服务业进入上海要放宽准入，鼓励他们融入本土先进制造业价值链，反推上海制造业的转型升级，同时鼓励本土服务业企业融入外资先进制造业企业的价值链，以及鼓励外资高端服务企业与中资消费服务、生产性服务企业或制造企业成立联合研发中心，鼓励中资企业借力实现产业转型，获得

知识溢出。鼓励本土服务业企业做大做强,向高端化方向发展,向长三角区域市场发展,通过兼并、联合、重组、上市等方式进行资本运作,做大做强。鼓励上海企业争创上海服务与制造品牌,培育本土龙头企业和高端服务与制造品牌,通过财政补贴、政府奖励等多种方式,培育一批有国际竞争力的旗舰企业。

3. 进行产业生态圈协同恢复,提高制造业和服务业联动协同创新水平

疫情并未改变产业生态圈本身,只是由于不同产业受疫情影响不同,破坏了原来生态圈与产业链的稳定。因此,时下的复工复产应该是生态圈产业链的稳定性恢复,而高端服务业与先进制造业的融合协同就是产业生态圈上的另外一面,因此从服务业与制造业融合协同入手,率先在高端生产性服务业上取得突破,然后服务上海的先进制造业和长三角其他地区的先进制造业,进行融合协同发展从而获得更大市场空间,这样上海未来经济的新增长就可以期待。

为此,可以充分发挥上海的人才优势和技术优势,面向未来,获取全球竞争优势的重大需求,坚持自主创新、国际合作、重点突破、集聚发展、市场主导、政府推动的原则,把生产制造商、服务商、客户、技术研发机构、中介机构等关联整合形成高端服务先进制造产业生态圈,同时支持大数据、技术信息、交易信息、物流信息、支付信息、认证信息交换与集成,重点发展工业互联网平台、智慧物流服务、科技创新服务和高端商务服务等高端生产性服务业,实现高端生产服务与智能制造、先进制造联动创新融合。

执笔:芮明杰

2020 年 3 月

三、提升上海智能机器人产业能级,打造上海制造名片

中国机器人产业在经过一段高速发展后,开始放缓。原来需求机器人较

多的产业持续低迷，早期政府补贴引起的机器人低水平重复建设和产能过剩是主因，机器人产业发展处于拐点。因此，化解机器人产业的发展难题，短期在于需求，长期在于产业升级。上海应该在长三角制造业升级过程中发挥引领作用，加快工业机器人与传统产业的融合。通过提高自动化水平促进传统制造业转型升级，通过“智能＋”，发展服务机器人和特种机器人，创造对机器人的新需求。

（一）机器人产业发展处于拐点，机器换人的动机已经减退

新型冠状病毒对全球经济造成了巨大的冲击，但是机器人产业的拐点已经在更早的时候到来，疫情的全球化无疑会给机器人产业带来更大的冲击。

1. 机器人产业销量下滑、行业开始洗牌

2013—2017 年，中国机器人稳居世界大的市场份额，且保持逐年持续增长，中国工业机器人销量年均复合增长率(CAGR)约为 43%。机器人产业在延续几年的高增长之后，2018、2019 年面临拐点(见图 11.1)。

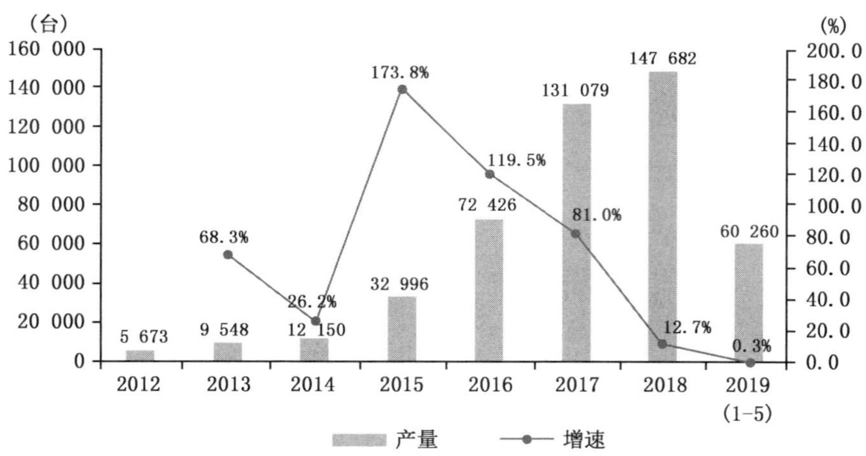

资料来源：IFR、国家统计局、前瞻产业研究院整理。

图 11.1　2012—2019 年中国工业机器人产量变化

据CRIA与IFR统计，2018年中国工业机器人市场累计销售工业机器人15.6万台，同比下降1.73%。2019年上半年自主品牌工业机器人累计销售1.9万台，同比下降13.6%，为自统计以来的首次下降。从企业层面看，在日趋严峻的市场环境中，龙头企业、优质企业仍能保持一定的增长，但更多的企业产销均出现了下滑。

2. 依靠政策驱动机器换人，需求难以持续

随着劳动力成本的提高，工厂有了机器换人的需求。工业机器人作为工业自动化的通用设备，是“机器换人”核心设备。国际机器人联合会认为，发展工业机器人的最大动力是各国促进工业升级的政策推动。根据金融公司Sinolink Securities的数据，2018年53家在中国上市的机器人公司，补贴占净利润的44%。随着政府补贴力度的减退，机器人产业的需求和利润将继续下滑。

3. 机器人与人的协作成为未来趋势，需要技术突破

受到目前机器人的操作精度、柔性局限的影响，机器人换人的市场空间有限。机器人的真正发展空间在于从事与人协作（工业机器人与服务机器人）以及从事人难以从事的活动（特种机器人领域）。这需要机器人技术的进一步积累和突破：①机器人智能化水平进一步提高，增加柔性生产能力；②人机协作能够很大程度上扩大机器人的适用场景；③物联网背景下，机器人的数字化连接非常重要。

（二）机器人产业产能过剩背景下，行业洗牌加速

1. 机器人企业趋于区域集中，上海处于领先地位

我国机器人产业园建设呈现出“全面开花，区域集中”的特点，全国各主要省（直辖市）大部分建有机器人产业园，而长三角、珠三角和京津冀等地区则成为了机器人产业园的集聚之地。

机器人产业集群的竞争主要在长三角与珠三角两个集群间展开。从产业规模效益来看，目前长三角地区已经建立了国内相对功能完善、系统健全的机

器人产业生态体系，在产业链构建、市场需求、创新资源布局等方面均走在全国前列。珠三角地区机器人产业具有较强的发展基础，产业集群在面向细分行业的集成服务创新能力与影响力方面位于全国前列，长三角和珠三角产业集群在营收上占全国的半壁江山。

上海已成为国内最大的智能制造系统解决方案供应商输出地之一。2018年上海工业机器人产业规模位居全国第一，全年总产值为219.18亿元，同比增长8.3%。

2. 政府补贴竞赛，引发产能过剩、低端化和价格战

各地争相用补贴政策吸引企业到本地园区落户，刺激本地机器人产业的发展。以长三角、珠三角地区城市为首，全国已有36个城市将机器人作为当地产业发展重点，财政补助额度大幅增长。粗略计算，仅广东、浙江两省2015年的省、市两级财政的专项资金安排已超21亿元，高于同期国内机器人行业的增加值。

各地政府的补贴政策引发了低水平重复建设，由于缺乏严格的高技术标准限制，致使大量低端机器人产能蜂拥而上。行业低端产能过剩，一些企业盲目扩张生产能力，生产出来的机器人产品只能聚集在中低端领域展开价格竞争，产业集中度低、市场小散乱。政府补贴导致竞争扭曲，反过来不利于有竞争力的企业进一步发展。一家上海机器人制造企业向课题组反映，在实际竞标中，就发现有其他地区的企业用低于成本价竞争，原因是该企业所在省份根据企业的销售额进行奖励，导致企业不考虑通过产品和服务赚钱，目标是获得政府的补贴或奖励。

3. 需求低迷、机器人产业洗牌进行时，企业经营风险加大

从销量看，计算机、通信和其他电子设备制造业、通用设备制造业、汽车制造业及电气机械和器材制造业使用工业机器人的数量最多(见表11.1)。受中国经济周期和疫情影响，中国汽车工业和电子工业低迷，这给机器人企业的营收带来了很大压力(见图11.2、表11.2)。

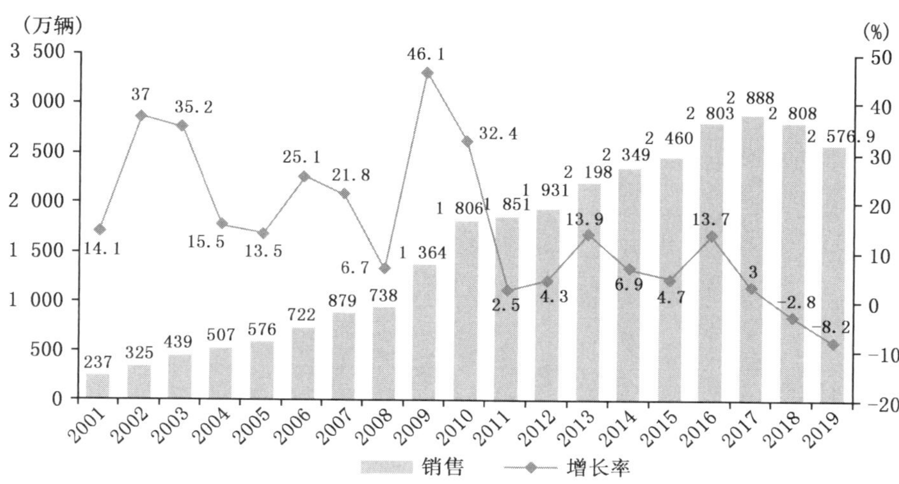

资料来源：中汽协(2020)。

图 11.2　2001—2019 年中国汽车销量及增长率

表 11.1　　计算机、通信和其他电子设备制造业经济指标

类别年份	企业数量(个)	亏损企业数(个)	亏损总额(亿元)	累计增长(%)	存货(亿元)	累计增长(%)	产成品(亿元)	累计增长(%)
2012.12	11 735	2 334	319.54	16.97	6 295.53	10.44	1 929.53	3.7
2013.12	12 669	2 424	325.67	−0.98	6 786.75	5.5	2 094.7	5.88
2014.12	13 218	2 292	301.1	−4.4	7 540.1	12.3	2 668.6	26.8
2015.12	13 961	2 579	445.6	59	8 192	6.8	3 157.3	13.3
2016.12	14 686	2 423	436	−1.1	9 340.2	12.9	3 263.4	2.8
2017.12	15 759	2 592	421.5	−4.6	10 245.6	10.7	3 579.5	10.4
2018.12	16 656	3 261	767.7	58.9	11 718	13.2	4 222	16.7
2019.12	17 918	3 764	1 010.3	30.5	12 539.5	5.2	4 264.2	−0.3

资料来源：中商产业研究院(2020)。

表 11.2　　15 家中国机器人企业 2019Q3 财报数据

企业	2019Q3 营收	同比变化	2019Q3 净利润	同比变化
埃斯顿	2.86 亿元	−15.75%	64.71 亿元	−95.51%
哈工智能	12.35 亿元	−32.36%	5043.70 万元	−49.92%
爱仕达	25.1 亿元	10.82%	1.08 亿元	−5.21%
新时达	25.7 亿元	−5.60%	5 600.3 万元	7.70%
科沃斯	10.17 亿元	−17.18%	−0.3 亿元	−137.50%
拓斯达	10.9 亿元	28.01%	1.43 亿元	11.10%
汇川技术	21.89 亿元	49.31%	2.47 亿元	−16.95%
华中数控	1.71 亿元	23.13%	−3 442.72 万元	−238.56%
三丰智能	13.23 亿元	6.99%	1.84 亿元	0.49%
华昌达	3 亿元	−59.46%	−1.79 亿元	−853.82%
克来机电	5.61 亿元	52.92%	7 004 万元	65%
工业富联	2 798.96 亿元	−1.42%	101.85 亿元	4.39%
大族激光	69.44 亿元	−19.78%	6 亿元	−63.77%
双环传动	22.61 亿元	−2.74%	1.00 亿元	−47.31%
中大力德	4.88 亿元	10.64%	3 451.59 万元	−41.99%

资料来源:工业机器人自动化(2019)。

2018 年一季度以来,中国自动化市场增速呈现逐季递减。随着需求下降,一些企业的营收下降,企业的利润大幅度降低,产品竞争力强的企业与竞争力弱的企业业绩分化明显。工业机器人行业日渐下行,行业整合变革不断,各大厂商纷纷调整战略布局,力图在“绝境”中寻找新出路。

(三)上海智能机器人产业发展思路:跨行业拓展新需求、提高资源整合能力、培育细分市场冠军

目前中国机器人产业发展的困境主要来源于外部的需求下降,自身技术上的局限。因此,发展之路也必须抓住两个关键:一是创造有效需求;二是通过技

术创新，进一步提高机器人的效能、开发新应用场景。

1．促进传统产业转型升级，跨行业拓展新需求

（1）加快工业机器人与传统产业的融合，通过提高自动化水平促进传统制造业转型升级

对工业机器人的需求，本质上是其他产业自动化水平提升的引致需求。机器人产业需要引导、帮助传统制造企业转型升级，提供系统的解决方案，在此过程中定位产品和服务的场景。

从应用行业看，传统的机器人市场电气电子设备和器材制造、汽车制造业、金属加工业（含机械设备制造业）仍然是机器人购置量比较高的产业。虽然增速或者销量趋于下降，但企业仍然不能放弃。但是机器人企业必须主动出击与更多的传统制造融合，拓展行业应用，向皮革、毛皮制品及制鞋业，食品加工、木材加工和木、竹、藤、棕、草制品，废弃资源综合利用业，金属制品、机械和设备修理业和管道运输业等行业拓展。上述制造业绝大多数是传统制造业，技术水平和管理水平差异大，一些企业仍然是劳动密集型，机器人产业需要通过提供自动化解决方案，引导这些产业转型升级。

（2）通过“智能＋”，发展服务机器人和特种机器人

新型冠状病毒疫情催生了对医疗服务机器人的新需求，如无人配送机器人、送餐机器人、智能调节床等。随着“智能＋”的进一步推广，家庭用机器人、医用机器人、警用机器人等的市场占比逐步升高。

随着全球老龄化日趋严重，养老机器人将迎来重要发展机遇，针对养老、医疗、残疾人康复、家庭教育等问题的机器人产业，将获得更大发展。但是机器人的智能化水平、类人化的情感交流能力是关键。

2．利用上海人才与资本优势，提升机器人领先企业的资源整合能力

中国的机器人企业必须尽快实现核心技术的突破，才能跟上世界机器人技术创新的步伐，因而有实力的机器人企业必须寻找具有人才资源禀赋的城市，汇聚人才，整合全球技术资源。上海可以充分发挥人才集聚、国际贸易便利和

金融市场发达的优势，吸引国内领先的机器人产业链上的企业将管理总部、研究院、国际贸易功能设在上海，进一步提高上海机器人产业集群的集聚度和产业能级。

由于产能过剩，机器人产业的洗牌已经在进行中，一些经营不善的企业将会面临破产或者被购并。中国有实力的机器人企业将会利用这个机会开展并购整合，包括对国际上掌握关键技术的企业进行并购、投资或者与之建立战略联盟。上海需要充分发挥国际金融中心的优势，为机器人和关键零部件企业提供并购金融支持，提供帮助上市等专业服务。

3. 拓展新的应用场景，培育机器人细分市场冠军

在服务机器人领域，新技术与新场景结合，会成为创业企业的乐土，也将会诞生许多细分市场的冠军企业。

在专业服务机器人中，医用和物流用途机器人是增长潜力最大的两类专业服务机器人。家庭智能机器人将成为智能物联网时代家庭的核心终端。在疫情的刺激下，机器人产业也面临跨越式发展机遇。例如，教育机器人、消费类机器人、医疗类特种机器人、检测类机器人、智慧医院、垃圾处理等城市智能系统都可能迎来新的需求，前景看好。上海可以对上述细分领域重点关注，通过创造良好的创业、成长氛围，吸引有潜力的企业入园上海，着力培育若干细分市场的冠军企业，同时也有助于提升上海城市的智能化水平，提供高水平的健康、卫生、安全服务。

（四）智能机器人产业打造上海制造名片的政策研究

1. 扩大加速折旧适用范围，促进传统制造业转型升级，扩大智能机器人市场空间

传统企业必须要通过提升效率才能走出困境。使用机器人，提高自动化水平是必由之路。需要完善企业使用智能装备加速计提折旧的政策，让更多的传统制造企业能够降低企业税负，鼓励传统制造企业提高自动化水平，提高生产

效率,同时也创造对机器人的有效需求。进一步考虑扩大到服务业,鼓励医院、养老、教育等产业采用服务机器人,提高智能化水平。

中国制造必须向中国智造发展才有出路。上海应该在长三角制造业的转型升级中发挥引领作用,通过产业转移、制造业模式创新,为长三角制造企业提供生产性服务三种途径,促进制造业转型升级。在这个过程中,提高智能机器人与传统产业的融合程度,大大拓展机器人的应用空间。

2. 协同长三角省市,设立产业扶持专项基金,对制造业实施的智能产业化项目提供投资补贴和贷款贴息

通过设立产业扶持专项基金鼓励长三角制造企业采用机器人及智能制造装备产业的技术,鼓励集成应用创新,支持企业采购或租赁机器人及智能成套设备进行技术改造。

在长三角一体化发展进程中,上海需要发挥制造业转型升级的引领作用,促进机器人产业与其他制造业升级的协同,鼓励龙头企业建设数字化车间、数字化工厂,实现制造过程的智能化,促进供应链的数字化,包括仓储的信息化和物流智能化,通过系统集成将智能化的制造执行系统与供应和销售连接起来,提高整个产业链的效率,最终提高中国智能制造的竞争力,并创造对机器人产业的需求拉动力。

3. 促进资本、人才结合,提高机器人领先企业的资源整合能力

中国机器人企业在进一步推进技术创新的过程中,必须广泛利用全球的人才,进行开放式创新,才有可能在关键技术领域实现突破。上海拥有人才优势,以及对接国际市场、资本集聚方面的优势,上海可以发展机器人、智能装备产业的总部经济。

成立产业引导基金,与市场上的天使投资、风险投资、创业投资、并购投资、银行协作,支持龙头企业把握行业洗牌的机会,通过并购优化市场结构,提高规模经济水平。利用上海的资本市场优势,鼓励机器人细分市场的领先企业能够在 A 股或者科创板上市,促进金融资本和科创要素深度融合。

利用上海的金融服务优势,支持企业开展国际并购,走出去拓展国际市场、获取核心技术。鼓励证券、会计、法律、信用评级、资产评估等中介机构提供机器人企业成长各阶段所需要的专业服务,营造一流的投融资生态体系。

4. 产学研结合,分类投入突破机器人共性关键技术

智能感知是下一步智能机器人最新的关键技术,现在所有智能机器人的发展都是在用各种各样的传感器来感知环境,做智能控制和自主决策。其他如人机交互、柔顺控制、功能仿生也是关键共性技术,需要组织前沿技术攻关,打通产业化通道,提高成果转化效率。

由于上述共性关键技术涉及主体众多,所处的发展阶段不同,需要采取分类投入,明确不同类型技术投入的主导者和责任者:基础性研发由政府基金和大学、科研院所承担,企业参与,重点是基础知识的生产、扩散和共享;关联性、系统性、开放性的关键共性技术通过企业联盟,由龙头企业、产业技术联盟牵头组织,重点是形成市场接受的标准。需要提升关键共性技术集成创新能力,支持高新技术成果转化项目。

政府提高机器人企业研发费用加计扣除比例、股权激励递延纳税、技术成果投资入股选择性税收优惠等措施,支持机器人企业加大研发投入,调动研发人员的积极性。对于市场化应用程度高的技术攻关项目,采取根据创新成果实际效果给与补贴的形式,予以奖励。

5. 场景应用示范,促进人工智能与机器人产业的融合发展

进一步提高智能化水平,是机器人产业下一步发展的必由之路。人工智能已上升为上海优先发展战略,上海已初步建成为中国人工智能发展的领先地区之一。上海应该充分发挥“头雁引领效益”,促进人工智能与机器人产业融合发展。

上海可以加大人工智能应用场景建设实施计划中“AI+”工厂的力度,除了在研发端对机器人企业的软硬件技术研发进行支持外,加大对需求端智慧工厂、数字供应链的支持力度,在机器人新技术、新产品的首发、首用方面形成标

杆。鼓励人工"智能＋"机器人在医疗、教育、安防、家庭、交通等方面的示范性使用，支持创业企业的新产品首创、首用。政府支持政府相关部门和事业单位进行首用，为创新创业企业提供直接支持，提供新产品的信用背书。

总之，随着机器人产业、人工智能产业、智能制造、信息技术、物联网等产业融合加速，上海的产业生态完善，会有更多的创新创业企业孵化成长。上海应该利用人才、资本、新需求场景、关联产业支持度高和政策叠加的综合优势，吸引有潜力的机器人企业和关键零部件企业来沪，帮助在沪机器人企业提高资源整合能力，通过并购实现企业成长和能级提升，优化市场结构。争取培育若干细分市场的冠军企业，成为上海制造的名片。

执笔：刘明宇　芮明杰

2020 年 4 月

四、高端产业如何发挥产业创新发展的引领功能？

上海并不缺乏高端产业，如机器人、商业用大飞机、芯片制造、精密装备、新能源汽车制造、海洋工程、大数据、工业互联网、生物医药等上海都有，全都是全球新兴的高端大气产业。上海的这些产业尽管在不断成长并贡献附加价值和GDP，却还成不了相关产业创新发展的引领者、上海产业结构转型升级的领军者，因为它们目前还是处在产业的幼稚阶段，处在产业价值链的低端，并无强大的自有技术与创新能力，尚发挥不了产业创新发展的引领功能。因此，如何在未来若干年中使上海这些产业迅速成长，真正成为领军产业，发挥产业创新发展的引领功能是一个关系上海经济高质量发展、现代产业体系建设发展的重大问题。

（一）何谓高端产业？高端产业是否有引领功能？

是不是只要是具有了机器人制造、生物医药、芯片制造、大飞机制造等产业名称的新兴产业就是有了高端产业？如果是这样的话，我们这些产业均有了，我们已经高端了。其实不然，我们是有这些产业，只是我们的这些产业尚处在幼稚阶段，还处在这些产业价值链的最低端即加工组装环节，高端核心技术、高附加价值环节均在别人手里，我们的这些产业远不是处在这些产业价值链的高端位置。以这些产业目前这样的状况要成为其他相关产业创新发展的引领者其实是不可能的。

1. 有引领功能的高端产业应该具有的特性：

有高端名称的产业要真正具有其他产业创新发展的引领功能必需符合下面三个特性：

（1）"产业高新"首先指这类产业发展以当代高新技术为基础，代表着未来产业革命的发展方向；具体应该有三个方面的特性，第一，所发展的产业在核心技术、关键工艺环节上是高新的，属于知识密集、技术密集；第二，通过发展这样的产业具有技术与知识自主创新的能力，而且是国际领先的创造力；第三，所发展的这样的产业具有强大的战略引领性，能够引领其他相关产业技术进步，产业调整升级，产品创新发展。

（2）"产业高端"是指这类产业应该具有高级要素禀赋支持下的内生比较优势，因此处于有利的产业价值链竞争位置。产业高端的内涵可以从三个方面理解：①高级要素禀赋，指要素禀赋从传统的自然禀赋到人力资本和知识禀赋，而知识禀赋在企业多体现为在核心技术和关键工艺环节有高的技术密集度。②高的价值链位势，高的价值链位势就是在"微笑曲线"两端，而动态维持高价值链位势需要具有高的自主创新能力。③高的价值链控制力，从在价值链上所处的环节位置判断，实质就是对价值链关键环节——核心技术专利研发或营销渠道、知名品牌等的控制力，高价值链控制力对于其他相关产业也具有高战略引领性。

(3)“产业高效”是指此类产业的资源配置效率高，既具有良好的经济效益又有好的社会效益。产业高效的内涵也有三方面的内容：①高的产出效率，如产业的投入产出效率、人均劳动生产率、全要素生产率等。②高的附加价值，如利润率高、产业增加值率高、税收贡献大等。③高的正向外部性。指此类产业一方面应该与环境和谐友好，生产过程产生污染少、符合低碳经济要求；另一方面就是对传统产业的转型升级、新兴产业的发展壮大、社会就业等有促进带动作用。

2. 高端产业引领功能的引领路径表现

高端产业真正具有如此产业特性的话，这些产业一定是高新技术产业，也一定是掌控核心技术与高附加价值的环节，同时面向未来的产业，正是如此，这些产业才具有比较高的引领其他产业转型升级、创新发展的功能。

有引领功能的高端产业首先应引领那些与高端产业相关的产业转型升级创新发展，例如智能装备产业的领先性发展首先推动引领如工业软件（智能装备操作系统等）、数据分析、工业互联网、信号识别、智能零部件产业的发展，然后进一步智能装备普及引领制造业转型升级。而通过相关产业创新发展的引领，就可以逐步改变现行的国家与地区产业结构，促进产业结构不断优化升级。具体的引领方式有以下四个方面：

(1)产业关联性引领

由于高端产业产品复杂、技术高新需要很多相关产业与配套合作，这就产生了产业关联性引领的功能。产业关联性引发的对相关产业引领有两类：一类是后向关联导致牵引式引领，即由于此高端产业的产品是最终产品如机器人，它的正常生产与分销需要许多相关产业提供配套的材料、零部件与服务，因此只要此产业不断创新发展，就会对这些相关产业产生需求扩张式要求，从而引领这些产业不断跟上也不断创新发展。此类新兴最终产品产业重要的有智能装备、智慧汽车、高端医疗设备等。另一类是前向关联导致推动式引领，即此高端产业为基础性新兴产业如新材料(半导体)、5G 通信产业、大数据产业、人工智能等,这些产业的产品与服务可以供给其他许多需要使用这些产品与服务的相关产业,从而导致这些相关产业技术、生产效率、生产场景、产品与服务品质、附加价值有了很大的提高,这样的推动式引领功能是十分重要的,就如没有新材料产业,许多高端产品就生产不了。

(2)高新技术溢出式引领

高端产业在核心技术、关键工艺环节上是高新的,属于知识密集、技术密集,而且这样的产业具有技术与知识自主创新的能力,而且是国际领先的创造力。因此,相对于其他相关产业来说它具有高的技术位势,即可以通过技术的溢出效应,引领其他产业进行相应的技术应用变革,产生更大的经济与社会效应,如高端芯片制造业、商用飞机引擎制造、高端光刻机制造、5G 通信产业等。当然这种技术的溢出是在严格的知识产权保护下的溢出。

(3)市场空间拓展引领

高端产业一旦被市场认可,产品商业化成功后,一定会有巨大的市场空间拓展,例如智能手机市场成功后,其市场空间就不断扩大,导致传统手机的市场一降再降。而智能手机产业市场空间的拓展带动相关产业如手机操作系统、芯片、手机照相机、游戏软件等市场空间的扩展以及还有许多新的市场机遇有待开发,如微信导致微商,手机支付导致金融揽储,等等。

(4)协同资源创新引领

高端产业因为具有高附加价值,所以可以有更多的资源用于研发创新投入,而且可以通过建立开放式创新平台,把产业内资源集聚同时引入与本产业相关其他产业的供应商至此平台,包括把顾客引入创新平台,真正形成开放式创新平台,提高各方面主体的创新积极性,组织策源更多的创新,引领协同合作创新、产业创新,提高创新出成果出效益的效率。

（二）上海需要在哪些高端产业上发力，最终实现高端产业的产业引领功能

上海有与全球同步的所有的高端产业，只是上海拥有这些高端产业目前不具备产业的引领功能，因为上海的这些高端产业目前处在该产业价值链中的低端，附加价值低，技术也非核心技术。因此，上海如何在“十四五”期间在某些高端产业上取得真正的突破，掌握产业核心技术并能够不断迭代创新，成为产业价值链的高端并能够成为链主，获得高的附加价值成为本产业的领军者，同时引领其他相关产业转型升级创新发展，推动上海经济高质量发展，建设现代产业体系，成为长三角产业转型升级的领军者，就成为十分重要的发展目标与发展重任。

从现实与未来的角度考虑，选择什么高端产业以及引领功能载体作为产业引领者本来是市场的功能，然而市场通过竞争的选择固然很好，但所费时间久，且前有发达国家堵截，因为这本属于他们优势的产业与市场领域；后有金砖国家追赶，因为他们也想抓住产业革命、技术大变革的历史机遇发展自己，赶超中国。所以，通过对上海产业现实基础与全球产业发展未来的深入分析研究，提出可以考虑的高端产业突破口以及重点发展领域，运用好产业政策，还是十分必要的，培育这些产业中的世界级科技创新企业，加快上海高端产业在产业价值链位置升级，进而产生和发挥相关产业创新发展的引领功能。

如果仅仅从上海的高端产业中最具未来引领功能的形成与发挥，则可以从以下三个方面考虑：

1. 从产业体系的“根部”选择

从产业体系的“根部”选择其实就是从新基础产业中选择高端的产业。何谓新基础产业？新基础产业，即支持未来社会高质量发展、满足人们美好生活需要、支持传统产业转型升级、新型智能产业发展的现代基础产业。我认为新基础产业可以从“硬、软、联”三个方面来说明：一是以 5G 通讯、新材料、新能源、

新交通等为代表的所有产业发展的“硬基础”；二是以大数据、人工智能、IT 软件等为代表的产业发展的“软基础”；三是以工业互联网、智能物联网、智慧电网等为代表的“互联性基础产业”。可以证明，所有这些新基础产业已经成为决定全球未来社会与生活、经济与产业竞争力的基础，因为这些产业的发展与应用将广泛影响几乎所有居民工作生活的方方面面，包括高质量全社会公共卫生体系建设与运行，社区网格化管理、教育知识传播等等。另一方面，这些新型基础产业的发展对现行产业转型升级与未来新兴产业发展都将起到重大的基础性支撑推动发展的作用。面对未来，在人们美好生活发展要求下，新基础产业将成为我国未来经济社会高质量发展的新基础。为此，上海应该在新基础产业的新材料、新能源、大数据、人工智能、IT 软件、工业互联网中选择引领功能培育突破口，特别要注意软硬结合，千万不要只考虑“硬核技术”产业，今后没有软件，没有操作系统几乎寸步难行。

2. 从产业体系的“头部”产业方面进行选择

所谓产业体系的头部产业就是指最终产品产业，最终产品包括两部分：一部分是最终消费品产业，如汽车、服装、食品、旅游、制表、珠宝、化妆品等；另一部分是最终生产品产业，主要是指供最终生产使用的各类生产设备、现代生活设备、工作母机、工业软件、办公设施等产业。这类产业中主要应该考虑那些产品复杂技术含量高、附加价值高、产业关联性大的产业，因为此类产业的引领作用可以是比较大的。从现在到未来我国产业体系的转型升级迫切程度来看，“十四五”期间，上海在产业体系的“头部”高端产业方面选择十分重要，引领功能形成的突破口应该放在最终消费品的智能互联新能源汽车产业、最终生产品的商用大飞机产业、智能生产设备(包括智慧机器人产业)、智能设备操作系统产业、高端医疗设备产业这几个产业上。

3. 从产业体系的“腰部”产业方面进行选择

所谓“腰部”产业就是生产中间产品的产业，简单地说就是生产零部件的产业。零部件有时技术含量非常高，可以成为产业价值链上的关键环节，其附加价值也很高，其技术有时甚至成为“卡脖子”技术，例如高端芯片就是我国产业体系中的“卡脖子”部件，因为我们自己不会生产。仔细分析的话，可以发现许多类似高端芯片的零部件都是我们产业价值链的关键约束，又如数码照相机产业的高端光学部件、机器人产业中的伺服电机、大飞机产业中的飞机引擎，等等。因此，“十四五”期间，上海应该在“卡脖子”的高端零部件产业方面进行选择，引领功能形成突破口，通过创新努力争取在某些领域形成突破，解决若干重要的约束，形成自己的能够在国际市场有强大竞争力的“腰部”高端产业，引领我国产业体系的优化升级。个人建议，上海应该考虑高端芯片制造、飞机引擎制造、伺服电机制造、氢燃料发动机制造等方面，而且这些产业的高端突破也能够与上述两方面重点突破的高端产业形成配合，进而提高整体性的高端化和形成强大的产业引领功能，真正发挥高端产业的产业引领功能，助力我国与上海产业结构优化与现代产业体系的建设发展。

这三个方面的选择最终是否能够实现产业高端化并发挥出引领相关产业创新发展的强大功能，关键还是要看这些产业中是否成长出一个或若干个世界级科技创新型企业，成为全球相应产业领域中有国际竞争力的领军企业，成为产业创新发展引领功能发挥的载体。

执笔：芮明杰

2020 年 6 月

五、培育高端产业的产业创新发展引领功能载体是当务之急

是不是只要具有了机器人制造、生物医药、芯片制造、大飞机制造等产业名称的新兴产业就有了高端产业，就有了引领功能？如果是这样的话，我们这些产业均有了，我们已经高端了，我们已经可以引领了。其实不然，我们是有这些

产业，只是我们的这些产业尚处在幼稚阶段，还处在这些产业价值链的最低端即加工组装环节，高端核心技术、高附加价值环节均在别人手里，我们的这些产业尚不处在这些产业价值链的高端位置，关键是我们的这些产业缺乏产业创新发展引领的载体。所以，以这些产业目前这样的状况要成为其他相关产业创新发展的引领者其实是不可能的。

（一）世界级科技创新企业是高端产业引领功能的载体

为什么有些高端产业不具备产业引领功能呢？除了产业本身可能尚处在幼稚产业这个阶段，还不具备引领功能外，其实还因为产业是同类企业的集合，在产业内的企业其实也是有分工的，并不是所有的企业都做完全一样的事，特别在经济全球化条件下产业价值链可以全球分布与合作时，这个产业的企业就开始分为领先的领军企业、合作配套的企业、外加工企业、生产服务企业如研发企业等，其中领先的领军企业既是这个产业技术迭代创新发展的领导者，也是这个产业价值链的控制者即所谓的链主，其实这个高端产业的高端特性与引领功能真正是体现在这些数量不多的产业领军企业身上的，就像机器人产业其高端特性与引领功能是体现在 ABB、库卡（KUKA）、发那科（FANUC）、安川电机（YASKAWA）四家公司身上的，而不是表现在中国几百家机器人生产加工企业身上。因为这四家公司不光是全球工业机器人市场的主角，而且实现了传感器、控制器、精密减速机等核心零部件完全自主化，占据了产业技术高端，产品高质量且附加价值高，市场占有率大，引领了机器人产业与相关产业的极大发展。所以，高端产业的高端特性与产业引领功能是表现在产业内的领军企业身上的，所以一个国家这个产业是否高端不在于是否有相应的厂商，而是是否有这样的领军企业。

高端产业的领军企业才是对这个产业及其相关产业创新发展有引领作用的载体，这样的企业我称之为世界级科技创新型大企业，我们去看当今世界高端前沿新型高技术产业，都可以看到这样的领军企业，如计算机软件产业是微软，网络搜索产业是谷歌，新能源汽车产业是特斯拉，芯片制造产业是高通，高端医疗设备是 GE，精密照相产业是佳能，飞机引擎制造产业是 GE 与罗尔斯—罗伊斯；5G 通讯产业是华为，光刻机产业是荷兰 Asml，等等。这些企业绝大部分都是规模大，技术领先，创新能力强，产品独一无二，附加价值高，代表这些产业全球最高水平。正是这些企业的存在一方面引领他们所在产业的不断创新发展，也通过价值链供应链产业链关联了相关产业企业的创新发展技术迭代，进而影响并推动产业结构的优化升级。这些企业具有如下能力：

1. 原创技术创新能力

原创技术创新能力是此类世界级科技创新型企业的核心能力。这样的能力是该类企业成长的关键：首先，强大的原创技术创新能力通过提高企业的核心竞争力，实现企业的高速成长。其次，强大的原创技术创新能力通过保障创新活动的顺利开展，驱动企业的创新发展。最后，强大的原创技术创新能力有利于企业开发出独具特色的创新性产品，推动企业快速发展。

2. 创新资源整合能力

创新资源整合能力是此类世界级科技创新型企业的重要能力。这类企业一方面通过其强大的创新资源整合能力迅速进行全球创新资源的整合，开展全方位的创新合作，同时不断提高企业的创新绩效，从而推动企业成长壮大，引领产业发展。另一方面则是通过强大的创新资源整合能力，充分利用合作各方的优势资源，取长补短，有利于缩短技术突破的周期，同时与全球高等院校、科研院所等研究型机构的优势叠加，有利于企业突破关键核心技术，提高企业的创新效率。

3. 全球价值链治理能力

世界级科技创新型企业具有极强的全球价值链治理能力。领军企业每一次产品、新工艺的创新成功，并不能够保证新产品能够呈现在消费者面前，因为在社会分工的条件下，新产品的制造成功还有赖于其他合作产业、合作企业，这样的合作总是基于现有产业链、价值链，并在其基础上进行改进创新。这就需要领军企业具有强大的产业链、价值链更新和价值链组织治理的能力。通过治理，将供应链价值链上不合格的淘汰选择，选择并管理合格且创新能力强、品质高的供应商生产商成为合作者，协同产业链价值链供应链的相关供应商创新合作，打造领先的独到的公司供应链与价值链，凸显企业的技术与市场的竞争力，从而实现企业在激烈的全球市场竞争中不断发展领先。

（二）高端产业中世界级科技创新企业的引领功能表现

高端产业中世界级科技创新企业通过自身不断创新发展技术迭代引领那些与高端产业相关的产业与企业转型升级创新发展，例如智能装备产业的领先性发展首先推动引领如工业软件（智能装备操作系统等）、数据分析、工业互联网、信号识别、智能零部件产业的发展，然后智能装备的进一步普及引领制造业转型升级。而通过相关产业创新发展的引领，就可以逐步改变现行的国家与地区产业结构，引领产业结构不断优化升级。高端产业中世界级科技创新企业具体的引领方式有以下四个方面：

1. 产业关联性引领方式

由于领军企业产品复杂、技术高新需要很多相关产业与配套合作，这就产生了产业关联性引领的功能。产业关联性引发的对相关产业引领有两类：一类是后向关联导致牵引式引领，即由于此高端产业中世界级科技创新企业的产品是最终产品如机器人，它的正常生产与分销需要许多相关产业提供配套的材料、零部件与服务，因此只要此产业不断创新发展，就会对这些相关产业产生需求扩张式要求，从而引领这些产业不断跟上也不断创新发展。此类新兴最终产品产业重要的有智能装备、智慧汽车、高端医疗设备等。另一类是前向关联导致推动式引领，即此高端产业为基础性新兴产业如新材料（半导体）、5G 通讯产业，大数据产业、人工智能等，这些产业中世界级科技创新企业的产品与服务可以供给其他许多需要使用这些产品与服务的相关产业，从而导致这些相关产业技术、生产效率、生产场景、产品与服务品质、附加价值有了很大的提高，这样的推动式引领功能是十分重要的，就如没有新材料产业，许多其他高端产业的高科技产品生产不了。

2. 高新技术溢出式引领方式

世界级科技创新企业在核心技术、关键工艺环节上是高新的，属知识密集、技术密集，而且这样的企业具有技术与知识自主创新的能力，而且是国际领先的创造力；因此相对于其他相关产业与企业来说它具有高的技术位势，即可以通过先进技术的溢出效应，引领其他产业进行相应的技术应用变革，产生更大的经济与社会效应，如高端芯片制造业中高通，商用飞机引擎制造的GE，高端光刻机制造，5G通讯产业的华为等。当然这种技术的溢出是在产业链和供应链合作中进行，也是在严格的知识产权保护下的溢出。

3. 市场空间拓展引领方式

领军企业中领先型产品一旦被市场认可，该产品商业化成功后，一定会有巨大的市场空间拓展，例如苹果公司的智能手机市场成功后，其市场空间就不断扩大，导致传统手机的市场价值一降再降。而智能手机产业市场空间的不断拓展就带动了许多相关产业如手机操作系统、芯片、手机照相机、游戏软件等市场空间的扩展以及还有许多新的市场机遇有待开发，如微信导致微商，手机支付导致金融揽储等等，这些市场的扩展就带动更多的相关投资，相关的产业也就可以不断地创新发展。

4. 协同资源创新引领方式

世界级科技创新企业的产品高端且市场占有率高，加上产品本身高附加价值，所以这些公司利润丰厚，就可以有更多的资源用于进一步的研发创新投入，而且可以通过建立开放式创新平台，把产业内资源集聚在平台上，同时也可以引入与本产业相关的其他产业供应商至此平台，甚至可以把顾客引入创新平台，真正形成开放式创新平台，集聚创新资源，提高各方面主体的创新积极性，组织策源更多的创新，引领协同合作创新，产业创新，提高创新出成果出效益的效率。

（三）推动培育高端产业的产业创新发展引领功能的载体

上海未来相当长的时间里应该在推动培育高端产业的产业创新发展引领功能的载体方面下功夫，希望能够培育出类似华为这样的世界级科技创新大企业，作为产业引领功能的重要载体，才能真正发挥高端产业引领其他产业创新发展的强大功能。如何培养与扶植这样的载体呢？

1. 全程关注，长期跟踪，重点扶植民营高科技创新型企业

在选择了上述高端产业后，需要政府密切关注此产业中的崭露头角的民营高科技创新型企业，民营高科技创新型企业是在市场竞争中诞生与成长起来的，天生具有市场竞争的敏感性，具有创新发展的意识与能力。为此政府需要做的是不断关注他们正在进行的产业核心技术研发创新，协助他们有更广阔的全球合作视野，鼓励这些企业在市场竞争中做大做强；长期跟踪并服务这些企业，解决一些他们遇到的绕不过的发展困难，提供各种相关产业与技术、科技合作机构等方面信息并为之牵线搭桥，为这些企业提供高质量公共科技创新与产业创新的服务平台，提供优质的创新服务的公共产品。

2. 鼓励这些企业抓住产业核心技术迭代更新历史机遇实现突破性创新

培养出这些高端产业中的领军企业是比较困难的，因为这些高端产业已经有了全球领军企业，要替代这些公司需要十分艰苦的努力与时间，另外还需要机遇即该产业的核心技术开始迭代，我们的企业只有抓住核心技术迭代的机会，通过自己的突破性创新，率先推出成熟的新核心技术并广泛采用，才能后发先至走到该产业的领先位置。华为就是如此，华为这么多年的打拼，又恰逢5G替代4G通讯的时代到了，且他们在5G方面取得了世界瞩目的突破性创新，才有了今天的领军地位。好在目前全球已经进入新一轮技术革命的时期，历史机遇期到了，加上我国巨大的市场可以为突破性创新提供产业化实现的可能，因此政府政策设计应该侧重对突破性创新成果的企业进行激励，而不是事前把创新资源进行对所有企业广撒“胡椒面”。

3. 建设一支任正非式的在市场竞争中成长起来的企业家队伍

仔细看高端产业的那些领军企业之所以优秀，与企业拥有优秀的高瞻远瞩的企业领导人分不开，华为之所以成为今天的华为是与任正非的努力与有效领导分不开。华为是从市场竞争中成长起来的，市场竞争的激烈与残酷，使得任正非深刻明白核心技术的重要，创新研发的重要，人才的重要，全球合作的重要，而且财富对他而言已经没有意义，他是真正把华为的发展当做伟大的事业奋斗一生，才会有如此成就。高端产业中的领军企业一定是需要如此优秀的企业家担纲才行。培养出这样的企业家可不是5年、10年就可以的，也不是通过简单评比就可以的。上海应该维持一个公平竞争的市场，不断提高营商环境，为企业家与企业脱颖而出创造社会条件，建设一支高素质优秀的高瞻远瞩领导力强大的企业家队伍。

根据以上分析，可以知道上海有许多与国际发达国家同名的高端产业但没有引领功能的载体，即缺乏这些高端产业中真正担纲产业创新发展引领的世界级科技创新大企业。可喜的是，华为已经成为了这样的企业，华为是全球5G通讯的产业标准设计制定者，完全可以以此展开与其他相关产业的企业成员进行进一步的协同创新，并成为该产业链价值链的链主，通过产业价值链控制与治理，引领其他相关产业供应商合作协同创新发展，影响和推动产业结构优化升级。可惜这样的企业在我国高端产业中太少了，真正难的是推动与培育起高端产业中的类似今天的华为这样的优秀领军企业。因为这样的企业成长壮大不仅仅是有好的政策与环境就可以的，其成功还与企业的领导人、员工、激励机制、创新精神、资源投入、竞争策略、管理水平等相关，而且需要相当长的时间。

执笔：芮明杰

2020年6月

六、上海数字基础产业发展的新思路新策略

基础产业先行是一个国家或地区经济与产业健康安全顺利发展的基本逻辑，也是关系到双循环能否畅通的关键。同样，数字中国、数字上海、数字经济的发展离不开数字新基础产业的先行发展。所谓数字新基础产业，即支持未来社会高质量发展、满足人们美好生活需要、支持传统产业转型升级、新型智能产业发展的现代新基础产业，可以划分为“硬软联”三个方面：一是以5G基站、数据中心等为代表的所有产业发展的“硬基础”；二是以大数据、人工智能、IT软件等为代表的产业发展的“软基础”；三是以工业互联网、智能物联网等为代表的“互联性基础产业”。[①] 总的来说，数字基础产业的“基础性”体现在两个方面：一是支撑数字智能高端产业，在国际上具有竞争力；二是对传统产业进行数字化转型，能够推动产业体系的转变。

（一）上海数字基础产业发展现状与问题

近几年来，上海市政府高度重视数字经济的发展，并明确数字基础产业在构建数字经济体系中的重要支撑作用，因此出台了一系列相关产业政策促进数字经济发展，应该说取得了很大的业绩，但发展过程中也有如下一些问题值得重视。

1. 相关产业均有布局，但缺乏本土领军企业

上海在数字基础产业的“硬软联”方面均有布局，但是这些集群中普遍缺少上海本土的领军企业，价值链掌控力不强。一方面，上海目前拥有张江的“人工智能岛”、自贸区的“数据港”集群、“中国芯”集群以及“智能造”集群，基本涵盖了数字基础产业的“硬软联”各领域。并且由于上海在“硬软联”方面的布局和

① 芮明杰．发展新基础产业需要新思路新模式新路径[N]．河北日报，2020-09-11(005)．

较好的营商环境，吸引了不少掌握核心技术的外资大企业和国内数字基础行业的领军企业。例如在张江的“人工智能岛”上，入驻了微软全球最大人工智能和物联网实验室、IBM 中国上海新总部及研发大楼、阿里巴巴上海创新中心、英飞凌等重点项目。同时，通讯领域的巨头华为、大数据及算法领域的巨头字节跳动等也纷纷在上海打造了世界级的研发中心。另一方面，上海的数字基础产业集群中始终缺乏上海本土的领军企业。这就导致上海企业在数字基础产业集群中普遍处于价值链较弱的环节，而价值链的核心部分仍旧掌握在外资企业和国内其他巨头企业中。

2. 基础技术研发薄弱，应用发展缺乏优势

上海在数字经济以及数字基础性产业的发展中均出现了“基础环节薄弱”的基本特征。在数字经济领域中，上海的产业数字化发展迅速，数字智造、数字服务业都已经取得了一定的发展成果，但是数字化产业基础薄弱。在数字基础产业领域中，相关发展仍以应用端为主，基础技术的研发较为薄弱。

基础技术的研发往往在面向企业客户，为企业提供数字经济的相关支持技术、产品或服务，收益性和成功率都不如直接面向消费者的应用更高，因此出于逐利的本性，企业自然会先从应用端开始发展，进而通过应用的实现对基础研发能力实行反哺。但目前来看，上海应用端的发展规模仍旧不够，无法像阿里巴巴一样，通过强大的应用服务反过来促进基础研发能力的提高，以至于上海在数字经济的发展中表现出“基础的基础”明显薄弱的问题。

3. 发展侧重硬件基础设施，高端软件和互联发展较弱

从上海在数字基础产业的“软硬联”三个方面的发展来看，上海在硬件基础设施部分具有较明显的优势，但是在高端软件和互联方面优势不明显。根据赛迪研究发布的数据，上海在 2018 年 5 月即启动了全国首个 5G 示范商务区的建设，开通了 5G＋8K 的试验网，并在 2018 年年底实现了“千兆宽带”的全覆盖，成为全国千兆第一城，上海的硬件设施优势明显。但是在高端软件部分，上海的浦东软件园近年来在全国持续排位第三 ，工业互联网和物联网方面，开发实

力落后于北京和江苏，在人工智能算法企业方面，和北京的差距显著。

这种侧重硬件的发展格局和上海市政府出台的政策有一定的关联。在数字性基础设施的相关政策规划中，和硬性基础设施发展的相关目标便于量化，因此率先重点发展。在近日出台的《上海市推进新型基础设施建设行动方案(2020—2022年)》中，涉及硬性规定基础设施的发展规划包括5G基础设施建设、数字工厂建设与智能设备升级、网络带宽能力提升、光缆通信建设、数据中心IDC建设、智慧道路建设、人工智能超算设施建设等。而软件和互联相关的规划则相对较少，包括互联网IPv6升级、亚太一流的超大规模人工智能计算与赋能平台与相关配套软件以及卫星通信互联网的建设。这种政策上的倾斜也导致了上海目前硬件发展快于软联的现状。

4. 国企扮演主要角色，民企则扮演从属角色

从发展的主体来看，上海在发展数字基础性产业的过程中呈现出国企为主，民企从属的特征。具体来看，政府投入了大量的资源，设立规划，以国企为主体推进数字基础产业的发展，并希望发挥国有企业在新一轮科技革命和产业变革浪潮中的引领作用。在这种模式下，国企的确也取得了一定的发展成果。例如，中国宝钢旗下的宝信软件，为宝武智慧制造提供大数据、工业互联网、云计算方面的软件和技术支持。根据亿欧智库发布的2019年中国新基建成熟企业100强名单，宝信软件位列全国百强第6位，具有较强的技术实力。

相比之下，上海地区数字基础产业领域民营经济实力活力弱于上海国企，且弱于全国其他省份的民营经济。在亿欧智库的百强企业名单中，上海新基建民企仅占4席，且排位较后，实力较低，分别是第54位的商汤科技、第72位的网宿科技、第82位的移远通信和第95位的中通快递，且上海的新基建百强民营企业数量远少于北京和深圳。上海大部分民企处于相对低端的产业领域，缺乏研发和创新的资本和实力，在财税、融资等资源方面也不如国企有优势，导致民营企业在数字性基础产业中的活力较弱。

（二）上海发展数字基础产业新思路、新策略

上海是中国国际经济、金融、贸易和科技创新中心，在全国的经济发展和技术创新中都应当承担起发展的带头作用。因此，在新一轮数字经济的发展浪潮下，上海应当明确自身的产业优势与不足，清晰发展定位，构建以数字化的知识和信息为关键要素，以数字网络载体，以数字技术创新为核心驱动力，面向数字经济时代高质量发展需要的数字基础设施体系，并通过赋能传统产业，为企业提供数字转型、智能升级、融合创新等服务，最终推动上海成为数字经济发展的领军者，在全国范围内发挥数字产业引领的功能。

1. 跨越式发展，形成“两个”领先性

上海虽然在发展数字基础产业方面起步不晚，甚至某些方面已经国内先进，但对比发达国家以及我国“数字中国”战略的要求，特别是上海数字经济与现代产业体系建设的要求来看，需要积极努力采取“跨越式发展”模式，谋求数字基础产业发展两个全球领先性。两个领先是指在上海发展数字基础性产业，以及以其为基础的数字经济在全球范围内的领先性。具体来看：

第一个领先是指数字基础产业的领先性。数字基础产业是各行业数字化转型的底层技术支撑，也是数字经济时代整个经济社会建设发展的新型的基础设施，随着新一代信息技术、智能算法、大数据分析等数字技术在各行各业应用的增多，未来数字基础产业将会成为营商环境中的重要部分，成为企业投资决策中的重要考虑变量。一个地区的数字基础性产业越强大，越能够支撑企业的数字化转型需求，自然越能够吸引更多企业的入驻，因此数字基础产业的强弱必然决定着该地区数字经济发展的潜力。目前世界各发达国家均在推进数字基础产业的发展，抢占技术的制高点。上海作为中国技术高地，必须要具备跨越与赶超的勇气与动力，以世界领先为目标，推进数字基础产业的先行发展。

第二个领先是指数字经济的领先性。数字经济构建于数字基础产业之上，是数字基础产业在传统产业的应用和拓展，也是未来经济社会不断向前发展的

新动能。中共十九大制定了新时代中国特色社会主义的行动纲领和发展蓝图，提出要建设网络强国、数字中国、智慧社会，推动互联网、大数据、人工智能和实体经济深度融合，发展数字经济、共享经济，培育新增长点、形成新动能。可以预见，未来以云计算、大数据、物联网和人工智能为核心的数字基础产业将会更多地渗透到各行各业，引领企业生产方式的变革和行业结构的重构，因此发展数字经济的领先性也极为必要。两个领先的路径具体见图 11.3。

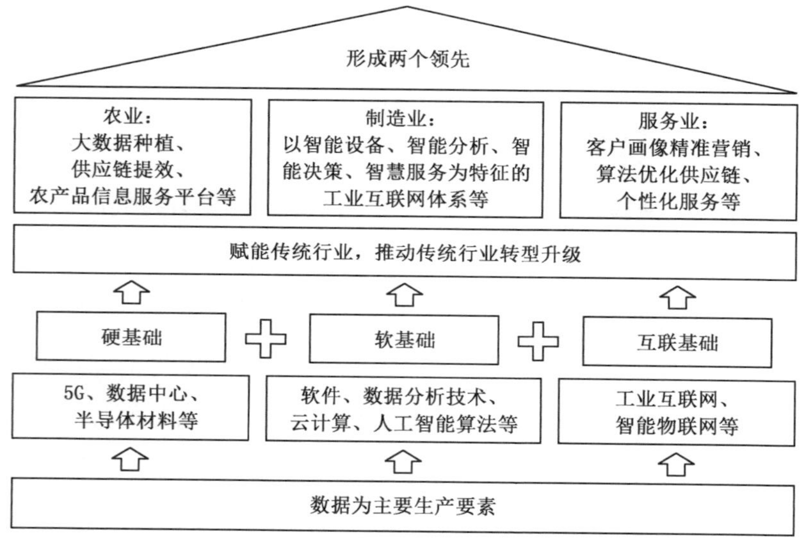

资料来源：作者自绘。

图 11.3 上海数字基础产业发展领先的路径

2. 确立国际竞争优势，促进产业数字化转型

由于数字基础性产业的“基础性”表现为以下两个主要方面：一是数字基础产业在数字经济生活中的基础性。这些基础性产业的发展与应用将广泛影响以其为基础的数字制造业和数字服务业的发展，进而影响到几乎所有居民工作生活的方方面面，包括高质量全社会公共卫生体系建设与运行、社区网格化管理、教育知识传播等。二是数字基础产业在现代产业体系转型升级过程中的基

础性作用。数字基础产业能够对传统产业赋能,帮助传统产业向智能化、数字化转型,因此这些数字基础产业的发展对现行产业转型升级与未来新兴产业发展都将起到重大的基础性支撑作用。上海发展数字基础产业的总体要求,就是要把握好两个基础性。为此上海的数字基础性产业发展在中长期看应当具备以下双重发展目标:

第一重目标是数字基础产业应该发展成为现在与未来具有全球领先性、强大国际竞争力的产业。具体来说,上海数字基础产业发展的目标应该是培养这些产业成为我国与上海产业结构调整与升级的技术推动性产业,成为未来产业体系中基础性支柱产业,同时也能够在现在与未来全球数字基础产业群落中成为领先的产业门类,有比较强大的国际竞争力。例如 5G 通讯方面由于华为的努力,我们已经初步实现了这个目标,下一步竞争中上海也应该有所贡献。

第二重目标是对数字经济相关产业起到真正的基础支撑作用,通过高水平的数字化能力,支持和引领数字中国的建设。这不仅意味着数字基础产业需要引领上海现行许多传统产业实现转型升级、实现技术进步价值增值,同时要与目前的战略性新兴产业如智能制造、智能装备、医疗设备、互联网信息、机器人、内容产业等进行支撑与融合,使之不断迭代创新,领先发展。唯有这样才能够使我国摆脱工业大国而不是工业强国的尴尬状况,摆脱上海产业体系相对完整,许多关键产业环节、技术标准、核心部件却不能制造的尴尬。

3. 开放合作,形成共生繁荣的数字经济创新生态

开放合作的目的就是通过对“硬软联”数字基础产业加大投资加快发展,创新领先形成共生繁荣的生态体系,发挥推动上海现行产业体系中传统产业的转型升级,现代高端产业的高质量发展的引领作用。其中又特别推动以 5G 通讯技术、大数据技术、人工智能技术等为代表的基础性新技术的研发创新,出领先成果,推动这些新技术形成核心关联生态系统(见图 11.4),从而构成数字基础产业坚实的核心技术生态。

数字经济创新生态要求数字基础产业群在现有核心技术的基础上进一步

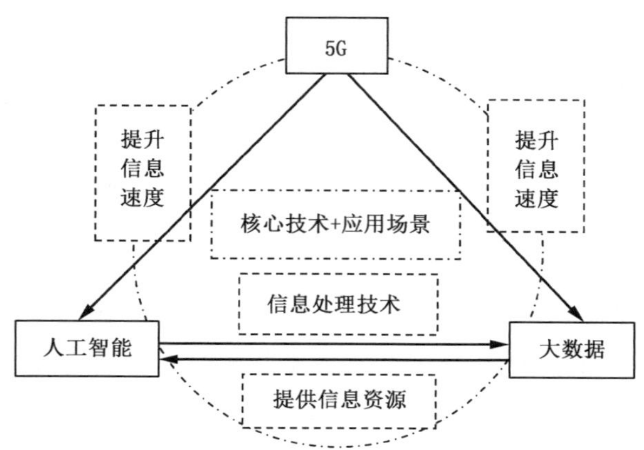

图 11.4　数字基础产业的技术关联生态

具备自己不断繁衍发展的特点,进而加强领军企业对整个产业链的控制能力,形成持续创新的生态。具体来看,在创新生态内,领军企业通过协同多种互补性企业,扩大了资源和能力,不同的技术在集群内交汇吸收后,围绕领军企业的技术衍生出进一步的创新,进而使集群获得持续创新的能力,稳固生态内领军企业对整个产业链的掌控力。在数字性基础行业,目前世界领先的企业均在构建以自身核心技术为中心的产业创新生态,例如谷歌的人工智能开源平台 TensorFlow,已经汇聚了诸多 AI 领域的开发者,有希望成为人工智能领域的安卓操作系统。同时,IBM、亚马逊、苹果、Facebook 也都在构建围绕他们自身技术的技术生态,这些巨头企业通过产业生态圈获得了强大的商业生态领导能力,并借助众多开发者的智慧实现自身技术的不断迭代创新。上海在本次数字基础产业发展中也要把握机会,可以在区域内实现创新的聚集形成创新生态,例如以张江人工智能岛为核心的创新产业群,进一步培育具有核心技术实力并能够构建自己产业生态的领军企业。

执笔:芮明杰
2020 年 12 月

第十二章　破解技术约束，推动上海新兴产业高质量发展

2021年是新冠疫情得到控制，经济增长得到快速恢复的一年，经济总量和人均水平实现新突破。上海2021年全年实现地区生产总值（GDP）43 214.85亿元，比上年增长8.1%，两年平均增长4.8%，达到全国平均水平，取得很好成绩。三次产业结构中，第一产业增加值99.97亿元，下降6.5%；第二产业增加值11 449.32亿元，增长9.4%；第三产业增加值31 665.56亿元，增长7.6%。第三产业增加值占地区生产总值的比重为73.3%。然而，靓丽成绩背后还是存在许多约束性技术制约着上海的高新技术新兴产业发展，上海需要大力推动科技创新实施关键技术与关键产业的突破，以求高质量发展。为此本工作室研究人员承担了重要研究任务，撰写了6篇研究成果专报，主要内容涉及上海的支柱产业如上海的汽车产业创新发展、先导性产业如半导体产业价值创造、人工智能产业发展、长三角平台经济发展、新型产业链构建以及上海产业扶植政策设计等。

一、以创新引领发展，打造上海世界级汽车产业集群

汽车产业对于上海打响上海制造品牌，迈向全球卓越制造基地非常重要。

上海是全国汽车产业重镇，在产业规模、产业创新、产业融合方面处于全国领先，具备了打造世界级汽车产业集群的基础条件。与此同时，上海汽车产业也面临宏观环境的不确定性、竞争对手的挑战和新技术变革的机遇。如果应对失误，就会有失去汽车这个先进制造业基地的风险。

（一）疫情冲击后，中国汽车产业实现V字形复苏

在疫情之前，中国汽车产业处于下行减缓，逐渐复苏的轨道上，产销量与行业主要经济效益指标均呈负增长。2020年1月，随着新型冠状病毒的爆发，为了控制疫情，中国经济处于急刹车的状态，汽车的产销量急剧下滑。为了应对疫情冲击，政府出台了汽车消费的一系列刺激政策。随着中国疫情整体上得到控制，被压制的需求得到逐步释放，随着扩大内需战略以及各项促进消费政策持续发力，中国汽车销售实现了V字形快速恢复（见图12.1）。

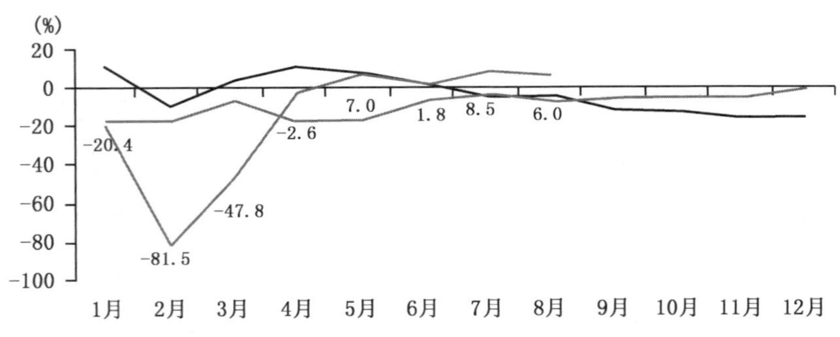

资料来源：中国经济网。

图12.1 2020年乘用车月度销售增长率

中国汽车工业协会数据显示，2020年前11个月，汽车产销分别完成2 237.2万辆和2 247万辆，同比分别下降3%和2.9%，降幅较前10个月继续收窄1.6和1.8个百分点。业内人士预计2020年全年汽车产业总体可恢复到上年水平，其中新能源汽车产销有望超过上年。

在整个汽车产业V字形复苏的背景下，汽车企业的市场表现却产生了很大

的分化，行业复苏伴随着行业大洗牌同时进行。第一梯队的汽车厂商竞争激烈，一些竞争力不强的汽车企业被淘汰出市场。

（二）上海汽车产业面临竞争对手反超风险

在疫情之前，上海汽车产业下行幅度和整个汽车行业下行情况接近，但是疫情之后的增长恢复情况低于行业。2020 年 1—11 月，上汽集团累计销量相比去年同期下滑 12.39%，上汽集团的主力板块上汽大众下滑明显是影响上汽集团销量的主要原因。上汽集团公布的数据显示，上汽集团 2020 年 11 月销量共计 643 928 辆，同比去年 11 月份的 581 932 辆增长了 10.65%；除了上汽大众，上汽集团旗下各个板块均已明显回暖，较去年同期有所增长。

上汽大众的下滑有多种原因，有早期研发投入不足、高端车型缺乏等结构性的原因，也有汽车芯片短缺、汽车安全测试事件影响等偶然性因素的影响。伴随着汽车消费升级，高端车型、具有物联网功能提供全新体验的车型得到消费者或者年轻购车人的青睐。上汽大众的高端车型、互联网汽车方面的开发投入不足，这使得在激烈的市场竞争中，难以保护自己的市场份额。上汽大众旗下的神车帕萨特，因为被中保研测试安全性，被暴露出安全性不合格的问题，自此以后，帕萨特被推入舆论的风口，帕萨特的销量也直接跌到谷底。与上汽大众相对比的是一汽-大众依托奥迪高端品牌的快速发展。一汽-大众通过对车型的精准市场定位和开发赢得在大众汽车市场上的优势。2020 年的前 11 个月，一汽-大众累计销量为 187.02 万辆，同比增加 1.4%，基本已经提前锁定 2020 年国内乘用车市场销量冠军。

上汽集团从市场地位上看，面临被一汽-大众超越的风险，吉利汽车、东风汽车、长城汽车也在其后紧紧追赶。上海汽车产业必须尽快扭转颓势，抓住汽车产业技术变革、商业模式创新的机会，在未来行业洗牌加剧的情况下，巩固并提升自己的市场地位。

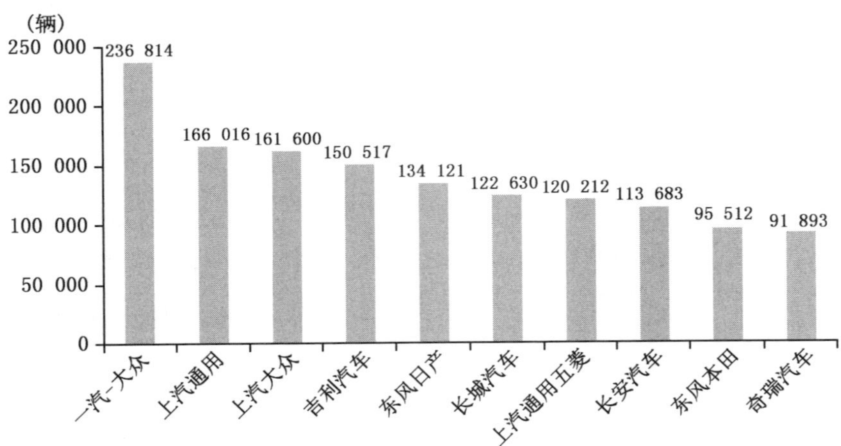

资料来源：车主之家(www. 16888. com)。

图 12.2　2020 年 11 月全国厂商汽车销量前 10 名

(三)汽车产业处于颠覆式创新的前夜

车联网、电动汽车、自动驾驶等汽车关键领域或技术的创新将会产生巨大的社会经济效益，创造社会福利。德勤的《未来汽车交通技术和社会趋势如何构建全新的商业生态系统》报告指出，这些新技术在汽车产业的广泛运用，将会减少 40%～90%的汽车排放，每年挽救 124 万条生命，恢复 1 000 亿小时生产力。

目前从汽车的销售状况看，车联网为年轻的购车人群提供了消费热点和购买理由。在功能上，导航、语音助手、娱乐生态已经成为新车标配，各主机厂正在进一步丰富汽车功能。车联网成为国内外新一轮科技创新和产业发展的必争之地，进入产业爆发前的战略机遇期，正在催生大量新技术、新产品、新服务。车联网技术向着智能化、网联化方向演进，车载操作系统、新型汽车电子、车载通信、服务平台、安全等关键技术成为研究热点。

新能源汽车在政策的作用下，市场增长明显。除了新造车势力外，众多传统汽车企业，包括一汽、北汽、长安、吉利、比亚迪等都纷纷推出高端新能源汽车品牌和产品，受到了市场欢迎。对于自动驾驶技术，部分自动化技术已经进入实用，L2 级产品落地迎井喷，其他级别的技术尚在实验阶段，L3 将成为部分领先企业的重点布局领域，各地政府将成为促进智能网联汽车发展的主要力量。

（四）上海打造世界级汽车产业集群的对策

汽车产业对于上海打响上海制造品牌，迈向全球卓越制造基地非常重要。上海是全国汽车产业重镇，在产业规模、产业创新、产业融合方面处于全国领先，具备了打造世界级汽车产业集群的基础条件：汽车产业以制造为核心不断集聚并呈现高端化发展，产业规模优势明显；汽车产业加快电动化、智能化、共享化布局，产业创新步伐加速；汽车产业相关的信息技术及人工智能等新兴产业加快发展，产业融合不断深入。

与此同时，上海汽车产业也面临宏观环境不确定性以及竞争对手的挑战，以及新技术变革的机遇。如果应对失误，就会有失去汽车这个先进制造业基地的风险。处于发展的关键时期，上海打造世界级产业集群，需要在以下方面采取措施。

1. 打造汽车产业创新生态，支持上汽通用和大众的创新转型

疫情之后汽车产业的发展显示出：中国汽车市场仍然具有巨大的韧性和消费的潜力。消费需求的升级推动车企必须推动品牌提升，应用新的技术、推出系列新产品，更好地满足消费者需求。由于车联网、智能化、新能源技术正在给汽车产业带来颠覆性的改变，车企的品牌打造和新产品开发必须与新技术相结合，这就要求上汽集团加大研发投入和新产品开发力度，并注意高端品牌的打造，优化产品结构。政府可以提供汽车技术创新和研发补贴，支持通用和大众的创新转型。

汽车产业的创新链比较长，从关键汽车零部件、工业物联网、智能驾驶到服务背后的软件系统，需要一系列的创新开发。政府可以投入支持基础研发、共

性关键技术，促进高校、科研院所与企业研究部门的产学研结合，鼓励外资和合资企业在沪发展汽车产业相关技术的研发中心，打造支持汽车产业创新的生态系统。

2. 加强智慧交通基础设施建设，大力发展智能网联汽车的配套服务和应用场景

上海需要加强城市智慧交通建设。包含自动驾驶在内的智能网联汽车产业是新基建重要应用之一，它是汽车、电子、信息通信、交通运输、人工智能等行业深度融合发展的新兴业态，亦是当前全球汽车产业技术变革和电子信息产业升级的重要突破口和着力点。上海可以通过加强与汽车相关的新基建建设，支持上汽集团和车联网相关企业在智能网联领域领先发力，引领相关标准的制定，在市场竞争中形成先发优势。目前，浙江省已经在智慧高速公路方面进行了规划和投资，吉利集团已经在卫星通信网络、卫星数据应用、高精时空服务等领域进行大力度投资，力图构建天地一体化通讯网络基础设施及通信系统，在打造智慧出行生态方面进行领先布局。

在上海智慧交通基础设施接口开发的基础上，建立智能化出行的示范项目，激发更多智能网联汽车的配套服务和应用场景，进一步促进机器学习、视觉识别、精准定位、自动驾驶、自动检测、车联网云服务等产业链延伸业务的发展，形成国际大都市的智慧出行生态。

3. 吸引新能源汽车整车和关键零部件的头部企业总部落户上海

在政府的大力推动下，新能源车的市场份额将会持续增加。在这个过程中，也难免会出现“潮涌”现象，导致投资过度、产能过剩和回报下降，政府在这个领域的直接投资会面临较高的市场风险。上海可以通过高效落实“提高研究开发费用税前加计扣除比例”的技术项目清单和实施细则，总部企业的上市便利支持和费用补贴、高管奖励等制度，吸引新能源汽车整车和关键零部件企业的总部落户上海，设立运营中心和研发中心。

鼓励特斯拉及其产业链配套的外资汽车企业落户上海，完善营商环境，吸

引外商在沪设立独资的专用车、新能源车、商用车企业，发展乘用车合资项目，提供在用地方面的政策便利支持。

4. 建立吸引高技术研发人员落户上海的综合配套人才政策

完善积分制度，制定支持汽车产业相关高技术研发人员、软件开发人员落户上海的政策。在汽车产业的此轮技术变革中，硬件软化的趋势比较明显，汽车电子化、信息化成为功能创新的主要源头。不论是传统的车企，还是新造车势力，都需要大量的电子工程师、软件工程师。技术研发、产品开发需要密集的人力资本投入，而不仅仅是少数的特殊高精尖人才。上海需要完善知识工作者子女入托、小学、中学等基础教育配套服务，促进高素质基础教育的均等化。

完善对外籍技术人才子女入学、社会保险、居留便利、银行开户等方面的配套政策和服务，建立网上外籍和港澳台高层次人才认定申办系统，提供一站式便利化服务。

5. 鼓励中国企业“走出去”，利用全球智力资源和市场，提高汽车产业的国际竞争力

上海在汽车产业进出口贸易、吸引外资和对外投资方面走在全国前列，上汽集团在欧洲、亚洲的产业布局初见成效。中国汽车产业必须“走出去”参与全球竞争，在全球获取资源和市场，优化产业链布局才能提高竞争力。吉利集团、长城汽车也开展了大量的海外并购，布局全球产业链。

上海应利用上海自由贸易试验区先行先试的便利，为区域内汽车企业提供在外汇购买、投资审批、跨国汇兑、杠杆融资、货币互换、资产证券化、套期保值、离岸交易等方面的便利，支持上海驻沪车企进行全球化的投资和贸易。

上海须建立对接全球知识产权保护的窗口，参与全球知识产权治理，开展知识产权合作，打造解决国际知识产权争端的优选地，为中国车企“走出去”，利用全球智力资源提供支持。

6. 探索合伙制度的创新应用场景，建立以人为本的创新激励体系

汽车产业正在快速高科技化，很多最前沿的技术正在融入汽车产业链的各个环节。在高科技领域，各个公司最为核心的资源不是固定资产，而是掌握核心技术的员工，且行业内人员的流动性较大。高科技公司普遍采取的方法是给核心员工配发公司股票和期权，以便留住人才。由于汽车产业的创新项目对人力资本具有高度的依赖性，因此必须选择一种能激发核心员工高度投入科技知识、管理经验、金融专长和创业热情的激励机制，使高素质管理人才与投资者利益一致，使经营决策权与控制权良好配合。

上海的车企将不可避免地参与到与高科技企业的人才争夺战中，需要广泛采用股权激励、期权激励等工具。鼓励国有控股的汽车集团在不同的层面采用合伙制、有限合伙制，建立以人为本的激励制度，鼓励高技术人才、高级管理人才参与公司治理和增值分享，建立有竞争力的人才制度是车企参与创新竞争的基础。通过合伙人制度，让人力资本与货币资本谈判，达成激励合约。主要按照契约约定，按照实现的不同情境状态进行比例分成，具有更大范围的灵活性和适用性，以有效实现创新驱动。

执笔：刘明宇　芮明杰

2021 年 1 月

二、新冠疫情对上海参与全球产业链的影响及对策

新冠疫情给全球产业链带来了巨大的冲击，叠加疫情前已出现的“逆全球化”态势，疫后全球产业链重组是大概率事件，这对上海参与全球产业链带来了负面影响。本报告从外国政府和企业兼顾效率与安全的角度，分析了全球产业链内向化、区域化和多元化的重组趋势，并从增强产业链粘性和韧性、配套跨国

公司、推进自贸进程、内外链互动循环、产业链集群升级等基本方向提出了直接对策，以及从“三零”政策、国有企业混改等方面提出了配套基础性策略，从而维护全球产业链的健康发展，巩固中国和上海在全球分工体系中的核心地位。

（一）新冠疫情对全球产业链影响与后果

新冠疫情已对全球产业链产生了巨大的冲击，加上逆全球化趋势，疫后全球产业链调整和重构是大概率事件。全球产业链重组将在政府和企业两个层面展开，疫前全球产业链的发展与布局主要基于效率考量，疫后将会强调安全与效率兼顾。

在政府层面，一些国家已经并将继续出台重组产业链政策。企业层面，一些跨国公司基于产业链安全可控考量，有可能改外包为内包，把原先分包给跨越国境的不同企业生产，以工序、环节为对象的纵向分工，回收到跨国企业内部进行。这种逆“产品内分工”的倾向，其实就是从以前的“纵向分拆”回到“纵向一体化”；由链主型治理回归一体化治理模式。它可能并不符合比较优势和规模经济原则，但却符合缩短供应链以降低风险的安全诉求。跨国公司还可能追求供应链的多元化，以降低供应链过于集中于某国、某地区、某企业的风险。

政府和企业两个层面的调整表明，全球产业链的建构，由过去追求交易成本最低原则，变为追求社会成本最低原则，在考虑经济效率的同时，把追求产业链安全可控作为生产环节和工序区域配置的重要标准。这样一来疫后全球产业链就会朝着内向化、区域化、多元化方向发展，一部分关键产业可能回撤国内，或朝本国边界靠近，或进行多元化配置。一方面，纵向分工链条会缩短以降低风险；另一方面横向分工趋于区域化集聚，即把原先被拆散到不同国家的不同企业生产的工序和环节，回收到国内或若干邻近国家边境进行集中和集聚化生产，如美国汽车全球分布的零部件生产回撤至美加墨自贸区。

表 12.1 从外国政府和企业层面，按照内向化、区域化、多元化三个趋势概括了疫后全球产业链重组的基本模式。这样一些趋势总体而言对中国及企业

是不利的，会导致若干（关键）产业迁离中国，降低中国企业在全球产业链中的地位，同时影响外国在华直接投资。疫情前已经出现的所谓“去中国化”“大脱钩”“新冷战”等言论和思潮随着疫情的发展愈加甚嚣尘上，在疫后有可能加速产业重组和迁离，恶化中国在全球产业链中的分工和地位。

表 12.1 疫后全球产业链重组模式

	内向化	区域化	多元化
政府层面	通过命令和补贴引导关键产业和企业回迁	区域自贸协议，全球产业链收缩为区域产业链	内链、外链双链循环
（跨国）公司层面	外包改内包；纵向一体化	配套产业和企业区域化、集群化	多元化供应链，多重嵌入

资料来源：作者自制。

（二）中国及上海应对全球产业链重组的策略

面对疫情后全球产业链重组，中国、上海以及企业应该如何应对？作为全球产业链的重要枢纽，中国以及上海应如何参与和主导全球价值链分工体系的重组？一条最基本的原则是相应的对策必须是激励相容的，必须是多赢的，必须既有利于中国也有利于世界。

基本方向一：通过优化营商环境增强互信，推进贸易、投资自由化，提高“产业链黏性”。全球产业链的基础是互信。互信的增强有助于提升产业链的黏性。面对逆全球化趋势，要以更加开放的理念，塑造更加优良的营商环境，拥抱更多的外资进入中国。过去“放管服改革”是为了降低包括外资在内的企业的营商成本，未来必须为外资和民企提供更加强大的专业化服务，以降低企业交易成本，增强产业链黏性。疫后中国必须坚定扩大开放，持续推进投资、贸易自由化、便利化，打造更具国际竞争力的营商环境。这样，产业和产业链会选择留在或流入中国，迁离中国将不是明智的选择。上海可以依托自贸区，率先在贸易便利化、投资自由化方面先行先试，做出表率。

基本方向二：通过集群化发展，多重嵌入，上中下游配套，增强“产业链韧性”。从企业层面来说，中国企业尤其是包括上海在内的沿海地区企业嵌入GVC的方式，是一种“双重嵌入”模式：既嵌入GVC，也嵌入地方性产业集群。这样做有很多优势：一是集群内可以容纳大量中小企业，这有助于形成发达的生产和技术网络，形成分工精细的供应链体系。二是有溢出效应，借助于产学研网络，通过知识交流、学科交叉、产业融合等途径，产业集群可以提高创新效率，营造创新环境。三是可依托公共机构提供的各种生产性服务和通过集体行动，深化企业的产品和工艺升级，克服其功能升级面临的种种困难。四是通过将总部放在国内，工厂放在当地工业园区的方式，对抗各种不确定性风险，还可以主动融入跨国企业主导的全球创新网络，实现GVC、国内价值链和全球创新链等之间的战略互动。

基本方向三：实施新一轮“走出去”战略，紧密嵌入跨国公司主导的区域化GVC。针对疫后全球产业链区域化的特征，密切追踪跨国公司主导的GVC的重组走向，采取“跟随战略”强化与其配套和外包关系。如2019年12月10日签署的《美墨加贸易协定》最新修订版有关汽车业的条款规定，每辆汽车75%以上的零部件必须来自北美原产地，且汽车制造商70%以上的钢铁和铝原料都必须来自美国、墨西哥和加拿大，这把日本、中国和欧盟等国家和地区很大一部分汽车零配件制造商排除在外。同时条款规定生产汽车零部件的工人时薪不能低于16美元。针对这样一些规定，中国汽车零部件生产企业可以考虑对北美地区进行直接投资，把部分产能转移过去，追随其投资布局主动为其配套。

基本方向四：把疫情后世界经济恢复和援助与新老基建相结合，构建以我为主的GVC。随着疫情向全球蔓延，中国政府以人类命运共同体理念联合各国共同抗击疫情，为其他国家提供抗疫经验、必要的医疗服务和物资援助，做出了不可替代的贡献。不可否认，疫情对世界经济冲击是巨大的，不排除疫后不少发展中国家甚至包括一些发达国家出现经济困境。此时中国更应彰显负责任大国担当，为这些国家经济恢复和发展提供各种有偿和无偿的援助。此时

“一带一路”建设将面临新的任务和重要的合作机遇，是对冲逆全球化趋势的可行选择。中国在基础设施方面取得的经验和成就，特别是在5G和医疗健康基础设施建设等方面的新技术与应用，将使“一带一路”建设形成新的投资机会、新的合作领域和新的商业模式。

基本方向五：争取早日签署中日韩自由贸易协定；加快与东盟、欧盟自贸协议谈判。团结一切可以团结的力量，对抗贸易保护主义、去中国化和大脱钩思潮，是历史关键时期的重大抉择。早日签署中日韩自贸协定，加快与东盟、欧盟自贸协议谈判，进一步密切与它们的经贸合作关系，既是抗击逆全球化趋势的措施，也是构建东北亚GVC、东南亚GVC、中欧GVC，巩固中国在全球产业链地位的有效办法。

基本方向六：加强沿海地区与东北、中西部地区的经济联系和经济循环，构建以东部沿海地区为龙头的国内产业链，实现内外链双链循环。中国经济的韧性和存在巨大回旋余地的重要表现是，在逆全球化趋势下，超大规模市场中的国内经济循环和联系可以适度替代GVC的作用，以沿海发展带动东北振兴和西部开发。按这种思路构建国内价值链，也是防止全球经济风险传递并影响我国经济发展的重大战略决策。

为了赢得国际社会信任，推动自由贸易，维护全球化进程，中国特别是上海可以在自贸区率先实行“三零政策”：零关税、零补贴、零壁垒。特别是进口关税可以考虑在短期内取消。2019年进口货物增值税、消费税15 812亿元，同比下降3.7%；关税收入2 889亿元，同比增长1.5%，出口退税16 503亿元，同比增长3.7%。可以看出，关税收入占比其实已经非常小了，作用相当有限。跟当年取消农业税一样，取消关税负面影响很小，而正面效应巨大，向国际社会宣誓了中国维护自由贸易，呵护世界经济的决心和意志。

为了赢得国际社会认可，推动国有企业改革，以利于“走出去”战略和“一带一路”倡议的实施，可以将国有制企业改组为社会所有制。上海可以在这方面做出有益的尝试。人的发展是经济增长的目的，同时人力资本又是经济长期增长的源泉。为推动人的发展和人力资本的积累，保证教育的充分性和公平性，上海应该尽快实行 12 年制义务教育，扶持基础教育，加强高等教育和高校建设。

（三）上海巩固与提升在全球产业链中分工地位的思路和战略

除了积极配合国家的应对措施，上海还需要根据自身特点，为巩固与提升在全球产业链中的地位，在今后做好如下几方面的工作。

1. 打造"新基础产业"

新基础产业即"云＋网＋端"的新型现代基础产业。加快推进 5G 基站建设；同时在应用层面，利用上海在服务业和制造业上的优势，将 5G 与金融、贸易、工业互联等智能应用场景深度融合；上海应牢牢把握机遇，立足科教资源、应用场景、海量数据、基础设施等方面优势，推动人工智能与实体经济深度融合，打造人工智能发展的"上海高地"；大数据产业的发展，需要特别重视数据安全和数据联通问题，严格加强数据安全防护，制定数据安全规则，明确数据使用边界，并加大数据违规的惩罚力度。同时，需要重视数据孤岛问题，制定统一的数据结构标准，加强数据归并，建立更为完善的数据库。

2. 优先发展先进制造业的若干重要领域

上海选择发展的先进制造业需具备以下特点：(1)战略性；(2)技术领先；(3)处于产业链高端；(4)集群式发展；(5)有一定的发展基础和比较优势。根据这些原则，上海未来应该重点发展：智能制造装备、新能源汽车、电子信息产业，并特别选取智能装备行业中的工业机器人产业，集成电路产业中的芯片业，以及新能源汽车产业，以及上海发展这些新兴先进制造业应采取的对策举措。

3. 大力发展生产性服务业，尤其是高端生产性服务业

上海已经形成了以服务业为主体的产业结构。其中生产性服务业是服务经济的重要组成部分。基于现存结构问题，上海生产性服务业的发展应将重点放在专业性强、具有高附加值的高端部分，即高端生产性服务业，从而实现上海

产业结构的转型升级。高端生产性服务业是指知识密集度高，依靠新兴技术与专业知识，服务于生产过程，具有高附加值性的服务业。上海生产性服务业的发展应聚焦工业互联网、供应链金融、研发服务业等重点领域。

4.“出口导向”战略转向“技术替代”战略

改革开放40年我国与上海的产业体系建设发展基本上采取了出口导向战略，对外贸易量越来越大，出口依赖度一度高达50%，许多产业的产能达到世界第一，取得了很大的成功。但仔细分析可以发现这些贸易量中许多是加工贸易，处在产业链的低端，许多核心产业环节、技术依然在发达国家手中，我们需要进口大量高技术产品、能源、铁矿石等原料来支持目前产业体系的正常运行。这些是我国目前产业体系与产业链的软肋。面对目前日趋严峻的贸易保护主义与国家产业竞争，替代高端技术产品的进口，发展我国先进制造业、新兴产业已经迫在眉睫。由于我国人口众多，居民消费水平已经大幅度提高，产业发展的市场容量完全可以支持新兴产业的发展，这是非常好的客观条件。

5. 实施和推进“长三角一体化协同发展”战略

上海市的特殊区位条件，以及其经济的强大辐射能力，决定了上海市的发展必然不是独立的，上海市必须立足于长三角，追求区域的协同发展。制造业在长三角内部不断发生转移，劳动密集型及资源密集型产业正逐步由上海市转移到苏浙地区。上海制造业越来越趋于专业化，集中于具有竞争优势的资本密集型、技术密集型产业。

6. 依托企业发展，形成全球生产要素配置中心。要让企业成为制造业转型升级的主体，政府可以集中资源优势服务企业，大力培育世界一流企业、“独角兽”企业、培育制造企业群体。

7. 加强高端人才培养和引进，加强知识产权保护

为了吸引全国乃至世界的高端优秀人才，上海需要加强以下几个点：(1)以产业聚集人才。(2)在长三角一体化过程中发挥“人才辐射源”作用。(3)主导建立人才数据库和服务平台。上海应该鼓励支持一批影响大、覆盖广、运营效

果好的中介平台，开展跨区域服务，拓展类似于高级人才援助、人才租赁、人才信用担保等业务，促使人才服务与国际接轨，依靠市场机制对人才进行有效配置，提高人才辐射的社会化与专业化水平。

8. 完善市场竞争机制，促进资源禀赋升级

产业的发展不仅需要政府的推动，更重要的是建立有效的市场机制。市场是提高资源配置效率最有效的手段，无论是产品还是生产要素，均可以通过市场实现最有效的配置水平。完善市场机制，一方面是对内实现区域市场一体化，消除目前区域间市场分割、市场保护的障碍，消除地区产业同构使之成为历史。另一方面是对外降低产业与市场进入壁垒，引入全球企业开展市场竞争，通过竞争优胜劣汰，促进技术创新，促进产业创新，让创新者获得市场认可后的创新红利，只有这样创新者才会有持续的创新动力，如此新兴产业才会成长，现代产业体系才可能成长。

执笔：姚志勇

2021 年 1 月

三、上海“十四五”期间人工智能产业赋能“四大中心”高质量发展对策

人工智能（Artificial Intelligence，AI），即让机器能够解决人脑所能解决的问题[①]。人工智能是研究开发能够模拟、延伸和扩展人类智能的理论、方法、技术及应用系统的一门新的技术科学，是促使智能机器会听（语音识别、机器翻译等）、会看（图像识别、文字识别等）、会说（语音合成、人机对话等）、会思考（人机

① 清华大学中国科技政策中心，《中国人工智能发展报告 2018》。

对弈、定理证明等)、会学习(机器学习、知识表示等)、会行动(机器人、自动驾驶汽车等)。

在新一轮科技革命和产业变革的浪潮中,人工智能从感知和认知两方面模拟人类智慧,赋予机器学习和推断的能力,在与5G技术和大数据的协同下,成为能够真正改变现有人类社会生产工艺的科学技术。人工智能可以衍生到各个产业层面,是新基础产业的关键部分。上海"十四五"期间需要进一步建设"四个中心"和科技创新中心,而人工智能作为上海"十四五"期间的先导性产业,应该率先表现在"四个中心"的高质量建设方面。因为智能化是未来城市、经济、产业、产品的发展趋势,人工智能将会影响城市经济以及产业链的各个环节,助力上海在金融贸易、医疗教育、城市管理等多个服务领域,以及制造业产业链的多个环节都拥有强有力的竞争优势,同时还能更好地推进人工智能在新兴产业、传统产业中的渗透作用,从而形成"智能新兴产业""智能＋传统产业"的新型产业生态。

(一)上海在人工智能发展方面的比较优势

人工智能发展至今,已经成为新一轮科技革命和产业变革的核心驱动力,正在对世界经济、社会进步和人民生活产生极其深刻的影响。

人工智能是引领未来的战略性技术,全球主要国家及地区都把发展人工智能作为提升国家竞争力、推动国家经济增长的重大战略[①]。据统计,美国联邦政府在人工智能、大数据和云计算方面,2013财年至2017财年支出共计约17.6亿美元[②]。2017年7月,国务院印发《新一代人工智能发展规划》,规划中指出,预计到2020年,人工智能核心产业规模超过1 500亿元,带动相关产业规模超过1万亿元。2019年"两会"上,"智能＋"的概念首次被写入政府工作报告中。

---

① 美国推出《国家人工智能研究和发展战略计划》《为未来人工智能做好准备》;欧盟推出"人脑项目"(Human Brain Project)和《欧盟机器人民事法律规则》;中国推出《新一代人工智能发展规划》《人工智能产业发展三年行动计划》。

② 美国国际战略研究中心《人工智能与国家安全,AI生态系统的重要性》,2018年11月。

人工智能的产业链包括基础支撑、关键技术及应用场景。其中，基础支撑指的是芯片、传感器、数据服务和云计算等计算机基础设施服务，以满足人工智能所需要的计算性能(见图 12.3)。

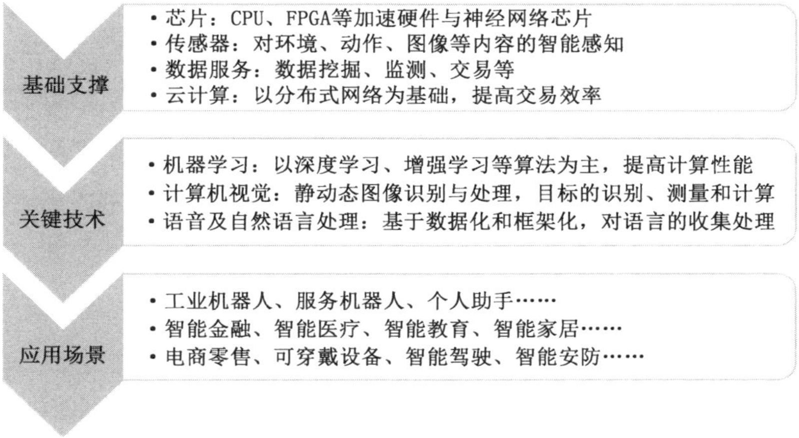

基础支撑
• 芯片：CPU、FPGA等加速硬件与神经网络芯片
• 传感器：对环境、动作、图像等内容的智能感知
• 数据服务：数据挖掘、监测、交易等
• 云计算：以分布式网络为基础，提高交易效率

关键技术
• 机器学习：以深度学习、增强学习等算法为主，提高计算性能
• 计算机视觉：静动态图像识别与处理，目标的识别、测量和计算
• 语音及自然语言处理：基于数据化和框架化，对语言的收集处理

应用场景
• 工业机器人、服务机器人、个人助手……
• 智能金融、智能医疗、智能教育、智能家居……
• 电商零售、可穿戴设备、智能驾驶、智能安防……

图 12.3　人工智能的产业链

人工智能的关键技术，主要指的是机器学习、计算机视觉、语音及自然语言处理等算法的迭代优化。人工智能的应用场景非常广泛，覆盖“智能＋”的各个领域，以及机器人、可穿戴设备等，将算法应用于各种设备。

据中国信通院 2019 年 7 月发布的《中国“智能＋”社会发展指数报告》测算，上海市“智能＋”社会指数位列全国省市第一位。人工智能代表未来的发展趋势，上海应牢牢把握机遇，立足科教资源、应用场景、海量数据、基础设施等方面优势，为更好实施国家创新驱动发展战略，推动人工智能与实体经济深度融合，加快人工智能创新应用和产业发展，共同打造人工智能发展的“上海高地”。

目前，人工智能已上升为上海“十四五”期间的先导性产业，采取优先发展战略，产业发展进入“快车道”，上海已初步建成为中国人工智能发展的领先地区之一。许多人工智能知名企业陆续布局上海，将有助于进一步形成集聚效应，构建人工智能发展的良好生态。

根据打造人工智能“上海高地”的要求，上海在四个方面集结了先发优势。

一是企业集群优势显现，“东西集聚、多点联动”的产业格局取得成效。据有关方面统计，上海已拥有人工智能核心企业 1 000 余家，居全国前列，“头雁引领效益”得以发挥。

二是科技创新加快布局，微软—仪电创新平台、上海脑科学与类脑研究中心等一批基础研发平台启动，亚马逊、BAT、科大讯飞等一批行业创新中心和 AI 实验室落沪。本土独角兽企业依图发布首款 AI 云端芯片，行业影响力不容忽视。

三是智慧应用形成品牌。2018 年 12 月，上海在全国率先发布首个人工智能应用场景建设实施计划。面向全球发布 10 大应用场景、60 项创新产品，采用揭榜挂帅机制，在 AI 新技术、新产品的首发、首用方面形成标杆。

四是赋能产业孕育生态。2019 年 5 月，国家有关部委和上海市政府，启动建设上海（浦东新区）人工智能创新应用先导区和上海国家新一代人工智能创新发展试验区，打造一批示范项目，促进 AI 与实体经济深度融合，示范带动全国人工智能创新发展。

（二）推动人工智能发展，助力“四个中心”高质量建设

上海“十四五”期间需要进一步建设“四个中心”和科技创新中心，而人工智能作为上海“十四五”期间的先导性产业，应该率先表现在“四个中心”的高质量建设方面。因为智能化是未来城市、经济、产业、产品的发展趋势，人工智能将会影响城市经济以及产业链的各个环节，助力上海在金融贸易、医疗教育、城市管理等多个服务领域，以及制造业产业链的多个环节都拥有强有力的竞争优势，同时还能更好地推进人工智能在新兴产业、传统产业中的渗透作用，从而形成“智能新兴产业”“智能＋传统产业”的新型产业生态。

1. 构建智能金融生态，打造智能化国际金融中心

金融业的数字化是未来趋势。将人工智能与传统金融业深度融合，构建智能金融生态，对上海建设高质量国际金融中心至关重要。金融业沉淀了大量金融交易、客户信息等数据，并且能积极接受新兴技术，有较高的市场认知环境，比较适宜人工智能算法的模型训练和应用。运用人工智能技术，金融业可以在风控、投研、投顾、理赔、催收以及人证比对等方面实现应用场景的智能化（见表 12.2）[①]。

表 12.2　　“智能＋金融”的应用场景

投资融资	智能投研 上市公司研报关键信息分析 智能财务模型搭建与优化 投资策略规划报告自动生成	智能风控 信贷审批，额度授信 信用反欺诈、骗保反欺诈 异常交易行为侦测 风险定价、客户关联分析	智能投顾 理财产品策略咨询 股票、基金、债券配置
营销客服	智能营销 线上社交信息分析 线下活动透视分析 销售报表自动生成	智能客服 7×24 小时机器人客服 网点机构引导服务机器人	人证比对 人脸抓取，智能比对
售后服务	智能理赔 智能辅助拍摄，精准定损； 理赔材料智能审核、 智能赔付	智能催收 客户画像、评分模型 智能互动工具	

三方合作协同创新。上海应该依托金融行业的优势资源，促进传统金融机构、互联网金融公司和人工智能公司发挥各自所长，进行协同创新。上海的金融机构拥有广泛的客户基础和海量高可信度的数据积累，拥有完整的线下布局，对人工智能技术拥有核心需求，是市场中主要的需求方；互联网金融公司承载人口红利，拥有大量的消费端客户和流量数据，在产品设计和渠道运营方面具有优势，是技术的需求方，也是提供者；人工智能公司在终端客户和数据积累

① 艾瑞咨询，《中国智能产业研究报告》，2019 年。

方面不足，但在特定技术方向上具有较强的创新性和研发能力，是主要的技术提供者。

加强监控 AI 公司的数据安全。“十四五”期间，人工智能产业将迅速发展，传统金融机构对 AI 的投资规模将不断扩大。传统金融机构在 AI 产业的布局方式包括子公司自研技术、对外投资并购和采购合作三种方式，目前以采购合作为主，倾向于金融零售中的风控反欺诈和精准营销。国有银行等大型机构对于 AI 产品采购的态度较为谨慎，为保证数据安全可控，往往要求合作公司开放代码，由双方共同开发。“十四五”期间，在推进“智能＋金融”的同时，一方面，需要加强监控 AI 公司的数据安全，防范信息泄露带来的金融风险；另一方面，需要打破传统金融行业与 AI 公司的合作壁垒，增加信息透明度，引导 AI 公司研发适用于金融应用场景的 AI 产品。

2. 构建智能商贸生态，打造智能化国际贸易中心

国际商业贸易的发展，是伴随着物流、仓储、交易集散以及供应链的优化升级而展开的。上海在国际商业贸易领域具有领先优势，社会消费品零售规模居全国第一位，商业已成为全市经济增长的“稳定器”和“压舱石”。

构建智能商贸生态，是上海建设高质量国际贸易中心的重要内容。人工智能技术在商贸中的应用，包括深度学习、计算机视觉和机器人技术等。深度学习主要应用于数据建模和产业优化，包括供应链优化管理、机器翻译系统、贸易谈判策略、精准营销等领域。计算机视觉技术在数据采集方面具有重要价值，能够对消费者行为和商品进行量化识别，比如智能门店管理、智能支付等，是后续优化经营策略的必要基础。机器人技术能够应用在货物仓储、包装、库检，以及商品投递、送餐等领域（见表 12.3）。

表 12.3　“智能＋商贸”的应用场景

	商品识别	供应链优化
货物管理	机器人技术提高包装和库存检查效率 计算机视觉（CV）技术，围绕“货”的商品识别、物损检测	打通数据关联性、产业上下游 预测需求，改善准时生产和交货 打造仓储、运输和门店的柔性供应

续表

交易流程	机器翻译 更完善的机器翻译系统， 促进国际贸易增长	贸易谈判 人工智能分析谈判伙伴， 预测对手的反应，提供谈判策略
营销管理	精准营销 抓取客户的行为、交易特征数据， 通过机器学习实现个性化推荐	智能门店管理 人脸识别 围绕“人”购买行为的价值挖掘
消费场景	无人销售 开放式货架、无人货柜、无人便利店 AI 实现“场”的拓展和无人化	智能支付 刷脸支付和身份识别 自主结算和结算保护

建设高质量国际贸易中心，不仅需要商业集聚、贸易集散方面的“硬实力”，还需要消费体验、柔性服务方面的“软实力”。将人工智能技术应用于货物管理、交易流程、精准营销、智能消费等环节，能够极大地提升上海作为国际贸易中心的“软实力”，在货物管理、商品渠道和消费服务上提高效率，实现商业领域的高质量发展。

“十四五”期间，为构建智能商贸生态，一方面，要立足于上海在商业领域的品牌集聚优势和区位优势，推进 AI 在商品识别、供应链优化、机器翻译、贸易谈判、精准营销、门店管理、无人销售和智能支付等方面的应用；另一方面，要发挥上海在消费服务领域的优势，通过携程、大众点评、拼多多、小红书等上海的互联网公司，探索线下销售、线上数据和 AI 技术的有机融合。同时，结合上海在物流航运领域的优势，利用 AI 技术，提高货物管理效率，实现仓储运输的智能化升级。

3. 构建智能交通生态，打造智能化国际航运中心

智能交通，包括交通管控、交通运输、出行服务、自动驾驶等方面的交通设施服务智能化。“十三五”期间，上海基本建成国际航运中心。将人工智能技术应用于交通治理，能够有效提升贸易通关、出港作业和物流中转效率，减少城市拥堵。“十四五”期间，人工智能技术将助力上海建设更为完善、成熟的智能化国际航运中心。

航空港口方面，人工智能技术能够完善空港物流作业功能，全面提升服务质量。将计算机视觉技术应用于商品识别，可建立智能化“通关＋物流”跟踪查询应用。利用人工智能技术建立更为完善的综合信息服务平台，在业务受理、商品识别、设备交接等方面提高集装箱作业效率。在浦东、虹桥国际机场打造全流程智能服务候机楼，建设世界领先的国际机场设施和服务。

陆路交通方面，人工智能技术能够帮助治理交通拥堵问题，优化陆路运输网络。“交通大脑”囊括数据采集平台、数据分析平台、数据建模平台和决策平台的 PaaS 云服务，通过对城市交通场景中众多传感器采集的数据信息关联性处理，建立数据库，由机器学习对信号灯管控、车流诱导等问题进行建模，联动信号灯控制系统和手机地图软件等，输出最佳解决办法。完善“交通大脑”的功能应用，能够实现更有效的交通管控，优化陆路集疏运网络。

4. 构建智能制造生态，打造智能化新制造中心

上海应该成为智能新制造的中心。智能制造是基于新一代信息通讯技术与先进制造技术深度融合，贯穿于设计、生产、管理、服务等制造活动的各个环节，具有自感知、自学习、自决策、自执行、自适应等功能的新型生产方式①，是一种引领未来的新制造。上海作为曾经的工业中心城市，在科技创新中心的建设发展过程中，还应该成为智能化新制造的中心，率先探索将人工智能技术与工业深度融合，实现由“中国制造”到“中国智造”的转型升级。

目前，人工智能技术与工业制造的融合场景主要有三类，一是产品智能化研发设计，二是智能质检，三是生产设备的预测性维护（见表 12.4）。人工智能的加入强化了制造企业的数据洞察能力，是企业实现智能化管理和控制的技术保障，是制造业企业转型升级的有效手段，也是打通智能制造“最后一公里”的关键环节。算法、算力和数据的爆发，推动人工智能技术不断迈向更高层次，使采用多种路径解决复杂工业问题成为可能。

---

① 工信部，《智能制造发展规划（2016—2020 年）》，2016 年 12 月。

表 12.4　　“智能＋制造”的应用场景

智能研发设计	智能质检	预测性维护
集成机器学习模块，掌握造型、结构、材料等性能参数，理解设计师需求并自主设计出成百上千种可选方案	逐一检测在制品及成品，准确判别金属、人工树脂、塑胶等多种材质产品的各类缺陷	通过对设备进行数据收集和状态监测，在故障发生之前就预测可能出现的故障隐患

由于制造业的产业链条复杂，智能化升级更强调赋能者对制造行业背景的理解，因此制造业的 AI 赋能相比其他行业门槛更高、难度更大，整体的 AI 渗透率较低。“十四五”期间，上海应立足本地制造业优势，进一步挖掘制造业的智能化潜力。一方面，需要提高制造业的信息化水平，智能制造提供数据支持；另一方面，需要发挥本地高校人才优势，重视人工智能和制造业交叉领域的人才培养，并设计激励机制，促进高校信息管理、信息技术以及工业制造领域的科研机构，与人工智能公司、制造业企业的交流合作。

总体上，通过人工智能技术与产业创新成果可以赋能上海四个中心高质量建设发展，也可以赋能上海其他产业的高质量发展，而且这一产业本身也可以获得更多更好的发展机遇与应用场景，这样就形成良性循环，真正助力上海的“十四五”规划的实现。

执笔：芮明杰

2021 年 6 月

四、推动平台经济高质量发展，助力长三角区域一体化

平台经济是一种全新的经济形态，它已经成为国家与地区区域经济社会增长的新方式。因此，个人认为在长三角区域大力发展平台与平台经济，可以促进长三角一体化的高质量发展。因为平台可以设立为双边或多边市场，这一虚

拟网络市场，可以打破长三角地域空间上的阻隔，实现与促进生产要素、产品、服务、技术、创新成果、产业与资本等的快速流动。

长三角区域一体化发展有个重要的方面是：推动长三角区域市场一体化，增强生产要素流动性方面的突破，同时可以协同发展战略性新兴产业群，优化区域产业结构，形成国际竞争力方面的突破。如何在目前的示范区建设、省市级合作的基础上进一步实现上述两个方面的突破，实现长三角一体化高质量发展，形成新发展格局。个人认为大力发展平台与平台经济，因为平台可以设立为双边或多边市场，这一虚拟网络市场，可以打破长三角地域空间上的阻隔，实现与促进生产要素、产品、服务、技术、创新成果、产业与资本等的快速流动，促进长三角区域城乡互联互通，共同富裕，推动城乡一体化高质量发展；形成长三角区域经济发展新动能，促进新产业新模式新业态发展。

平台经济提供了新的发展空间维度，长三角地区需要把握新的发展趋势，将建立统一公平竞争市场的目标与平台经济的发展密切结合，围绕"一体化高质量发展"的要求，积极培育和引进平台性企业，集聚和培育平台运作和创新性人才，营造有利于平台经济发展的商务环境，使平台经济成为长三角区域经济一体化高质量发展的重要抓手、商业模式创新的重要载体，经济发展的新动能。

（一）明确长三角平台经济发展重点，推进市场发展和产业融合

经济发展、分工深化、技术进步和消费升级等要素的变化将影响平台发展。未来经济活动智能化、分工链条整合化、信息需求全面化、服务定制个性化、交易便利安全化、资源集约节约化将成为引领性新趋势，这些新趋势将对未来平台经济产生横向拓展、纵向延伸、跨界融合、并购整合的新发展。要鼓励商品交易市场掌握消费新变化与趋势，加强与产业融合发展，优化产业重组。长三角地区发展平台经济重点应该推进以下几项措施：

1. 促进平台服务功能集成和高效发展

整合现有的平台资源，规范综合性平台运营模式，明确平台及相关方的责

任，推动综合性平台健康高效发展。鼓励专业化平台的纵向深化发展，由专业化产品的提供商向专业化服务的提供商转型，推动平台的集成化发展，提升平台的服务功能，更好地满足多样化、个性化的消费升级需求。

2. 聚焦重点服务业和新兴领域的平台化建设

着力发展第三方支付、大宗商品交易、跨境贸易、多媒体、文化、医疗等领域的新模式和新业态，支持有竞争力的制造业、金融服务、现代物流等产业融合，积极推进平台经济商业模式创新，在不同业态的组合中发现新的模式去促进平台经济创新。

3. 积极拓展新经济平台发展

重点发展移动互联网平台（网络视听、网络电视、网络社区、网络文学、网络游戏）、电子商务平台（电子商务交易平台、电子商务营销服务平台、电子商务物流管理平台和电子商务延伸的第三方支付平台）、专业服务与孵化平台（研发服务、技术服务、信息咨询服务、检验检测服务、创业投资服务、金融服务、企业孵化、产权交易等公共服务平台）等，形成平台经济的先发优势和竞争力。

4. 推进新经济平台发展的相互促进

平台经济作为服务城市经济转型升级和城市综合服务功能提升的重要抓手，要以市场为主导、企业为主导，创新发展理念，以生产性服务业平台经济带动生活性服务业平台经济，实现平台经济与楼宇经济、总部经济发展的相互促进。

（二）培育长三角平台龙头企业，提升平台企业能级

1. 树立大型平台经济标杆企业

一方面，对于已经初具规模的龙头企业，要给予大力支持，通过为企业提供融资解决方案，帮助其跳得更高、跑得更块，对高成长性企业实施综合培育计划。另一方面，通过引进和培育一批具较强影响力甚至国际影响力的龙头型平台企业（平台经济总部），依托现有平台优势和上下游产业链关系，发挥其经济

带动作用，有针对性地招商，集聚一批国际一流的平台经济总部，有效拓宽平台经济的发展空间，进一步提升区域平台的国际竞争力。

2. 利用功能性平台加快集聚特色平台企业

在全国范围内利用产业园区发展的功能优势，因地制宜，鼓励引导与当地产业相关联的金融、物流、贸易、供应链管理、人才资源服务、法律专业服务等领域的平台企业集聚入驻，使这些平台不断凸显经济效益和市场功能。要创造空间和营造有利于平台企业发展的环境，积极培育一大批中小型专业化平台企业的发展，打造服务产业集群。

3. 着力提升现有平台发展能级和水平

加大平台企业整合辐射能力，形成大规模的产业集群。发挥大宗商品指数作用，其信息中心既是信息汇聚中心，又是商品交易中心，关键之处还在于它是商品价格形成中心。同时，加强大品牌平台建设。要实现规模向品牌集中、人才向品牌集中、市场向品牌集中、物流向品牌集中、绩效向品牌集中。

（三）探索长三角平台经济发展新模式，实现多元功能创新

信息化整合、金融化扩张为平台经济提供了快速增长的路径。要支持平台企业商业模式创新，积极依托移动互联网、大数据、云计算等新一代信息技术促进平台企业商业模式创新，聚焦平台功能深化，提升平台国际化水平。

1. 鼓励平台企业运营模式创新

鼓励有条件的互联网平台企业利用自身优势，多业态、多功能、多业务融合发展，促进产品研发、生产、营销、配送、售后服务、支付、融资等多个价值链环节整合集成，打造全流程综合性网络服务平台。引导互联网平台企业探索服务产品定制和反向定制等新模式，发展定制化生产和线下产业链。鼓励互联网平台企业之间联动结合，衍生新的运营模式，促进平台经济涉足商业模式创新的广度与深度。

2. 构建长三角大流通的发展平台

在长三角范围内选择若干重要节点，形成线上线下一体化、内贸外贸一体化、流通生产一体化。重点解决物流市场供求信息的不对称，着力在长三角范围内发展第四方物流，突破物流市场供求信息不对称的顽疾，最大限度地降低物流空载率，从而提升物流行业与企业的国际竞争力，为内贸事业与经济发展奠定坚实的基础。

3. 深化大宗商品交易平台功能

提高大宗商品现货市场、期货市场的国际化参与程度，引入国内外交易商、进出口商、物流企业、仓储企业等参与主体。深化期货保税交割试点，尝试开发新的交易品种，如以境外人民币作为计价手段的国际化大宗商品交易合约，进一步参与国际竞争。积极拓展大宗商品企业境外期货交易的渠道，鼓励银行、期货公司等金融机构与区内跨国大宗商品企业合作，加大离岸金融产品的创新力度。实现合约标准、交割环节等与国际标准的充分对接，完善仓单质押真实性的市场监管，形成大宗商品交易风险防范机制。

（四）推进平台经济监管制度创新，营造健康发展环境

1. 创新平台经济监管手段和治理方法

平台服务的影响力持续增强，也给政策部门带来很大的压力：供需双方的人数不断上升可能导致行业垄断。但平台的性质意味着现有的监管制度通常并不适用，需要新兴的监管手段和方法。鼓励新模式、新业态的发展，同时也给予其一定的发展“界限”。同时，形成政府、平台、企业、消费者共同参与治理的新型治理方式。

2. 实施“点线面”结合的工作机制

在“面”上，主要针对平台创业、平台企业、类平台等，建立完善“分类—遴选—评价—辅导—扶持”的工作机制；在“线”上，主要是回答“互联网＋制造”究竟如何推进、“互联网＋服务”究竟如何推进，成熟一批，推进一批；在点上，回答

对市场化的平台企业如何培育发展，对公共服务平台如何培育发展。

3. 运用大数据完善长三角区域商业信用体系建设，降低平台用户的交易风险与交易成本

信用经济是市场经济的高级形式，也是平台经济运行的重要支撑条件之一。随着互联网技术尤其是数据抓取技术的发展，新技术的应用有助于构建具有中国特色的信用评价体系和信用制度，为平台经济模式的推广，奠定良好的社会氛围与软环境条件。

4. 改善和提升平台经济发展的硬件环境

良好的新型基础设施条件和数字信息技术应用程度是发展现代平台的重要支撑。要加快推动智慧城市的建设，加快完善新型基础设施，拓展数字技术在经济、社会、城市管理等领域的应用，提高城市的智慧智能程度，为平台经济的深化升级提供硬件的全面支撑。在政府采购方面强化平台技术应用，全面推进政府的电子政务系统，针对电子商务产业制定各种优惠政策推进物联网产业的发展，针对移动计算技术导致的生活变迁制定政策推动云计算产业的深入发展，为平台经济发展提供持久驱动力。

执笔：芮明杰

2021 年 6 月

五、发挥上海集成电路产业先导效用，扩大关联应用实现价值更大创造

集成电路是最常见的一种半导体，一般而言，半导体、集成电路和芯片三个概念可以互相替换。集成电路的生产包括芯片原材料、相关设备、软件工具、设计、制造、封装与测试七项工作，按照集成电路的生产流程，其产业链可以分为

上游、中游和下游三部分。集成电路内部价值链分为设计、制造、封测三个环节。其中,设计附加值最高,封测最低。

集成电路产业是上海确定的“十四五”期间先导产业。所谓先导产业就是指一国经济发展的某阶段,对若干产业、产业结构和经济发展起关联领导作用的产业。先导产业通常技术先进、增长率高、关联强,它能够最迅速、最有效地吸收创新成果,满足不断增长的市场需求,并获得较高和持续的发展速度,可以引领其他相关产业发展与产业结构变化调整(芮明杰,2016)①。先导产业的先导效用源于先导产业的特性,主要表现在三个方面:一是先导产业的应用广泛特性导致它可以在相关联产业的发展过程中起到基础支撑作用;二是先导产业的关联特性导致它可以在相关联产业转型发展中发挥出创新引领带动作用;三是先导产业的技术特性导致它可以在相关联产业的发展过程中起到价值增值作用。

(一)上海集成电路产业先导效用与价值创造的“四个不均衡”

上海是国内集成电路产业最集中、产业链环节最完整、综合技术水平最高的地区。集成电路产业在上海产业转型升级中已经发挥了先导效用,实现了相当大的价值创造,带动了上海 GDP 的增长。上海集成电路产业发展较早,有良好的基础。历史上,上海为中国集成电路制造业贡献了多个“第一”。2019 年上海集成电路产量排名全国第四,与 GDP 比值排名全国第二。根据上海集成电路行业协会的数据,2020 年上海集成电路产业实现销售收入 2 071.33 亿元,同比增长 21.37%。2021 年第一季度,上海集成电路产业销售收入更是高达 437 亿元,同比增长 16.93%。2020 年上海集成电路成为进口类最大商品,达到 2 972.1 亿元,增长 13.2%,占据全国八分之一左右份额。集成电路产业在上海经济发展中起到举足轻重的作用。上海集成电路产业竞争力也居全国第一,并

① 芮明杰.上海供给侧结构性改革的关键是产业化创新[J].科学发展,2016(11):25—28.

带动下游产业（如电子及通信设备制造业、电子计算机及办公设备制造业等）强劲发展，对经济增长发挥了较强的关联带动作用。

但进一步的研究表明，上海集成电路产业价值创造与先导效用一体化方面尚有不足，还有发展进步的巨大空间，这主要表现在“四个不均衡”：

1. 集成电路产业先导效应与价值创造未能均衡发挥

上海汇集了上述三大产业的头部企业，包括智能汽车领域的韦尔股份、中颖电子，人工智能领域的西井科技、依图科技，智能手机领域的格科微、紫光展锐等。虽然这些企业处于国内的领先地位，但是与国际先进企业依然存在较大差距。据报道称，上海 2021 年前 7 个月集成电路进口 1 638.7 亿元，增长 23.2%；出口 817 亿元，增长 22.7%。可以看出，上海的集成电路进口额远大于出口额，上海的相关产业对集成电路的需求如汽车用芯片、AI 用芯片、消费电子芯片等仍须依靠进口满足，上海集成电路产业对上海相关产业的先导效用没有很好的发挥出来，导致上海集成电路产业自身的价值创造提高不快，同时也未能促进相关产业使用上海集成电路产业产品后价值增长，这就是目前上海集成电路产业先导效用与价值创造的不均衡状况。

2. 生产能力和技术能级的不均衡，限制了价值创造

当前集成电路产业生产的 8 英寸以及 12 英寸硅片可以满足大多数相关产业的需求，尤其是可以满足对集成电路需求最为强烈的智能手机、智能汽车以及人工智能三大产业。目前国内已经可以生产出 8 英寸与 12 英寸晶圆的企业超过 15 家，其中上海的沪硅产业作为国内领先的晶圆生产厂商已经实现量产 12 英寸硅片并销售的企业，但是目前的产能仍然不能满足晶圆的需求。另外，上海的中芯国际与华虹集团已经可以制造出 28 纳米与 14 纳米先进制程的集成电路，但他们在 14 纳米以及 28 纳米制程的技术竞争优势并不明显，且产能也不大，所以当前国内企业还是更倾向于使用国外进口的集成电路，因为进口产品的性能更好。另外，上海集成电路企业目前还没有技术能力生产 14 纳米以下的芯片。这就是目前上海集成电路产业整体产业链的生产能力与技术能

级与相关产业对芯片需求还不能相匹配。

3. 人才需求与人才培养之间的不均衡

集成电路不仅是资本密集型产业，同时也是知识密集型产业。所以，人才是集成电路发展的关键要素投入。集成电路的设计环节处于价值链高端，尤其需要高端人才，特别是高端复合型人才。然而，据中国半导体协会测算，目前我国的集成电路产业人才缺口达到 30 万。并且《2019—2020 中国集成电路产业人才白皮书》（以下简称《白皮书》）显示，按当前产业发展态势及对应人均产值推算，到 2022 年前后全行业人才需求将达到 74.45 万人左右，其中设计业为 27.04 万人，制造业为 26.43 万人，封装测试为 20.98 万人。上海作为我国集成电路人才高地，产业人才占全国的 40%，约 20 万人。根据《白皮书》推算，到 2022 年前后上海市的人才缺口可能达到约 30 万人。从人才的供需角度来看，人才缺口的主要原因是供给不足，在于高校现有的培养模式“重理论，轻实践”，并且教学内容落后于技术发展，教学模式过于单一，不能满足复合型人才的需求。

4. 集成电路产业政策作用点不均衡

截止到今年，上海市出台了一系列促进集成电路产业发展的政策文件。尤其是 2021 年相继颁布的《上海市战略性新兴产业和先导产业发展“十四五”规划》《上海市先进制造业发展“十四五”规划》以及《上海市国民经济和社会发展第十四个五年规划和二〇三五年远景目标纲要》，将集成电路产业作为上海市的三大先导产业之一，重点打造全产业链生态系统，进而推动电子信息、生命健康、汽车、高端装备、先进材料、时尚消费品六大重点产业的发展。并且，张江和临港新区也推出相应的配套政策推动集成电路产业的进一步发展，解决当前的“卡脖子”问题。这一系列政策主要的作用点在集成电路产业的供给端，确实对上海市的集成电路发展起到了积极的促进作用，上海市 2017 至 2020 年的集成电路销售额一直保持稳步增长，集成电路产业结构不断优化，硅片生产、集成电路制造等关键环节也都有了重大突破。

但是，上海当前关于集成电路产业政策较少涉及需求侧，从目前上海相关产业对集成电路需求来看，大量的需求主要依靠进口满足，原因是一方面上海集成电路产业在 8 英寸以及 12 英寸硅片产能不足，导致晶圆制造企业的 28 纳米及其以下制程的产能不足，另一方面上海的 28 纳米制程以下集成电路芯片的量产不足，一个重要的原因是国内用户倾向购买外国产品，不太愿意购买上海的产品，因此如何在产业政策方面多考虑需求激励，即鼓励上海相关产业在同等条件下购买上海的集成电路产品，这样就为上海集成电路产业的产品扩大了市场销量，可以在更大规模上创造价值。上海的集成电路产业政策未来需要协调供给与需求政策作用点的不均衡状态。

（二）上海集成电路产业价值创造与先导效用发挥一体化新思路

上海的集成电路产业先导效用与价值创造本来应该是一体化的，只是由于集成电路产业的全球产业分工、价值链分工导致了我国与上海集成电路产业发展尚有许多不均衡与不足，为此需要从全球集成电路产业竞争、产业链价值链安全等角度考虑“十四五”期间上海集成电路产业如何进一步发展壮大推动价值创造，发挥先导效用引领上海产业结构调整要求，新的战略思路为如下四个方面：

1. 发挥上海集成电路产业在上海“3＋6”新型产业发展中的先导效用

2021 年 7 月 5 日，上海市人民政府发布《上海市先进制造业发展“十四五”规划》(沪府办发〔2021〕12 号，简称《规划》)，《规划》提出发挥上海产业基础和资源禀赋优势，以集成电路、生物医药、人工智能三大先导产业为引领，大力发展电子信息、生命健康、汽车、高端装备、先进材料、时尚消费品六大重点产业，构建“3＋6”新型产业体系，打造具有国际竞争力的高端产业集群。“3＋6”中，集成电路产业的发展十分关键，需要先行发展重点突破，因为它不仅是电子信息、生命健康、汽车、高端装备、先进材料、时尚消费品六大重点产业的先导产业，也是人工智能、生物医药产业的先导性、基础性产业，因为从现在至未来人工智能的发展离不开各类芯片。而且未来对高端芯片需求会越来越大，而生物医药众多领域也会越来越依赖各类生物芯片。此外，集成电路产业不仅对上海六大重点产业转型升级的作用将进一步提升，还将带动其他传统产业的技术进步和数字化改造，见图 12.4。可以这么说，集成电路产业是上海现在与未来产业发展经济增长的基础性先导性产业，应该给予高度的关注与政策支持。

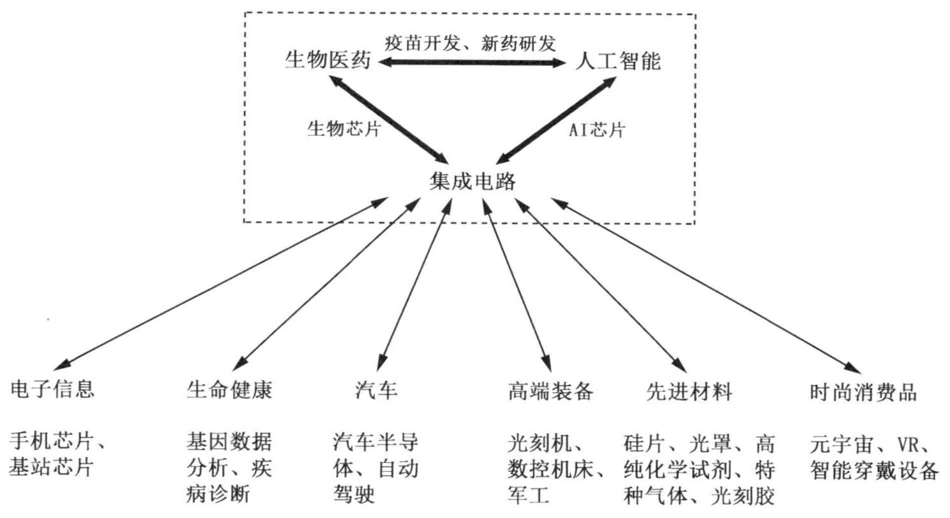

图 12.4　上海集成电路与“3+6”产业发展关联图

2. 打造上海集成电路产业与上海其他相关产业的“价值增强循环回路”

上海集成电路产业作为先导产业其对价值创造的贡献有两个方面：一是集成电路产业自身的发展创造价值即通过产出产品与服务供相关产业使用获得收入与价值增值；二是与集成电路相关的产业使用了集成电路产业的产品与服务，使这些产业的产出增加价值增值；更重要的是唯有集成电路产业的产品与服务在广泛的应用中才可能进一步技术进步产品迭代，进一步价值增加推动这些产业发展，特别当相关产业应用集成电路产业产品与服务中触发创新后，反过来对集成电路产业的技术与产品提出新要求，进而推动集成电路产业的进一步创新发展。这就是所谓集成电路先导产业的“价值增强循环回路”。一旦上海集成电路产业进入了如此良性的“价值增强循环回路”，集成电路产业的先导效用与价值创造一体化问题自然解决，见图 12.5。

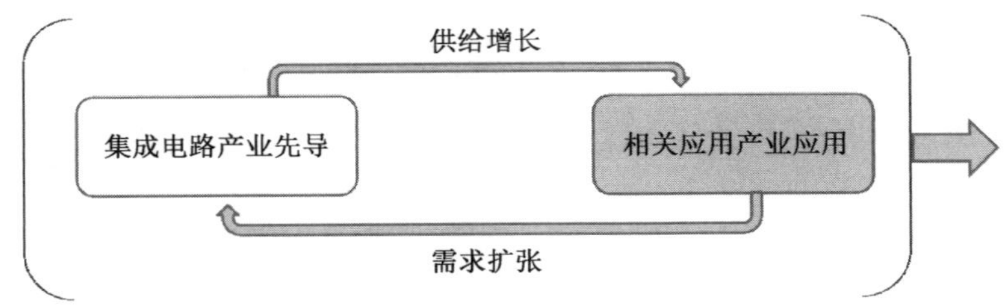

12.5 集成电路产业价值增强循环回路

3. 上海集成电路产业先导效用价值创造方向是重点选择与拓展 28 纳米成熟制程及其应用，同时集聚资源创新突破 7 纳米先进制程

我们认为全球集成电路产业虽然先进制程在 28 纳米以下，但从应用场景和价值创造来看，我国“十四五”期间：(1)28 纳米制程在短期内将成为二流晶圆制造厂商的主流制程；(2)28 纳米以上的成熟制程特色工艺市场应用前景广阔，短期内可为促进价值创造经济增长发挥先导效应主战场；(3)28 纳米以下的先进制程代表集成电路长远的发展趋势，头部企业应该在追求先进制程方面发挥领头作用。因此上海集成电路产业价值创造与先导效用一体化的现实重点应该放在 28 纳米以上的成熟制程特色工艺市场方面，快速发展实现全面进口替代，实现最广泛应用产业的价值增值。为此，上海集成电路产业如果要在上海“十四五”期间成为最为关键的价值贡献者，其发展思路为：重点选择与拓展上海集成电路产业 28 纳米成熟制程现在与未来应用场景，推动形成自身价值增强循环回路，形成价值创造新高地。同时，促进科研机构、芯片设计、制造企业和场景企业等集聚资源积极开展一体化协同创新，攻克 7 纳米先进制程，发挥上海集成电路产业的创新先导效用，促进芯片设计企业、芯片制造和终端应用场景的创新协同共创价值，进而形成价值创造与先导效用一体化良性循环。

4. 推进上海集成电路产业与五大应用场景关联互动，实现价值创造与价值

增值，助力产业安全、产业链稳定与上海产业结构转型升级

这五大应用场景为：

一是进入人工智能应用场景推动上海集成电路产业向更先进制程方向发展，实现先导效应均衡发展。人工智能是集成电路产业最为重要的应用领域，且随着智能化要求升级对芯片要求也不断升级。先进制程的AI芯片作为专门针对人工智能领域的新型芯片，相较传统芯片能更好满足人工智能应用需求，是人工智能技术的硬件基础和产业落地的载体。

二是抓住机遇拓展汽车半导体芯片，适应上海汽车整车制造产业、新能源车、智能汽车等发展对芯片的中长期需求。上海的汽车产业是上海的重要支柱产业，上海仅临港新片区就拥有特斯拉、上汽等整车厂，对各类汽车芯片需求很大。

三是积极进入消费电子，物联网APU应用处理器芯片、射频芯片、电源管理等模拟芯片等领域，形成价值增值循环回路，改变生产能力与技术能力不均衡状况。消费电子产业与居民民生需求扩大密切相关，技术进步与产业发展迅猛，未来更呈现智能化多样化发展格局，是价值创造的巨大领域，随着居民收入水平不断提高，消费电子产业正在转型升级，智能化数字化电子产品的大量创新产出需要大量各类集成电路产品与服务。

四是与5G通讯基站大规模增长融合，促进基站半导体芯片需求供给均衡。我国5G通讯基站建设需要大量的半导体芯片，根据中泰证券的研究，基站半导体芯片中，频射前端芯片和基带处理器芯片各占约1/3的需求，其他芯片则包括电源管理芯片和模拟器件、光电器件芯片等。中国5G基站的建设规模快速扩张将带动基站半导体需求的增加。

五是加快发展成熟制程下的电力芯片，快速实现进口替代，实现我国电力系统的安全可持续均衡发展。电力半导体器件在国民经济工业部门和社会生活各方面应用广泛，在电力工业领域未来发展建设与电网安全中起到至关重要的作用。

（三）集成电路产业价值创造与先导效用一体化新策略

与上述上海集成电路产业先导效用与价值创造一体化新的总体战略思路相吻合，上海集成电路产业现在与未来的战略举措也应该有所创新与调整，以实现上海集成电路产业“十四五”期间在上海新型产业体系建设、上海经济增长价值创造方面的重要贡献，具体有十个方面对策：

1. 建立上海集成电路产业价值创造与先导效用一体化的产业生态体系，强化应用场景开发创新，重点是围绕 28 纳米成熟制程，促进芯片设计、制造企业和应用场景企业的一体化协同共创价值；同时集中资源，发挥长三角三省一市集成电路产业优势，合作共赢，坚持投入努力攻克 7 纳米先进制程，为此高校科研机构、资本市场也要进行相应创新，协助实现上海集成电路产业的技术创新突破与产业化突破。

2. 进行集成电路产业需求侧管理，政府出台鼓励相关产业与企业应用上海集成电路企业产芯片的补贴方案，从购买方扩大购买来促进集成电路产业进一步产业化发展。首先，鼓励应用芯片规模大的企业与上海集成电路企业合作开发定制型芯片；其次，考虑出台凡购买上海产 8 英寸、12 英寸硅片的补贴政策，促进此类硅片大规模量产；再次，设定应用芯片企业如汽车企业、通信行业等购买上海厂商生产的芯片给予优惠补贴政策，推动上海集成电路企业成熟制程芯片大规模商业化发展，从而创造价值发挥先导效用。

3. 大力发展上海集成电路产业专用集成电路的设计、制造，提高定制化能力。通用集成电路并不能满足全部用户的需要，研制新的电子系统常常需要各种各样具有特殊功能或特殊技术指标的集成电路。解决这个问题的途径通常有三种方法：一是用中、小规模集成电路和分立元件组合成新电路；二是利用标准微处理器或微控制器编制软件的办法来实现所要求新电路的功能；三是定制集成电路。其中定制集成电路已经成为集成电路发展的一个重要方面。上海要在定制集成电路方面有所突破。

4. 促进集成电路产业链和创新链的协同发展，畅通集成电路产业链价值链国内大循环；以 28 纳米成熟制程技术节点为核心，补齐集成电路产业链的短板和弱项；优化采购激励，补贴客户，扩大国产设备和软件的使用规模。目前上海应该集聚资源和技术力量，强化集成电路共性技术平台建设，促进技术转移和创新，为设计企业研制芯片提供特色工艺和共享 IP 核服务。鼓励研究中心、技术平台、产业龙头企业为集成电路企业和研发单位提供先进器件及工艺技术的前期研发和产品级验证，为集成电路装备和材料提供研制到上线的验证和工艺配套。

5. 发展集成电路新材料，提高上海半导体关键的 8 英寸、12 英寸硅片材料自给能力。集成电路材料业规模大、细分行业多、技术门槛高，且是整个集成电路产业的先导基础，需要持续技术创新，持续发展才行。上海需要进一步扩大 12 英寸硅片产能，为 28 纳米成熟制程、14 纳米先进制程扩产提供原材料保障。加大对新型 SOI 衬底、高端光刻胶、先进掩模版、先进抛光材料、高纯工艺化学品、高纯电子气体等方向的研究，以集成电路材料应用研发平台及集成电路材料基因组创新体系为支撑，加速集成电路材料的研发和应用。通过跨地域、跨机构、全产业链协同创新，加快推动技术创新及产业化，支持集成电路产业的创新发展。

6. 进一步深化开放上海集成电路产业体系，接轨国际前沿，发展先进封测、独立封测新模式，接轨国际先进水平。封测是集成电路产业的价值链重要环节，随着集成电路向后摩尔时代发展，先进封测对于提高芯片的性能有着越来越重要的意义。要继续加大吸引集成电路内外资企业力度，开放融入国际产业分工；做大应用端，通过需求拉动上下游一体化创新。“十四五”期间上海集成电路封测产业主要是向高端化发展。

7. 上海应该为集成电路封测企业提供更灵活的综合用地政策，允许集成电路封测企业根据企业发展需要，在园区规划范围内，灵活分配空间用于生产、办公和生活配套支持的面积，降低居住和生活成本，在一定范围内形成集成电路制造的价格洼地。集成电路制造和封测都需要大量的产业工人，需要低成本的居住空间。上海需要借助先进封测市场增长的机会，继续大力发展先进封测和第三方独立封测新模式，完善集成电路产业生态，支持更多集成电路设计、设备、材料等产业的发展。

8. 扩大上海集成电路成熟制程先进制程生产规模扩大的空间供给，支持企业扩大产能增加价值创造。目前上海集成电路企业在扩大产能过程中，都面临空间的制约，包括土地空间有限以及高商务成本，需要政府给予政策支持。按照《上海市城市总规划（2017—2035 年）》，上海市工业用地总面积要在 2035 年之前的 20 年内减少 43%～62%，腾退的工业用地面积至少超过 360 平方千米。腾退、收储和转型将成为未来上海工业用地更新的主流模式。建议上海在五大新城、郊区为集成电路企业的规模扩大提供供地支持，空间规划要为先进制造的发展预留空间，为集成电路企业扩大产能规模提供备选的产业园区。

9. 开展产教结合平台的建设，加大对上海集成电路创新人才的培养力度。集成电路是人才密集型行业，对从业人员的学历要求较高。集成电路产业的进一步发展需要大量复合型人才，而上海现有的集成电路人才培养模式比较单一。上海需要进一步鼓励高校与集成电路企业加强产学研结合，加大对集成电路创新人才的培养力度。加大产教结合平台的建设，通过不断完善产教结合平台设备设施条件，加强国际合作，并对全行业和高校开放；同时建设集成电路人才实训基地，为企业及高校提供培养集成电路专业技术人才和高技能人才的实训基地，增加对上海集成电路产业全方位人才的供给。

10. 建立促进上海集成电路产业人才发展的全方位支持体系，提供有竞争力的人才奖励政策。目前全国各地都加大了对集成电路人才的吸引，包括税收优惠、补贴奖励政策等，人才竞争非常激烈，为此上海也应该对高薪酬的集成电路研发人员、高层管理人员给予大力度的补贴奖励。通过基金、研发奖励为上海吸引和保留本土集成电路高端人才方面提供资金支持，加大安居支持力度，保持上海对高端人才的吸引力和城市竞争力。例如，经认定，可以对高增长集成电路企业分别给予500万元、1 000万元、2 000万元、3 000万元奖励；对在境内外主要证券交易所首发上市的集成电路企业的高管人员，给予一定金额的奖励。可以对年收入超过50万元的企业高级管理人员和集成电路设计研发人员，按其个人实际贡献度给予100%的奖励。同时积极鼓励国有集成电路企业对高管人员、科研人员提供灵活的股权和期权激励政策。

执笔：芮明杰　等

2021年12月

六、优化产业扶持政策，建设具有全球影响力的科技创新中心

上海的产业扶持政策优化需要以完善与国际接轨的一流的营商环境为主线，全面落实以人为本的工作生活和文化环境，建立促进资本、人才、技术高效结合并且能够自由流动的空间，充分发挥市场的作用，实现资源的高效配置和知识资本的生产和持续增值，支持上海产业的持续创新升级和城市竞争力提升。

（一）上海市产业扶持政策的成就

上海市较早开始探索创新资源的共享机制，确认了企业在科技发展中的主体地位，通过产业扶持政策重点推进创新源泉、创新主体、创新人才和创新环境四项建设，获得了很好的成效。

1. 战略性新兴产业规模不断壮大

“十三五”期间，全市战略性新兴产业保持快速增长态势，产业增加值由2015年的3 746亿元增长至2020年的7 328亿元，占全市生产总值比重从15%提高到18.9%。重点产业不断集聚壮大，集成电路产业规模占全国比重超

过 20%，生物医药产业科创板上市企业数量占全国总数 1/4，人工智能产业重点企业超过 1 150 家。

2. 创新水平持续提高

“十三五”期间，全社会研发经费投入逐年递增，占全市生产总值的比重由 2015 年的 3.7%提高到 2020 年的 4.1%。一批关键核心技术实现突破，集成电路先进工艺实现量产，7 纳米和 5 纳米刻蚀机进入国际先进生产线，桌面 CPU、千万门级 FPGA 等关键产品达到国际主流水平，12 英寸大硅片实现批量供应。结直肠癌新药呋喹替尼等创新药物、先进分子成像设备全景 PET/CT、首个国产心脏起搏器等原创医疗器械获批注册上市，全球首款人工智能云端深度学习定制化芯片发布。

3. 科技特色园区加速形成

目前，上海交通大学国家大学科技园已成为上海产学研领军的特色科技园区。此外，上海宝山科技园与张江高科技园也成为上海市一批科技园区中具有代表性的特色科技园区。其中，上海宝山科技园快速转型，成为以数字信息、移动互联网、总部经济、文化创意、生物健康产业为主的国家级新兴产业集聚地。而张江高科技园则汇集了 24 000 多家企业，国家、市级研发机构 150 余家，跨国公司地区总部 58 家以及近 20 家高校和科研院所。科技园区的建立为上海科研要素聚集、创新创业活化、科技创新发展提供了完整的服务的支持体系。

4. 产学研联合发展初显成效

上海市目前的产学研联合仍处于探索发现模式，如“科技园区”“战略联盟”与“项目合作”“企业订单”相互联合。上海高校已采用校企合作等模式，来加深知识产权在政府、高校、科研所等地方与企业以及社会行业组织等多元培养主体的作用。

企业、科研院校作为产学研两大主体，以科技活动经费、研究人员数量刻画的科研强度均处于全国前列。例如，在 2020 年，上海规模以上工业企业市科技活动经费支出为 590.65 亿元，企业 R&D 人员约有 11.34 万人，而上海市高校

2020 年上海市 R&D 科技活动经费支出为 154.81 亿元,科技活动人员约为 6.98 万人[①]。

(二)上海市产业扶持政策的不足

1. 被动应对激烈的人才竞争

尽管上海市已经出台了一系列吸引境内外高新技术人员留沪的配套政策,人才总量呈现大幅增长,但由于生活成本高、人均教育资源紧缺等客观因素,相较长三角、大湾区部分城市仍显现出高层次人才匮乏。在对企业的调研中发现,一方面,对于国企或大型民企而言,由于对高层人才的税收减免(补贴)不足,薪资竞争力差;另一方面,对于中小微型企业而言,由于自身成本问题,难以承担为高层次人才解决住房的压力,以及被市场人才竞争推高的薪资。这两方面共同造成了尖端高层次人才"被"外流,次优高层次人才无法留沪的困难局面。

此外,针对来自境外例如港台地区的高科技人才,上海市仍未提供充足的适合其子女入读的国际学校。根据部分半导体行业内的职员反映,上海市的国际学校目前集中于虹桥等部分区域,部分区域供给不足,这给外籍人员留沪造成了很大的不便。同时,国际学校、国内中小学教育的质量,择校和分流等带来的不确定性,也给国际和国内的高层次人才留沪带来了不同程度的阻碍。结合种种影响因素分析,可以看到上海市在人才队伍的活力建设、环境建设上仍有较大上升空间。考虑到人才资源在知识密集型企业中发挥的重要作用,这是当前上海市战略性新兴产业政策优化中的一个首要问题。

2. 开放协调水平需要提高

首先,上海市与国内缺乏深度科技合作。在长三角区域以及与国内科研资源布局丰富的地区合作中,还缺乏完善的利益协调机制、严密的组织机制和坚

① 前瞻产业研究院. 中国产学研合作创新趋势前瞻与基地建设发展报告[R]. 2021-11-30.

实的微观基础，仍未形成有效的深度共享共赢的合作局面。例如，尽管当前我国在科技成果转化问题上出台了大量实施意见，鼓励地方政府开展政策试点，但并非统一的地方政府科技成果转化政策。这导致各级地方政策在转化政策优惠上大做文章，政策刺激力度层层加码，攀比现象打破了区域政策平衡，上海则不可避免地受到毗邻省市政策的干扰。其次，上海市国际科技资源利用程度不高。从全球国际科研资源的有效利用来看，上海的国际化开放程度也仍然不高①。

3. 政策和平台支持力度有待加强

首先是小微科技企业融资道路受阻。虽然上海市目前已经存在一系列科技金融政策，但是资金不足还是成为制约科创民营企业尤其是小微企业发展的一个重要问题。当前科创民营企业融资渠道多集中于银行贷款，最看重的融资因素是贷款速度和成本，而抵押物不足就成为了最大难题。在上海市部分民营半导体企业的调研中我们发现，部分中小型科技企业仍然存在融资难的困境。由于民营企业很难有重资产进行抵押，银行在支持力度上欠缺，因此这部分企业很难获得充足的贷款。

其次是技术共享平台有待完善。由于公共科研资源共享的理念差异和供给不足等原因，上海市技术平台共享程度与发达国家存在较大差距，大科学设施、高端科研设备、大数据资源平台、科研信息、政府数据等公共研发资源，共享服务范围大多限制在科研机构使用，很多企业仍无法便捷地获得资源开展创新活动，阻碍了创新创业进程。

4. 需要促进产业扶持政策与国际接轨

当前阶段是我国制造业加速升级转型、产业结构优化提升的重要战略阶段。在国家乃至各级政府的产业支持政策中，时有涵盖政府补贴、税收优惠、产业基金等多种产业支持措施。面对我国的产业发展战略，欧美部分国家认为这

① 上海提高创新策源能力面临哪些新要求新机遇新挑战？来看调研报告[EB/OL]. 澎湃在线，https://m.thepaper.cn/baijiahao_10270964，2020－12－04.

些政策有扭曲市场、强制技术转让、不公平竞争等负面作用。虽然这类产业政策并非中国独有，且具有其合理性，但随着我国的国际地位日益上升，在全球产业链、创新链上扮演的角色日益突出，仍然还是需要调整部分做法，以在 WTO 运行机制下与世界贸易规则接轨。上海市作为我国衔接国际国内双循环的关键节点，自然需要以身作则，探索既有利于产业创新发展，又能够与世贸规则相洽的产业扶持政策。这样的政策可能包括完善知识产权保护机制，确立竞争中立原则，拓展高新技术发展空间以及理清政府与企业边界①，以此来避免其他国家的误解，减少中国产品和企业"走出去"的障碍。

（三）上海产业扶持政策优化的思路

1. 以市场为导向，优化营商环境，支持企业成长

珠三角较早在接轨国际市场、吸引国际人才方面进行政策布局。产业扶持政策主要用于产业结构优化、产业布局引导以及人才方面的吸引政策。而长三角的产业扶持政策，政府更多地使用了对项目、企业奖励等手段，直接吸引产业项目和人才落户本地，是一种结果导向的竞争性招商政策。上海在面对周边城市的激烈招商竞争时，存在人才流失、产业加速转移、创新成果无法在本地产业化等问题。

上海应该采用何种产业扶持政策？是采用同样的竞争性招商政策，还是以市场化为导向，优化营商环境，建立支持企业成长的制度环境？上海应该选择后者。通过促进公平竞争，消除差别化政策措施，破除所有制歧视、地域歧视及其他隐性壁垒，防止滥用行政权力排除限制竞争的行为，在建立市场化、法治化、国际化一流营商环境方面发挥示范和引领作用。

一是建立普惠式的产业扶持政策，对于政府鼓励的企业创新行为、鼓励发展的产业、鼓励发展的创新平台、创新中心，不分企业的所有制、企业大小，根据

① 刘淑满．WTO 视角下"中国制造 2025"产业政策的调整路径[J]．对外经贸实务，2019(10)：39—42.

创新成果和绩效给与一视同仁地扶持政策。这样,企业才能够公平竞争,实现资源配置的优化,也才能筛选出有竞争力的企业。建议对很多补贴和优惠项目取消审批和认证,根据创新结果实施自动的普惠制,这样可以使企业形成稳定的预期,减少施政成本,最大限度地发挥产业政策的引导作用。

二是扩大市场在资源配置中的基础地位作用,强化政府的服务导向。将市场进入权交给市场主体,简化市场准入的审批环节,提高政府的反应速度,降低交易成本,鼓励创新创业。将市场退出权交给市场主体,完善政府服务,便利企业的退出,促进资源的重新配置,提高市场的资源配置效率。规范政府监管,明确服务导向,通过引导企业规范发展,塑造有利于企业成长壮大的一流营商环境。

2. 以人为中心,对人才成长提供全面支持

珠三角利用毗邻港澳的有利条件,较早进行了吸引国际化人才的工作,并且将人才工作与政府提供更好的服务结合起来。长三角的人才政策与本地的产业招商定位更紧密结合,项目属性更强。上海在“十四五”时期建设具有全球影响力的科技创新中心,需要承担国际高层次人才吸引、本地多层次创新人才培育的双重任务,同时迎接新一轮科技革命带来的创新机遇和激烈竞争挑战。

需要研究集聚世界一流高层次科技创新人才需要的工作环境、生活环境,通过建立更加符合国际规则的引才机制与途径,打造与世界接轨的管理运行机制和一流的事业发展平台,吸引国际一流人才和团队。

同时加强国内高层次科技创新人才团队培育,为创新人才提供安居保障,提供便利个人、家庭工作和生活的条件。加强产学研结合,建立促进知识分享与转移的平台,形成促进科技成果转化的一系列政策和机制,保障创新人才和企业家的权益。建立促进科创企业创业和成长的系统性的政策环境。

(四)上海产业扶持政策优化的策略

1. 加强与长三角各地产业政策的协同,深化区域一体化,促进经济内循环

改革开放以来,在我国对外开放政策的引领下,长三角地区大力发展外向

型经济，有力地促进了区域经济社会发展。长三角地区通过参与国际经济周期，将出口需求作为拉动经济增长的重要动力，拉动了区域投资需求和消费需求，形成了推动经济增长的综合力量，也推动了长三角城市群的崛起。

然而，长三角地区外向型的经济增长模式，让区域内不同城市形成了“多头”生产格局。国外以需求为导向的生产使得区域生产供给与消费需求始终存在不对应的现象。在这种生产格局下，长三角城市之间的分工合作、竞争与合作问题，生产与消费的相应问题，产业链的健全与完善，以及产业同构问题一直比较突出。这些问题困扰着长三角地区的经济一体化，也阻碍了长三角地区以其整体优势参与国际经济竞争。

举例来说，尽管长三角地区先后成立了国家技术转移苏南中心、国家技术转移东部中心（上海）及其分中心、安徽在线技术市场等机构，助力长三角地区高技术转移和融合。但受三省一市行政区划的影响，地方机构之间的竞争依存。优秀高新技术企业及人才成为省市间竞争的对象，这导致原有的协调机制失去效力，难以在技术市场上实现真正的合作。此外，科技人才评价机制、知识产权保护机制、科技成果转化转移机制等政策也仍需要进一步协调完善。

与其他三省相比，上海作为科研基础设施更加完善的地区，应服务于长三角地区的产业技术升级。作为长三角产业链和创新链的重要组成部分，上海市要围绕长三角产业共性技术需求，支持本市龙头企业、科研院所和高校开展共性技术攻关和共性技术研究。推动上海科技交易市场与江浙皖科技市场数据对接，建立信息共享机制，促进长三角地区科技要素有序流动，引导科技产业梯度转型。

长三角地区的科技市场大多由政府投资建设，属于非营利组织，而国外技术市场由于第三方资金进入而普遍采用更现代化的组织结构和灵活的经营管理模式。因此，若能够在吸引资金介入的同时提高政府技术市场服务水平，成立专门从事服务工作的技术交易服务机构，建立覆盖长三角全区域的技术市场服务体系，提供技术供应商和购买者在交易过程中所需要的公共物品，便能以此提升政府科技市场管理水平和服务效率。同时，可以互联网平台为抓手，利用在线技术转移平台，促进长三角各地区的技术交流；定期召开科技成果转化和贸易对接会，发布科技成果供需信息，实现长三角科技市场信息互联互通。

2. 建立与国际接轨的政策体系，融入国际外循环

上海需要学习借鉴粤港澳大湾区与国际接轨的产业扶持政策体系，特别是香港、澳门与国际接轨的政策和法律体系（如低门槛的市场准入政策、国际化的人才政策、低税收、便利化的国际资金流动、强有力的知识产权保护、国际仲裁体系等），成为长三角融入国际外循环的关键节点和重要窗口。

第一，在巩固已有的开放成果的基础上，上海市仍须进一步扩大对外开放范围。在扩大对外投资开放度上，已推行的“负面清单”管理制度，有效减少了对外资进入非限定性行业的投资壁垒。为了便利外商投资更好的流动和融资，可以进一步探索金融账户与资本账户开放制度。资本账户开放不仅可以使得外资更便捷地进行投资，也是人民币走向国际舞台成为世界货币的关键一步。同时，加强境外投资项目合规性指导，鼓励相关机构为企业提供境外投资管理服务，健全促进和保障境外投资的政策和服务体系，提高企业适应利用国际规则能力、国际市场开拓能力和防范国际市场风险能力，坚定维护上海企业海外合法权益和资产安全。通过在自贸区的试点可以及时发现问题，有效改进提高政策的实施情况，同时更加有利于自贸区的对外开放，实现跨境资本更加便利的双向流动。并且还能增强竞争力吸引更多高质量资本流入，为产业结构优化升级提供可靠保障和引导作用。

第二，可以推动建设自贸试验区专门化法庭，提升自贸试验区案件审判工作的专业化和国际化水平。探索吸引境外知名仲裁及争端解决机构在自贸试验区内设立业务机构。鼓励境内仲裁机构与共建“一带一路”国家和组织仲裁机构合作建立联合仲裁机制。加强法律服务领域的国际交流合作。鼓励境内外鉴定、检验、认证、审计等法律服务相关机构开展多种形式的合作与结果互认。

第三，可以加快集聚企业地区总部、研发中心等功能性机构，更加注重引进

国外先进技术、管理理念和高端人才,发展“总部经济”,打造国际化标准的外资总部产业链、生态圈。跨国公司在自贸区建立地区总部和功能中心等,可以促进跨国公司地区总部集聚效应的形成和扩散,吸引并带动其他如信息、咨询、法律、营销、研发设计等服务行业外资进驻自贸区,以此全面提升自贸区现代服务业的水平,实现“总部经济”的可持续性。这些“总部”掌握着资金、技术和项目的源头,将积极发挥在资金、知识、信息和管理等方面的优势,可以有效提升服务业的附加值整体水平,有效地与制造业相融合。此外“总部经济”还可以给自贸区带来巨大的贸易流量,通过引入国际运作规范带来前沿性思路,提升自贸区对外开放水平。

第四,可以加强与共建“一带一路”国家和组织的知识产权交流合作,引导建设“一带一路”知识产权法律服务联盟。推进上海知识产权国际合作基地建设,积极承办国际知识产权保护交流活动,举办“一带一路”知识产权保护峰会。完善跨部门、跨区域的知识产权案件移送、信息通报、配合调查等机制,形成与国际接轨的高标准知识产权保护体系。

第五,可以主动对接国际标准和先进规则,着力提升创新资源的全球配置能力,做精做强特色主导产业,发展新技术、新业态、新模式,率先探索形成创新链、产业链、人才链、政策链、资金链深度融合的发展路径,努力建成竞争力、创新力、影响力卓著的全球标杆高科技产业园区。

第六,支持企业在国内外建立研发中心,促进跨国合作。充分吸引海外机构在上海建立研发中心和孵化中心,例如已经建立的上海“中以创新园”。同时引导大企业、龙头企业走出国门,在海外设立技术中心、研发中心。强化信息对接,促进科技跨国合作,形成对国际技术资源的整合利用。

3. 加大研发投入,促进技术市场化,成为“技术+金融”国际国内双循环的关键节点

首先,高投入是新兴产业在初期发展阶段的特征之一。因此,充足的资金投入是保障新兴产业稳定发展的重要前提。但是在现阶段,一方面,许多企业

都将政府的资金投入用于扩大企业规模或者是购买设备等，只有较小一部分被用于企业的研发环节。同时，由于扶持的领域广，一些中小企业得到的资助不足，使其仍处于资金短缺的窘境。另一方面，上海的融资门槛与发达国家相比还较高，对企业进行投融资前需要经过长时间的筛查，未能在企业发展的潜力期给予足够的支持，导致部分中小企业起步困难。另外，上海市没有对企业科研创新活动以及产品市场培育等方面设立专项的资金、税收支持，这对于战略性新兴产业的发展是不利的。因此，上海市可利用其在金融环境上全国领先的地位，借助金融资本的集聚优势，促进“技术＋资本”的融合。尤其是科创板的推出，更加形成了面向科技企业的上市通道。同时，上海集聚了大量的风险投资，也为成果产业化提供了充沛的融资环境。未来，上海需要进一步加大“金融市场”与“技术市场”的双向互动，通过建立创投基金、开展知识产权证券化融资试点、支持境外发起的私募基金参与到上海创新型科技企业投资，支持高新技术企业开展跨境融资等方式，建立多层次的金融服务体系。

其次，比较北京、深圳、上海的 R&D 研发费用占 GDP 比重，上海近几年研发费用占 GDP 比重一直处在落后的状态，而研发费用对于企业尤其是知识密集型企业来说是重要的投入。从政府层面来说，一方面需要扩大政府 R&D 研发费用投入占 R&D 经费总投入的比重，另一方面还应制定专项政策以进一步扩大研发费加计扣除在高新技术企业研发费用中的范围，刺激企业扩大研发投入。此外，技术转移也是增强创新能力的重要方式，针对技术市场成交合同情况，政府一方面应当重视上海高新技术产业主要优势领域的技术市场交易，另一方面应当创造并优化有利于技术转移的制度环境。可以依托专业机构集聚优势，强化“技术＋服务”的融合。进一步激发市场能动性，围绕上海技术交易打造区域性、国际性的技术交易枢纽平台和机构。

相比而言，上海技术市场的国际化优势明显，最有条件建立国际技术转移的节点。同时，应该进一步加强知识产权保护意识，通过建立知识产权交易平台，通过市场交易满足需求，缓解盗用知识产权、专利的压力。从而促进提高区域内创新能力与产品科技含量，形成产业特色，形成良性循环。加大知识产权保护力度，鼓励行业建立知识产权法律制度，坚决打击各种侵权行为，保护技术创新主体的合法权益。

4. 从招商竞争转变为人才竞争，建立一流的人才环境

由于上海在成本竞争上不具备优势，上海不能陷入低水平的补贴战、土地战中。上海需要以更高水平与国际接轨的营商环境、人才环境、创业环境营造，鼓励优秀的企业、人才、资金过来，才是上海在产业扶持政策优化方面所应该发挥的带头和引领作用。

上海可以加大引进外籍“高精尖缺”人才来沪工作力度，对“外籍‘高精尖缺’人才”认定予以从国内到国外奖项认定有关的相关标准。探索外籍高层次人才永居申办新机制。支持按需增设外籍人员子女学校，提升对高端外籍专业服务人才的吸引力。加快建设中外人文交流特色学校，保证提出申请并符合条件的外籍子女入学。同时，支持在重点园区内建立一站式人才服务，为引进人才提供居留证、出入境、落户、子女入学、社保医疗、项目申报与奖励等一站式服务，并使在重点园区工作的境外高端人才及紧缺人才可享受固定比例的个人所得税补贴。

此外，可以推行长三角区域内外籍人才流动资质互认，推进区域内外籍人才流动政策互通、信息互联。

对接长三角一体化国家战略及上海市“三大任务”“四大功能”和“五个中心”建设，上海市应该发挥人才枢纽优势，强化“技术＋人才”的融合。培养多层次的技术市场人才队伍，试行科技成果转移转化利益分配改革。国际经验表明，专业化的技术转移人才是稀缺性、复合型人才，这类人才需要具有专业知识和交易商业化知识。上海目前集聚了国内外众多优秀人才，应当继续强化技术市场人才队伍的建设，吸引海外人才回国，同时培养本地的技术市场人才。形成技术管理人员、技术经纪人、技术经理人等在内的梯度式、专业化人才队伍。

对本地区创业或创新的各类人才，需要提供人才落户，租购住房、子女就学

等全方位服务支撑。除了给予安家补贴外，还可以依照其个人贡献给予特殊人才奖励，或是设立企业高级管理人才奖励，对其个人经济贡献进行勉励。

同时，加快发展研究开发、技术转移、检验检测认证、创业孵化、知识产权、科技咨询等科技服务机构，培育科技咨询师、技术经纪人等专业人才，提升专业化科技服务能力。

5. 建立有利于科创企业发展的系统性的政策

第一，让科创企业作为市场主体掌握市场进入的决定权，政府进一步深化简政放权，降低制度性交易成本，继续取消和下放一批行政审批事项，全部取消非行政许可审批，实施登记制。深入推进商事制度改革，加快实现“三证合一、一照一码”。

第二，深化投资审批制度改革，再下放一批投资审批权限，再减少一批审批环节，由企业家和投资人在创业投资过程中发挥主导作用。

第三，推行权力清单制度，对政府的监督管理权责进行明示，主要利用市场无形手的配置作用引导科创企业发展。

第四，加强知识产权保护，支持科创企业进行全面的专利、商标、版权等知识产权保护，增强知识产权保护意识。特别是对科创企业进行知识产权战略的培训，树立知识产权的战略意识和国际合规意识，支持科创企业能够利用知识产权战略形成自己的竞争优势，走出去进行国际竞争。

第五，指导科创企业建立商业秘密内部保护机制，形成上海保护商业秘密，支持科创企业成长壮大的制度环境。需要在鼓励人才流动、竞业限制与商业秘密保护之间取得平衡。

第六，形成有利于知识密集型、轻资产企业发展的金融服务环境、产业投资环境。对于主要依靠人力资本的研发型、专业服务型企业探索如何进行高新技术企业的认定、推进知识产权抵押、信用贷、投融资联动等，为这一类科创企业的发展提供资源支持。

第七，鼓励第三方评价机构、中介机构、数字交易平台、技术市场的发展，促